Eva Schumann (Hrsg.)
Hierarchie, Kooperation und Integration im Europäischen Rechtsraum

Abhandlungen der Akademie der Wissenschaften zu Göttingen

Neue Folge

Band 38

Hierarchie, Kooperation und Integration im Europäischen Rechtsraum

—

17. Symposion der Kommission
„Die Funktion des Gesetzes
in Geschichte und Gegenwart"

Herausgegeben von
Eva Schumann

DE GRUYTER
AKADEMIE FORSCHUNG

Vorgestellt von Eva Schumann durch Rundschreiben vom 19. November 2014.

ISBN 978-3-11-041000-6
e-ISBN (PDF) 978-3-11-041655-8
e-ISBN (EPUB) 978-3-11-041665-7
ISSN 0930-4304

Library of Congress Cataloging-in-Publication Data
A CIP catalog record for this book has been applied for at the Library of Congress.

Bibliografische Information der Deutschen Nationalbibliothek
Die Deutsche Nationalbibliothek verzeichnet diese Publikation in der
Deutschen Nationalbibliografie; detaillierte bibliografische Daten
sind im Internet über http://dnb.dnb.de abrufbar.

© 2015 Walter de Gruyter GmbH, Berlin/Boston
Satz: Michael Peschke, Berlin
Druck und Bindung: Hubert & Co. GmbH & Co. KG, Göttingen
♾ Gedruckt auf säurefreiem Papier
Printed in Germany

www.degruyter.com

MIX
Papier aus verantwor-
tungsvollen Quellen
FSC
www.fsc.org
FSC® C016439

Inhalt

Vorwort der Herausgeberin

Mit dem vorliegenden Band werden die Ergebnisse des 17. Symposions der Akademie-Kommission „Die Funktion des Gesetzes in Geschichte und Gegenwart", das am 17. und 18. Januar 2014 unter dem Titel des Tagungsbandes in Göttingen stattgefunden hat, der Öffentlichkeit zugänglich gemacht. Die Kommission, die vor dreißig Jahren im Jahr 1984 gegründet wurde, ist die einzige nur mit Juristen besetzte Forschungskommission in einer Akademie der Wissenschaften bundesweit; seit ihrer Gründung hat sie im Schnitt etwa alle zwei Jahre ein Symposion durchgeführt und die Ergebnisse dieser Veranstaltungen in den Abhandlungen der Akademie veröffentlicht (eine Liste der Publikationen der Kommission findet sich am Ende des Bandes). Von Anfang an sah die Kommission ihre Aufgabe darin, einerseits rechtshistorische, rechtsphilosophische und rechtstheoretische Ansätze mit der Dogmatik zu verbinden und andererseits grundlegende Themen intradisziplinär zu diskutieren. Damit hat sie zentrale Forderungen, die der Wissenschaftsrat in seinen 2012 an die juristischen Fakultäten gerichteten Empfehlungen gestellt hat, bereits Jahrzehnte vorweggenommen.

Diese bewährte Konzeption liegt auch dem 17. Symposion „Hierarchie, Kooperation und Integration im Europäischen Rechtsraum" zugrunde. Drei öffentlich-rechtliche Beiträge (STARCK, RUFFERT und GRABENWARTER) werden durch einen Beitrag zur Rechtsvielfalt als historisches Phänomen (OESTMANN) eingeleitet und durch zwei weitere Beiträge ergänzt, die sich jeweils aus zivilrechtlicher Perspektive mit den Schwierigkeiten von Transferprozessen am Beispiel der EGMR-Rechtsprechung (SCHUMANN) einerseits und den praktischen Problemen im Prozess der europäischen Rechtsvereinheitlichung (KIENINGER) andererseits beschäftigen. Auf dieser Grundlage konnten Fragen zur Wechselwirkung und zum Transfer zwischen nationalen Rechtsräumen und überstaatlichen Ebenen einer ausgesprochen fruchtbaren Diskussion zugeführt werden.

PETER OESTMANN spannt in seinem breit angelegten Beitrag „Gemeines Recht und Rechtseinheit – Zum Umgang mit Rechtszersplitterung und Rechtsvielfalt in Mittelalter und Neuzeit" einen weiten Bogen vom (europäischen) Alten Reich bis hin zum Deutschen Reich am Ende des 19. Jahrhunderts – und zwar unter Einbindung aller Rechtsgebiete sowie der für das Recht verantwortlichen Institutionen, die zunächst stärker in der Rechtswissenschaft und Rechtsprechung als in der Gesetzgebung zu suchen sind. An einer Fülle von Beispielen kann OESTMANN zeigen, dass „[z]ahlreiche Fragen, die sich im Zusammenhang mit der Rechtsangleichung zwischen verschiedenen Staaten, mit überstaatlicher Gerichtsvielfalt oder mit dem Transfer von der einen in die andere Rechtsordnung ergeben, [...] gar nicht so modern [sind], wie sie erscheinen mögen" (S. 1).

Nach dieser umfassenden rechtshistorischen Einführung wird der öffentlich-rechtliche Komplex durch einen Beitrag von CHRISTIAN STARCK eingeleitet. Aus der Perspektive des deutschen Rechts werden hier Grundsatzfragen des Ranges von „Völkerrecht, Unionsrecht und nationale[m] Verfassungsrecht" behandelt und zu den

Begriffen „Hierarchie", „Kooperation" und „Integration" ins Verhältnis gesetzt. Die Schwierigkeiten im Umgang mit tradierten Kategorien wie „Souveränität" einerseits und „Übertragung von Kompetenzen" andererseits vor dem Hintergrund des Integrationsprozesses und der zunehmenden Verselbstständigung überstaatlicher Einrichtungen wurden vor allem in der anschließenden Diskussion hervorgehoben. Daran anknüpfend beschäftigt sich MATTHIAS RUFFERT in seinem Beitrag über „Rechtserzeugung und Rechtsdurchsetzung im Europäischen Rechtsraum" mit der Komplexität der Strukturen innerhalb der Europäischen Union und den daraus resultierenden Problemen, die nach seinen Ausführungen in der „Pluralität von Rechtserzeugungsakteuren, Administrativrechtsetzung in teilweise hybriden Netzwerkstrukturen auf der Rechtserzeugungsebene, begleitet von einer im unional-mitgliedstaatlichen Verbund deutlich dezentralisierten Rechtsdurchsetzung" liegen (S. 96). Lösungen für diese Probleme sieht er in einer Emanzipation der Europarechtswissenschaft von dem überkommenen Verständnis von Staatlichkeit und kooperativem Zusammenwirken sowie in einer Orientierung an rechtlichen Grundkategorien wie „Rechtserzeugung" und „Rechtsdurchsetzung". Aufgabe der Wissenschaft sei es, Theorie und Dogmatik dieser Kategorien unter Wahrung der „Prinzipien der Demokratie und Gerechtigkeit im Sinne von Rechtsgleichheit" und der „Grundsätz[e] von Rationalität und Effektivität" fortzuentwickeln (ebenda). Der letzte öffentlich-rechtliche Beitrag von CHRISTOPH GRABENWARTER („Konkurrenz und Kooperation zwischen dem Europäischen Gerichtshof für Menschenrechte, dem Europäischen Gerichtshof und dem Bundesverfassungsgericht") beschäftigt sich mit dem Verhältnis der drei Gerichtshöfe zueinander innerhalb der europäischen „Grundrechtslandschaft". Trotz weitgehend einheitlicher materieller Gehalte der Menschen- und Grundrechte in Europa liegt nach GRABENWARTER ein wesentliches Hemmnis für eine gemeinsame oder wenigstens parallele Rechtsprechungsentwicklung in den „höchst unterschiedliche[n] organisatorische[n] und verfahrensrechtliche[n] Rahmenbedingungen" für die drei Gerichtshöfe (S. 151). In der Diskussion wird zudem auf die Gefahren hingewiesen, die sich daraus ergeben, dass Mechanismen zu einer Abstimmung innerhalb des Rechtsprechungsdreiecks fehlen.

Der Aufnahme der Rechtsprechung des EGMR in das nationale Recht widmet sich der Beitrag „Der Europäische Gerichtshof für Menschenrechte und das deutsche Familien- und Erbrecht" (EVA SCHUMANN), in dem zunächst anhand einer Analyse der Rechtsprechungsentwicklung seit den 1950er Jahren gezeigt wird, dass der zunehmende Einfluss auf das deutsche Familienrecht ein neues Phänomen darstellt, das konträr zu den Reformen im Kindschaftsrecht steht und sich daher in erster Linie mit der Neuausrichtung des EGMR im Anschluss an das 11. Zusatzprotokoll von 1998 erklären lässt. Im Mittelpunkt des Beitrags stehen aber die innerstaatlichen Auswirkungen der EGMR-Rechtsprechung nach Feststellung einer konventionswidrigen Rechtslage, die den Gesetzgeber vor große Herausforderungen stellen (insbesondere im Fall einer rückwirkenden Änderung einzelner Regelungen). Der letzte Beitrag von EVA-MARIA KIENINGER („Rechtstechniken zur Etablierung eines Europäischen Privatrechts") ist dem „Wie" der europäischen Privatrechtsvereinheitlichung gewidmet. KIENINGER stellt die bisherigen Instrumente zur Harmonisierung des europäischen Privatrechts ausführlich dar und betrachtet sie überwiegend eher skeptisch. In der anschließenden Diskussion wird vor allem deutlich, dass die Privatrechtsangleichung ein deutlich stärkeres wissenschaftliches Fundament benötigt, als dies bislang der Fall ist. Hierbei handelt es sich um eine zentrale Forderung dieses Symposions, die auch nochmals in der Abschlussdiskussion erhoben wurde: Es bestand Einigkeit, dass die europäischen „Verselbstständigungsprozesse" (CHRISTOPH SCHÖNBERGER) einer stärkeren wissenschaftlichen Begleitung bedürfen. Der vorliegende Tagungsband leistet hierzu einen Beitrag.

Göttingen, im Dezember 2014

Peter Oestmann

Gemeines Recht und Rechtseinheit

Zum Umgang mit Rechtszersplitterung und Rechtsvielfalt in Mittelalter und Neuzeit

I Einleitung

Auf einem Symposion, das sich mit Hierarchie, Kooperation und Integration im heutigen europäischen Rechtsraum beschäftigt, mag ein Blick in die Vergangenheit durchaus hilfreich sein. Zahlreiche Fragen, die sich im Zusammenhang mit der Rechtsangleichung zwischen verschiedenen Staaten, mit überstaatlicher Gerichtsvielfalt oder mit dem Transfer von der einen in die andere Rechtsordnung ergeben, sind gar nicht so modern, wie sie erscheinen mögen. Vor allem das Rangverhältnis zwischen Rechtsquellen ganz unterschiedlicher Herkunft war über lange Zeiten der europäischen Geschichte ein allzu vertrautes Problem. Selbst der Brückenschlag von der Rechtsgeschichte in die aktuelle europäische Vielschichtigkeit ist alles andere als neu. HELMUT COING betonte schon 1985, dass gerade der heutige Jurist seine Erfahrungen mit dem Nebeneinander von Staatsverfassungen, einfachen Gesetzen, Tarifverträgen und allgemeinen Geschäftsbedingungen sammle und dazu das europäische Recht und internationale Verträge berücksichtigen müsse.[1] Das stimmt, und

---

1 HELMUT COING, Europäisches Privatrecht. Bd. 1: Älteres Gemeines Recht (1500 bis 1800), 1985, S. 40.

genau deswegen können sich europäische Juristen in der Gegenwart die vormoderne Buntheit erheblich anschaulicher vorstellen als ihre Vorgänger vor einigen Jahrzehnten, als man noch wie selbstverständlich von einzelstaatlicher Gesetzgebung und von der landeseigenen Kodifikation ausging.[2]

Wenn die Geschichte Reflexionswissen bereitstellen soll, kann es im Folgenden nur darum gehen, zu zeigen, wie verschiedene historische Epochen es geschafft haben, Rechtsvielfalt, überlappende Gerichtszuständigkeiten, schriftliche und mündliche Überlieferung, private und hoheitliche Normen in den Griff zu bekommen. In einem ganz wichtigen Punkt schert mein Beitrag aber zugleich aus dem Gesamtthema der Akademiekommission „Funktion des Gesetzes in Geschichte und Gegenwart" aus. Sowohl das Regelungsproblem, nämlich die Rechtsvielfalt als solche, als auch die historischen Lösungsmöglichkeiten zur Herstellung von Einheit knüpfen nur bedingt an Gesetze an. Die Funktion des Gesetzes darf man historisch in diesem Zusammenhang nicht überschätzen. Gesetze mit Geltungsanspruch, modern gesprochen vielleicht sogar mit kontrafaktischem Geltungsanspruch, sind eine vergleichsweise späte geschichtliche Erscheinung.[3] Der Schwerpunkt dieses Überblicksbeitrages wird auf denjenigen Epochen und Rechtsbereichen liegen, in denen die Gesetzgebung eine eher bescheidene Rolle spielte.

Zunächst ist ein Wort zur Terminologie angebracht. Wenn im Folgenden von Rechtsvielfalt die Rede ist, geht es hierbei immer um das gleichzeitige Vorhandensein verschiedener Rechte innerhalb desselben Gebietes. Ausdrücklich nicht gemeint ist also das geographische Nebeneinander einzelner Rechte bis hin zur völligen Rechtszersplitterung. Eine weithin bekannte deutsche Rechts- und Gerichtskarte von 1896 hielt etwa auf einer Landkarte, aber auch in einem äußerst detaillierten Register fest, welche verschiedenen partikularen Rechte in den einzelnen Gerichtssprengeln des deutschen Kaiserreiches gebräuchlich waren.[4] Durch die Kodifikation des BGB verschwanden alle diese Stadt- und Landrechte. An ihre Stelle trat ein einheitliches Gesetzbuch. Soweit verschiedene Rechte aber lediglich räumlich nebeneinander galten, stellt dies kein ernsthaftes Problem von Rechtsvielfalt dar. Wenn in Preußen das Allgemeine Landrecht einschlägig war, im Rheinland der französische

---

2 Kurze Gegenüberstellung der frühneuzeitlichen Vormoderne mit dem 19. Jahrhundert bei PETER OESTMANN, Rechtsvielfalt vor Gericht. Rechtsanwendung und Partikularrecht im Alten Reich (Rechtsprechung. Materialien und Studien 18), 2002, S. 682.

3 Zur Formalisierung und kontrafaktischen Stabilität NIKLAS LUHMANN, Das Recht der Gesellschaft (Suhrkamp Taschenbuch Wissenschaft 1183), 1. Aufl. 1995, S. 133-134; zur Rezeption in der Geschichtswissenschaft BARBARA STOLLBERG-RILINGER, Die Frühe Neuzeit – Eine Epoche der Formalisierung?, in: Andreas Höfele/Jan-Dirk Müller/Wulf Oesterreicher (Hrsg.), Die Frühe Neuzeit. Revisionen einer Epoche (Pluralisierung und Autorität 40), 2013, S. 3-27 (6).

4 DIETHELM KLIPPEL (Hrsg.), Deutsche Rechts- und Gerichtskarte. Mit einem Orientierungsheft neu herausgegeben und mit einer Einleitung versehen, erweiterter Nachdruck 1996 der Ausgabe 1896; dazu PETER OESTMANN, Rechtsvielfalt, in: Nils Jansen/Peter Oestmann (Hrsg.), Gewohnheit. Gebot. Gesetz. Normativität in Geschichte und Gegenwart: eine Einführung, 2011, S. 99-123 (100-101).

Code Civil, in Bayern der Codex Maximilianeus, dann gab es zwar unterschiedliche Rechte. Aber innerhalb eines fest umrissenen Gebietes stand jederzeit fest, welche Normen anwendbar waren, wenn es um die Lösung rechtlicher Streitigkeiten ging. Viel komplizierter als solche Rechtszersplitterung stellt sich demgegenüber die Situation dar, wenn innerhalb desselben Gebietes mehrere verschiedene Rechte praktische Bedeutung hatten. Bei solchen Überlagerungen stellt sich die Frage, welche Quellen vorrangig vor anderen zu berücksichtigen sind. Wie verschiedene Zeiten derartige Überlappungen bewältigt haben, steht im Mittelpunkt dieses Aufsatzes.

Die Unterscheidung von Rechtsvielfalt und Rechtszersplitterung ist hierbei bewusst überzeichnet. Die räumliche Erstreckung vieler Rechte ist historisch nämlich alles andere als klar, und auch die jeweiligen Gerichtssprengel waren nicht geographisch fest beschrieben. Die gelehrte Statutentheorie, die seit dem Mittelalter die Rechtsvielfalt in den Griff zu bekommen versuchte, schuf zugleich Regeln, die wir heute dem internationalen Privatrecht bzw. dem Kollisionsrecht zuordnen würden.[5] Die Problemkreise gingen also ineinander über, waren aber nicht deckungsgleich.

II Regelungsprobleme und Lösungsmöglichkeiten im ungelehrten mittelalterlichen Recht

Das ungelehrte Recht löste Fragen der Rechtsvielfalt zumeist durch den Rückgriff auf die persönliche Zugehörigkeit zu einer bestimmten rechtsgewohnheitlichen Ordnung. Diese Tradition weist weit zurück und ist seit den Rechtsaufzeichnungen germanischer Stämme im Frühmittelalter vielfach belegt. Die jeweiligen Rechtsgewohnheiten bezogen sich vor allem auf den eigenen Stamm. Manchmal hatten auch einzelne Teilstämme ihre eigenen Rechtsgewohnheiten.[6] Diese Gewohnheiten sind in den lateinischen Stammesrechten, den *Leges Barbarorum*, überliefert. Mit Gesetzen hat man es hierbei nicht zu tun.[7] Auch ist weithin unklar, ob und inwieweit die

---

5 GÜNTER HERRMANN, Johann Nikolaus Hert und die deutsche Statutenlehre (Neue Kölner rechtswissenschaftliche Abhandlungen 25), 1963, S. 159-162 (mit der Zusammenfassung zum wichtigsten kollisionsrechtlichen Werk); GÜNTER MERZYN, Der Beitrag Benedikt Carpzovs zur Entwicklung des Kollisionsrechts (Göttinger rechtswissenschaftliche Studien 49), 1963.
6 Zum Konzept der Rechtsgewohnheiten GERHARD DILCHER/HEINER LÜCK/REINER SCHULZE/ELMAR WADLE/JÜRGEN WEITZEL/UDO WOLTER, Gewohnheitsrecht und Rechtsgewohnheiten im Mittelalter (Schriften zur Europäischen Rechts- und Verfassungsgeschichte 6), 1992; MARTIN PILCH, Der Rahmen der Rechtsgewohnheiten. Kritik des Normensystemdenkens entwickelt am Rechtsbegriff der mittelalterlichen Rechtsgeschichte, 2009; GERD ALTHOFF, Rechtsgewohnheiten und Spielregeln der Politik im Mittelalter, in: Nils Jansen/Peter Oestmann (Hrsg.), Gewohnheit. Gebot. Gesetz. Normativität in Geschichte und Gegenwart: eine Einführung, 2011, S. 27-52.
7 Die ältere Typologie (Gesetz und Gesetzbuch im Spannungsfeld von Weistum und Rechtsbesserung) noch bei WILHELM EBEL, Geschichte der Gesetzgebung in Deutschland (Göttinger rechtswissenschaftliche Studien 24), 1988 (von FRIEDRICH EBEL erweiterter Nachdruck der 2. Aufl. 1958), S. 30-36.

schriftlichen Quellen in der Rechtspraxis Bedeutung erlangt haben.[8] Das Selbstverständnis der Aufzeichnungen ist in einem wichtigen Punkt aber eindeutig. Das Stammesrecht betraf jeweils die Stammesangehörigen. Die fränkische Lex Ribuaria war das Recht der ribuarischen Franken, die Lex Salica das Recht der salischen Franken. Mit dem Herrschaftsgebiet eines Königs oder irgendwelchen geographischen Grenzen oder Gerichtssprengeln hat das wenig zu tun. Etwas anders stellte sich die Lage im friesischen Recht dar. Dort bildete der Fluss Laubach (Lauwers) eine klare Grenze zwischen verschiedenen friesischen Teilrechten. Allerdings handelt es sich eher um eine scheinbare Ausnahme. Denn diesseits und jenseits der Laubach lebten verschiedene Teile des friesischen Stammes, die möglicherweise zu unterschiedlichen Zeiten in das Karolingerreich integriert wurden.[9] Modern gesprochen folgte das frühmittelalterliche Recht also dem Personalitätsprinzip.[10] Damit war zugleich eine wesentliche Vorentscheidung getroffen: Die romanische Bevölkerung in West- und Mitteleuropa lebte nicht nach den germanischen Stammesrechten, sondern nach ihren eigenen Gewohnheiten, nämlich nach römischem Recht.[11] Die Überlieferung ist hier eindeutig. In mehreren germanischen Reichen gab es verschiedene Rechtsaufzeichnungen für die germanische und die romanische Bevölkerung. Neben einer Lex Visigothorum stand die Lex Romana Visigothorum.[12] Wenn also klar war, wer zu welcher Bevölkerungsgruppe gehörte, ergaben sich aus dem Personalitätsprinzip nur wenige Probleme. Daneben gab es nach der Christianisierung in allen germanischen Reichen kirchliche Strukturen, die dem sich bildenden Kirchenrecht unterstanden. Die weltlichen Rechtsgewohnheiten und das kirchliche Recht bezogen sich aber zunächst wohl

---

8 HERMANN NEHLSEN, Aktualität und Effektivität germanischer Rechtsaufzeichnungen, in: Peter Classen (Hrsg.), Recht und Schrift im Mittelalter (Vorträge und Forschungen 23), 1977, S. 449-502 (im Inhaltsverzeichnis leicht abweichender Aufsatztitel angegeben).

9 HARALD SIEMS, Studien zur Lex Frisionum (Münchener Universitätsschriften. Juristische Fakultät. Abhandlungen zur rechtswissenschaftlichen Grundlagenforschung 42), 1980, S. 9, 173-207; DERS., Art. Lex Frisionum, in: Adalbert Erler/Ekkehard Kaufmann (Hrsg.), Handwörterbuch zur deutschen Rechtsgeschichte (= HRG), Bd. 2, 1. Aufl. 1978, Sp. 1916-1922 (1918); GERHARD KÖBLER, Art. Friesisches Recht, in: Albrecht Cordes/Heiner Lück/Dieter Werkmüller (Hrsg.), HRG, Bd. 1, 2. Aufl. 2008, Sp. 1850-1854 (1851-1852); NIKOLAAS EGBERT ALGRA, Grundzüge des friesischen Rechts im Mittelalter, in: Horst Haider Munske u.a. (Hrsg.), Handbuch des Friesischen/Handbook of Frisian Studies, 2001, S. 555-570 (555-556).

10 KAROL MODZELEWSKI, Das barbarische Europa. Zur sozialen Ordnung von Germanen und Slawen im frühen Mittelalter (Klio in Polen 13), 2011, S. 82-86; klassisch HEINRICH BRUNNER, Deutsche Rechtsgeschichte, Bd. 1, 2. Aufl. 1906, S. 382-399.

11 MODZELEWSKI (Anm. 10), S. 86.

12 HERMANN NEHLSEN, Art. Lex Romana Burgundionum, in: Adalbert Erler/Ekkehard Kaufmann (Hrsg.), HRG, Bd. 2, 1. Aufl. 1978, Sp. 1927-1934; HARALD SIEMS, Art. Lex Romana Visigothorum, ebd., Sp. 1940-1949; DETLEF LIEBS, Art. Lex Romana Visigothorum, in: Johannes Hoops (Begr.), Reallexikon der Germanischen Altertumskunde, Bd. 18, 2. Aufl. 2001, S. 323-326; Edition von GUSTAV HÄNEL, Lex Romana Visigothorum [...]. Editio post Sichardum prima, 1849 (Nachdruck 1962).

auf verschiedene Regelungsgegenstände und bestanden auf diese Weise nebeneinander, ohne dass Probleme der Rechtsvielfalt daraus erwuchsen.[13]

Mögliche Konflikte scheint die Praxis sehr pragmatisch gelöst zu haben. Berühmt ist der Bericht des Bischofs GREGOR VON TOURS über die Fehde des SICHAR.[14] In dieser Episode aus dem 6. Jahrhundert ist ein Mörder aufgrund einer Gerichtsverhandlung verpflichtet, ein Wergeld für die Tötung seiner Feinde zu bezahlen. Der Gegner nimmt die Buße aber nicht an und setzt die Gewalttaten seinerseits fort. Daraufhin kommt es zu einer zweiten Verhandlung. Die eigentlich fällige Buße wird auf die Hälfte reduziert, weil der ursprünglich Geschädigte sich geweigert hat, sie anzunehmen. Damit es zur Ausgleichszahlung kommt, stellt die Kirche dem Mörder das Geld als Darlehen zur Verfügung, ein im Frühmittelalter mehrfach belegter Ausweg.[15] GREGOR VON TOURS fügt an seine Erzählung den Kommentar an, dies sei eigentlich gegen die „Gesetze" gewesen („et hoc contra legis actum") und nur geschehen, um Frieden zu stiften.[16] Die Bindungswirkung des Stammesrechts war schwach, die Überlagerung durch andere, vor allem kirchliche Vorstellungen von Frieden stellte kein ernsthaftes Hindernis dar.

Viel problematischer scheint in diesen frühmittelalterlichen Reichen der Rechtsstatus stammesfremder germanischer Bevölkerung gewesen zu sein. Diese Personen unterstanden jedenfalls nicht dem Stammesrecht der ansässigen Bevölkerung, sondern folgten dem Recht ihres eigenen Stammes, auch wenn sie außerhalb des hauptsächlichen Siedlungsgebietes lebten. Die ältere rechtshistorische Literatur hat vermutet, Stammesfremde seien nach ursprünglicher Rechtsauffassung völlig recht- und schutzlos gewesen.[17] Das Problem der Rechtsvielfalt hätte man auf diese Weise sehr einfach gelöst, indem man das Recht der Stammesfremden schlichtweg nicht beachtete. Doch diese radikale Sichtweise geben die Quellen nicht her. In den zuhauf erhaltenen Bußenkatalogen besitzen vielmehr auch Stammesfremde durchaus ein eigenes Wergeld. Dieses Wergeld fällt zwar regelmäßig niedriger aus als dasjenige

---

13 Beispiel Bischofswahl: ANDREAS THIER, Hierarchie und Autonomie. Regelungstraditionen der Bischofsbestellung in der Geschichte des kirchlichen Wahlrechts bis 1140 (Recht im ersten Jahrtausend 1), 2011; Herausbildung eines kanonischen Prozessrechts: MATHIAS SCHMOECKEL, Die Jugend der Justitia. Archäologie der Gerechtigkeit im Prozessrecht der Patristik, 2013.

14 GREGOR VON TOURS, Zehn Bücher Geschichten, übersetzt und bearbeitet von WILHELM GIESEBRECHT und RUDOLF BUCHNER, Bd. 2, 8. Aufl. 1990, Buch VII Kap. 47, Buch IX Kap. 19, S. 152-157, 256-259; umfassend zur Sichar-Fehde, wenn auch stark wirkungsgeschichtlich, CARSTEN BERNOTH, Die Fehde des Sichar. Die Geschichte einer Erzählung in der deutschsprachigen und frankophonen rechtshistorischen und historischen Literatur unter besonderer Berücksichtigung der Auseinandersetzungen des 19. Jahrhunderts (Rheinische Schriften zur Rechtsgeschichte 10), 2008.

15 Weiteres Beispiel bei KARL KROESCHELL, Deutsche Rechtsgeschichte. Bd. 1: Bis 1250, 13. Aufl. 2008, S. 102 (Urkunde aus St. Gallen um 813).

16 GREGOR VON TOURS (Anm. 14), S. 156 Zeile 13-14, S. 157 Zeile 16-17.

17 BRUNNER (Anm. 10), S. 399-405; RICHARD SCHRÖDER/EBERHARD FRH. V. KÜNSSBERG, Lehrbuch der deutschen Rechtsgeschichte, 7. Aufl. 1932, S. 56, einschränkend für die fränkische Zeit ebd., S. 244 für Reichsfremde (angeblich unter Königsschutz).

der stammeseigenen Bevölkerung.[18] Doch passt diese Differenzierung ins Bild einer Gesellschaft, die den Rechtsstatus ohnehin nach dem Grad der persönlichen Freiheit, nach Alter und Geschlecht mehrfach abstufte. Schwierigkeiten im Umgang mit Rechtsvielfalt zeigen sich an solchen Vorstellungen nicht.

Ausdrücklich belegt sind Diskussionen über verschiedene Rechte dagegen aus dem Reich der Westgoten in Spanien. Die etwa um 654 entstandene Lex Visigothorum enthält folgende Regelung:

> II 1. 11. Ne excepto talem librum, qualis hic, qui nuper est editus, alterum quisque presumat habere.
> Nullus prorsus ex omnibus regni nostri preter hunc librum, qui nuper est editus, adque secundum seriem huius amodo translatum, librum legum pro quocumque negotium iudici offerre pertemtet. Quod si presumserit, XXX libros auri fisco persolvat. Iudex quoque, si vetitum librum sibi postea oblatum disrumpere fortasse distulerit, predicte damnationis dispendio subiacebit.
> Absolut niemand von allen in unserem Reich soll außer diesem Gesetzbuch, das neulich ausgegeben wurde, und genau so wie sein Inhalt übertragen wurde, irgendein Gesetzbuch in irgendeiner Sache dem Richter anzubieten versuchen. Wer sich dies anmaßt, zahle dreißig Goldstücke an den Fiskus. Der Richter aber, wenn er ein solches verbotenes Buch, das ihm zum Zerreißen angeboten wurde, womöglich beiseite schafft, soll der vorbezeichneten Strafe verfallen sein.[19]

Die Lex Visigothorum stammt aus einem germanischen Reich mit einer vergleichsweise straffen Herrschaft und einem recht hohen Grad an Schriftlichkeit. Das Stammesrecht befiehlt den Richtern, bei ihren Entscheidungen die schriftliche Rechtsaufzeichnung zu beachten und streng dem Inhalt des Stammesrechts zu folgen. Anscheinend kursierten im Westgotenreich aber verschiedene Rechtsaufzeichnungen, die sich deutlich voneinander unterschieden. Aber lediglich auf den ersten Blick ist damit das Problem von Rechtsvielfalt berührt. Offenbar gab es nämlich nicht mehrere konkurrierende Rechte oder unterschiedliche Rechtsmassen, die sich gegenseitig überlagerten und verdrängten. Vielmehr dürften die vom Stammesrecht bekämpften Aufzeichnungen aus undurchsichtigen und unlauteren Quellen gestammt haben.[20]

---

18 Überblick bei Wolfgang Schild, Art. Wergeld, in: Adalbert Erler/Ekkehard Kaufmann/Dieter Werkmüller (Hrsg.), HRG, Bd. 5, 1998, Sp. 1268-1271 (1269-1270).

19 Lex Visigothorum 2, 1, 11, bei Karl Zeumer (Hrsg.), Leges Visigothorum (Monumenta Germaniae Historica. Leges Nationum Germanicarum 1) 1902, S. 58-59. Die Übersetzung lehnt sich an einen Vorschlag von Joachim Rückert an. Eugen Wohlhaupter, Gesetze der Westgoten (Germanenrechte. Texte und Übersetzungen 11), 1936, S. 36-37, bietet unter 2, 1, 11 eine andere Vorschrift, die bei Zeumer unter 2, 1, 13 verzeichnet ist; aktuellste Literaturübersicht wohl bei Andreas Kimmelmann, Die Folter im Beweisverfahren der Leges Visigothorum: Chindasvinths Gesetzgebung im Spiegel der westgotischen Rechtsentwicklung (Rechtshistorische Reihe 409), 2010; Carlos Petit, Art. Leges Visigothorum, in: Albrecht Cordes/Hans-Peter Haferkamp/Heiner Lück/Dieter Werkmüller (Hrsg.), HRG, 2. Aufl., 19. Lieferung 2014, Sp. 697-704, und in der Bibliotheca Legum: http://www.leges.uni-koeln.de/lex/leges-visigothorum/ (besucht am 07.04.2014).

20 Hermann Nehlsen, Der Schutz von Rechtsaufzeichnungen gegen Fälscher in den Germanenreichen, in: Fälschungen im Mittelalter. Internationaler Kongreß der Monumenta Germaniae Historica

Entweder kursierten Handschriften des Stammesrechts mit gravierenden Schreibfehlern, oder aber bestimmte Personen hatten auf eigene Faust den Text des Stammesrechts verändert, um sich gegenüber einem Richter damit Rechtsvorteile zu sichern. Die Vielfalt voneinander abweichender Rechtsaufzeichnungen kennzeichnete damit keineswegs die Vielfalt von Rechten, sondern lediglich die geringe Zuverlässigkeit der nicht autorisierten schriftlichen Überlieferung. Wenn die Richter solche abweichenden Rechtshandschriften bei Androhung von Bußen zerreißen sollten, ging es also nicht darum, Vielfalt zu beseitigen und Rechtseinheit durchzusetzen. Vielmehr sollte lediglich die von Anfang an gewollte Eindeutigkeit des Stammesrechts gewahrt und nicht verdunkelt werden.

Möglicherweise wurde das Personalitätsprinzip zunächst in mittelalterlichen Städten überwunden.[21] Die Städte besaßen ihren vergleichsweise klar abgegrenzten Rechtsraum, der durch königliche oder stadtherrliche Privilegien umschrieben war und danach durch selbstgesetztes Recht näher ausgestaltet wurde. Unabhängig davon, ob jemand das Bürgerrecht besaß oder lediglich sog. Einwohner war, erfasste das Stadtrecht jeden, der dauerhaft in der Stadt lebte.[22] Die Rechtsgewohnheiten der umliegenden Gegend spielten innerhalb der Stadtgrenzen kaum eine Rolle. Deutlich erkennbar ist das etwa an der Stadt Lübeck. Mit der Stadtgründung erhielt Lübeck im späten 12. Jahrhundert das Recht der westfälischen Stadt Soest.[23] Im umliegenden Holstein lebte die Bevölkerung dagegen nach sächsischen Rechtsgewohnheiten

---

München, 16.-19. September 1986. Teil II: Gefälschte Rechtstexte. Der bestrafte Fälscher (Monumenta Germaniae Historica. Schriften 33/II), 1988, S. 545-576 (S. 556 zur Quellenstelle und allgemein S. 546-547, 555-563 zum westgotischen Recht); ebenfalls zur Quellenstelle VICTOR CRESCENZI, Per una semantica del lavoro giuridicamente rilevante in Isidoro da Siviglia, nella Lex Romana Visigothorum, nell'Edictum Theoderici, e nella Lex Visigothorum, in: Ravenna capitale. Uno sguardo ad occidente. Romani e Goti, Isidoro di Siviglia, 2012, S. 217-275 (230-231).

21 Typologisch sehr klar MAX WEBER, Wirtschaft und Gesellschaft. Grundriß der verstehenden Soziologie, 5. Aufl. (von JOHANNES WINCKELMANN) 1980, S. 752; GERHARD DILCHER, Die Entstehung der lombardischen Stadtkommune. Eine rechtsgeschichtliche Untersuchung (Untersuchungen zur deutschen Staats- und Rechtsgeschichte N.F. 7), 1967, S. 158-160: „örtlich bestimmter Rechtsbereich".

22 EBERHARD ISENMANN, Die deutsche Stadt im Mittelalter 1150-1550. Stadtgestalt, Recht, Verfassung, Stadtregiment, Kirche, Gesellschaft, Wirtschaft, 2012, S. 171; KARL S. BADER/GERHARD DILCHER, Deutsche Rechtsgeschichte. Land und Stadt – Bürger und Bauer im Alten Europa, 1999, S. 456-458; Zweifel am einheitlichen Rechtsraum bei VALENTIN GROEBNER, Zu einigen Parametern der Sichtbarmachung städtischer Ordnungen im späteren Mittelalter, in: Pierre Monnet/Otto Gerhard Oexle (Hrsg.), Stadt und Recht im Mittelalter/La ville et le droit au Moyen Âge (Veröffentlichungen des Max-Planck-Instituts für Geschichte 174), 2003, S. 133-151 (134-135); zum Personalitätsprinzip im Landrecht DIETMAR WILLOWEIT, Zur Frage des Personalitätsprinzips im Sachsenspiegel und in schlesischen Lokationsurkunden des 13. Jahrhunderts, in: Dietmar Willoweit/Winfried Schich (Hrsg.), Studien zur Geschichte des sächsisch-magdeburgischen Rechts in Deutschland und Polen (Rechtshistorische Reihe 10), 1980, S. 94-115; zur Diskussion im gelehrten Recht HERRMANN (Anm. 5), S. 3-6.

23 WILHELM EBEL, Lübisches Recht. Bd. 1: Entfaltung und Blüte, 1971, S. 128-135, ERICH HOFFMANN, Lübeck im Hoch- und Spätmittelalter: Die große Zeit Lübecks, in: Antjekathrin Graßmann (Hrsg.), Lübeckische Geschichte, 4. Aufl. 2008, S. 81-339 (242).

bzw. nach dem Holstenrecht. Mit eigenen Willküren entwickelte der Rat der Stadt das jeweilige Stadtrecht weiter.[24] Die Stadt war damit ein eigener Rechtsraum, der sich deutlich vom Umland unterschied. Die Bevölkerung musste in zahlreichen Städten sogar einmal jährlich einen Eid auf das Stadtrecht ablegen. An diesen sog. Schwörtagen oder Burspraken stellte man damit für jedermann sichtbar klar, dass alle Einwohner nach demselben Recht lebten.[25] Rechtsvielfalt als Problem entstand dann ebenfalls nicht, weil ein erster Schritt auf dem Weg zum Territorialitätsprinzip der Rechtsgeltung erfolgt war.

Lediglich für Fremde, die sich nur zeitweise in der Stadt aufhielten, gab es Ausnahmen. Für sie bestanden vielerorts eigene Gastgerichte, wenn es sich um Messestädte handelte auch Messegerichte. Doch wie diese Gerichte arbeiteten und wie man die Fremden dort behandeln sollte, legte die Stadt selbst fest.[26] Widersprüche oder Anwendungsschwierigkeiten zwischen dem Stadtrecht für die eigene Bevölkerung und dem Fremdenrecht konnte es auf diese Weise nie geben.

Auch mit einem weiteren Problem ging das ungelehrte mittelalterliche Recht sehr pragmatisch um. Die Vielfalt verschiedener Rechtsgewohnheiten oder lokaler Rechte konnte sich leicht als Schwierigkeit herausstellen, wenn streitige Rechtsfälle an einen überregional angesehenen Oberhof oder Schöffenstuhl gelangten. Hierbei handelt es sich um eine typische Erscheinung der spätmittelalterlichen Gerichtsverfassung. Wenn in einer gerichtlichen Streitigkeit die Schöffen vor Ort nicht in der Lage waren, das Recht zu finden bzw. zu erkennen, wandten sie sich regelmäßig hilfesuchend an einen Oberhof. Solche Anfragen waren keine Rechtsmittel im modernen Sinne, denn es gab noch gar keine untergerichtliche Entscheidung, gegen die eine Seite hätte vorgehen können. Vielmehr erhofften sich Richter und Urteiler des Ausgangsgerichts besseres Recht vom Oberhof.[27] Nach einem schönen Spruch MAX WEBERS hat man es

---

24 BADER/DILCHER (Anm. 22), S. 613-617; klassisch WILHELM EBEL, Die Willkür. Eine Studie zu den Denkformen des älteren deutschen Rechts (Göttinger rechtswissenschaftliche Studien 6), 1953, S. 46-67.

25 EBEL (Anm. 23), S. 307-317; THEODOR BÜHLER, Rechtsschöpfung und Rechtswahrung an der Schnittstelle zwischen Mündlichkeit und Schriftlichkeit aufgrund von mittelalterlichen Rechtsquellen insbesondere aus Mitteleuropa (Europäische Rechts- und Regionalgeschichte 18), 2012, S. 39, 152-156.

26 BADER/DILCHER (Anm. 22), S. 461-464; ISENMANN (Anm. 22), S. 158-159; CLAUDIA SEIRING, Fremde in der Stadt (1300-1800). Die Rechtsstellung Auswärtiger in mittelalterlichen und neuzeitlichen Quellen der deutschsprachigen Schweiz, 1999 (= Diss. jur. Fribourg 1998), S. 66-75; nur knappe Hinweise bei ANNE DÜNZELMANN, Vom Gaste, den Joden und den Fremden. Zur Ethnographie von Immigration, Rezeption und Exkludierung Fremder am Beispiel der Stadt Bremen vom Mittelalter bis 1848 (Geschichte 37), 2001, S. 84 (Gastrecht), 122-124 (Schutzbürgerschaft); kein Hinweis auf Gastgerichte bei FRANK MEYER, Gefürchtet und bestaunt. Vom Umgang mit Fremden im Mittelalter, 2007, S. 143-157 (dort nur allgemein zu Fremdheit in Städten).

27 Guter allgemeiner Überblick bei JÜRGEN WEITZEL, Über Oberhöfe, Recht und Rechtszug. Eine Skizze (Göttinger Studien zur Rechtsgeschichte 15), 1981; DIETER WERKMÜLLER, Art. Oberhof, in: Adalbert Erler/Ekkehard Kaufmann (Hrsg.), HRG, Bd. 3, 1984, Sp. 1134-1146.

hier mit Rechtshonoratioren[28] zu tun, die aufgrund ihrer langjährigen Erfahrung das notwendige Ansehen besaßen und deren Entscheidung genau deshalb von den Beteiligten des Ausgangsgerichts akzeptiert wurde. Die Oberhofsprengel erstreckten sich teilweise über große Entfernungen. Der Ingelheimer Oberhof in der Nähe von Bingen am Rhein urteilte über die Anfragen aus etwa 70 anderen Orten.[29] Der Lübecker Oberhof entschied Fälle aus dem Bereich des lübischen Rechts bis hin nach Reval im heutigen Estland.[30] Und der Magdeburger Schöffenstuhl galt als Autorität im Bereich des sächsisch-magdeburgischen Stadtrechts bis weit nach Osteuropa hinein.[31]

Daraus konnten leicht Schwierigkeiten mit Rechtspluralismus entstehen. Denn das Ortsrecht des anfragenden Gerichts konnte sich durchaus vom Recht des Oberhofs unterscheiden. Möglicherweise bestanden dort besondere örtliche Gewohnheiten für einzelne Fragen. Und genau jetzt ergaben sich Probleme. Das Ansehen der Oberhofschöffen als rechtspraktisch erfahrene Urteiler beruhte auf ihrem gesammelten Wissen, nicht auf einer universitären Ausbildung. Und ihr Erfahrungswissen fußte selbstverständlich nur auf denjenigen Rechtsgewohnheiten, nach denen sie selbst lebten und an denen sie regelmäßig ihre Entscheidungen ausrichteten. Die Autorität der Schöffen setzte es nahezu zwingend voraus, dass sie Auskunft erteilten über ihr eigenes Recht und nicht über fremde Rechte. Deswegen urteilten die meisten Oberhöfe und Schöffenstühle auf der Grundlage ihres eigenen *ius fori* und beachteten abweichende Gewohnheiten nicht. Falls die anfragenden Gerichte auf ihre Ortsbräuche verwiesen, lehnten es die Oberhofschöffen ab, diese Grundlagen auch nur zu prüfen. Die einschlägigen Wendungen der Magdeburger Schöffen hat JÜRGEN WEITZEL zusammengestellt:

> noch der stat Breslaw gewonheyt und wilkor sprechen wir keyn recht nicht; aber was ihr in der gewonheit habt [...], darüber gebührt uns nicht ein recht zu sprechen; uff ewer stat gnode, wilkor und gewonheyt behort uns nicht zu erkennen; uff soliche gewonheyt uns in recht nicht

---

28 WEBER (Anm. 21), S. 456-467, besonders 461-462.

29 ADALBERT ERLER (Hrsg.), Die älteren Urteile des Ingelheimer Oberhofes, Bd. 4, 1963, S. 55-56 (Auflistung und Landkarte).

30 TOBIAS KÄMPF, Das Revaler Ratsurteilsbuch. Grundsätze und Regeln des Prozessverfahrens in der frühneuzeitlichen Hansestadt (Quellen und Darstellungen zur hansischen Geschichte N.F. 66), 2013, S. 212-230.

31 Dazu die Schriftenreihe Ius saxonico-maideburgense in Oriente. Das sächsisch-magdeburgische Recht als kulturelles Bindeglied zwischen den Rechtsordnungen Ost- und Mitteleuropas: Bd. 1: ERNST EICHLER/HEINER LÜCK (Hrsg.), Rechts- und Sprachtransfer in Mittel- und Osteuropa. Sachsenspiegel und Magdeburger Recht, 2012; Bd. 2: INGE BILY/WIELAND CARLS/KATALIN GÖNCZI, Sächsisch-magdeburgisches Recht in Polen. Untersuchungen zur Geschichte des Rechts und seiner Sprache, 2011; außerdem HEINER LÜCK/MATTHIAS PUHLE/ANDREAS RANFT (Hrsg.), Grundlagen für ein neues Europa. Das Magdeburger und Lübecker Recht in Spätmittelalter und Früher Neuzeit (Quellen und Forschungen zur Geschichte Sachsen-Anhalts 6), 2009.

geboret zcu erkennen; uns gehoret nicht, uff der stete, der lande und furstenthumer gewonheit in rechten nicht zu erkenne, sunder uff die sache sprechen wir vor recht.[32]

Wenn es innerhalb des Oberhofsprengels verschiedene Ortsgewohnheiten gab, nahmen die Magdeburger Schöffen solche Besonderheiten also ausdrücklich gar nicht zur Kenntnis.[33] Sie wussten um die rechtlichen Unterschiede, beachteten sie aber nicht. Für die hier verfolgte Fragestellung nach dem Verhältnis von Rechtsvielfalt und Rechtseinheit ergibt sich daraus ein wichtiger Befund: Die Oberhöfe betrieben der Sache nach Rechtsvereinheitlichung innerhalb ihres Jurisdiktionsgebietes, indem sie auch für Anfragen aus entfernten Gegenden immer ihr eigenes Recht zugrunde-legten. Gerade dann also, wenn es zu Streitigkeiten um abweichende Gewohnheiten und rechtliche Gebräuche kam, standen die Chancen schlecht, dass ein Oberhof sie berücksichtigte. Die Oberhofschöffen kannten diese Rechtsgewohnheiten nicht, und eine gelehrte Doktrin, wie man vor Gericht mit fremdem Recht umgehen sollte, war nicht vorhanden.

Es verwundert nicht, dass sich diese konsequente Haltung erst im späten 15. Jahrhundert zu ändern begann. Vom Lübecker Oberhof sind seit 1486 Entschei-dungen bekannt, in denen die Ratsherren auch fremde Gewohnheiten ihren Sprü-chen zugrunde legten. Zunächst betonten sie jedoch immer, dass die vorgetragenen fremden Rechte auch „na wonheit unde der stadt Lubecke rechte" bestehen könn-ten.[34] Aus der Perspektive des ungelehrten mittelalterlichen Rechts stellt die Berück-sichtigung örtlicher Gewohnheiten also eine besonders späte Erscheinung dar. Höchstwahrscheinlich zeigen sich hier bereits Anlehnungen an die Grundsätze des gelehrten römisch-kanonischen Rechts.[35] Als Zwischenergebnis bleibt festzuhalten: Die bewusste Anerkennung von Rechtsvielfalt innerhalb desselben Gebietes und die daraus folgenden Hierarchie- und Anwendungsprobleme waren im ungelehrten ein-heimischen Recht im Mittelalter kaum vorhanden. Rechtseinheit folgte innerhalb der Oberhofkreise aus dem *ius fori* des Oberhofs selbst.

---

32 JÜRGEN WEITZEL, Gewohnheiten im lübischen und im sächsisch-magdeburgischen Rechtskreis, in: La Coutume – Custom. Bd. 2: Europe occidentale médiévale et moderne (Recueils de la Société Jean Bodin 52), 1990, S. 325-358 (338).

33 Zu diesem Problemkreis außerdem GERHARD BUCHDA, „Gewohnheiten" in der Pößnecker Schöf-fenspruchsammlung, ZRG GA 78 (1961), S. 64-92; FRIEDRICH EBEL, Statutum und ius fori im deutschen Spätmittelalter, ZRG GA 93 (1976), S. 100-153.

34 WEITZEL (Anm. 32), S. 335; speziell zu Lübeck auch ALBRECHT CORDES, Acceptance and Rejec-tion of 'Foreign' Legal Doctrine by the Council of Lubeck Around 1500, in: Serge Dauchy/W. Hamilton Bryson/Matthew C. Mirow (Hrsg.), Ratio decidendi. Guiding Principles of Judicial Decisions. Volume 2: 'Foreign' Law (Comparative Studies in Continental and Anglo-American Legal History 25/2), 2010, S. 17-35.

35 Im Ergebnis ähnlich EBEL (Anm. 33), ZRG GA 93 (1976), S. 143-148, mit dem Hinweis, in der frühes-ten Zeit sei die Berücksichtigung fremder Statuten wohl noch nicht auf den Einfluss der gelehrten Doktrin zurückzuführen. Die immer stärkere Anlehnung an die rechtsgelehrten Modelle erfolgte aber schon im 15. Jahrhundert.

III Rechtsvielfalt als Problem in der Rezeptionszeit

Unter dem Einfluss des römisch-kanonischen Rechts vollzog sich ein entscheidender Wandel bei der Beurteilung von Rechtsvielfalt und Rechtseinheit.[36] Ihrem Anspruch nach waren die beiden großen *Corpora*, also das Corpus Iuris Civilis und das Corpus Iuris Canonici, Autoritäten, die keine räumlichen Begrenzungen kannten. Sowohl die Inhalte des gelehrten Rechts als auch die damit verbundene Arbeitsweise von Juristen hatten etwas Universales. Ein förmlicher Geltungsanspruch war damit nicht verbunden.[37] Aber die inhaltliche Kraft der *ratio scripta* war so groß, dass die gelehrten Juristen in ihrer Arbeit auf diese Quellen zurückgriffen. Vor allem seit dem 12. Jahrhundert gerieten das römische und das kanonische Recht in den Blick von Studenten, die später in ihrer politischen, diplomatischen oder rechtspraktischen Tätigkeit auf dieses Wissen zurückgreifen konnten.[38] Neben diesem universalen römisch-kanonischen Recht gab es aber sehr früh in den italienischen Städten schon schriftliche Aufzeichnungen eigener Stadtrechte, zumeist Statuten genannt.[39] Wenn jetzt ein universitär ausgebildeter Jurist als Richter in eine italienische Stadt berufen wurde, stellte sich die Frage, nach welchem Recht er auftretende Streitigkeiten entscheiden sollte, nach dem Statutarrecht der jeweiligen Stadt oder nach den Lehren, die er an der Universität kennengelernt hatte. Zwei Punkte verschärften diese Frage. Die Richter hatten üblicherweise befristete Verträge und zogen nach spätestens einem oder zwei

---

36 Der Begriff „Rezeption" wird hier aus Zweckmäßigkeitsgründen beibehalten, ohne damit ein Urteil über die Art der Rechtsveränderungen abzugeben. Zur Diskussion um Rezeption, Transfer, Transplant etc. u.a. Thomas Duve, Von der Europäischen Rechtsgeschichte zu einer Rechtsgeschichte Europas in globalhistorischer Perspektive, Rg 20 (2012), S. 18-71 (52-55); Eva Schumann, Rechts- und Sprachtransfer am Beispiel der volkssprachigen Praktikerliteratur, in: Andreas Deutsch (Hrsg.), Historische Rechtssprache des Deutschen, 2013, S. 123-174 (158-161).

37 Nils Jansen, The Making of Legal Authority. Non-legislative Codifications in Historical and Comparative Perspective, 2010, S. 21-23, 28-34.

38 Zur mittelalterlichen italienischen Universität Hermann Lange, Römisches Recht im Mittelalter. Bd. 1: Die Glossatoren, 1997, S. 35-53; Coing (Anm. 1), S. 10-13; zum deutschen Spätmittelalter Rainer C. Schwinges, Zur Professionalisierung gelehrter Tätigkeit im deutschen Spätmittelalter, in: Hartmut Boockmann/Ludger Grenzmann/Bernd Moeller/Martin Staehelin (Hrsg.), Recht und Verfassung im Übergang vom Mittelalter zur Neuzeit, II. Teil (Abhandlungen der Akademie der Wissenschaften zu Göttingen, phil.-hist. Klasse III/239), 2001, S. 473-493.

39 Hagen Keller, Die Kodifizierung des Mailänder Gewohnheitsrechts von 1216 in ihrem gesellschaftlich-institutionellen Kontext, in: Atti dell'11° congresso internazionale di studi sull'alto medioevo Milano, 26-30 ottobre 1987, 1989, Bd. 1, S. 145-171 (149); ders./Reinhold Schneider, Rechtsgewohnheit, Satzungsrecht und Kodifikation in der Kommune Mailand vor der Errichtung der Signorie, in: Hagen Keller/Jörg W. Busch (Hrsg.), Statutencodices des 13. Jahrhunderts als Zeugen pragmatischer Schriftlichkeit (Münstersche Mittelalter-Schriften 64), 1991, S. 167-191; Dilcher (Anm. 21), S. 157 (älteste Gesetzgebung 1135); Mario Ascheri, Satutory Law of Italian Cities from Middle Ages to Early Modern, in: Gisela Drossbach (Hrsg.), Von der Ordnung zur Norm: Statuten in Mittelalter und Früher Neuzeit, 2010, S. 201-216; Überblick über die Statutarrechte bei Armin Wolf, Gesetzgebung in Europa 1100-1500. Zur Entstehung der Territorialstaaten, 2. Aufl. 1996, S. 76-85.

Jahren gleich weiter in eine andere Stadt.[40] Wie sollten sie sich innerhalb so kurzer Zeit also Kenntnis über die Einzelheiten des Stadtrechts verschaffen? Zum anderen beschränkte sich das universitäre Lehrprogramm auf römisches und kanonisches Recht, auf die beiden *iura*. Das Partikularrecht nahm man an der mittelalterlichen Universität nicht zur Kenntnis. Aber die gelehrten Juristen entwickelten eine Doktrin, wie man vor Ort mit den Fragen von Rechtsvielfalt umgehen sollte.

1 Die gemeinrechtliche Rechtsanwendungslehre

Das Ergebnis war die weithin bekannte Statutentheorie.[41] Auf der Grenzlinie von materiellem Recht und Prozessrecht formulierten die gelehrten Juristen drei Grundsätze, mit denen sie den Rechtspluralismus in den Griff bekommen wollten.[42] Zunächst sollte das Recht des engeren Rechtskreises dem Recht des weiteren Rechtskreises vorgehen. In der Hierarchie der Rechtsquellen verdrängte also das speziellere Recht das allgemeinere. Das bezog sich nicht auf einzelne Vorschriften innerhalb derselben Rechtsquelle, sondern auf das Rangverhältnis der Quellenmassen als solcher. Immer dann also, wenn es für ein spezielles Problem eine Lösung im Statutarrecht gab, sollte man das Problem nach dem Statutarrecht lösen. Nur bei Lücken im partikularen Recht durfte man auf das allgemeine Recht zurückgreifen. Das römisch-kanonische Recht erschien auf diese Weise als subsidiäre Rechtsquelle und stand in der Normenhierarchie an letzter Stelle. Das genaue Verhältnis zwischen kanonischem und römischem Recht befand sich lange in der Diskussion, besonders in Einzelfragen, die beide Rechte unterschiedlich beantworteten. Da das kanonische Recht einerseits in seiner Entstehung jünger als das römische Recht war, seine praktische mittelalterliche Anwendung zugleich aber der Berücksichtigung des römischen Rechts zeitlich vorausging, gab es verschiedene Spielarten von Bereichslehren und zeitlich gestuften Vorrangverhältnissen.[43]

---

40 WOLDEMAR ENGELMANN, Die Wiedergeburt der Rechtskultur in Italien durch die wissenschaftliche Lehre, 1938, S. 66-67, 485.

41 Überblick über verschiedene Spielarten der Statutentheorie bei COING (Anm. 1), S. 137-146; epochenüberspannender Überblick bei KNUT WOLFGANG NÖRR, Iura novit curia: aber auch fremdes Recht? Eine rechtsgeschichtliche Skizze, in: Serge Dauchy/W. Hamilton Bryson/Matthew C. Mirow (Hrsg.), Ratio decidendi. Guiding Principles of Judicial Decisions. Volume 2: 'Foreign' Law, 2010, S. 9-16.

42 Zur Auslegungs- und Rechtsanwendungslehre im späten Mittelalter ENGELMANN (Anm. 40), S. 128-171; WOLFGANG WIEGAND, Studien zur Rechtsanwendungslehre der Rezeptionszeit (Münchener Universitätsschriften – Juristische Fakultät. Abhandlungen zur rechtswissenschaftlichen Grundlagenforschung 27), 1977.

43 Genauere moderne Forschung zu den Rechtsanwendungsklauseln und zur Gerichtspraxis in diesem Punkt fehlt weithin; in der Sache sehr pointiert WILLEM J. ZWALVE/BOUDEWIJN SIRKS, Grundzüge der europäischen Privatrechtsgeschichte. Einführung und Sachenrecht, 2012, S. 68: römisches Recht als subsidiäres Recht innerhalb des kanonischen Rechts, eigenständige Bedeutung oft erst nach der Reformation. Zur beschwerlichen mittelalterlichen Diskussion RICHARD H. HELMHOLZ, Ka-

Die materielle Nachrangigkeit des römisch-kanonischen Rechts wurde freilich durch die zweite und dritte Stufe der Rechtsanwendungslehre deutlich abgeschwächt. Der zweite Lehrsatz lautete nämlich, bei der Auslegung des Statutarrechts müsse man versuchen, ein Ergebnis zu erzielen, das möglichst wenig vom römisch-kanonischen Recht abwich: „Statuta sunt stricte interpretanda, ut minime laedant ius commune". Die sogenannte strikte Interpretation[44] forderte also ausdrücklich, das partikulare Recht mit den Methoden des universitären gelehrten Rechts auszulegen. Das ging bis hin zu Inhaltskontrollen. Nach den Lehren der gemeinrechtlichen Juristen durften böse und ungerechte Gewohnheiten und Statutarrechte nicht angewandt werden. Ein frühneuzeitlicher Paradefall stammte aus Erfurt. Angeblich durfte dort niemand in den Rat aufgenommen werden, der Peter hieß.[45] Rationabilität, Vernünftigkeit – so nannte man die Eigenschaft, die das Statutarrecht erfüllen musste, um überhaupt beachtlich zu sein.[46] Dann erst begann die Auslegung. Nach dem theoretischen Ausgangspunkt war das Statutarrecht eine Ausnahme zum allgemeinen römisch-kanonischen Recht. Als Ausnahmeregelungen sollten statutarrechtliche Normen eng verstanden werden, um den Geltungsbereich des universalen Rechts möglichst wenig einzuschränken. Typische Diskussionen bezogen sich auf das Familien- und Erbrecht. Im Ehegüterrecht sowie im Intestaterbrecht unterschieden sich die örtlichen Rechte stark voneinander. Aber, so die gelehrten Juristen, über ihren unmissverständlichen Wortlaut hinaus sollten die partikularen Quellen nicht ausgedehnt werden. Die strikte Interpretation schränkte auf diese Weise die Rechtsvielfalt ein, weil sie den Anwendungsbereich des römisch-kanonischen Rechts ausweitete.

Die dritte Stufe der Statutentheorie bezog sich auf die Situation vor Gericht. Hier nahmen die gelehrten Juristen Rücksicht auf die Ausbildung der universitär geschul-

---

nonisches Recht und europäische Rechtskultur (dt. Übersetzung von JÖRG MÜLLER), 2013, S. 212-219; für die Sichtweise des weltlichen Rechts und vor allem die spätere Zeit einschlägig ist UDO WOLTER, Ius canonicum in iure civili. Studien zur Rechtsquellenlehre in der neueren Privatrechtsgeschichte (Forschungen zur Neueren Privatrechtsgeschichte 23), 1975, S. 51-52, 123-128, 163-165 (zu Böhmer), 172; unklar CHRISTOPH LINK, Kirchliche Rechtsgeschichte. Kirche, Staat und Recht in der europäischen Geschichte von den Anfängen bis ins 21. Jahrhundert, 2. Aufl. 2010, § 6 Rn. 13 (S. 42): im Mittelalter ebenbürtig neben dem römischen Recht, § 13 Rn. 9 (S. 89): nach der Reformation in evangelischen Territorien subsidiär hinter dem römischen Recht.

44 MARIO SBRICCOLI, L'interpretazione dello statuto. Contributo alla studio della funzione dei giuristi nell'età comunale (Università di Macerata. Pubblicazioni della facoltà di giurisprudenza. Seconda serie 1), 1969; REINHARD ZIMMERMANN, Statuta sunt stricte interpretanda? Statutes and the Common Law: A Continental Perspective, The Cambridge Law Journal 56 Nr. 2 (Juli 1997), S. 315-328; HELMHOLZ (Anm. 43), S. 22; weitere Nachweise bei OESTMANN, Rechtsvielfalt vor Gericht (Anm. 2), S. 7.

45 WOLFGANG WIEGAND, Die privatrechtlichen Rechtsquellen des Usus modernus, in: Dieter Simon (Hrsg.), Akten des 26. Deutschen Rechtshistorikertages (Ius Commune. Sonderheft 30), 1987, S. 237-252 (241).

46 Am Beispiel der *Consuetudines* WINFRIED TRUSEN, Römisches und partikuläres Recht in der Rezeptionszeit, in: ders., Gelehrtes Recht im Mittelalter und in der frühen Neuzeit (Bibliotheca Eruditorum 23), 1997, S. 97-120 (116) = 737*-760* (756*).

ten Richter. Diese konnten den genauen Inhalt des Partikularrechts zwar zufällig wissen, besaßen zumeist aber keine genaueren Kenntnisse darüber. Und deshalb sagte man, es gehöre zu den Aufgaben der Parteien, das Gericht über die Existenz und den Inhalt des Statutarrechts zu informieren. Dogmatisch begründete man dies mit dem Hinweis, sowohl das Vorhandensein als auch der jeweilige Gehalt des Statutarrechts seien tatsächliche Fragen, und für die Beibringung von Tatsachen im Zivilprozess seien die Parteien verantwortlich. „Statuta sunt facti" und „consuetudo est facti" wurden zu den Merksätzen der gelehrten Doktrin. Diese Beibringungsobliegenheit, zeitgenössisch oft als Allegation bezeichnet, verknüpfte man mit einer Beweisregel. Danach sollte das Gericht grundsätzlich das universale römisch-kanonische Recht seinen Entscheidungen zugrundelegen, soweit nicht eine Partei ein abweichendes Statutarrecht vorgetragen und bewiesen hatte. Diese Anwendungsvermutung nannte man seit dem 17. Jahrhundert *fundata intentio*, doch der Sache nach gab es diese Auffassung bereits seit mindestens dem 13./14. Jahrhundert.[47] Die Vermutungsregel zugunsten des römisch-kanonischen Rechts besagte also, dass der Richter von Amts wegen nur das gelehrte Recht kennen musste. Wer sich auf abweichende Quellen berief, ging ein Beweisrisiko ein. Es gab in partikularrechtlichen Fragen damit ein *onus probandi*, eine Beweislast zum Nachteil desjenigen, der abweichende regionale Rechtsquellen anführen wollte. Falls es nämlich um Existenz und Inhalt dieser Normen Streit gab und er seine Ansicht nicht erhärten konnte, griff das Gericht ohne weiteres auf das römisch-kanonische Recht zurück.

Gerade diese dritte Stufe der Statutentheorie dürfte in der Sache erheblich dazu beigetragen haben, dass trotz der zahlreichen verschiedenen Stadtrechte zunächst in Italien ein auch praktisch wirksames überregionales gemeines Recht entstand. In den Feinheiten gab es stets Diskussionen. Falls das spezielle Recht beispielsweise allgemein bekannt war,[48] falls es im Stadtbuch überliefert war oder sonstwie leicht zugänglich erschien, galt es als *ius commune in loco* und unterlag dann nicht den Allegations- und Beweisanforderungen des übrigen Statutarrechts.[49] Der genaue Inhalt des gemeinen Rechts unterschied sich auf diese Weise von Ort zu Ort, von Region zu Region. Trotzdem scheinen die gemeinrechtliche Rechtsquellenhierarchie sowie die Rechtsanwendungslehre stark dazu beigetragen zu haben, die vergleichsweise kleinräumigen mittelalterlichen Rechtskreise aufzubrechen und einen europäischen Rechtsraum zu schaffen. Wesentliche Einzelentscheidungen des Rechts waren weithin gleich, die Prozessmaximen folgten überwiegend den gelehrten Vorbildern

---

47 WOLFGANG WIEGAND, Zur Herkunft und Ausbreitung der Formel „habere fundatam intentionem", in: Sten Gagnér/Hans Schlosser/Wolfgang Wiegand (Hrsg.), Festschrift für Hermann Krause, 1975, S. 126-170.
48 Einzelheiten zur sog. Notorietät bei MATHIAS SCHMOECKEL, „Excessus notorius examinatione non indiget". Die Entstehung der Lehre von der Notorietät, Rivista Internazionale di Diritto Comune 14 (2003), S. 155-188.
49 WIEGAND (Anm. 42), S. 151, 153; OESTMANN, Rechtsvielfalt vor Gericht (Anm. 2), S. 9, 15.

des gemeinrechtlichen Prozesses,[50] und vor allem konnten die Werke der lateinischen, auch der praktisch ausgerichteten Literatur einen europäischen Diskussionsraum eröffnen, der durch partikulare Zersplitterung kaum beeinträchtigt war. Gesetzgebung war für all dies nicht erforderlich.

2 Frühe Rechtsanwendungsklauseln in Deutschland

Wendet man von hier aus den Blick auf das Heilige Römische Reich Deutscher Nation, hat man es mit zeitlichen Verschiebungen zu tun, steht aber weithin vor ähnlichen oder denselben Befunden. Schon die Glosse zum Sachsenspiegel von JOHANN VON BUCH aus der ersten Hälfte des 14. Jahrhunderts stellte das besondere Recht der Sachsen dem Kaiserrecht gegenüber.[51] Mit diesem Titel bezeichnete man damals das römisch-kanonische Recht.[52] In einer Zeit, in der die Magdeburger Schöffen sich noch weigerten, abweichende Gewohnheiten aus dem magdeburgisch-sächsischen Rechtskreis bei ihren Entscheidungen überhaupt zur Kenntnis zu nehmen, war sich JOHANN VON BUCH über das gleichzeitige Nebeneinander des sächsischen und des römisch-kanonischen Rechts durchaus im Klaren.

Ganz wie in den italienischen Vorbildern entstanden jetzt nördlich der Alpen ebenfalls Rechtsaufzeichnungen in Städten und später in Territorien, die sich an die gelehrte Statutentheorie anlehnten. Eines der frühesten Beispiele stammt aus Lüneburg von 1401:

> Dat me tovorn sik holden scal an dit ieghenwardighe buk und an de Stad priuilegia. Dar de to schedinge welker sake wes drepet wol, dat der utscrifte hir nicht in geschreuen weren, und wes me in dessem boke edder in den priuilegien nicht en vind, dar willet de Rat vnd borghere in allen saken vnd schelingen na desser tyd sik mer richten an mene sassech lantrecht. Vnde wes me dar nicht ane vind, dar schal me sik denne in den stucken richten vnd holden an dat keyserrecht. Vnd wes me dar uort nicht ane vind, dar scal me sik holden an dat gheistlike recht. Welke sake ok uor desser tyd wanner to luneborgh gherichtet sint, der me sik enkede uordenket, vnd de me

---

50 Umfassend zu den mittelalterlichen gelehrten Wurzeln WIESŁAW LITEWSKI, Der römisch-kanonische Zivilprozeß nach den älteren ordines iudiciarii, 2 Bände, 1999; KNUT WOLFGANG NÖRR, Romanisch-kanonisches Prozessrecht. Erkenntnisverfahren erster Instanz in civilibus, 2012.
51 FRANK MICHAEL KAUFMANN (Hrsg.), Glossen zum Sachsenspiegel-Landrecht. Buch'sche Glosse (Monumenta Germaniae Historica. Fontes iuris Germanici antiqui nova series VII), 2002, 3 Bände; Buch 1 cap. 61 [= I 62 § 7], S. 448, Buch 3 cap. 62 [= III 69 § 3], S. 1390-1391; auch bei JULIUS WILHELM PLANCK, Das Deutsche Gerichtsverfahren im Mittelalter. Nach dem Sachsenspiegel und den verwandten Rechtsquellen, Bd. 1, 1879, S. 88.
52 HERMANN KRAUSE, Kaiserrecht und Rezeption (Abhandlungen der Heidelberger Akademie der Wissenschaften, phil.-hist. Klasse 1952/1), 1952, S. 94-95; BERND KANNOWSKI, Die Umgestaltung des Sachsenspiegelrechts durch die Buch'sche Glosse (Monumenta Germaniae Historica. Schriften 56), 2007, S. 197-201; HIRAM KÜMPER, Sachsenrecht. Studien zur Geschichte des sächsischen Landrechts in Mittelalter und früher Neuzeit (Schriften zur Rechtsgeschichte 142), 2009, S. 216, 267 (Nikolaus Wurm).

bewisen magh, dat de mit rechte scheden sint, wanner denne na desser tyd der saken ghelyk mer vallen, so scal me sodane saken na dem rechte vordan scheden.[53]

Dieser oft erwähnte Ratsbeschluss leitete das Lüneburger Stadtrecht ein.[54] Die Rechtsvielfalt, also das gleichzeitige Nebeneinander ganz verschiedener Rechte, war dem Rat der Stadt Lüneburg vollkommen präsent. Deswegen gab diese Präambel eine Normenhierarchie vor, nach der das Gericht in der Praxis mit den unterschiedlichen Quellenmassen umgehen sollte. An erster Stelle stand das Stadtbuch, also das 1401 aufgezeichnete Stadtrecht. Danach folgte das Privilegienrecht, also das vom Stadtherren verliehene Stadtrecht.[55] Bei Lücken sollte man auf das sächsische Landrecht zurückgreifen, also auf den Sachsenspiegel. Obwohl der Sachsenspiegel ursprünglich ländliche Gewohnheiten wiedergeben wollte und gerade kein spezifisches Stadtrecht enthielt, erlangte er schnell auch in den sächsischen Städten gesetzesgleiche Geltung. In Lüneburg gab es schon bald eine Prachthandschrift für den Rat, die ausdrücklich subsidiär herangezogen werden sollte.[56] Bei Lücken im Sachsenrecht griff

---

53 Bei WILHELM THEODOR KRAUT (Hrsg.), Das alte Stadtrecht von Lüneburg, 1846, S. 2 Zeilen 6-22. Übertragung: Dass man zuvor sich halten soll an dieses gegenwärtige Buch und an die Stadtprivilegien. Falls es bei der Entscheidung einer Sache vorkommt, dass die Vorschrift hierin nicht geschrieben ist und man sie in diesem Buch oder in den Privilegien nicht findet, da wollen Rat und Bürger, dass man sich in allen Sachen und Streitigkeiten ab dieser Zeit richtet nach dem sächsischen Landrecht. Wenn man darin nichts findet, dann soll man sich in diesen Sachen richten und halten an das Kaiserrecht. Und wenn man weiterhin da nichts findet, dann soll man sich halten an das geistliche Recht. Welche Sachen auch vor dieser Zeit irgendwann zu Lüneburg gerichtet sind, soweit man sich irgendwie daran erinnert und man die beweisen mag, dass sie mit Recht entschieden sind, wenn dann ab dieser Zeit gleichartige Sachen nochmals vorfallen, so soll man solche Sachen nach dem früheren Recht entscheiden.
54 Erwähnt bei OTTO STOBBE, Geschichte der deutschen Rechtsquellen, 2 Bände, 1860/64, Bd. 1, S. 652, Bd. 2, S. 326; TRUSEN (Anm. 46), S. 102 = 742*; KLAUS LUIG, Universales Recht und partikulares Recht in den „Meditationes ad pandectas" von Augustin Leyser, in: ders., Römisches Recht. Naturrecht. Nationales Recht (Bibliotheca Eruditorum 22), 1998, S. 27-48 (30-31) = S. 109*-130* (112*-113*); FRIEDRICH EBEL, Wirkungen des Lüneburger Stadtrechts von 1401, in: ders., Unseren fruntlichen grus zuvor. Deutsches Recht des Mittelalters im mittel und osteuropäischen Raum. Kleine Schriften, hrsg. von Andreas Fijal, Hans-Jörg Leuchte und Hans-Jochen Schiewer, 2004, S. 351-358 (351 mit weiteren Belegen in Fn. 3); KARL KROESCHELL, recht unde unrecht der sassen. Rechtsgeschichte Niedersachsens, 2005, S. 174-175; KERSTIN SEIDEL, Vorzeigen und nachschlagen. Zur Medialität und Materialität mittelalterlicher Rechtsbücher, Frühmittelalterliche Studien 42 (2009), S. 307-328 (307 mit weiteren Belegen in Fn. 2).
55 Hinweis auf lüneburgische Privilegien bei BERNHARD DIESTELKAMP, Die Städteprivilegien Herzog Ottos des Kindes, ersten Herzogs von Braunschweig-Lüneburg (1204-1252) (Quellen und Darstellungen zur Geschichte Niedersachsens 59), 1961, S. 138-161.
56 ECKHARD FREISE, Sachsenspiegel des Lüneburger Rates, in: Egbert Koolman/Ewald Gäßler/Friedrich Scheele (Hrsg.), der sassen speyghel. Sachsenspiegel – Recht – Alltag. Beiträge und Katalog zu den Ausstellungen „Bilderhandschrifen des Sachsenspiegels – Niederdeutsche Sachsenspiegel" und „Nun vernehmet in Land und Stadt – Oldenburg. Sachsenspiegel. Stadtrecht" (Veröffentlichungen des Stadtmuseums Oldenburg 21), 2 Bände, 1995, Bd. 1, S. 447-449 (mit Abbildung und Literatur);

sodann das Kaiserrecht ein, abweichend von der üblichen gelehrten Doktrin sogar noch vor dem kanonischen Recht.[57] Aber das gemeinrechtliche Prinzip war hier sehr klar erkennbar. Das jeweils speziellere Recht verdrängte das nachrangige allgemeinere Recht. Stadtrecht vor Landrecht, Landrecht vor römisch-kanonischem Recht.[58] Auf diese Weise versuchte der Lüneburger Rat die mindestens fünf Quellenschichten zu ordnen. Am Ende des wiedergegebenen Ratsbeschlusses tauchten darüber hinaus ältere Gewohnheiten oder frühere Entscheidungen auf, die bei zukünftigen Fällen ebenfalls die Richtschnur bilden sollten.[59] In welchem Verhältnis sie zu den übrigen Rechtsmassen stehen sollten, sagte der Lüneburger Rat nicht. Dafür geht es an dieser Stelle ausdrücklich um das aus dem gemeinen Recht bekannte Beweiserfordernis.[60]

IV Rechtsvielfalt und Wege zur Rechtseinheit in der frühen Neuzeit

Rechtsanwendungsklauseln wie diejenige aus Lüneburg von 1401 setzten sich nach und nach in den wichtigsten Gerichts- und Prozessordnungen durch und bestimmten das normative Bild bis weit ins 19. Jahrhundert hinein. Die Regelungen waren hierbei keineswegs einheitlich. In den Feinheiten gab es bemerkenswerte Unterschiede. Sie betrafen hauptsächlich die Frage, ob die Auslegungs- und Beweisregeln zugunsten des römisch-kanonischen Rechts das einheimische bzw. partikulare Recht schwächten und zurückdrängten oder ob es nicht auch in einem gelehrtrechtlichen Umfeld möglich war, den Eigenwert regionaler Rechtsordnungen zu bewahren. Die normativen Quellen zeigen diese Unterschiede durchaus, wenn man sie genau liest und miteinander vergleicht.[61]

ERIKA SINAUER, Eine Lüneburger Sachsenspiegelhandschrift, ZRG GA 45 (1925), S. 408-413. Die erste Anwendung des Sachsenspiegels in Lüneburg ist aber wohl erst für 1411 belegt, dazu SEIDEL (Anm. 54), Frühmittelalterliche Studien 42 (2009), S. 319.

57 Zu diesem Befund schweigt STOBBE, Bd. 2 (Anm. 54), S. 326. TRUSEN (Anm. 46), S. 102 = 742* erwähnt kurz die Reihenfolge, geht aber nicht genauer darauf ein. KROESCHELL (Anm. 54), S. 174 meint, die Reihenfolge entspreche „genau der gemeinrechtlichen Lehre", aber genau das ist ungewiss.

58 Das neuzeitliche Lüneburger Stadtrecht verwies dann nur noch pauschal auf die gemeinen beschriebenen Rechte: CHRISTIAN GOTTLIEB RICCIUS, Zuverläßiger Entwurff von Stadt-Gesezen oder Statutis vornehmlich der Land-Städte, 1740, S. 157; STOBBE, Bd. 2 (Anm. 54), S. 328.

59 Darauf weist ausdrücklich EBEL (Anm. 54), S. 352 hin.

60 Etwas ungenau LUIG (Anm. 54), S. 31 = 113*, der lediglich betont, für das Stadtrechtsbuch selbst habe die *ex-officio*-Anwendung gegolten.

61 Beispiele bei FRANK L. SCHÄFER, Juristische Germanistik. Eine Geschichte der Wissenschaft vom einheimischen Privatrecht (Juristische Abhandlungen 51), 2008, S. 241-248.

1 Reichskammergericht

Sowohl in der zeitgenössischen Diskussion als auch in der modernen rechtshistorischen Literatur spielen die Rechtsanwendungsvorschriften der Reichskammergerichtsordnungen eine besonders hervorgehobene Rolle. Schon die erste Reichskammergerichtsordnung von 1495 enthielt eine ausdrückliche Übernahme der gemeinrechtlichen Statutentheorie.[62] Die umfangreichste und langlebigste Kammergerichtsordnung stammte sodann von 1555. Sie erlegte den richterlichen Mitgliedern des obersten Reichsgerichts, den Assessoren, folgende Amtspflicht auf:

> Die beisitzer des cammergerichts sollen in keiner sach, sie sey als gering als sie immer wölle, allein auf ihr gutbedüncken oder eines jeden erwegen, billigkeit oder eygen fürgenomen und nicht dem rechten gemeß informierten gewissen, sonder auf des reichß gemeine recht, abschied und den jetztbewilligten und auf diesem reychßtage aufgerichten frieden in religion- und andern sachen, auch handhabung des friedens und erbare ländische ordnungen, statuten und redliche, erbare gewonheiten der fürstenthumben, herrschaften und gericht (die für sie gebracht werden), wie sollichs von alter jederzeyt cammerrichter und beysitzern auferlegt und gehalten worden ist, nach vermög und außweisung ires eydts, wie der hieunden gesetzt, urtheil fassen und außsprechen.[63]

Diese Formulierung bezog sich auf das „ampt im rhat", also auf die Tätigkeit bei der richterlichen Rechtsanwendung. Ganz ähnlich lauteten aber die Eidesformeln sowohl des Kammerrichters als auch der Beisitzer.[64] In der Gerichtsordnung waren die unterschiedlichen Quellen aufgezählt, die für das Gericht maßgeblich sein sollten. Im Gegensatz zu der überkommenen Lehre vom Vorrang des kleineren Rechtskreises ordnete die Reichskammergerichtsordnung die verschiedenen Rechtsmassen in umgekehrter Reihenfolge. Die Aufzählung begann mit den gemeinen Rechten des Reiches, also mit dem römischen und kanonischen Recht. Sodann ging es um die Reichsabschiede, so hießen damals die förmlichen Reichsgesetze. Besonders erwähnt war der Augsburger Religionsfriede von 1555, der zusammen mit der Reichskammergerichtsordnung beschlossen wurde. Danach kamen die Ordnungen, Statuten und Gewohnheiten der einzelnen Territorien bis hin zu kleinen Herrschaften und einzelnen Gerichten. Im Einklang mit der gelehrten Tradition sollten diese Regeln „erbar" sein, soweit es sich um Gewohnheiten handelte sogar redlich und ehrbar. Die Inhaltskontrolle am Maßstab des überregionalen gemeinen Rechts war also wörtlich in der Gerichtsordnung enthalten. Nachgeschoben findet sich in Klammern der Hinweis „die für sie gebracht werden". Man hat diesen Halbsatz regelmäßig als Anspielung

---

62 RKGO 1495 § 3, bei: KARL ZEUMER (Bearb.), Quellensammlung zur Geschichte der Deutschen Reichsverfassung in Mittelalter und Neuzeit, 2. Aufl. 1913, S. 285; dazu WIEGAND (Anm. 42), S. 163; OESTMANN, Rechtsvielfalt vor Gericht (Anm. 2), S. 53.
63 RKGO 1555 Teil 1, Titel XIII § 1, bei: ADOLF LAUFS (Hrsg.), Die Reichskammergerichtsordnung von 1555 (Quellen und Forschungen zur höchsten Gerichtsbarkeit im Alten Reich 3), 1976, S. 93.
64 RKGO 1555 Teil 1, Titel LVI, bei: LAUFS (Anm. 63), S. 151.

auf die gemeinrechtliche Allegations- und Beweispflicht für Partikularrecht angesehen.[65] Die Reihenfolge der Rechtsquellen, wie sie in der Reichskammergerichtsordnung von 1555 erscheint, entspräche dann dem Anwendungsverhältnis, wie es aus
der *fundata-intentio*-Theorie folgte.

Bereits im Bereich der Normengeschichte war das Bild aber viel bunter, als es die
ältere Literatur annahm. Die Reichskammergerichtsordnung von 1555 blieb zwar bis
zum Ende des Alten Reiches die letzte förmliche und umfassende Gerichtsordnung.
Allerdings gab es im Rahmen des Jüngsten Reichsabschiedes von 1654 zahlreiche
Neuerungen. Von der scheinbaren Geschwätzigkeit der frühneuzeitlichen Kanzlei-
sprache darf man sich nicht täuschen lassen. Die Quellen aus der Entstehungszeit
belegen eindeutig, mit welcher Leidenschaft die Beteiligten im Vorfeld um einzelne
Formulierungen und Regelungen stritten.[66] In der Tat erhielt auch die Rechtsanwendungsklausel 1654 ein neues Aussehen. Sie lautete nun folgendermaßen:

> Benebens sollen Cammer-Richter, Präsidenten und Beysitzere bei Administration der heylsamen
> Justitz so wohl die Statuta und Gewohnheiten als die Reichs-Abschiede und gemeine Rechten vor
> Augen haben und wohl beobachten und sich in den Schrancken der Cammer-Gerichts-Ordnung
> halten, daraus nicht schreiten [...].[67]

Die Rechtsanwendungsklausel des Jüngsten Reichsabschiedes enthielt zwar den aus-
drücklichen Verweis auf die Kammergerichtsordnung von 1555, dennoch fallen auf
den ersten Blick die erheblichen Unterschiede ins Auge. Die Reihenfolge der anzuwendenden Rechtsquellen war nunmehr in genau entgegengesetzter Weise formuliert. An erster Stelle standen jetzt die Statuten und Gewohnheiten, also die bewusst
gesetzten sowie die durch praktische Übung entstandenen Rechtssätze. Dann folgten
die Reichsabschiede, und erst zuletzt erwähnte die Quelle die gemeinen Rechte, abermals im Plural. Der Hinweis „die vor sie gebracht werden" fehlte an dieser Stelle.[68]

Für die Frage nach dem Verhältnis von Rechtsvielfalt und Rechtsharmonisierung
folgen hieraus mehrere Antworten. Das gleichzeitige Miteinander, teilweise auch
Gegeneinander sich gegenseitig überlappender Rechtsmassen war für die frühneuzeitlichen Gesetzgeber, aber auch für die praktischen Juristen eine schlichte Tatsache,
die man zur Kenntnis nehmen musste. Um halbwegs Rechtssicherheit zu gewährleis-

---

65 WIEGAND (Anm. 42), S. 162-180.

66 Zeitgenössische Quellen bei JOHANN GOTTFRIED VON MEIERN, Acta Comitialia Ratisbonensia pub-
lica de MDCLIII. et MDCLIV. Oder Regenspurgische Reichstags-Handlungen von den Jahren 1653. und
1654., 2. Teil, 1740; zur Reform allgemein: HEIDE-MARIE GÖTTE, Der Jüngste Reichsabschied und die
Reform des Reichskammergerichts, Diss. phil. München 1998. Sowohl bei MEIERN als auch bei GÖTTE
taucht die Reform von § 105 JRA allerdings nicht auf.

67 JRA § 105, bei: ARNO BUSCHMANN (Hrsg.), Kaiser und Reich. Verfassungsgeschichte des Heiligen
Römischen Reiches Deutscher Nation vom Beginn des 12. Jahrhunderts bis zum Jahre 1806 in Doku-
menten. Teil II: Vom Westfälischen Frieden 1648 bis zum Ende des Reiches im Jahre 1806, 2. Aufl.
1994, S. 226. Eine befriedigende moderne Edition der Quelle gibt es leider nicht.

68 OESTMANN, Rechtsvielfalt vor Gericht (Anm. 2), S. 447-450.

ten, waren Regeln erforderlich, in welchem Verhältnis diese Rechtsschichten zueinander standen. Und genau in diesem Punkt konnte es verschiedene Lösungen geben. Der Frankfurter Partikularrechtler JOHANN PHILIPP ORTH meinte in den 1730er Jahren, also etwa 80 Jahre später, durch den Jüngsten Reichsabschied sei das Reichskammergericht verpflichtet, bei seiner Rechtsprechung vorrangig auf die Gewohnheiten und Statuten zu sehen und erst danach auf das gemeine Recht zurückzugreifen.[69] Für die prinzipielle Betrachtung mögen solche Unterschiede gleichgültig sein: Die Zeit löste Fragen der Rechtsvielfalt durch richterliche Anwendungsregeln. Aber in den sachlichen Ergebnissen konnte sich je nach spezieller Rechtsanwendungsklausel das praktizierte Recht gravierend verändern. Einmal setzte sich die Schwerkraft des römisch-kanonischen Rechts durch und ebnete die partikularen Unterschiede weitgehend ein. Ein andermal nahm man das partikulare Recht zur Richtschnur und orientierte die Rechtsprechung an solchen kleinräumigen Rechtsquellen.

Am Reichskammergericht gab es in der Tat zahlreiche Hinweise, dass die Bedeutung des Partikularrechts höher war, als es die streng romanistische Rechtsanwendungsklausel von 1555 glauben lässt. In mehreren Regelungen für die Qualifikation der Assessoren forderte man praktische Erfahrungen in der regionalen Gerichtsbarkeit. Die Quellen betonen ausdrücklich, auf diese Weise wolle man die Kenntnis der territorialen Rechte gewährleisten.[70] Andererseits bestanden Verpflichtungen der territorialen Gesetzgeber, ihre Normsetzungen bzw. verschriftlichten Rechtsgewohnheiten förmlich bei den Reichsgerichten einzureichen. Man sprach hier von der Insinuation des Partikularrechts.[71] Offenbar schwächte sich das aus dem mittelalterlichen gelehrten Recht bekannte Allegations- und Beweiserfordernis immer stärker ab. Wenn die Assessoren regionale Rechtsquellen kannten, sollten sie diese ohne weiteres bei ihrer richterlichen Tätigkeit berücksichtigen. Darauf deuten auch mehrere Gemeine Bescheide hin, die das Reichskammergericht in seiner Wetzlarer Zeit erließ. Schon im 17. Jahrhundert hatte das Gericht in Speyer eine umfangreiche Sammlung partikularer Rechtsquellen besessen. Nach der Zerstörung von Speyer durch die Franzosen und der Übersiedlung nach Wetzlar war dieser Bestand vernichtet bzw. unzugänglich. Jetzt forderte das Gericht die Anwälte auf, sich bei ihren reichsständischen Auftraggebern dafür einzusetzen, gedruckte Exemplare des Partikularrechts bei Gericht einzureichen. Die erste Aufforderung erging 1692:

> Es wird des Kayserlichen Cammergerichts sämbtlichen Advocaten und Procuratoren hiemit anbefohlen, daß sie von denjenigen Reichsständen wie auch Reichsritterschafften, denen sie bedienet, habenden Statuten, Land- und Stadtgerichts, auch anderen Ordnungen, Reformationen,

---

69 JOHANN PHILIPP ORTH, Nöthig und nützlich erachtete Anmerckungen über die so genante erneuerte Reformation der Stadt Frankfurt am Main (mit 4 Fortsetzungen und einem Zusatzband), 1731/75, IV. Fortsetzung, S. 110-111; OESTMANN, Rechtsvielfalt vor Gericht (Anm. 2), S. 449.
70 OESTMANN, Rechtsvielfalt vor Gericht (Anm. 2), S. 441-444.
71 Kurzer Hinweis auch bei WOLFGANG SELLERT, Art. Insinuation, in: Albrecht Cordes/Heiner Lück/ Dieter Werkmüller (Hrsg.), HRG, Bd. 2, 2. Aufl. 2012, Sp. 1256-1259 (1257).

Privilegien, auch hergebrachten Gewohnheiten, sofern diese in Schrifften verfast oder in Druck gegeben, als welche mehrentheils bey der jüngsten franzözischen feindlichen Invasion abhanden kommen, ein eingebunden Exemplar förderlichst beschreiben und erfordern und darauff zu des Kayserlichen Cammergerichts Leserey einlieffern sollen.[72]

In der Tat musste das territoriale Recht dem Reichsgericht ausdrücklich mitgeteilt werden. Die Pflicht bezog sich aber nicht auf die Parteien, sondern auf die Landesherren und ihre Regierungen selbst. Praktisch dieselbe Regelung erging 1713 für landesherrliche Privilegierungen, und 1764 wiederholte das Gericht seine Aufforderung sogar noch einmal, weil zahlreiche Territorien ihre Verpflichtung nicht erfüllt hatten.[73] Durch den Druck partikularer Stadt- und Landrechte und durch die Verschriftlichung von Gewohnheiten war die Rechtsvielfalt keineswegs beseitigt. Die universitätsgelehrten Richter bzw. Beisitzer hatten es nun aber erheblich einfacher, sich über das einschlägige Landesrecht zu informieren.

Im Ergebnis hat es den Anschein, dass sich im Laufe der Zeit partikulare Gewohnheiten und römisch-kanonische Lehren miteinander verbanden. Der starre Gegensatz von einheimischem Recht und dem universalen gelehrten Recht ebnete sich zusehends ein. Zeitgenossen wie SAMUEL STRYK sprachen ganz anschaulich vom *Usus modernus pandectarum*.[74] Der neue Gebrauch des römischen Rechts war eine ganz praktisch ausgerichtete Art der Interpretation. Es entstand zunehmend ein Mischrecht, das sich nur schwer in seine einzelnen Bestandteile zerlegen ließ. Und genau hier zeigen sich wichtige Schritte auf dem Weg, die überkommene Rechtsvielfalt stärker in Richtung Rechtseinheit weiterzubilden. Das konnte man verschieden bezeichnen. Verbreitet waren Lehren von der sog. grünenden Observanz, der *viridis observantia*.[75] Danach sollten nur diejenigen Rechtsquellen beachtlich sein, die in der Praxis tatsächlich gebräuchlich waren. Den Konflikt zwischen einer praktizierten Norm und einer lediglich auf dem Papier stehenden Regelung konnte es auf diese Weise kaum mehr geben.

---

72 Gemeiner Bescheid vom 13. April 1692, bei: PETER OESTMANN (Hrsg.), Gemeine Bescheide. Teil 1: Reichskammergericht 1497-1805 (Quellen und Forschungen zur höchsten Gerichtsbarkeit im Alten Reich 63/I), 2013, Nr. 229, S. 585-586.

73 OESTMANN, Gemeine Bescheide I (Anm. 72), Nr. 253, S. 632-633; Nr. 285, S. 714-715; dazu DERS., Rechtsvielfalt vor Gericht (Anm. 2), S. 60.

74 Zu ihm KLAUS LUIG, Samuel Stryk (1640-1710) und der „Usus modernus pandectarum", in: ders., Römisches Recht. Naturrecht. Nationales Recht, 1998, S. 219-235 = 91*-107*.

75 Belege bei PETER OESTMANN (Hrsg.), Ein Zivilprozeß am Reichskammergericht. Edition einer Gerichtsakte aus dem 18. Jahrhundert (Quellen und Forschungen zur höchsten Gerichtsbarkeit im Alten Reich 55), 2009, S. 320-322; DERS., Rechtsvielfalt vor Gericht (Anm. 2), S. 117, 160, 195 („grünend vigor"), 282, 401, 675; PIO CARONI, „Sogar wenn Löwen sprechen könnten..." – Überlegungen zur Einführung, in: ders. (Hrsg.), Gewohnheitsrecht und seine Vergangenheit, 2000, S. 1-11 (9); zur mittelalterlichen Verwendung GIAN MARIA VARANINI, Die Statuten der Städte der venezianischen Terraferma im 15. Jahrhundert, in: Giorgio Chittolini/Dietmar Willoweit (Hrsg.), Statuten, Städte und Territorien zwischen Mittelalter und Neuzeit in Italien und Deutschland (Schriften des Italienisch-Deutschen Historischen Instituts in Trient 3), 1992, S. 195-250 (233).

Die neuere Literatur spricht hier vom usualen Rechtsdenken.[76] Die Geltungskraft von Recht, also die Autorität von Regelungen, hing auf diese Weise zugleich immer davon ab, dass sie in der Praxis auch beachtet wurden. Tatsächliche und normative Elemente von Rechtsgeltung verflossen auf diese Weise ineinander. Deswegen ist es so schwierig, für das frühneuzeitliche Recht überhaupt von „Geltung" zu sprechen.

Dieser Blick auf die Praxis, wie ihn die Lehre vom *Usus* und der Observanz vorgab, und den die Gerichte selbstreferenziell mit dem Hinweis auf ihren eigenen *Stilus curiae*[77] aufgriffen, war eine ganz pragmatische Möglichkeit, Rechtsvielfalt zu überwinden und widerstreitende Normen zu einer einheitlichen Handhabung aufzulösen. Ein etwas tautologisches Rechtssprichwort besagte genau dies: „Recht ist, was gilt."[78] Wenn diese Form der Geltung aber mit der praktischen Beachtung Hand in Hand einherging, verschwand die Rechtsvielfalt weitgehend. Das setzte freilich voraus, dass die praktische Beachtung bzw. die Observanz als solche unstreitig war. Doch ob bestimmte Quellen *in usu* waren oder nicht, beurteilten die Parteien im Streitfall nicht selten unterschiedlich. Hier gerät die Quelleninterpretation schnell an ihre Grenzen. Gerade im Konfliktfall wollten beide Parteien gewinnen. Je nachdem, welche Sichtweise erfolgversprechend erschien, mochte es daher angebracht sein, die fehlende Observanz einer Regelung anzuführen und auf diese Weise die Usualinterpretation[79] zu unterlaufen. Wer hierbei geschickt vorging, konnte die Statutentheorie mit ihren Allegations- und Beweisregeln ohne übergroßen Aufwand wieder aufleben lassen. Die Praxis zeigt deshalb kaum überraschend ein vielschichtiges Bild.

Zuvor sind noch einige Seitenblicke erforderlich. Die *fundata intentio* zugunsten des gemeinen Rechts schuf zwar Geltungs- und Anwendungsregeln, doch wie angedeutet konnten sich die Ergebnisse deutlich voneinander unterscheiden. Seit dem frühen 18. Jahrhundert gab es deutschrechtliche Autoren wie CHRISTIAN THOMASIUS

---

76 THOMAS SIMON, Geltung. Der Weg von der Gewohnheit zur Positivität des Rechts, Rg 7 (2005), S. 100-137, 102-120; BARBARA STOLLBERG-RILINGER, Verfassungsgeschichte als Kulturgeschichte, ZRG GA 127 (2010), S. 1–32 (30–31); DIES., Des Kaisers alte Kleider. Verfassungsgeschichte und Symbolsprache des Alten Reiches, 2008, S. 175; auch OESTMANN, Rechtsvielfalt vor Gericht (Anm. 2), S. 116-118.

77 Zum Begriff SAMUEL OBERLÄNDER (Hrsg.), Lexicon Juridicum Romano-Teutonicum, hrsg. und eingeleitet von RAINER POLLEY, Nachdruck 2000 der 4. Aufl. 1753, S. 665: „Stylus Curiae, wird beschrieben, daß es sey seine Gerichtliche Gewohnheit, welche determiniret die Ordnung und Weise zu procediren, so man im Gericht observiren muß" (mit Verweis auf SAMUEL STRYK); WOLFGANG SELLERT, Prozeßgrundsätze und Stilus Curiae am Reichshofrat im Vergleich mit den gesetzlichen Grundlagen des reichskammergerichtlichen Verfahrens (Untersuchungen zur deutschen Staats- und Rechtsgeschichte N.F. 18), 1973, S. 50, dann aber eher normengeschichtlich.

78 RUTH SCHMIDT-WIEGAND (Hrsg.), Deutsche Rechtsregeln und Rechtssprichwörter. Ein Lexikon, Neuauflage 2002, S. 268.

79 CLAUSDIETER SCHOTT, Die „Interpretatio usualis", in: Jan Schröder (Hrsg.), Entwicklung der Methodenlehre in Rechtswissenschaft und Philosophie vom 16. bis zum 18. Jahrhundert (Contubernium. Tübinger Beiträge zur Universitäts- und Wissenschaftsgeschichte 46), 1998, S. 65-83; JAN SCHRÖDER, Recht als Wissenschaft. Geschichte der juristischen Methodenlehre in der Neuzeit (1500-1933), 2. Aufl. 2012, S. 79, 168-169.

und seine Nachfolger wie GEORG BEYER und andere, die mit großer Leidenschaft gegen das römische Recht und die angebliche Überfremdung der deutschen Rechtsgewohnheiten ankämpften. Sie forderten eine Geltungs- und Anwendungsvermutung für ein sog. gemeines deutsches Recht.[80] Aus der Zusammenschau mittelalterlicher Rechtsaufzeichnungen wie dem Sachsenspiegel, Schwabenspiegel, dem oberbayerischen Landrecht von 1346 und dem Kleinen Kaiserrecht sollten sich gemeine deutschrechtliche Traditionen ergeben.[81] Wer sich dagegen auf einen Satz des römischen Rechts berief, sollte nachweisen müssen, dass diese Norm tatsächlich rezipiert worden sei. Damit drehten die frühen und radikalen Deutschrechtler den Spieß kurzerhand um. Methodisch allerdings taten sie dasselbe wie sämtliche Vertreter der gemeinrechtlichen *fundata-intentio*-Lehre. Die Rechtsvielfalt lösten sie durch Vorrang- und Nachrangigkeitsverhältnisse sowie durch Beweisregeln.

Wendet man den Blick von den unterschiedlich formulierten Spielarten der Rechtsanwendungslehre auf die Praxis, steht man vor einem buntscheckigen Bild. Versatzstücke der Statutentheorie begegnen zuhauf und überall, aber die Stoßrichtungen und Lösungswege unterscheiden sich stark voneinander. Gut untersucht ist ein Stettiner Rechtsstreit aus der Mitte des 16. Jahrhunderts. In einem erbrechtlichen Konflikt standen sich eine römischrechtliche Lösung auf der Grundlage des Corpus Iuris sowie ein Stettiner Erbrechtsstatut von 1479 gegenüber.[82] Der Appellant, der sich vor dem Reichskammergericht auf das Stettiner Stadtrecht berief, verlor dort seinen Rechtsmittelprozess. In den Schriftsätzen der Parteien und in den erhaltenen Relationen der Gerichtsmitglieder erkennt man, dass tatsächlich ein Schwerpunkt der Falllösung auf der Ermittlung des anzuwendenden Rechts lag. Zweihundert Jahre später ist aus der Hansestadt Lübeck ein langandauernder Rechtsstreit überliefert, in dem es um das sog. Erbrecht der halben Geburt ging, also um die erbrechtliche Gleichstellung oder Diskriminierung nicht vollbürtiger Geschwister.[83] Auch hier erörterten die Parteien lang und breit zahlreiche Vorschriften des lübischen Rechts. Sie stritten

---

80 Allgemein zu den Hintergründen SCHÄFER (Anm. 61), S. 84-93 (und *passim*); spezifisch prozessual PETER OESTMANN, Kontinuität oder Zäsur? Zum Geltungsrang des gemeinen Rechts vor und nach Hermann Conring, in: Andreas Thier/Guido Pfeifer/Philipp Grzimek (Hrsg.), Kontinuitäten und Zäsuren in der Europäischen Rechtsgeschichte (Rechtshistorische Reihe 196), 1999, S. 191-210 (207); DERS., Rechtsvielfalt vor Gericht (Anm. 2), S. 340-341; aus der älteren Literatur HERMANN CONRAD, Deutsche Rechtsgeschichte. Bd. 2: Neuzeit bis 1806, 1966, S. 378.

81 Am Beispiel von Senckenberg SCHÄFER (Anm. 61), S. 105, 137-138.

82 Zu diesem Fall FILIPPO RANIERI, Diritto comune e diritto locale nei primi decenni della giurisprudenza del Reichskammergericht. Alcune prospettive di ricerca, in: Diritto comune e diritti locali nella storia dell'Europa (Atti del convegno di Varenna 1979), 1980, S. 71-92; DERS., Gemeines und partikulares Recht in der Rechtsprechung des Reichskammergerichts. Zugleich Analyse eines Stettiner Appellationsprozesses aus dem 16. Jahrhundert, ZRG GA 131 (2014), S. 89-127.

83 Vollständige Edition bei OESTMANN, Zivilproceß (Anm. 75), *passim*; dazu auch MATTHIAS DOMS, Rechtsanwendung im Usus modernus. Eine Fallstudie zum Erbrecht der halben Geburt, Diss. jur. Münster 2010 (auch unter: http://miami.uni-muenster.de/servlets/DerivateServlet/Derivate-5803/ diss_doms.pdf, besucht am 25.02.2014).

über die Bedeutung des revidierten Stadtrechts von 1586 und grenzten diese Regeln von den Novellen des Corpus Iuris Civilis ab, die ihrerseits ebenfalls einschlägige Antworten bereithielten. Der zuständige Reichskammergerichtsassessor, der das zweitinstanzliche Urteil vorbereitete, überlegte hin und her, ob er das Lübecker Stadtrecht extensiv ausdehnen durfte, ob er es aus seinem eigenen Geist heraus auslegen konnte oder ob er auf die wörtliche Interpretation beschränkt war und bei allen Unklarheiten hilfsweise auf das römische Recht zurückgreifen musste.[84] Im Ergebnis entschied sich in beiden Beispielsfällen das Gericht gegen die Anwendung des städtischen Rechts und für die Anlehnung an das römisch-gemeine Recht. Für unsere Fragestellung folgt hieraus eine typisch frühneuzeitliche Form der Rechtsvereinheitlichung:[85] Je nachdem, wie streng Juristen die *fundata-intentio*-Lehre ihren Entscheidungen zugrunde legten, konnten sie damit ein materiell weitgehend einheitliches Recht erzeugen. Deswegen findet sich in der Literatur häufig der Satz, die gemeinrechtliche Rechtsanwendungstheorie habe das einheimische Recht benachteiligt und das rezipierte Recht bevorzugt.[86] Positiv gewendet war genau dies eine Möglichkeit, überregional Recht zu harmonisieren.

Freilich gibt es genügend Gegenbeispiele. Oftmals wandten die Gerichte territoriale Normen, die sie kannten, ohne Bedenken von Amts wegen an. Die Aufwertung des Partikularrechts[87] ging einher mit der zunehmenden Abrundung der Territorien als eigene Gerichtssprengel.[88] Unterstützt wurden derartige Öffnungen durch eine allmähliche Überwindung der strikten Interpretation. Einer der ersten Autoren, der einer strikt romanistischen Auslegung des Partikularrechts eine Absage erteilte, war David Mevius. In seinem 1642/43 erschienenen Kommentar zum Lübeckischen Stadtrecht lehnte er die romanistische Interpretation des Territorialrechts ab und forderte

---

84 Oestmann, Zivilprozeß (Anm. 75), S. 519-571.

85 Genau andere Wertung bei Ursula Flossmann, Österreichische Privatrechtsgeschichte, 6. Aufl. 2008, S. 10: Rechtszersplitterung nahm zu, lediglich die Dogmatik wurde universell.

86 Helmut Coing, Zur romanistischen Auslegung von Rezeptionsgesetzen, ZRG RA 56 (1936), S. 264-277 (266-267, 276-277); Trusen (Anm. 46), S. 111; Hermann Lange, Ius commune und Statutarrecht in Christoph Besolds Consilia Tubigensia, in: Dieter Medicus/Hans Hermann Seiler (Hrsg.), Festschrift für Max Kaser zum 70. Geburtstag, 1976, S. 637-655 (654-655); dazu auch Oestmann, Rechtsvielfalt vor Gericht (Anm. 2), S. 8.

87 So auch Tilman Repgen, Ius Commune, in: Hans-Peter Haferkamp/Tilman Repgen (Hrsg.), Usus modernus pandectarum. Römisches Recht, Deutsches Recht und Naturrecht in der Frühen Neuzeit. Klaus Luig zum 70. Geburtstag (Rechtsgeschichtliche Schriften 24), 2007, S. 157-173 (165): Partikularrecht zunehmend gleichberechtigte Rechtsquelle; klassisch Franz Wieacker, Privatrechtsgeschichte der Neuzeit unter besonderer Berücksichtigung der deutschen Entwicklung, 2. Aufl. 1967, S. 212 (dort bezogen auf die Einpassung deutschrechtlicher Figuren in die gemeinrechtliche Dogmatik).

88 Peter Oestmann, Gerichtsbarkeit als Ausdruck öffentlicher Gewalt – eine Skizze, in: Gerhard Dilcher/Diego Quaglioni (Hrsg.), Gli inizi del diritto pubblico III: Verso la costruzione del diritto pubblico tra medioevo e modernità/Die Anfänge des öffentlichen Rechts III: Auf dem Wege zur Etablierung des öffentlichen Rechts zwischen Mittelalter und Moderne (Fondazione Bruno Kessler. Annali dell'Istituto storico italo-germanico in Trento/Jahrbuch des italienisch-deutschen historischen Instituts in Trient. Contributi/Beiträge 25), 2011, S. 275-309 (297-303).

stattdessen, die besonderen Stadt- und Landrechte aus ihrem eigenen Geist heraus zu interpretieren.[89] Damit war ein erster wichtiger Schritt getan. Einige Nachfolger von MEVIUS, vor allem der Stadtrechtskommentator JOACHIM LUCAS STEIN aus der Mitte des 18. Jahrhunderts, gingen diesen eingeschlagenen Weg noch weiter und warfen rückblickend MEVIUS vor, er sei auf halbem Wege stehen geblieben und zu mutlos immer noch in den romanistischen Lehren gefangen gewesen.[90] In prinzipieller Hinsicht handelt es sich hierbei freilich nur um graduelle Abstufungen.

2 Aktenversendung und Entscheidungsliteratur

Für die Frage nach frühneuzeitlicher Rechtseinheit sind mehrere andere Perspektiven nützlich, die nicht direkt an die Statutentheorie anknüpfen. Zwei andere Faktoren waren für die Überwindung der Vielfalt im Ergebnis wohl besonders wichtig. Es handelt sich um Aktenversendungen und die sog. Entscheidungsliteratur. Die Aktenversendung, die in ihren letzten Ausläufern bis zum Inkrafttreten der Reichsjustizgesetze gebräuchlich war,[91] war die typisch frühneuzeitliche Lösung, mit schwierigen Auslegungs- und Rechtsanwendungsfragen umzugehen. Zahlreiche frühneuzeitliche Stadt- und Landgerichte waren nur teilweise professionalisiert und nicht mit studierten Juristen besetzt. Bei allen ernsthaften Rechtsproblemen, auf Antrag der Parteien auch im Rahmen sog. Revisionen oder Läuterungen, schickten die Gerichte ihre vollständigen Akten an den Spruchkörper einer Juristenfakultät und baten dort um ein Urteil. Die Entscheidung konnte in einem bloßen Gutachten oder Vorschlag bestehen. Zumeist aber formulierten die Spruchkollegien den vollständigen Tenor in der Perspektive des anfragenden Gerichts. Das Ausgangsgericht brauchte hinterher dieses Urteil also nur noch zu verlesen.[92] Zusätzlich arbeitete ein Berichterstatter die

---

89 KLAUS LUIG, Die Anfänge der Wissenschaft vom deutschen Privatrecht, in: ders., Römisches Recht. Naturrecht. Nationales Recht, 1998, S. 222 = 422* (196-197 = 396*-397*); DERS., Die Theorie der Gestaltung eines nationalen Privatrechtssystems aus römisch-deutschem Rechtsstoff, in: Helmut Coing/ Walter Wilhelm (Hrsg.), Wissenschaft und Kodifikation des Privatrechts im 19. Jahrhundert (Studien zur Rechtswissenschaft des 19. Jahrhunderts 1), 1974, S. 217-248 (219); STEPHAN BUCHHOLZ, Zum Usus modernus bei David Mevius, in: Nils Jörn (Hrsg.), David Mevius (1609-1670). Leben und Werk eines pommerschen Juristen von europäischem Rang (Schriftenreihe der David-Mevius-Gesellschaft 1), 2007, S. 71-80; zu MEVIUS' Methode jetzt auch ASTRID THOMSCH, David Mevius und der (Prozess-)Vergleich im Usus modernus pandectarum. Eine Analyse von Gerichtsordnung, Decisionen und Akten (Schriftenreihe der David-Mevius-Gesellschaft 8), 2014.
90 GÖTZ LANDWEHR, Rechtspraxis und Rechtswissenschaft im Lübischen Recht vom 16. bis zum 19. Jahrhundert, Zeitschrift des Vereins für Lübeckische Geschichte und Altertumskunde 60 (1980), S. 21-65 (38-54).
91 PETER OESTMANN, Art. Aktenversendung, in: Albrecht Cordes/Heiner Lück/Dieter Werkmüller (Hrsg.), HRG, Bd. 1, 2. Aufl. 2008, Sp. 128-132.
92 Versuch einer Typologie bei HEINER LÜCK, Die Spruchtätigkeit der Wittenberger Juristenfakultät. Organisation – Verfahren – Ausstrahlung, 1998, S. 181-192; etwas anders SÖNKE LORENZ, Aktenver-

Rationes decidendi, die Entscheidungsgründe, aus und legte sie getrennt der Akte bei. Durch solche Aktenversendungen hatten also regelmäßig universitäre Spruchkörper mit der Lösung von Fällen zu tun, die aus ganz verschiedenen Regionen stammten, in denen durchaus abweichendes Partikularrecht einschlägig sein konnte. Es spricht einiges dafür, dass die Fakultäten gleiche Rechtsfragen auch gleich entschieden, unabhängig davon, woher die jeweiligen Anfragen stammten. Auch diese Form der Rechtsbelehrung könnte daher auf Kosten der partikularen Buntheit gegangen sein, wenngleich Zeitgenossen betonten, zumindest die großen Partikularrechtskreise seien an allen Universitäten bekannt.[93]

Deswegen gab es Gegenbewegungen. In einigen Territorien schrieb der Landesherr vor, dass die Aktenversendungen nicht an eine Juristenfakultät, sondern an eine landeseigene Behörde zu erfolgen hatten. In Württemberg etwa sind solche Anfragen an den landesherrlichen Oberrat gut belegt.[94] In anderen Territorien gründeten die Herrscher eigene Universitäten und verfolgten damit zugleich den Zweck, die Aktenversendungen an ausländische Fakultäten zu verbieten.[95] Dazu passt es, wenn einige Juristenfakultäten die anfragenden Gerichte geradezu einluden, ihre besonderen Rechte einzusenden, damit man sie bei der Rechtsanwendung künftig besser zu Rate ziehen könne.[96] In den Einzelheiten sind wiederum ganz verschiedene Ausprägungen dieser Maximen denkbar und in den Quellen zu beobachten. Jedenfalls im Ergebnis dürfte die Aktenversendung aber dazu beigetragen haben, trotz der ganz verschiedenen Rechtsquellen einen weithin einheitlichen Rechtsraum zu schaffen.

Ein weiteres wichtiges Element auf dem Weg zur Eindämmung der Rechtsvielfalt war die praktisch ausgerichtete Entscheidungsliteratur des *Usus modernus*.[97] Zahl-

---

sendung und Hexenprozeß. Dargestellt am Beispiel der Juristenfakultäten Rostock und Greifswald (1570/82-1630) (Studia Philosophica et Historica 1/I), 1982, S. 167-168 (Consilium und Rechtsbelehrung), 175-178 (Rechtsbelehrung in Urteilsform), 180 (Konsilien mit Urteilsformen); zum Problem auch CLAUSDIETER SCHOTT, Rat und Spruch der Juristenfakultät Freiburg i.Br. (Beiträge zur Freiburger Wissenschafts- und Universitätsgeschichte 30), 1965, S. 42-47; speziell zur Läuterung PETER OESTMANN, Art. Läuterung, in: Albrecht Cordes/Hans-Peter Haferkamp/Heiner Lück/Dieter Werkmüller (Hrsg.), HRG, 2. Aufl., 19. Lieferung 2014, Sp. 670-673.

93 Zu diesem Streitpunkt am Beispiel der Juristenfakultät Gießen OESTMANN, Rechtsvielfalt vor Gericht (Anm. 2), S. 359, 418-419, 593-594, 597-598.

94 ANITA RAITH, Hexenprozesse beim württembergischen Oberrat, in: Sönke Lorenz/Dieter R. Bauer (Hrsg.), Hexenverfolgung. Beiträge zur Forschung – unter besonderer Berücksichtigung des südwestdeutschen Raumes (Quellen und Forschungen zur europäischen Ethnologie 15), 1995, S. 101-121.

95 WILHELM EBEL, Memorabilia Gottingensia. Elf Studien zur Sozialgeschichte der Universität, 1969, S. 53; STEFAN ANDREAS STODOLKOWITZ, Das Oberappellationsgericht Celle und seine Rechtsprechung im 18. Jahrhundert (Quellen und Forschungen zur höchsten Gerichtsbarkeit im Alten Reich 59), 2011, S. 152-153.

96 FERDINAND FRENSDORFF, Das Wiedererstehen des deutschen Rechts. Zum hundertjährigen Jubiläum von K. F. Eichhorns Rechtsgeschichte, ZRG GA 29 (1908), S. 1-78 (45) mit Hinweis auf Halle 1730; OESTMANN, Rechtsvielfalt vor Gericht (Anm. 2), S. 596.

97 Sehr guter Überblick bei HEINRICH GEHRKE, Die privatrechtliche Entscheidungsliteratur Deutschlands. Charakteristik und Bibliografie der Rechtsprechungs- und Konsiliensammlungen vom 16. bis

reiche Professoren, aber auch Richterpersönlichkeiten an Obergerichten bis hin zum Reichskammergericht und dem Reichshofrat, verfassten Werke, die unmittelbar auf ihrer praktischen Tätigkeit beruhten. Teilweise veröffentlichten sie schlechthin ihre Relationen und Voten zu den Fällen, die sie entschieden hatten. Häufig schrieben sie aber auch Nebenstunden oder Observationen und zeigten exemplarisch, wie man Einzelprobleme lösen sollte. Dann verwiesen sie regelmäßig auf spezielle Rechtsfälle, die ihr Gericht in genau derselben Weise entschieden hatte. Manche dieser Autoren zitierten einen Urteilstenor, manche gaben die Namen der Parteien oder das Datum eines Urteils an, andere begnügten sich mit dem Hinweis, dass die von ihnen geschilderte Lösung dem *Stilus curiae* ihres Gerichts entspreche. Einige Werke dieser Gattung wurden hochberühmt. Eines der bekanntesten Beispiele ist die Observationensammlung von ANDREAS GAIL, die zwischen 1578 und 1771 in etwa dreißig Auflagen in verschiedenen europäischen Staaten wieder und wieder gedruckt wurde.[98] In seinen kleinen Falllösungen schilderte GAIL immer auch die Rechtsprechung des Reichskammergerichts, dem er für elf Jahre angehört hatte. Je nachdem, welche Autorität diese praktisch ausgerichtete Entscheidungsliteratur des *Usus modernus* erlangte, beeinflusste und prägte sie die Rechtsauslegung und -anwendung ihrer Zeit in erheblichem Ausmaß. Nach HERMANN CONRING sollen die gedruckten Entscheidungen des Reichskammergerichts geradezu gesetzesgleiche Kraft besessen haben.[99] Die Vermischung ganz verschiedener regionaler Rechtstraditionen mit den Lehren des universalen Rechts wurde nach und nach auf diese Weise zum Vorbild auch für die untere und mittlere Gerichtsbarkeit. In Zweifelsfällen zitierten Anwälte und Gerichtsmitglieder solche hochangesehenen Werke und kamen daher bei streitigen Fragen überregional oftmals zu denselben Ergebnissen. Da diese Entscheidungsliteratur bis ins 18. Jahrhundert weitgehend in lateinischer Sprache geschrieben wurde, war der Rechtsraum, den die Bücher auf diese Weise absteckten, weder durch Sprach- noch Landesgrenzen umzäunt.[100] Noch der Göttinger Staatsrechtler JOHANN STEPHAN PÜTTER meinte 1776, selbst in seiner Zeit würden kaum praktische juristische Werke von Gewicht erscheinen, die sich nicht auf GAIL und seinen älteren Vorläufer JOACHIM MYNSINGER bezögen.[101] Freilich hatten alle diese Vereinheitlichungstendenzen ihre Grenzen: Immer dann, wenn die Existenz und der Inhalt des partikularen Rechts

---

zum Beginn des 19. Jahrhunderts (Ius Commue. Sonderheft 3), 1974.

98 Zu GAIL: KARL VON KEMPIS, Andreas Gaill (1526-1587). Zum Leben und Werk eines Juristen der frühen Neuzeit (Rechtshistorische Reihe 65), 1988; zusätzlich mehrere Beiträge von KARIN NEHLSEN-VON STRYK, Rechtsnorm und Rechtspraxis in Mittelalter und früher Neuzeit. Ausgewählte Aufsätze (Schriften zur Rechtsgeschichte 158), 2012, S. 289-328.

99 HERMANN CONRING, Der Ursprung des deutschen Rechts, übersetzt von ILSE HOFFMANN-MECKENSTOCK, hrsg. von Michael Stolleis (Bibliothek des deutschen Staatsdenkens 3), 1994, S. 229-230. CONRING bezieht dies auf die Sammlung von ADRIAN GYLMANN.

100 Überblick über die in einem Rechtsstreit des 18. Jahrhunderts zitierte Literatur bei OESTMANN, Zivilprozeß (Anm. 75), S. 585-595.

101 JOHANN STEPHAN PÜTTER, Litteratur des Teutschen Staatsrechts I, 1776, S. 128.

unstreitig feststanden, musste jedes Gericht diese Quellen berücksichtigen, dies aber teilweise nur dann, wenn die Parteien sich ausdrücklich darauf berufen hatten. Diese Form von Rechtsvielfalt gab es während der frühen Neuzeit immer. Sie ließ sich schlechthin nicht überwinden. Doch innerhalb des großräumigen europäischen *Ius Commune* bereitete diese Form von Vielfalt keine Verständigungsprobleme.[102]

3 Einheit und Vielfalt im Strafrecht

Sowohl die frühneuzeitliche Rechtsvielfalt als auch die Statutentheorie werden in der rechtshistorischen Literatur immer im Rahmen der Privatrechtsgeschichte diskutiert. Doch darf dies das Bild nicht verzerren. Prinzipiell ähnliche Probleme gab es im frühneuzeitlichen Strafrecht ebenfalls, wenn auch nicht in derselben praktischen Schärfe.[103] Im Gegensatz zu den weitaus meisten Bereichen des Privatrechts waren das zeitgenössische Strafrecht sowie das Strafprozessrecht von einer einzigen geschriebenen Rechtsquelle beherrscht, nämlich von der Constitutio Criminalis Carolina. Die Carolina, 1532 auf dem Regensburger Reichstag verabschiedet, enthielt in ihrer Vorrede die berühmt gewordene salvatorische Klausel:[104]

> daß alle vnd jede vnser vnnd des Reichs vnderthanen sich hinfürter in peinlichen sachen, inn bedenckung der groß und ferligkeyt der selben, jetzt angezeygten begriff, dem gemeynen rechten, billicheyt vnd löblichen herbrachten gebreuchen gemeß halten mögen, wie eyn jeglicher on zweifel für sich selbst zu thun geneygt, vnd deßhalben von dem Almechtigen belonung zu empfahen verhofft. Doch wollen wir durch diese gnedige erinnerung Churfürsten Fürsten und Stenden, an jren alten wohlhergebrachten rechtmessigen vnnd billichen gebreuchen nichts benommen haben.[105]

Bekanntlich war die Carolina keine Kodifikation,[106] allerdings eines der wichtigsten Reichsgesetze der frühen Neuzeit.[107] Sie ließ den Rückgriff auf die Lehren des römisch-kanonischen Strafrechts und Prozessrechts ausdrücklich zu und verwies

---

102 Coing (Anm. 1), S. 7; zu den bleibenden Gemeinsamkeiten der Rechtswissenschaft Manlio Bellomo, Europäische Rechtseinheit. Grundlagen und System des Ius Commune, übersetzt von Ellen Dilcher, 2005, S. 230-231.
103 Guter Hinweis bei Schröder (Anm. 79), S. 22.
104 Wolfgang Sellert, Art. Salvatorische Klausel, in: Adalbert Erler/Ekkehard Kaufmann (Hrsg.), HRG, Bd. 4, 1990, Sp. 1208-1282.
105 Friedrich-Christian Schroeder (Hrsg.), Die Peinliche Gerichtsordnung Kaiser Karls V. und des Heiligen Römischen Reichs von 1532 (Carolina), 2000, Vorrede, S. 10.
106 Grob falsch Friedrich Ebel/Georg Thielmann, Rechtsgeschichte. Von der Römischen Antike bis zur Neuzeit, 3. Aufl. 2003, S. 294, Rn. 436; Susanne Hähnchen, Rechtsgeschichte. Von der Römischen Antike bis zur Neuzeit, 4. Aufl. 2012, S. 278, Rn. 596, jeweils mit dem unangebrachten Hinweis auf den angeblichen Grundsatz *nulla poena sine lege*.
107 Anders Gerhard Schmidt, Sinn und Bedeutung der Constitutio Criminalis Carolina als Ordnung des materiellen und prozessualen Rechts, in: Friedrich-Christian Schroeder (Hrsg.), Die Caroli-

etwa auf unbenannte Delikte,[108] die zwar nicht im Gesetz enthalten, aber dennoch strafwürdig seien. Deswegen konnte sie auch keine bedingungslose Normgeltung für sich selbst beanspruchen. In der Vorrede, formuliert aus der Perspektive Kaiser KARLS V., verwies das Reichsgesetz seinerseits auf das gemeine Recht, die Billigkeit und das Herkommen. Auch sollten die partikularen Gebräuche keine Einschränkung erfahren. Politisch ging dieser letzte Satz aus einem Ringen zwischen Kaiser und Reichsständen hervor. Die Stände bzw. ihre Gesandten waren nur bereit, dem Regensburger Reichsabschied zuzustimmen, wenn das Gesetz ihnen diesen Vorbehalt ausdrücklich einräumte.[109] Doch inhaltlich bestätigte die salvatorische Klausel lediglich die Rechtsquellenhierarchie des gemeinen Rechts. Selbstverständlich hatten die rechtmäßigen territorialen Gebräuche jederzeit Vorrang vor dem gesetzten Reichsrecht. Genauso sah es die erste Stufe der Statutentheorie vor. Die Inhaltskontrolle des Partikularrechts entsprach zwanglos der sog. Rationabilität von Statutar- und Gewohnheitsrecht, wie sie das zeitgenössische Privatrecht ebenfalls diskutierte. In einem besonderen Artikel zählte die Carolina ausdrücklich mehrere Missbräuche auf und erklärte sie daraufhin für nichtig und abgeschafft.[110]

In der Tat gab es unterschiedliche Strafgesetze im Heiligen Römischen Reich, und in Einzelfragen wichen sie auch durchaus von der Carolina ab.[111] Gut erforscht ist dies am Beispiel des Hexereidelikts. Die Carolina lehnte sich weithin dem überkommenen römischen Modell des Schadenszaubers an. Die sächsische Tradition unterschied sich seit dem Sachsenspiegel deutlich davon und stellte vielmehr auf den Glaubensabfall ab. Dementsprechend drohten die Kursächsischen Konstitutionen von 1572 die Verbrennungsstrafe für Zauberei bereits zwingend für den bloßen Teufelspakt an und maßen dem Schadenszauber keine entscheidende Bedeutung zu. Das war in den Augen der Carolina keine böse Gewohnheit, sondern einfach ein anderes Deliktsverständnis. Im frühneuzeitlichen Strafrecht bestand über lange Zeit beides nebeneinander her.[112]

---

na. Die Peinliche Gerichtsordnung Kaiser Karls V. von 1532 (Wege der Forschung 626), 1986, S. 185-204 (199-203), der sich am zu modernen Gesetzesbegriff stört.

108 WOLFGANG SELLERT/HINRICH RÜPING, Studien- und Quellenbuch zur Geschichte der deutschen Strafrechtspflege, Bd. 1: Von den Anfängen bis zur Aufklärung, von WOLFGANG SELLERT, 1989, S. 201 mit Quellen S. 211-212.

109 Klassisch ist die Darstellung bei EBERHARD SCHMIDT, Einführung in die Geschichte der deutschen Strafrechtspflege, 3. Aufl. 1965, S. 131-132, § 115.

110 CCC Art. 218, bei SCHROEDER (Anm. 105), S. 125-126.

111 Hinweise bei G. SCHMIDT (Anm. 107), S. 196-199.

112 Zur Spiritualisierung des Hexereidelikts MANFRED WILDE, Die Zauberei- und Hexenprozesse in Kursachsen, 2003, S. 28-34; GÜNTER JEROUSCHEK, Die Hexen und ihr Prozeß. Die Hexenverfolgung in der Reichsstadt Esslingen (Esslinger Studien. Schriftenreihe 11), 1992, S. 39-40; PETER OESTMANN, Hexenprozesse am Reichskammergericht (Quellen und Forschungen zur höchsten Gerichtsbarkeit im Alten Reich 31), 1997, S. 35-36; kurzer Hinweis auf die kursächsischen Konstitutionen auch bei G. SCHMIDT (Anm. 107), S. 199; HINRICH RÜPING/GÜNTER JEROUSCHEK, Grundriss der Strafrechtsgeschichte, 6. Aufl. 2011, S. 48, Rn. 112.

Auch in Tirol setzte sich die Carolina erst zögernd durch.[113] Dennoch spielte die Statutentheorie und damit auch die Rechtsvielfalt im Strafrecht eine vergleichsweise geringe Rolle. Die inhaltliche Qualität der Carolina, ihre sprachliche Raffinesse und Genauigkeit, sicherlich auch ihre weitgehende Anlehnung an die Lehren der spätmittelalterlichen italienischen Kriminalwissenschaft verschafften dem Reichsgesetz einen bemerkenswerten Erfolg. Ohne dass sie in allen Territorien förmlich in Kraft gesetzt wurde, orientierten sich sowohl die Gerichte als auch die langsam entstehende deutsche Strafrechtswissenschaft weithin an der Halsgerichtsordnung.[114] Selbst Territorien, die eigenes strafrechtliches Landesrecht setzten wie etwa Schaumburg-Lippe mit einer Policeyordnung von 1615, lehnten sich hierbei weitgehend an die Vorgaben der Carolina an, wenn auch teilweise auf Anordnung des Reichskammergerichts.[115]

Bezogen auf die Fragestellung nach Rechtsvielfalt und Rechtseinheit hat man es also mit einem frühen und gelungenen Beispiel dafür zu tun, wie qualitativ hochwertige Gesetzgebung rechtsvereinheitlichende Wirkung erzielt, ohne dass dies gesetzlich oder sonstwie erzwungen werden musste, wenn auch mit einer gewissen zeitlichen Verzögerung. Die inhaltliche Geltung der Carolina ging ohnehin schnell über die Grenzen des Heiligen Römischen Reichs hinaus. In Polen erschien eine polnische Übersetzung und erfreute sich dort hohen Ansehens.[116] Und eine französische Fassung der Halsgerichtsordnung diente noch im 18. Jahrhundert als Militärstrafgesetzbuch für schweizerische Söldner in Frankreich.[117] Die Autorität der Carolina als

---

113 Martin P. Schennach, Gesetz und Herrschaft. Die Entstehung des Gesetzgebungsstaates am Beispiel Tirols (Forschungen zur Deutschen Rechtsgeschichte 28), 2010, S. 756-758.

114 Beispiele für die Wirkung der Carolina bei E. Schmidt (Anm. 109), S. 142-143, § 124; S. 150-157, §§ 134-142.

115 Günter Jerouschek, Der „Nürnberger Hexenhammer". Der „Malleus Maleficarum" und seine deutschsprachige Bearbeitung durch den Verfasser Heinrich Kramer O. P. aus dem Jahre 1491, Diss. hist.-phil. Hannover 1988, S. 57, Fn. 90; Gerhard Schormann, Hexenverfolgung in Schaumburg, Niedersächsisches Jahrbuch für Landesgeschichte 45 (1973), S. 145-169 (146-147); Oestmann, Hexenprozesse (Anm. 112), S. 197.

116 Bartłomiej Groicki, Ten Postępek wybran iest z Praw Cesarskich, ktory Karolus V. Cesarz kazał wydać po wszystkich swoich Państwiech, 1587 (Übersetzung wohl von 1559); zur europäischen Verbreitung Rolf Lieberwirth, Art. Constitutio Criminalis Carolina, in: Albrecht Cordes/Heiner Lück/ Dieter Werkmüller (Hrsg.), HRG, Bd. 1, 2. Aufl. 2008, Sp. 885-890 (889); John H. Langbein, The Constitutio Criminalis Carolina in Comparative Perspective: An Anglo-American View, in: Peter Landau/ Friedrich-Christian Schroeder (Hsg.), Strafrecht, Strafprozeß und Rezeption. Grundlagen, Entwicklung und Wirkung der Constitutio Criminalis Carolina (Juristische Abhandlungen 19), 1984, S. 215-225 (215); Zbigniew Maciąk, Probleme bei der Übersetzung von Rechtsakten und rechtswissenschaftlicher Literatur aus der deutschen in die polnische Sprache, in: Armin Paul Frank/Kurt-Jürgen Maaß/ Fritz Paul/Horst Turk (Hrsg.), Übersetzen, verstehen, Brücken bauen. Geisteswissenschaftliches und literarisches Übersetzen im internationalen Kulturaustausch (Göttinger Beiträge zur Internationalen Übersetzungsforschung 8/I), 1993, S. 321-334 (323); Lothar Dargun, Die Reception der peinlichen Halsgerichtsordnung Kaiser Karls V. in Polen, ZRG GA 10 (1889) S. 168-202.

117 Code Criminel De l'Empereur Charles V. Vulgairement Appellé La Caroline. Contenant Les Loix Qui Sont Suivies Dans Les Jurisdictions Criminelles De l'Empire; Et à l'usage des Conseils de Guerre

Richtschnur für Strafprozesse haben die zeitgenössischen Gerichte immer wieder hervorgehoben. In der Rechtsprechung des Reichskammergerichts finden sich zahlreiche Hinweise darauf, dass der Inquisitionsprozess genau so stattzufinden hatte, wie die Carolina ihn darstellte. Das betraf die Haftbedingungen, die Verteidigung des Inquisiten und vor allem die gesetzlich geforderten Indizien für die peinliche Befragung, also für die Folter.[118]

4 Die Policeygesetzgebung

Schwer zu durchschauen ist ein anderer Bereich, nämlich das frühneuzeitliche Policeyrecht. Hier hat man es mit dem Schwerpunkt der zeitgenössischen Gesetzgebung schlechthin zu tun. Nahezu alle Territorien traten als Policeygesetzgeber hervor, zumeist ergingen im Laufe der Zeit Abertausende einzelner, teilweise kleinteiligster Regelungen.[119] In den vergangenen Jahren gab es umfassende Forschungen zu zahlreichen Aspekten dieser ungeheuren Normenflut.[120] Bezogen auf die hier zugrunde gelegte Begrifflichkeit hat man es beim frühneuzeitlichen Policeyrecht allerdings weniger mit Rechtsvielfalt, sondern vielmehr mit Rechtszersplitterung zu tun. Die immer gleichen Regelungsprobleme gaben von Stadt zu Stadt, von Territorium zu Territorium Anlass zu jeweils verschiedenen Arten von Gesetzgebung. Auch wenn einige große Linien immer dieselben waren, etwa das Verbot von übermäßigem Luxus,[121] gestalteten die einzelnen Gesetzgeber die Feinheiten doch stets verschieden aus. Die territorialen Policeyordnungen überlagerten sich also nicht gegenseitig, sondern standen eher nebeneinander. Oftmals musste der Herrscher sie wiederholen

---

des Troupes Suisses, 1734 (Nachdruck 1779); stark von der Carolina beeinflusst war auch DANIEL JOUSSE, Traité de la justice criminelle de France, 4 Bände, 1771.

118 Umfassend OESTMANN, Hexenprozesse (Anm. 112), S. 144-323.

119 Sehr guter Überblick über die Quellenlage bei KARL HÄRTER/MICHAEL STOLLEIS (Hrsg.), Repertorium der Policeyordnungen der frühen Neuzeit, seit 1996, zuletzt erschien 2010 der Band zu den Reichsstädten Speyer, Wetzlar und Worms.

120 Maßgeblich sind unter anderem die Arbeiten von KARL HÄRTER, Policey und Strafjustiz in Kurmainz. Gesetzgebung, Normdurchsetzung und Sozialkontrolle im frühneuzeitlichen Territorialstaat (Studien zur europäischen Rechtsgeschichte 190), 2 Halbbände, 2005; außerdem etwa ACHIM LANDWEHR, Policey im Alltag. Die Implementation frühneuzeitlicher Policeyordnungen in Leonberg, 2000; ANDRÉ HOLENSTEIN, „Gute Policey" und lokale Gesellschaft im Staat des Ancien Régime. Das Fallbeispiel der Markgrafschaft Baden(-Durlach) (Frühneuzeit-Forschungen 9/I-II), 2 Bände, 2003; WOLFGANG WÜST, Die „gute" Policey im Reichskreis. Zur frühmodernen Normensetzung in den Kernregionen des Alten Reiches, 2001-2013 (Edition mit vielen Einführungsteilen, inzwischen sechs Bände).

121 Klassisch insoweit GUSTAV KLEMENS SCHMELZEISEN, Polizeiordnungen und Privatrecht (Forschungen zur neueren Privatrechtsgeschichte 3), 1955; außerdem ANKE KELLER, Von verbotenen Feierfreuden. Hochzeits-, Tauf- und Begräbnisverordnungen im Frankfurt a.M. und Augsburg des 14. bis 16. Jahrhunderts (Heidelberger Veröffentlichungen zur Landesgeschichte und Landeskunde 17), 2012; BENNO KÖNIG, Luxusverbote im Fürstbistum Münster, 1999.

und bei immer höheren Strafdrohungen seinen Untertanen einschärfen.[122] Doch die bloße Neuverkündung policeyrechtlicher Vorschriften führte keine Rechtsvielfalt im Fahrwasser. Falls die Ordnungen wie nur allzu oft wirkungslos verpufften,[123] war das kaum etwas anderes als die auf die Spitze getriebene Usualinterpretation. Eine Policeyverordnung, die ihre Regelungsziele von Beginn an klar verfehlte, erlangte nie die von den Zeitgenossen geforderte *viridis observantia*, die für die Geltung von Rechtsnormen nötig war.[124] Freilich ergaben sich hier vielfache Abstufungen auf dem Weg zum modernen Gesetzgebungsstaat.

Entschärft war die policeyliche Rechtsvielfalt im Vergleich zu den klassischen Bereichen des Zivilrechts und des Prozessrechts auch aus einem anderen Grund. Nach weithin verbreiteter Auffassung bestand in Policeyangelegenheiten nämlich ein strenges Appellationsverbot.[125] Teilweise besagten Appellationsprivilegien dies ausdrücklich, doch überwiegend handelte es sich dabei um die Ansicht der zeitgenössischen Rechtsgelehrten. Rein tatsächlich gelangten viele Policeysachen durchaus an die obersten Gerichte des Alten Reiches, etwa im Bereich des Zunftrechts.[126] Aber bezogen auf die tausendfach erlassenen Vorschriften handelte es sich hierbei nur um ganz schmale Ausschnitte aus einem riesigen Bereich des Rechtslebens.

Das territoriale Nebeneinander policeyrechtlicher Regelungen wurde in einigen Bereichen ergänzt durch die Gesetzgebung auf Reichsebene.[127] Es gab mehrere

---

122 Zu zahlreichen Wiederholungen im Fürstbistum Münster KÖNIG (Anm. 121), S. 69-119.

123 Zum Befund JÜRGEN SCHLUMBOHM, Gesetze, die nicht durchgesetzt werden – ein Strukturmerkmal des frühneuzeitlichen Staates?, Geschichte und Gesellschaft 23 (1997), S. 647-663; neuere Interpretation aus Sicht der sog. Implementationsforschung bei ACHIM LANDWEHR, „Normdurchsetzung" in der Frühen Neuzeit? Kritik eines Begriffs, Zeitschrift für Geschichtswissenschaft 48 (2000), S. 146-162; gegen ihn wiederum SIGRID SCHIEBER, Normdurchsetzung im frühneuzeitlichen Wetzlar, 2008, S. 1-11; grundsätzlich zum Problem auch MICHAEL STOLLEIS, Was bedeutet „Normdurchsetzung" bei Policeyordnungen der Frühen Neuzeit?, in: Richard H. Helmholz/Paul Mikat/Jörg Müller/Michael Stolleis (Hrsg.), Grundlagen des Rechts. Festschrift für Peter Landau zum 65. Geburtstag (Rechts- und Staatswissenschaftliche Veröffentlichungen der Görres-Gesellschaft 91), 2000, S. 739-757.

124 Beispiel bei SCHENNACH (Anm. 113), S. 605.

125 Etwas doppeldeutig blieb § 106 des Jüngsten Reichsabschiedes, bei: BUSCHMANN (Anm. 67), S. 227; OESTMANN, Rechtsvielfalt vor Gericht (Anm. 2), S. 449-450, 644-646; RITA SAILER, Untertanenprozesse vor dem Reichskammergericht. Rechtsschutz gegen die Obrigkeit in der zweiten Hälfte des 18. Jahrhunderts (Quellen und Forschungen zur höchsten Gerichtsbarkeit im Alten Reich 33), 1999, S. 426-466, 476-478; KARL HÄRTER, Das Reichskammergericht als Reichspoliceygericht, in: Friedrich Battenberg/Filippo Ranieri (Hrsg.), Geschichte der Zentraljustiz in Mitteleuropa. Festschrift für Bernhard Diestelkamp zum 65. Geburtstag, 1994, S. 237-252.

126 BERNHARD DIESTELKAMP, Zunftprozesse des 18. Jahrhunderts aus der Reichsstadt Wetzlar vor dem Reichskammergericht, in: ders., Recht und Gericht im Heiligen Römischen Reich (Ius Commune. Sonderheft 122), 1999, S. 349-373; PETER OESTMANN, Zunftzwang und Handelsfreiheit im frühen 19. Jahrhundert, ZNR 26 (2004), S. 246-261; PHILIPP NORDLOH, Kölner Zunftprozesse vor dem Reichskammergericht (Rechtshistorische Reihe 370), 2008.

127 GERHARD WESENBERG, Die Privatrechtsgesetzgebung des Heiligen Römischen Reiches von den Authenticae bis zum Jüngsten Reichsabschied und das Römische Recht, in: L'Europa e il diritto romano. Studi in memoria di Paolo Koschaker, 1954, Bd. 1, S. 187-210; BERNHARD DIESTELKAMP, Zur Krise

Reichspoliceyordnungen,[128] etwa zum Handwerksrecht oder auch in Vormund-schaftssachen. Einige dieser Reichsgesetzgebungen hatten im Gegensatz zu der Viel-zahl sonstiger Policeyordnungen durchschlagenden Erfolg. Besondere Beachtung verdienen in diesem Zusammenhang die drei großen Reichspoliceyordnungen von 1530, 1548 und 1577.[129] Im Vormundschaftsrecht, so verkündet einmütig die rechts-historische Literatur, spielte das römischrechtliche Vorbild kaum eine Rolle, ja in den Augen der Zeitgenossen seien die römischen Vormundschaftsregeln völlig unan-wendbar gewesen. Deshalb müsse den reichsrechtlichen Regelungen, aber auch den territorialen Normen hohe Bedeutung zugekommen sein.[130] Der Erfolg der Reichspo-liceyordnungen jedenfalls im Bereich der normativen Quellen lässt sich in der Tat gut nachzeichnen. Da die Reichsgesetzgebung ohnehin auf einem Kompromiss der Stände beruhte, war der Widerstand, die Ordnungen direkt zu übernehmen oder der Sache nach die eigene Gesetzgebung an ihnen auszurichten, gering. In Brandenburg-Ansbach führte Markgraf GEORG FRIEDRICH 1566 eine eigene Policeyordnung ein und berief sich dabei auf die Ermächtigung durch die Reichspoliceyordnung.[131] Im Frän-kischen Reichskreis zeigt sich derselbe Befund, ja selbst einzelne Städte wie Worms lehnten ihre eigene Normsetzung 1582 an die Reichsgesetze an.[132] Das Vormund-schaftsrecht, das die Reichspoliceyordnungen bewusst abweichend vom römischen Recht vergleichsweise engmaschig geregelt hatten, prägte auf diese Weise der Sache nach die territorialen Normen. Etwas ungenau spricht Weber davon, die Reichsge-setze hätten insoweit „rechtsbildend" gewirkt, seien aber zugleich als subsidiäres Recht auch unmittelbar anwendbar geblieben, und dies weithin bis zum Inkrafttreten des Bürgerlichen Gesetzbuchs im Jahre 1900.[133]

---

des Reichsrechts im 16. Jahrhundert, in: ders., Recht und Gericht im Heiligen Römischen Reich, 1999, S. 481-502 (494); guter Überblick bei GERHARD WESENBERG/GUNTER WESENER, Neuere deutsche Pri-vatrechtsgeschichte im Rahmen der europäischen Rechtsentwicklung, 4. Aufl. 1985, S. 88-91.

128 Vollständige Übersicht bei HÄRTER/STOLLEIS (Anm. 119), Bd. 1: Deutsches Reich und geistliche Kurfürstentümer (Kurmainz, Kurköln, Kurtrier), hrsg. von Karl Härter, 1996, S. 37-106.

129 Edition und Einführung von MATTHIAS WEBER (Hrsg.), Die Reichspolizeiordnungen von 1530, 1548 und 1577. Historische Einführung und Edition (Ius Commune. Sonderheft 146), 2002.

130 WESENBERG/WESENER (Anm. 127), S. 133; FRANZ-JOSEF PELZ, Die Vormundschaft in den Stadt-und Landrechtsreformationen des 15. und 16. Jahrhunderts und das zeitgenössische gemeine Recht, Diss. jur. Münster 1966, z.B. S. 44, 127-129; unergiebig in diesem Zusammenhang ist ADALBERT ERLER, Art. Vormundschaft, in: Adalbert Erler/Ekkehard Kaufmann/Dieter Werkmüller (Hrsg.), HRG, Bd. 5, 1998, Sp. 1050-1055; zeitlich zu spät liegt die Untersuchung von MIRJAM HEIDER, Die Geschichte der Vormundschaft seit der Aufklärung (Schriften zum Familien- und Erbrecht 4), 2011, unergiebig vor allem S. 17, wo sich zur älteren Zeit nur zusammengestelltes Lehrbuchwissen findet.

131 WEBER (Anm. 129), S. 38; SCHENNACH (Anm. 113), S. 755 (mit Quelle).

132 WEBER (Anm. 129), S. 39; bei HÄRTER/STOLLEIS (Anm. 119), Bd. 10: Reichsstädte 4: Speyer, Wetz-lar, Worms (Studien zur europäischen Rechtsgeschichte 251), 2010, S. 570 (bearb. von GUNTER MAH-LERWEIN) findet sich für 1582 lediglich eine Apothekerordnung. Allerdings gibt es erhebliche Quellen-verluste (ebd., S. 559).

133 WEBER (Anm. 129), S. 41.

Freilich ist hier ein einschränkender Hinweis angebracht. Es handelt sich nämlich lediglich um einen normengeschichtlichen Befund. Die weitgehende Harmonisierung des partikularen Policeyrechts und damit die vereinheitlichende Wirkung der Reichspoliceyordnungen etwa im Handwerks- und Vormundschaftsrecht stand auf dem Papier und lag den verschiedenen Gesetzgebungen zugrunde – immerhin. Wie stark sich die Praxis daran orientierte, steht auf einem anderen Blatt. Zur Vorsicht mahnt ein Beispiel aus dem Intestaterbrecht. Drei Reichsabschiede von 1498, 1500 und 1521 beabsichtigten, einheitlich das römischrechtliche Eintrittsrecht der Abkömmlinge in die Erbfolge nach Stämmen einzuführen. Aber genau dies soll sich in der Praxis nur sehr schleppend durchgesetzt haben.[134] Soweit es den Unterschied von Norm und Praxis in der Zeit des usualen Rechtsdenkens geben konnte, eröffneten sich den Parteien hier vielfältige Möglichkeiten vor Gericht. In diesem Punkt berührt sich das Problem mit den heutigen Diskussionen um Implementation von Normen, Herrschaftsvermittlung, Aushandlungsprozesse, bezogen auf die Gerichtsbarkeit auch um sog. gerichtlichen Zweikampf und Justiznutzung.[135] Das frühneuzeitliche Recht war längst nicht so stabil und von oben herab vorgegeben, wie die ältere Forschung glaubte. Aber entsprechend schwierig sind zugleich feste Aussagen über Einheit und Vielfalt.

Die Frage nach dem Verhältnis von Rechtszersplitterung, Rechtsvielfalt und Rechtsvereinheitlichung hat es im Bereich des Policeyrechts also mit einem anderen Ausgangspunkt zu tun als im zeitgenössischen Privatrecht oder Strafrecht. Wenn das römisch-kanonische Recht als Referenzquelle ausfiel, stellte sich die Überlagerung von einheimischem und rezipiertem universalem Recht gar nicht erst. Die ordnenden Maximen der gemeinrechtlichen Statutentheorie verloren hier ihren Anknüpfungspunkt. Mochte das Reichsrecht in solchen Fällen durchaus die territorialen oder sogar lokalen Gewohnheiten überlagern, dann löste es kleinräumige Zersplitterung zugunsten von überregionaler Rechtseinheit auf. Verschiedene, sich teilweise

---

134 Hierzu COING (Anm. 1), S. 609; FLOSSMANN (Anm. 85), S. 324-327; CHRISTOPH BECKER, Art. Eintrittsrecht, in: Albrecht Cordes/Heiner Lück/Dieter Werkmüller (Hrsg.), HRG, Bd. 1, 2. Aufl. 2008, Sp. 1305-1306; MARTIN LIPP, Art. Erbfolgeordnung, ebd., Sp. 1361-1365 (1364).
135 Erster Überblick bei ANDREAS BLAUERT/GERD SCHWERHOFF (Hrsg.), Kriminalitätsgeschichte. Beiträge zur Sozial- und Kulturgeschichte der Vormoderne (Konflikte und Kultur – Historische Perspektiven 1), 2000 (hier vor allem die Beiträge von GERD SCHWERHOFF, Kriminalitätsgeschichte im deutschen Sprachraum. Zum Profil eines „verspäteten" Forschungszweiges, S. 21-67 (34-37); MARTIN DINGES, Justiznutzungen als soziale Kontrolle in der Frühen Neuzeit, S. 503-544); außerdem HARRIET RUDOLPH, „Eine gelinde Regierungsart". Peinliche Strafjustiz im geistlichen Territorium. Das Hochstift Osnabrück (1716-1803) (Konflikte und Kultur – Historische Perspektiven 5), 2000, S. 19-20 (mit Fn. 23); 265-327; CHRISTIAN WIELAND, Verstaatlichung und Homogenisierung, Justiznutzung und Privilegierung: Das frühneuzeitliche Rechtssystem als Motor und Hindernis von Staatlichkeit, in: Peter Eich/Sebastian Schmidt-Hofner/Christian Wieland (Hrsg.), Der wiederkehrende Leviathan. Staatlichkeit und Staatswerdung in Spätantike und Früher Neuzeit (Akademiekonferenzen 4), 2011, S. 181-204; MICHAEL STRÖHMER, Jurisdiktionsökonomie im Fürstbistum Paderborn. Institutionen – Ressourcen – Transaktionen (1650-1800) (Westfalen in der Vormoderne 17), 2013, S. 18.

widersprechende und überlagernde Rechtsschichten waren damit nicht verbunden. Im Gegensatz zum Strafrecht mit der Carolina war es in solchen policeyrechtlichen Fällen nicht nötig, auf die Fortgeltung und subsidiäre Anwendbarkeit des römisch-kanonischen Rechts zu verweisen. Die kleinteilige Rechtszersplitterung ließ sich also durchaus im Wege der Gesetzgebung überwinden. Rechtsvielfalt dagegen, also die Überlagerung verschiedener Rechtsmassen innerhalb desselben Gebietes, konnte man nicht so einfach vom Tisch wischen.[136] Das römische Recht ließ sich nicht kurzerhand per Gesetz abschaffen. Punktuell mochten bewusste Abweichungen als Rechtsneuerungen gelingen. Aber die Rezeption *in toto* bzw. *in complexu*, wie man zeitgenössisch sagte, stand dabei nicht zur Diskussion.[137] In Schweden unternahmen die Könige im 17. Jahrhundert und auch das Sveriges Rikes Lag von 1734 den beherzten Anlauf und schrieben vor, die Richter dürften nur nach einheimischem und nicht nach fremdem Recht richten, vor allem auch keine Quellen in fremden Sprachen zitieren.[138] Eine solche gesetzliche Abschaffung des römisch-kanonischen Rechts wäre im Alten Reich undenkbar gewesen. Lediglich in Bereichen, die wie das Policeyrecht keine römischrechtliche Grundlage hatten, konnte eine gesetzliche Vorgabe die frühneuzeitliche Zersplitterung und Rechtsvielfalt also beseitigen. Auch in Schweden war übrigens die Praxis erheblich vielschichtiger, als der königliche Befehl es vorgesehen hatte.[139]

---

136 Zu frühen Kodifikationsplänen Klaus Luig, Die Rolle des deutschen Rechts in Leibniz' Kodifikationsplänen, Ius Commune 5 (1975), S. 56-70; weitere Nachweise bei Bernd Mertens, Gesetzgebungskunst im Zeitalter der Kodifikation. Theorie und Praxis der Gesetzgebungstechnik aus historisch-vergleichender Sicht (Tübinger rechtswissenschaftliche Abhandlungen 98), 2004, S. 421.

137 Wolter (Anm. 43), 150-153; praktische Diskussion im 18. Jahrhundert: Oestmann, Rechtsvielfalt vor Gericht (Anm. 2), S. 245-246; zum öffentlichen Recht Michael Stolleis, Geschichte des öffentlichen Rechts in Deutschland. Bd. 1: Reichspublizistik und Policeywissenschaft 1600-1800, 1988, S. 58-59; zur Diskussion des 19. Jahrhunderts Schäfer (Anm. 61), S. 524-525.

138 Johan Schmedeman, Koningl. Stadgar/Förordningar Bref och Resolutioner Ifrån Åhr 1528. in til 1701. Angående Justitiae Executions-Ährender Med een Förteckning på Stadgarne främst/ och ett fulkommelig Orda-Register efterst wid Wercket öfwer thes innehåld, 1706, S. 856-857 (von 1683), 876-877 (1684), 1324 (1692). Ich danke Mia Korpiola für den Hinweis auf diese Quellen; zum Reichsgesetzbuch Lars Björne, Das Gesetzbuch von 1734 und die finnische Privatrechtswissenschaft im 19. Jahrhundert, in: Wolfgang Wagner (Hrsg.), Das schwedische Reichsgesetzbuch (Sveriges Rikes Lag) von 1734. Beiträge zur Entstehungs- und Entwicklungsgeschichte einer vollständigen Kodifikation (Ius Commune. Sonderhefte 29), 1986, S. 163-184 (182). Ein älteres Verbot an die Parteien, weitläufige Hinweise auf fremde Rechte zu geben (Rättegångs-Proceß 1615 § 25, bei: Schmedeman, ebd., S. 159) ähnelt eher den zeitgenössisch üblichen Allegationsverboten und war wohl gegen die Weitschweifigkeit der Anwälte gerichtet.

139 Zur Diskussion: Stig Jägerskiöld, Studier rörande receptionen av främmande rätt i Sverige under den yngre landslagens tid, 1963; Mia Korpiola, On the Reception of the Jus Commune and Foreign Law in Sweden, ca. 1550-1615, Clio@Themis. Revue électronique d'histoire du droit 2 (2009), http://cliothemis.com/On-the-Reception-of-the-Jus (besucht am 01.03.2014); Heikki Pihlajamäki, "Stick to the Swedish law": The Use of Foreign Law in Early Modern Sweden and Nineteenth-Century Finland, in: Serge Dauchy/W. Hamilton Bryson/Matthew C. Mirow (Hrsg.), Ratio decidendi. Guiding Principles of Judicial Decisions. Volume 2: 'Foreign' Law, 2010, S. 169-185.

V Rangordnung von Rechtsquellen und Rechtsanwendung im 19. Jahrhundert

Das Ende des Alten Reiches beseitigte zwar die beiden obersten Reichsgerichte sowie die förmliche Geltung ehemaliger Reichsgesetze.[140] Die überkommene Rechtsvielfalt bestand aber fort. Und auch das römisch-kanonische Recht, das man lange Zeit als „des Reichs gemeine Rechte" bezeichnet hatte, behielt seinen Geltungsrang, obwohl es dieses Reich nun gar nicht mehr gab.[141] Weiterhin überlappten sich also innerhalb der Gerichtssprengel ganz unterschiedliche Rechtsmassen. Daher sind aus dem 19. Jahrhundert in den Gerichtsordnungen weiterhin Listen anwendbarer Rechtsmassen bekannt, die im Wesentlichen der gemeinrechtlichen Statutenlehre folgten.

1 Ein Beispiel vom Oberappellationsgericht Lübeck

Eines der angesehensten deutschen Gerichte im 19. Jahrhundert war das Oberappellationsgericht der vier freien Städte Deutschlands mit Sitz in Lübeck. In seiner Gerichtsordnung von 1831 hieß es:

> Das Ober-Appellationsgericht hat bei seinen Erkenntnissen in Civil- und Criminalsachen die in den Freien Städten geltenden Particular-Gesetze und rechtlichen Gewohnheiten, und in deren Entstehung das in den Städten recipirte gemeine Recht, mit Inbegriff der in denselben vor Auflösung der ehemaligen deutschen Reichsverfassung aufgenommenen Reichsgesetze, anzuwenden. Die in jeder Stadt erscheinenden Verordnungen werden dem Gerichte mitgetheilt.[142]

---

140 Zur Auswirkung des Jahres 1806 auf Reichsrecht und Reichsgerichtsbarkeit BERNHARD DIESTELKAMP (Hrsg.), Das Reichskammergericht am Ende des Alten Reiches und sein Fortwirken im 19. Jahrhundert (Quellen und Forschungen zur höchsten Gerichtsbarkeit im Alten Reich 41), 2002; ERICH-OLIVER MADER, Die letzten „Priester der Gerechtigkeit". Die Auseinandersetzungen der letzten Generation von Richtern des Reichskammergerichts mit der Auflösung des Heiligen Römischen Reiches Deutscher Nation (Colloquia Augustana 20), 2005; GEORG SCHMIDT-VON RHEIN/ALBRECHT CORDES (Hrsg.), Altes Reich und neues Recht. Von den Anfängen der bürgerlichen Freiheit, 2006; HANS-PETER HAFERKAMP, Fortwirkungen des Kameralprozesses im gemeinen Zivilprozess des 19. Jahrhunderts, in: Peter Oestmann (Hrsg.), Zwischen Formstrenge und Billigkeit. Forschungen zum vormodernen Zivilprozeß (Quellen und Forschungen zur höchsten Gerichtsbarkeit im Alten Reich 56), 2009, S. 293-310.
141 Überblick bei KLAUS LUIG, Art. Gemeines Recht, in: Albrecht Cordes/Heiner Lück/Dieter Werkmüller (Hrsg.), HRG, Bd. 2, 2. Aufl. 2012, Sp. 60-77 (71-76); zu Puchta HANS-PETER HAFERKAMP, Georg Friedrich Puchta und die „Begriffsjurisprudenz" (Studien zur europäischen Rechtsgeschichte 171), 2004; zur Methode SAVIGNYS JOACHIM RÜCKERT, Savignys Dogmatik im „System", in: Andreas Heldrich/Jürgen Prölss/Ingo Koller (Hrsg.), Festschrift für Claus-Wilhelm Canaris zum 70. Geburtstag, 2007, Bd. 2, S. 1263-1297.
142 FRIEDRICH BLUHME (Hrsg.), Gerichtsordnung für das Oberappellationsgericht der vier Freien Städte Deutschlands, 1843, S. 50; ebenfalls bei KATALIN POLGAR, Das Oberappellationsgericht der vier freien Städte Deutschlands (1820-1879) und seine Richterpersönlichkeiten (Rechtshistorische Reihe 330), 2007, S. 287.

Nach dieser Vorschrift galt vor dem Oberappellationsgericht Lübeck in erster Linie das Partikularrecht der vier Städte Frankfurt, Hamburg, Bremen und Lübeck. Bei Lücken sollten die Gerichtsmitglieder auf das gemeine Recht zurückgreifen. Eingeschlossen in den Begriff des gemeinen Rechts waren hier ausdrücklich auch die ehemaligen Reichsgesetze. Von dem früheren Beweis- oder Allegationserfordernis war inzwischen schon längst keine Rede mehr. Die Richter des Oberappellationsgerichts mussten diejenigen städtischen Gesetze anwenden, die einschlägig waren. Die provisorische Gerichtsordnung von 1820, die der endgültigen Fassung vorausgegangen war, hatte ausdrücklich zwischen Gesetzen und Verordnungen unterschieden und vorgeschrieben, dass die Städte dem Gericht ihre gedruckten Gesetzessammlungen zur Verfügung stellten.[143] Das war inzwischen geschehen, und daher beschränkte sich die endgültige Gerichtsordnung lediglich auf die noch weiterhin verkündeten zukünftigen Verordnungen. Das Stadtrecht jeder der dem Gericht verbundenen Städte unterschied sich also teilweise erheblich voneinander. Das Frankfurter Recht mit seinen stark romanistischen Stadtrechtsreformationen von 1578 und 1611 stand dem Lübecker Recht mit der eher traditionellen Rechtsaufzeichnung von 1586 gegenüber. Insofern gab es Rechtszersplitterung innerhalb des höchstgerichtlichen Jurisdiktionssprengels. Daraus erwuchsen aber keine Probleme, weil die Gerichtsmitglieder die jeweiligen städtischen Rechtsquellen kannten. Das Nebeneinander von städtischem Recht und gemeinem Recht war dagegen die aus der älteren Zeit geerbte Quellenvielfalt selbst innerhalb jeder einzelnen Stadt.[144]

Beim Blick auf die praktische Tätigkeit des Lübecker Oberappellationsgerichts zeigt sich ein erstaunlicher Befund. Die überkommene Mehrschichtigkeit der Rechtsmassen wird in den Entscheidungsgründen des Gerichts sowie in den vorgelagerten Relationen der Gerichtsmitglieder oftmals gar nicht greifbar. Das Gericht grenzte sehr häufig nicht die Geltungsansprüche und Regelungsinhalte von städtischem und gemeinem Recht gegeneinander ab, sondern bemühte sich ganz eigenständig um verallgemeinerbare Lösungen der aufgeworfenen Rechtsprobleme. Auf diese Weise trug die Entscheidungspraxis des Gerichts erheblich zur Rechtsvereinheitlichung bei, auch wenn sich an der materiellen Gesetzeslage nichts änderte und die Gerichtsordnung eine ganz traditionelle Rechtsanwendungsklausel bereithielt.[145] Ein längeres Zitat aus einem Urteil von 1822 zeigt das anschaulich.

---

143 Wortlaut der provisorischen Gerichtsordnung bei BLUHME (Anm. 142), S. 50, Fn. c).
144 Umfassend zum Umgang mit der Quellenvielfalt, auch mit Beispielen aus der Praxis, NORA TIRTASANA, Der gelehrte Gerichtshof. Das Oberappellationsgericht Lübeck und die Praxis des Zivilprozesses im 19. Jahrhundert (Forschungen zur Neueren Privatrechtsgeschichte 33), 2012, S. 126-167.
145 PETER OESTMANN, Seehandelsrechtliche Streitigkeiten vor dem Oberappellationsgericht der vier freien Städte Deutschlands (1820-1848), in: Albrecht Cordes/Serge Dauchy (Hrsg.), Eine Grenze in Bewegung. Öffentliche und private Justiz im Handels- und Seerecht (Schriften des Historischen Kollegs. Kolloquien 81), 2013, S. 221-264.

Allein an und für sich hat jeder Staat doch nur für die Aufrechthaltung seiner Gesetze zu sorgen, und wenn er auch auf die benachbarten Staaten Rücksicht nimmt, so beruht das doch blos auf einer völkerrechtlichen Observanz [...]. Jene durch freundschaftliche Verhältniße der Staaten gebildete Observanz besteht aber nur für die Uebertretung solcher Gesetze, welche wider allgemein unerlaubt geachtete Handlungen gerichtet sind (*de Vattel* le droit des gens Liv.2 Ch. 6 § 76). Wenn aber ein Staat durch seine Verbote und Strafgesetze gerade darauf ausgeht, die eigenen Unterthanen auf Kosten der Ausländer zu begünstigen und letztere zu beeinträchtigen; so gebietet auch das Völkerrecht nicht, daß der fremde Staat zur Realisirung solcher feindseligen Maßregeln selbst die Hand biete, und es seinen Unterthanen zum Verbrechen anrechne, wenn sie dieselben zu umgehen suchen. In diese Classe von Verordnungen gehören aber die Einfuhrs- und Ausfuhrs-Verbote und Zollgesetze, wodurch die Staaten den Producten anderer Länder und fremden Kunstfleißes den Zugang verwehren, oder doch wenigstens schwerer machen, die eigenen Producte aber den Auswärtigen nicht zu Gute kommen laßen wollen; und es läßt sich, besonders bey dem neuerdings von manchen Regierungen in der Hinsicht befolgten System nicht erkennen, wie *Estrangin* in einer Note zu *Pothier* traité du contrat d'assurance a Paris 1810 *pag* 91 sehr wahr sagt, ‚*que ces Systèmes de défenses d'importation ou d'exportation de la part d'un gouvernement, ne faient le plus souvent une espèce de guerre déclaree aux besoins,* à *l'industrie, aux débouchés des productions d'une autre nation.*' Daraus folgt dann aber auch, daß der Staat und dessen Gerichte keine rechtliche Veranlaßung haben, die von ihren Untergebenen vorgenommenen Contraventionen gegen fremde Zollgesetze und Handelsverbote als Illegalitäten zu behandeln. Mit diesen aus der Natur der Sache entspringenden Grundsätzen harmonirt denn auch völlig die jetzige Europäische Völkerpraxis, die es [...] den eigenen Unterthanen nicht verbietet, Unternehmungen gegen fremde Zoll-Gesetze und Handels-Verbote zu machen, oder das Risico solcher Geschäfte zu übernehmen (*Emerigon* traité des assurances T. 1. Ch. 8. Sect. 5. *pag* 210 *sqq*; *Estrangin* l. c. *pag* 89-93; *Parck* on marine assurances Tom. 2 *pag*. 390; *Jacobson* im Handbuche über das practische Seerecht der Engländer und Franzosen B. 2. S. 77-79; vergl. die Hamburg. Assec. und Havarey-Ordn. Tit. 4 Art. 10).

Dagegen [...] bleibt ein solcher Handel mit Contrabande stets ein gefährlicher Handel, weil so weit der Contrabandier von den Behörden des fremden Staates, dessen Gesetzen er zuwider handelt, erreicht werden kann, er die von diesen angedrohten Strafen zu fürchten hat. Insofern nun diese Nachtheile auch den bloßen Ueberbringer der unfreien Waare [...] treffen können, nimt die Contrabande auch in Beziehung auf ihn eine gefährliche Eigenschaft an, und da nun bey zweiseitigen Verträgen jeder Contrahent verpflichtet ist, den Mitcontrahenten von den bey dem Vertrage in Betracht kommenden physischen und juristischen Mängeln und von solchen Eigenschaften derselben in Kenntniß zu setzen, welche dem eigenen Vermögen oder gar der eigenen Person des Mitcontrahenten Gefahr dohen; so ist es auch die contractliche Pflicht dessen, der Contrabande nach einem fremden Lande verladet, den Schiffer oder Fuhrmann davon wenigstens dann in Kenntiß zu setzen, wenn im Entdeckungsfall nicht blos die Confiscation der Güter, sondern auch die des Schiffes, des Wagens und der Pferde, und wohl gar noch andere Strafen für den [...] Ueberbringer zu befürchten stehen. Der Ablader, der dieses versäumt, muß daher dem Schiffer für den Schaden aufkommen, den dieser durch die ohne sein Wissen verladenen Contrabande im fremden Lande erleidet. [...]

Allein es widerstreitet aller Rechtsanalogie, daß der Empfänger einer Sache sich nach deren Eigenschaften erkundigen soll; es ist vielmehr an dem, der sie hingiebt und ihre Mängel und Fehler kennt, oder doch kennen sollte, den Empfänger darauf aufmerksam zu machen; und das trifft bey dem Frachtcontracte um so mehr zu, weil der Befrachter nach demselben verpflichtet ist, keine verbotenen Waaren einzuladen, die den unwissenden Schiffer in Gefahr bringen können (s. *Abbot* law of Merchants Ships p. 280). [...] einestheils ist der Spediteur allerdings verpflichtet, sich um die rechtliche Möglichkeit der Einfuhr, so wie von den Mitteln der Weiterbeförderung [...]

in Kenntniß zu setzen; und anderntheils kommt es hier gar nicht darauf an, ob die Beklagten im vorliegenden Falle Spediteure waren oder nicht, da sie mit dem Schiffer nicht auf dem Namen ihrer Committenten, sondern auf ihrem eigenen die Fracht-contracte abgeschlossen, sich also – selbst wenn sie ihm im Allgemeinen gesagt haben sollten, daß dieses Speditionsgüter seyen – demselben, der die wahren Eigenthümer nicht kannte, also nur gemeint seyn konnte, sich an die Beklagten zu halten, persönlich als die Befrachter verpflichtet haben (*l*. 13. *C. si certum petatur*).[146]

Der längere Quellenauszug stammt aus einem Rechtsstreit, in dem es um Schadensersatzansprüche nach einem gescheiterten Schmuggeleiversuch ging.[147] Zu klären war die Frage, ob ein ausländisches Einfuhrverbot inländische Händler binden sollte, und vor allem, wie die Risikoverteilung in gegenseitigen Verträgen beschaffen war. Die aufgeworfenen Fragen löste das Gericht souverän und griff dabei auf zahlreiche internationale Rechtsquellen zurück, aber auch auf andere Maximen. GEORG ARNOLD HEISE, der erste Präsident des Gerichtshofes, stützte seine Erwägungen gern auf die Natur der Sache,[148] und genau dieses Argument tauchte in den Entscheidungsgründen von 1822 ebenfalls auf. Hinter solchen Überlegungen verblasste der Gegensatz von regionalem und universalem Recht und verlor seine entscheidende Bedeutung für die Falllösung. In den Entscheidungsgründen des Gerichts fallen zahlreiche Hinweise auf Rechtsquellen und Literatur auf, die aus dem vorgegebenen Korsett der traditionellen Rechtsanwendungslehre herausbrachen. So fand das Gericht offenbar nichts dabei, in dem zitierten Fall aus Lübeck auch Hamburger Gesetze heranzuziehen, um allgemeine Prinzipien herausarbeiten zu können. Auch lehnten sich die Gerichtsmitglieder bei ihren Erwägungen oftmals an französische oder englische Literatur an. Der Quellenauszug ist insofern kein Einzelfall. Es mag sich hierbei um Besonderheiten des Handelsrechts gehandelt haben, doch genau für seine Vorreiterrolle im Handels-

---

146 Archiv der Hansestadt Lübeck OAG L I 22 a, Aktenstück Q 19 (Auszug); zu dem umfangreichen Rechtsstreit, aus dem die Quelle stammt, plane ich die Edition der kompletten Prozessakte.

147 Vorstudien zum Sachverhalt und zu den Entscheidungsgründen: PETER OESTMANN, Ein Schmuggeleiprozeß vor dem Oberappellationsgericht der vier freien Städte Deutschlands, Zeitschrift für Lübeckische Geschichte 91 (2011), S. 199-216; DERS., The unification of law via the institution of jurisdiction in the 19th century: Commercial law before the High Court of Appeal of the four free cities of Germany, Juridica international. Law Review University of Tartu, Estonia 16 (2009), S. 224-230.

148 CHRISTOPH BERGFELD, Handelsrechtliche Entscheidungen des Oberappellationsgerichts der vier freien Städte Deutschlands, in: Karl Otto Scherner (Hrsg.), Modernisierung des Handelsrechts im 19. Jahrhundert (Abhandlungen aus dem gesamten Bürgerlichen Recht, Handelsrecht und Wirtschaftsrecht 66), 1993, S. 81; KIRSTEN KRAGLUND, Familien- und Erbrecht. Materielles Recht und Methoden der Rechtsanwendung in der Rechtsprechung des Oberappellationsgerichts der vier Freien Städte Deutschlands zu Lübeck (Rechtshistorische Reihe 93), 1991, S. 136-141; JOHN KARL-HEINZ MONTAG, Die Lehrdarstellung des Handelsrechts von Georg Friedrich von Martens bis Meno Pöhls. Die Wissenschaft des Handelsrechts im ersten Drittel des 19. Jahrhunderts (Rechtshistorische Reihe 48), 1986, S. 98-108; OESTMANN, Seehandelsrechtliche Streitigkeiten (Anm. 145), S. 248; TIRTASANA (Anm. 144), S. 158-160.

recht war das Lübecker Tribunal bereits bei seinen Zeitgenossen hoch angesehen.[149] Geradezu freischwebend, also nur ganz locker an bindende gesetzliche Vorgaben angelehnt, entwickelte das Oberappellationsgericht seine Rechtsauffassungen und war damit im Ergebnis in hohem Maße rechtsschöpferisch und rechtsfortbildend tätig. Im Ergebnis trug die Rechtsprechung des Lübecker Gerichts erheblich zur Vereinheitlichung, ja überhaupt zur Herausbildung eines übergreifend deutschen Handelsrechts bei. Die formal weiterbestehende und gesetzlich festgeklopfte Rechtsvielfalt war damit in der Praxis weithin beseitigt. Der kurze Hinweis auf das römische Recht am Ende der abgedruckten Quellenstelle erweckt in keiner Weise den Eindruck, als habe das römisch-gemeine Recht für die Urteilsbegründung eine höhere Autorität besessen als die zeitgenössische internationale Literatur oder die Natur der Sache. Dies muss nicht einmal zu Rechtsunsicherheit geführt haben, wenn das Gericht bei seiner Urteilstätigkeit konsequent die eigenen Wege weiterging. In der Tat zitierten die späteren Entscheidungsgründe häufig aus den Erwägungen zu älteren Fällen und trugen auf diese Weise zur Herausbildung einer ständigen Rechtsprechung bei.[150]

Gerade angesichts der Skepsis, mit der die Historische Rechtsschule den Kodifikationsbestrebungen gegenüberstand, kam der Rechtsprechung eine besondere Bedeutung für die Modernisierung und Vereinheitlichung des Rechts zu. In dieselbe Richtung zielten auch zahlreiche rechtswissenschaftliche Werke des 19. Jahrhunderts. In dem Maße, wie die Wissenschaft faktisch zu einer der wichtigsten Rechtsquellen wurde, verloren die Gegensätze zwischen einheimischem, territorialem und überregional-gemeinem Recht ebenfalls ihre trennende Bedeutung. Das gemeine deutsche Recht, das heutige römische Recht,[151] das deutsche Privatrecht waren allesamt Umschreibungen, die teils als Buchtitel bereits das Programm andeuteten. In historisch-vergleichend-kritischer Durchdringung versuchte auch die Wissenschaft, ein einheitliches Recht herauszubilden, ohne dass es dafür neue gesetzliche Grundlagen geben musste. Vor allem die verbreiteten Pandektenlehrbücher dürften hier eine Vorreiterrolle gespielt haben.[152] Dennoch darf man die Zersplitterung nicht übersehen,

---

149 HEINRICH THÖL, Das Handelsrecht, Bd. 1, 1. Aufl. 1841, Vorrede; RUDOLF VON JHERING, Agathon Wunderlich. Ein Nachruf, [Jherings] Jahrbücher für die Dogmatik des heutigen römischen und deutschen Privatrechts 17 (1879), S. 145-157.
150 TIRTASANA (Anm. 144), S. 154-158.
151 Aufstellung zur Berücksichtigung von Partikularrecht im „System" von Savigny bei STEN GAGNÉR, Die Wissenschaft des gemeinen Rechts und der Codex Maximilianeus Bavaricus Civlis, in: ders., Abhandlungen zur europäischen Rechtsgeschichte (Bibliotheca Eruditorum 29), 2004, S. 213-346 (331).
152 Den Abschluss der Epoche bildete das verbreitete Werk von BERNHARD WINDSCHEID, Lehrbuch des Pandektenrechts, 3 Bände 1862-1870, 9. Aufl. von THEODOR KIPP 1906; zu ihm umfassend ULRICH FALK, Ein Gelehrter wie Windscheid. Erkundungen auf den Feldern der sogenannten Begriffsjurisprudenz (Ius Commune. Schriftenreihe 38), 1989, der aber auf S. 219-220 stark auf die richterliche Freiheit und Einzelfallgerechtigkeit abstellt, die WINDSCHEID ebenfalls eröffnete.

die vielfach fortbestand.[153] Literatur zum Partikularrecht gab es im 19. Jahrhundert weiterhin bis hin zu Kommentaren zu partikularen Gesetzen und zu Universitätsvorlesungen zum Landesrecht. Auch die größeren Handbücher zum Deutschen Privatrecht waren bemüht, die landesrechtlichen oder partikularen Besonderheiten mit ihren Verästelungen quellengenau nachzuweisen.[154] Die vereinheitlichende Wirkung von Rechtsprechung und Lehre stieß also an ihre Grenzen.

2 Der Bismarck-Fall des Reichsgerichts

Einen letzten Blick auf die Buntscheckigkeit des Rechts warf das berühmte Bismarck-Urteil des Reichsgerichts vom Dezember 1899.[155] Als der ehemalige Reichskanzler OTTO VON BISMARCK gestorben war, drangen zwei Hamburger Fotografen in BISMARCKS Wohnhaus in Friedrichsruh ein und machten mehrere Aufnahmen von der Leiche. Die Familie des Verstorbenen klagte nun gegen die wirtschaftliche Vermarktung dieser unerwünschten Fotoaufnahmen. Das Reichsgericht bejahte im Ergebnis den Anspruch der Hinterbliebenen. Materiellrechtlich ist die Entscheidung in Erinnerung geblieben, weil das Gericht dort wichtige Grundlagen legte für das Recht am eigenen Bild als Ausprägung des allgemeinen Persönlichkeitsrechts. In unserem Zusammenhang ist es aber höchst aufschlussreich, wie das Reichsgericht seine moderne und zukunftsweisende Entscheidung herleitete. Das Urteil, verkündet am 28. Dezember 1899, also vier Tage vor dem Inkrafttreten des Bürgerlichen Gesetzbuchs, beruht vollständig auf der gemeinrechtlichen Rechtsquellenhierarchie, wie sie aus dem Mittelalter bereits bekannt war.

> In der Sache selbst konnten, was zunächst die *örtliche* Bestimmung des maßgebenden Rechtes betrifft, nur das in Hamburg und das in Friedrichsruh geltende Recht in Frage kommen. Da nun weder die Hamburger Statuten, noch der im preußischen Kreise Herzogtum Lauenburg geltende Sachsenspiegel, noch sonst ein hierher gehöriges Partikulargesetz hier einschlagende Normen enthalten, so ist, abgesehen von etwa eingreifenden Reichsgesetzen, jedenfalls nur das gemeine deutsche Recht zur Anwendung zu bringen. (...) Von diesem Standpunkte aus (...)[156] würde das angefochtene Urteil jedenfalls aus den folgenden Gründen aufrecht zu halten sein.

---

153 Am Beipiel des Prozessrechts zeigt sich etwa, welch geringen Einfluss der gemeine Zivilprozess in der Rechtspraxis des 19. Jahrhunderts besaß, dazu HAFERKAMP (Anm. 140).

154 Wichtige Beispiele sind WILHELM THEODOR KRAUT/FERNDINAND FRENSDORFF, Grundriß zu Vorlesungen über das Deutsche Privatrecht mit Einschluß des Lehn- und Handelsrechts nebst beigefügten Quellen, 6. Aufl. 1886; OTTO STOBBE, Handbuch des deutschen Privatrechts, 2. Aufl. 1882/85.

155 Dazu ist umfassende Literatur vorhanden, z.B. RUDOLF STAMMLER, Deutsches Rechtsleben in alter und neuer Zeit. Lehrreiche Rechtsfälle gesammelt und bearbeitet. Bd. 2: Deutsches Rechtsleben während des 19. Jahrhunderts, 1932, S. 425-438 (dort auch mit den im Urteil nicht genannten Personennamen); OESTMANN, Rechtsvielfalt (Anm. 4), S. 122-123; THORSTEN SÜSS, Die Bismarck-Entscheidung des Reichsgerichts (aus heutiger Sicht). Oder: Rechtsfindung am Vorabend des BGB, JURA 33 (2011), S. 610-616.

156 Auslassungen auch in der amtlichen Entscheidungssammlung.

Es ist mit dem natürlichen Rechtsgefühl unvereinbar, daß jemand das unangefochten behalte, was er durch eine widerrechtliche Handlung erlangt und dem durch dieselbe in seinen Rechten Verletzten entzogen hat. Hier nun handelt es sich darum, daß die beiden Beklagten mittels eines Hausfriedensbruches gegen den Willen der Kläger in dasjenige Zimmer eingedrungen sind, in welchem diese die Leiche ihres Vaters, die sie in ihrem Gewahrsam hatten (vgl. §§ 168.367 Nr. 1 St.G.B.), aufbewahrten, und damit das Hausrecht, das den Klägern seit dem Tode ihres Vaters in Ansehung dieses Zimmers zustand, verletzt und diese Gelegenheit benutzt haben, um eine photographische Aufnahme eines Teiles des Innern des Zimmers mit der darin ruhenden Leiche herzustellen. Solche photographische Aufnahme eines umfriedeten Raumes und folgeweise deren Veröffentlichung zu hindern hat der Inhaber des Hausrechtes an sich das Recht und die Macht, und diese Möglichkeit haben hier die Beklagten durch ihr rechtwidriges Thun den Klägern zunächst entzogen, indem sie gleichzeitig für sich die thatsächliche Verfügung *über* das in Frage stehende photographische Bild erlangt haben. Die Kläger haben den Beklagten gegenüber ein Recht darauf, daß dieses Ergebnis wieder rückgängig gemacht werde. Das römische Recht gewährt in I. 6. Dig. de cond. ob. turp. c. 12, 5 [D. 12,5,6] und I. 6 § 5. I. 25 Dig. de act. rer. am. 25, 2 [D. 25,2,6.5] dem durch eine rechtswidrige Handlung Verletzten eine condictio ob injustam causam auf Wiedererstattung alles desjenigen, was thatsächlich durch jene Handlung aus seinem Machtbereiche in die Gewalt des Thäters gelangt ist. Diese condictio ob injustam causam stellt sich dar als ein ergänzender Rechtsbehelf neben allen Deliktklagen, so weit es sich nicht etwa um Schadensersatz, sondern um Restitution handelt. Dabei ist freilich zunächst nur an körperliche Sachen, die aus dem Vermögen des Beeinträchtigten herrühren, gedacht, sei es, daß das Eigentumsrecht an den Sachen, oder daß wenigstens der Besitz als durch widerrechtliche Entziehung verletzt erscheint (vgl. in der letzteren Beziehung I.2.Dig. de cond. trit. 13.3 [D. 13,3,2]; I.25 § 1 Dig. de furt. 47,2 [D. 47,2,25,1]). Aber dies muß entsprechende Anwendung finden auf die widerrechtliche thatsächliche Entziehung anderer Machtbefugnisse und Aneignung der entsprechenden Vorteile.[157]

Das Reichsgericht ging genau, wie es der überkommenen Lehre entsprach, vom kleinräumigsten Recht aus und prüfte zunächst das Ortsrecht von Friedrichsruh und dann das Hamburger Stadtrecht aus dem frühen 17. Jahrhundert. Da die Richter dort keine Antworten auf die aufgeworfenen Rechtsfragen fanden, zogen sie auf der nächsten Stufe den Sachsenspiegel heran. Auch dort blieb ihre Suche allerdings erfolglos. Deswegen griffen sie auf das gemeine deutsche Recht zurück. Terminologisch zeigt sich abermals, wie flexibel sich das Konzept eines gemeinen Rechts in der Praxis einsetzen ließ. Denn die wesentlichen Argumente, die aus der Gesamtschau des gemeinen deutschen Rechts folgen sollten, beruhten auf dem natürlichen Rechtsgefühl und auf dem römischen Recht. Inhaltlich war das gemeine deutsche Recht damit ganz anders gefüllt als etwa bei den frühen germanistischen Rechtsantiquaren im 18. Jahrhundert. Diese materiellen Verschiebungen innerhalb des gemeinen Rechts ändern aber nichts am prinzipiellen Ergebnis. Das gemeine Recht stand weiterhin als subsidiäres Recht bereit, wenn die vorrangig zu berücksichtigenden lokalen und regi-

---

157 RGZ 45, S. 170-174; KARL KROESCHELL, Deutsche Rechtsgeschichte. Bd. 3: Seit 1650, 5. Aufl. 2008, S. 184-185 (mit Auflösung der Corpus-Iuris-Zitate), S. 175 (dort aber nur als Beispiel für die „pandektistische Begriffssprache").

onalen Rechte keine Lösungen für die Rechtsfragen bereithielten. Die Rechtsvielfalt innerhalb kleinräumigster Gebiete war weiterhin eine Selbstverständlichkeit, ein praktisches Problem, das sich jederzeit stellen konnte.[158] Und der Vorrang des speziellen vor dem allgemeineren Recht blieb bis 1899 ein für die Praxis unerlässliches Ordnungskriterium. Die Verantwortung für die Rechtsermittlung lag inzwischen beim Gericht. § 293 ZPO, der seit 1879 im Deutschen Reich galt, regelte ausdrücklich die Behandlung von Gewohnheitsrecht und Statuten. Sie durften weiterhin Gegenstand der Beweisführung sein, wenn sie dem Gericht unbekannt waren.[159] Immer dann, wenn das Gericht solche Rechte kannte, musste es diese Normen von Amts wegen anwenden. Das schloss die Pflicht ein, von Amts wegen den Inhalt solcher Quellen zu ermitteln. Doch wenn die Richter an ihre Grenzen stießen, konnten sie die Parteien zur Mitwirkung heranziehen.

Dieses späte Beispiel vom Dezember 1899 schließt gleichsam die vielhundertjährige Epoche der Rechtsvielfalt im deutschsprachigen Raum ab. Die Überlagerung von Rechtsschichten aus ganz unterschiedlichen Entstehungszusammenhängen gehörte zum Alltag der Rechtsquellenlehre ebenso wie der gerichtlichen Rechtsanwendung. Nicht nur das räumliche Nebeneinander voneinander abweichender Regelungen, hier als Rechtszersplitterung bezeichnet, sondern auch der gleichzeitige Geltungsanspruch mehrerer Rechtsmassen innerhalb desselben Gebietes, hier Rechtsvielfalt genannt, war bis zum Ende des 19. Jahrhunderts die tägliche Erfahrung des Rechtslebens. Vor diesem Hintergrund erscheint die Zäsurwirkung der Kodifikationsbewegung genauso einschneidend, wie sie tatsächlich auch gewesen ist.

VI Rechtszersplitterung und Rechtsvielfalt im Kodifikationszeitalter

Die überkommene Vielschichtigkeit des europäischen gemeinen Rechts endete mit dem Kodifikationszeitalter. Die großräumige Rechtsvereinheitlichung auf gesetzlicher Grundlage und damit die Abschaffung von Rechtsvielfalt durch den Staat stellt eines der historisch wichtigsten Ergebnisse der Kodifikationen dar. Unabhängig von der Veränderung des materiellen Rechts bedeutete die Abschaffung der älteren Rechtsquellenlehre durch das verbindliche staatliche Gesetzbuch eine ganz wesent-

---

158 Zu diesem Problemkreis Martin Löhnig, Rechtsvereinheitlichung trotz Rechtsbindung. Zur Rechtsprechung des Reichsgerichts in Zivilsachen 1879-1899, 2012.
159 Zur Situation im 19. Jahrhundert Peter Oestmann, Der Beweis von Rechtsnormen im Zivilprozess – § 293 ZPO im Spiegel der wissenschaftlichen Diskussion des 19. Jahrhunderts, in: Jost Hausmann/Thomas Krause (Hrsg.), „Zur Erhaltung guter Ordnung". Beiträge zur Geschichte von Recht und Justiz. Festschrift für Wolfgang Sellert zum 65. Geburtstag, 2000, S. 467-512 (508-510).

liche Veränderung des gesamten Rechtsverständnisses.[160] Vom Bismarck-Fall von 1899 ist an dieser Stelle ein Rückblick erforderlich. Das BGB, das zum 1. Januar 1900 in Kraft trat, war zwar die erste gesamtdeutsche Kodifikation des Zivilrechts. Aber Kodifikationen sind seit dem 18. Jahrhundert bekannt, und ihre Antworten auf den Umgang mit Rechtsvielfalt waren durchaus verschieden. Terminologisch spricht man von Kodifikationen immer dann, wenn ein staatliches Gesetz ein gesamtes Rechtsgebiet umfassend und abschließend regelt. In der Gegenwart wird diese Begriffsbildung brüchig, weil zunehmend nichtstaatliche und halboffizielle kodifikationsähnliche Rechtssetzungen das staatliche Recht überlagern.[161] Das ist aber eine Strömung, die erst in den letzten Jahrzehnten einsetzte. Für das klassische Kodifikationszeitalter ist die übliche Definition vollkommen ausreichend.

1 Ältere Kodifikationen

Gerade im Umgang mit der gewachsenen Rechtsvielfalt zeigen sich deutliche Unterschiede zwischen den älteren und den neueren Kodifikationen. Nach traditioneller Auffassung standen die sog. bayerischen Kodifikationen des Naturrechtszeitalters am Beginn der Kodifikationsbewegung im deutschsprachigen Raum.[162] In drei großen Gesetzgebungen regelte Bayern unter seinem Kanzler KREITTMAYR das Strafrecht mit dem Strafprozessrecht, das materielle Privatrecht sowie das Zivilprozessrecht. Der Codex Maximilianeus Bavaricus Civilis, das privatrechtliche Gesetzgebungswerk mit einigen öffentlichrechtlichen Inhalten, verstand sich aber keineswegs als exklusiv und ausschließlich geltendes Gesetzbuch. Fortgeltendes Partikularrecht war ausdrücklich anerkannt, und die Subsidiarität des gemeinen Rechts wurde keineswegs abgeschafft. Das Gesetz verwies vielmehr mehrfach auf das römische Recht und zitierte sogar lateinische Versatzstücke aus dem römischen Recht.[163] Obwohl es

---

160 Dazu eindringend PIO CARONI, Gesetz und Gesetzbuch. Beiträge zu einer Kodifikationsgeschichte, 2003, S. 50-53 und öfter; sehr ideologisch aufgeladen dagegen PAOLO GROSSI, Das Recht in der europäischen Geschichte, 2010, S. 136: anmaßende Haltung des Gesetzgebers gegenüber der Geschichte; wissenschaftsgeschichtlicher Überblick zur rechtshistorischen Beurteilung von Kodifikationen bei INGE KROPPENBERG, Art. Kodifikation, in: Albrecht Cordes/Heiner Lück/Dieter Werkmüller (Hrsg.), HRG, Bd. 2, 2. Aufl. 2012, Sp. 1918-1930 (1920-1926).

161 NILS JANSEN/RALF MICHAELS (Hrsg.), Beyond the State. Rethinking Private Law, 2008; JANSEN (Anm. 37); zur Europäisierung und der damit verbundenen Entstaatlichung FILIPPO RANIERI, Europäisches Obligationenrecht. Ein Handbuch mit Texten und Materialien, 3. Aufl. 2009, S. 100-118.

162 Überblick bei BARBARA DÖLEMEYER, Art. Bayerische Kodifikationen des Naturrechtszeitalters, in: Albrecht Cordes/Heiner Lück/Dieter Werkmüller (Hrsg.), HRG, Bd. 1, 2. Aufl. 2008, Sp. 478-480.

163 GERHARD IMMEL, Typologie der Gesetzgebung des Privatrechts und Prozessrechts, in: Helmut Coing (Hrsg.), Handbuch der Quellen und Literatur der neueren europäischen Privatrechtsgeschichte. Bd. 2: Neuere Zeit (1500-1800). Das Zeitalter des gemeinen Rechts. Teilbd. 2: Gesetzgebung und Rechtsprechung, 1976, S. 3-96 (64); PETER PÖPPERL, Quellen und System des Codex Maximilianeus Bavaricus Civilis, Diss. jur. Würzburg 1967, S. 32, 74-80; allgemeiner mit Blick auf KREITTMAYR: GAG-

damit umfangreiche landesrechtliche Gesetzgebungen gab, beseitigten sie weder die Rechtszersplitterung noch die Rechtsvielfalt.[164]

Etwas anders stellt sich die Lage beim preußischen Allgemeinen Landrecht von 1794 dar. Die umfassende Gesetzgebung mit mehr als 19.000 Paragraphen versammelte öffentliches Recht, Strafrecht, bürgerliches Recht und zahlreiche andere Rechtsgebiete.[165] Das römisch-gemeine Recht sollte neben dem Landrecht nicht weiterbestehen und verlor damit nach der Absicht der Gesetzgebung seine Bedeutung als subsidiäre universale Rechtsquelle. Untergesetzliche und regional begrenzte Rechte waren nach dem Allgemeinen Landrecht aber weiterhin anerkannt.

> Besondre Provinzialverordnungen, und Statuten einzelner Gemeinheiten und Gesellschaften erhalten nur durch die Landesherrliche Bestätigung die Kraft der Gesetze. Gewohnheitsrechte und Observanzen, welche in den Provinzen und einzelnen Gemeinheiten gesetzliche Kraft haben sollen, müssen den Provinzial-Gesetzbüchern einverleibt seyn. [...] Statuten und Provinzialgesetze werden durch neuere allgemeine Gesetze nicht aufgehoben, wenn nicht in letztern die Aufhebung der erstern deutlich verordnet ist.[166]

Im Gegensatz zum bayerischen Landesrecht zeigt sich eine erheblich stärkere Staatsbezogenheit der gesamten Rechtsquellenlehre. Regionale Vielfalt blieb möglich, war aber von der staatlichen Anerkennung abhängig. Die grundsätzlich vorgesehenen Provinzialgesetzbücher spielten in der preußischen Praxis aber nur eine äußerst untergeordnete Rolle. Es gab Entwürfe und Versuche, das Provinzialrecht in Westpreußen, Ostpreußen und Schlesien auf diese Weise zu sammeln und gesetzlich in Kraft zu setzen.[167] Doch kamen die meisten derartigen Angänge im Laufe der Zeit

---

NÉR (Anm. 151), S. 218-222; ebenso auch für das Prozessrecht im Codex Juris Bavarici Judiciarii JOHANN CHRISTOPH SCHWARTZ, Vierhundert Jahre deutscher Zivilprozeß-Gesetzgebung. Darstellungen und Studien zur deutschen Rechtsgeschichte, Nachdruck 1986 der Ausgabe 1898, S. 254, mit Hinweis auf den Publikationserlass; neueste Untersuchung zu den bayerischen Kodifikationen wohl bei KARL PHILIPP ZIMMERMANN, Die Monita zum Entwurf des Codex Maximilianeus Bavaricus Civilis (Rheinische Schriften zur Rechtsgeschichte 6), 2008, S. 30-32, 85 (Kritik an der lateinischen Sprache).

164 Unter ganz anderen Rahmenbedingungen galt das römische Recht subsidiär auch im Baltikum weiter, nachdem in der Mitte des 19. Jahrhunderts das Privatrecht kodifiziert war, dazu HESI SIIMETS-GROSS, Das „Liv-, Est- und Curländische Privatrecht" (1864/65) und das römische Recht im Baltikum (Dissertationes Iuridicae Universitatis Tartuensis 33), 2011; DIES., Legitimation oder Auslegung? Die römischrechtlichen Quellenverweise vom Baltischen Privatrecht in den Riga'schen Stadtgerichtsentscheidungen, Beiträge zur Rechtsgeschichte Österreichs 2/2013, S. 544-551.

165 Leicht zugänglich ist die Edition von HANS HATTENHAUER (Hrsg.), Allgemeines Landrecht für die Preußischen Staaten von 1794, 3. Aufl. 1996 (erstmals 1970); Überblick bei JÖRN ECKERT, Art. Allgemeines Landrecht (Preußen), in: Albrecht Cordes/Heiner Lück/Dieter Werkmüller (Hrsg.), HRG, Bd. 1, 2. Aufl. 2008, Sp. 155-162.

166 ALR Einleitung §§ 2, 3, 61, bei: HATTENHAUER (Anm. 165), S. 57, 59.

167 Zeitgenössische Dokumentation: Auszug aus dem historischen Theile des von dem vormal. Kammergerichts-Assessor, jetzigen Regierungs-Rath, KRAUSE an das Königl. Ministerium der Gesetzgebung erstatteten Berichts über die Provinzial-Gesetzgebung, Jahrbücher für die Preußische Gesetzgebung, Rechtswissenschaft und Rechtsverwaltung, Bd. 18 (35./36. Heft), 1821, S. 99-210; in Kraft

über das Planungsstadium nicht hinaus. Aber es blieb genügend partikulares Recht übrig, um eine mehrbändige, dickleibige Sammlung des späteren preußischen Justizministers KARL ALBERT VON KAMPTZ zu füllen.[168] Lediglich gegenüber dem subsidiären römisch-kanonischen Recht entfaltete das preußische Recht also seine exklusive Funktion. Innerhalb der Monarchie dagegen blieb doch einiges an Kleinteiligkeit bestehen.

2 Das Bürgerliche Gesetzbuch von 1900

Blendet man zahlreiche andere Gesetzbücher des 19. Jahrhunderts aus und vergleicht das Allgemeine Landrecht in diesem Punkt mit dem Bürgerlichen Gesetzbuch von 1900, zeigen sich erhebliche Unterschiede. Die gesamten verschiedenen Landesrechte, unabhängig davon, ob es sich um neuere Kodifikationen, um ältere Land- und Stadtrechte oder um gemeinrechtliche Gemengelagen handelte, verloren zum 1. Januar 1900 nämlich ihre Geltungskraft. Die Kodifikation des Bürgerlichen Rechts von 1896/1900 zielte damit viel kraftvoller auf Rechtseinheit ab als die älteren einzelstaatlichen Gesetzgebungen. Ausnahmen gab es weiterhin, aber sie waren deutlich anders beschaffen. Zunächst erkannte das BGB von 1900 anders als noch der erste Entwurf von 1887 Gewohnheitsrecht als Rechtsquelle ausdrücklich an. Artikel 2 des Einführungsgesetzes, der jede Rechtsnorm zum Gesetz erhob, sollte nach zeitgenössischer Auffassung genau dies besagen.[169] Und weiterhin enthielt das Einführungsgesetz zum Bürgerlichen Gesetzbuch eine umfangreiche Liste, welche landesrechtlichen Regelungen auch künftig gültig bleiben sollten. Der Grundsatz aber war klar: „Die privatrechtlichen Vorschriften der Landesgesetze treten außer Kraft, soweit nicht in dem Bürgerlichen Gesetzbuch oder in diesem Gesetz ein anderes bestimmt ist."[170]

Eine große Liste von fast 100 Artikeln stellte das fortgeltende Landesrecht zusammen, freilich nicht nach Rechtsquellen geordnet, sondern nach Regelungsgegenständen. Bestimmte Sachbereiche gehörten nach diesem Verständnis also gar nicht zum Bereich des gesamtdeutschen bürgerlichen Rechts. Vielmehr handelte es sich hierbei

---

traten nur Provinzialgesetzbücher für Ostpreußen und Westpreußen, kurz erwähnt auch bei HANS SCHLOSSER, Neuere Europäische Rechtsgeschichte. Privatrecht und Strafrecht vom Mittelalter bis zur Moderne, 2012, Kap. 10, Rn. 64.

168 KARL CHRISTOPH ALBERT HEINRICH VON KAMPTZ, Die Provinzial- und statutarischen Rechte in der Preußischen Monarchie, 3 Teile, 1826-1828.

169 JOACHIM RÜCKERT, vor § 1. Das BGB und seine Prinzipien: Aufgabe, Lösung, Erfolg, in: Mathias Schmoeckel/Joachim Rückert/Reinhard Zimmermann (Hrsg.), Historisch-kritischer Kommentar zum BGB, Bd. 1: Allgemeiner Teil §§ 1-240, 2003, S. 34-122 (Rn. 26-27).

170 Art. 55 EGBGB, dazu aus der zeitgenössischen Literatur MARTIN GEORG VIKTOR SCHERER, Einführungsgesetz zum Bürgerlichen Gesetzbuche für das Deutsche Reich, 1899, S. 86-87.

um die sprichwörtliche „Verlustliste der Rechtseinheit"[171]. Dabei war die Anschaulichkeit der Vorgaben teilweise kurios. So blieben etwa landesrechtliche Vorschriften über die Aneignung freifliegender Tauben in Kraft (Art. 130 EGBGB), ebenso das Deich- und Sielrecht sowie das Bergrecht (Art. 66-67 EGBGB). Soweit es solche Normen freilich nicht gab, griffen die allgemeinen Regeln des BGB ein. In diesen Bereichen konnte es also weiterhin Rechtsvielfalt geben, nämlich die Überlappung spezieller landesrechtlicher Vorschriften und allgemeiner reichsrechtlicher Vorgaben. Im Vergleich zur frühneuzeitlichen Rechtsvielfalt, aber auch zum bayerischen und preußischen Landesrecht, war der Bereich der fortgeltenden Mehrschichtigkeit jedoch ganz erheblich eingeschränkt.

Vielleicht zeigt dieses Beispiel, dass sich vollständige Rechtseinheit auf der Grundlage lediglich einer einzigen Rechtsquelle überhaupt nicht erreichen lässt. Die Ausschließlichkeit einer Kodifikation war historisch immer nur eine Annäherung und bezog sich auf den jeweiligen Kernbereich des Regelungsgebiets. An den Rändern blieben Grauzonen bestehen, die zu keiner Zeit gänzlich verschwanden.[172] Die völlige Abschaffung sämtlicher besonderer und kleinräumigerer Rechte war nie beabsichtigt und erfolgte zu keinem Zeitpunkt. Zudem ist auch das kirchliche Recht keineswegs verschwunden, selbst wenn man in der Moderne das Nebeneinander weltlichen und kirchlichen Rechts nur selten betont. Doch sind hier die Gerichtszuständigkeiten vergleichsweise deutlich voneinander geschieden.

VII Ergebnis

Der Gang durch die Rechtsgeschichte zeigt ganz unterschiedliche Problemstellungen und Lösungen im Umgang mit nebeneinander und übereinander stehenden Rechtsmassen. Der älteste mitteleuropäische Ansatz war vermutlich das Personalitätsprinzip, also die rechtliche Zuordnung der Menschen zu ihrem jeweiligen Stamm. Es ging nicht um geographische Grenzen oder um Siedlungsgebiete, sondern um die Zugehörigkeit zu einer Stammesgemeinschaft. Stammesfremde unterlagen ihrem je eigenen Recht, waren außerhalb des Siedlungsgebietes ihres Verbandes aber sehr häufig

---

171 Als Buchtitel: WOLFGANG E. KRÜGER, Die Verlustliste der deutschen Rechtseinheit. Ein Beitrag zur Geschichte der deutschen Einheitsbewegung, 1935. THILO RAMM, Zwischen Verfassungspositivismus und Kadijustiz – was nun?, in: Rolf Gröschner/Martin Morlok (Hrsg.), Rechtsphilosophie und Rechtsdogmatik in Zeiten des Umbruchs (Archiv für Rechts- und Sozialphilosophie. Beiheft 71), 1997, S. 21-41 (24) weist darauf hin, dass das Bonmot offenbar von JUSTUS WILHELM HEDEMANN stammt und von seinem Schüler KRÜGER 1935 lediglich übernommen wurde; DERS., Kodifikation des Arbeitsrechts?, in: ders., Zum freiheitlichen sozialen Rechtsstaat. Ausgewählte Schriften (Ius Commune. Sonderheft 112), hrsg. von Rainer Schröder, 1999, S. 447-472 (463).
172 Paralleler Befund mit Beispielen aus dem Nebenstrafrecht im späten 19. Jahrhundert bei THOMAS VORMBAUM, Einführung in die moderne Strafrechtsgeschichte, 2009, S. 143-146.

rechtlich benachteiligt. Daneben gab es seit der Christianisierung immer und überall die Normen des entstehenden Kirchenrechts.

Seit dem hohen Mittelalter, vor allem in der entfalteten Blüte des Spätmittelalters, stellte sich das Recht überwiegend in Form von Rechtskreisen oder Rechtsfamilien dar. Dieses Nebeneinander kleinräumiger, teils auch in größeren Gebieten verbreiteter Rechte erscheint in der vorliegenden Studie als Rechtszersplitterung. Doch die daraus möglicherweise folgenden Probleme spielten für die Praxis der spätmittelalterlichen ungelehrten Gerichtsbarkeit kaum eine Rolle. Jedes Urteilerkollegium fand das Recht in Kenntnis der eigenen Rechtsgewohnheiten und entschied damit auf der Grundlage seines eigenen *ius fori*. Fremde Rechte konnten daneben keine Bedeutung haben, denn das Erfahrungswissen der Rechtshonoratioren bezog sich nur auf diejenigen Gewohnheiten, die sie in ihrem eigenen Lebensumfeld kennenlernen konnten und kennengelernt hatten. Falls innerhalb eines Oberhofzuges eine anfragende Stadt oder Partei das Sonderrecht ihres engeren Umkreises anführte, lehnten es die Schöffen regelmäßig ab, auf dieser Grundlage ein Urteil zu finden.

Das führt zu einem kuriosen Befund: Immer dann, wenn Gerichte bereit waren, sich mit fremden Rechten näher auseinanderzusetzen und sie zu berücksichtigen, ist dies ein wichtiges Indiz für die zunehmende Kenntnis der gelehrten Rechtsquellen- und -anwendungsregeln. Das mittelalterliche gelehrte Recht entwickelte ausgefeilte Lehren, wie man in der Theorie die nebeneinander stehenden Rechte und die sich überlagernden Rechtsschichten ordnen sollte. Für die praktische Rechtsanwendung setzten sich Auslegungs-, Allegations- und Beweisregeln durch. Das materielle Recht blieb auf diese Weise weiterhin verschieden. Aber das Prozessrecht, also die Methode, wie man mit der Rechtsvielfalt umgehen sollte, folgte weitgehend einheitlichen Lehrsätzen und beruhte auf einer einheitlichen Grundlage. Durch die strikte Interpretation von Statutarrecht und Gewohnheiten gab es eine deutlich spürbare Sogwirkung, auch die Inhalte des Rechts aneinander anzugleichen. Das europäische *Ius Commune* war damit nie eine feststehende, einheitliche und großräumige Rechtsmasse. Aber es verfügte über einen Kern von Regeln und Inhalten, die nicht nur akademisch die europäische Rechtswissenschaft prägten, sondern auch praktische Bedeutung erlangten. Die komplizierten Einzelheiten der Statutentheorie mitsamt der *fundata-intentio*-Lehre beseitigten keineswegs die horizontale Rechtszersplitterung noch die vertikale[173] Rechtsvielfalt. Doch sie schufen weithin akzeptierte Vorgaben, die es der Praxis ermöglichten, mit den ganz verschiedenen Quellen zu arbeiten. In den Feinheiten gab es zahlreiche Abweichungen. Das einheimische Partikularrecht wurde als *ius commune in loco* oftmals anders behandelt als das auswärtige Recht. Die *fundata intentio* schloss aus der Sicht des Normanwenders also ganz verschiedene Rechtsquellen ein oder aus. Die Amtsermittlung des einschlägigen Rechts konnte die Beweislast für die Parteien mindern oder sogar aufheben. Mit den Aktenversendungen und der praktisch ausgerichteten Entscheidungsliteratur standen zwei wesentliche Faktoren

---

173 Diese Terminologie auch bei Schennach (Anm. 113), S. 752.

bereit, die im Ergebnis die kleinteilige und vielschichtige Buntheit durch einheitliche große Linien überwölbten. Doch die auf diese Weise beförderte Rechtsharmonisierung stieß schnell an ihre Grenzen, nämlich immer dann, wenn Partikularrecht zweifelsfrei einschlägig und inhaltlich unstreitig war. Auch im 19. Jahrhundert konnten Obergerichte auf wissenschaftlich hohem Niveau die Quellenvielfalt durchbrechen und einheitliche Rechtsgrundsätze formulieren. Doch die Prozessordnungen bewahrten die materiellrechtliche Gemengelage. Insbesondere eine gesetzgeberische Beseitigung der überkommenen Rechtsvielfalt stand vor den großen Kodifikationen nie zur Debatte. Selbst diejenigen Germanisten, die eine *fundata intentio* für das einheimische Recht forderten, drehten den Spieß der Rechtsanwendungslehre zwar um, schafften die dahinter stehenden Regeln aber gerade nicht ab.

Erst das Kodifikationszeitalter beseitigte die im *Ius Commune* gewachsenen Überlappungen. Die Kodifikationen ersetzten nicht nur die kleinteilige Zersplitterung durch ein gesamtstaatliches Gesetzbuch. Vielmehr beendeten sie zugleich den Pluralismus mehrerer gleichzeitig einschlägiger Rechtsquellen aus ganz verschiedenen Entstehungs- und Geltungszusammenhängen. Doch bei genauem Blick waren klare Schwarz-Weiß-Lösungen in der Praxis nicht möglich. Fortgeltendes Landesrecht gab es weiterhin, wenn auch teilweise nur in Randbereichen. Ein einheitliches Recht aus ausnahmslos nur einer Quelle ist damit ein kodifikatorisches Ideal, das in der historischen Wirklichkeit aber kaum anzutreffen ist.

Diskussion zum Vortrag von Peter Oestmann

Leitung: WOLFGANG SELLERT

SELLERT:

Herr Oestmann, ganz herzlichen Dank für diesen fulminanten Vortrag, in dem es um die bunte Vielfalt der rechtshistorischen Quellen und das zwischen ihnen bestehende Rangverhältnis sowie um Versuche zur Harmonisierung ging. Eine wichtige Rolle spielten dabei das Personalitätsprinzip, das Territorialitätsprinzip, die Statutenlehre und die Entwicklung des gemeinen Rechts. Zur Bestimmung des Rangverhältnisses waren im Wechsel allgemeine und spezielle Prinzipien maßgebend, die Sie im Einzelnen durchleuchtet haben. Offen blieb für mich, welches die Gründe für den jeweiligen Wechsel waren. Damit eröffne ich die Diskussion und gebe Herrn Zimmermann das Wort.

ZIMMERMANN:

Ich darf mich zunächst einmal der Würdigung „fulminant" anschließen; der Vortrag war zudem von besonderer Klarheit geprägt. Ich habe eine Frage und eine Bemerkung. Die Frage ist: Man spricht vom „römisch-kanonischen" Recht, und Sie haben sich ja eingehend mit der Rechtsquellenlehre befasst. Aber ein Punkt blieb doch offen: Wie war eigentlich das Verhältnis zwischen römischem und kanonischem Recht? In der Quelle aus Lüneburg steht: „Erst einmal Kaiserrecht und dann – wenn im Kaiserrecht nichts steht – das kanonische Recht." War das charakteristisch für die zeitgenössische Rechtsquellenlehre? Man hätte es sich ja eigentlich auch genau umgekehrt vorstellen können. Das kanonische Recht war gegenüber dem römischen Recht das jüngere Recht. Das ist meine Frage und nun eine Anmerkung zu dem, was Sie zum *Usus modernus* gesagt haben: Für mich war auf den ersten Blick überraschend, dass Sie sagten, dies sei die Zeit, in der Rechtseinheit erzielt und die Rechtsvielfalt überwunden worden sei; und ich kann das auch gut nachvollziehen, weil Sie die Verschmelzung des partikularen Gewohnheitsrechts und des gemeinen Rechts betrachten. Damit hört die Rechtsvielfalt an diesem bestimmten Ort auf. Aus anderer Sicht betrachtet kann man aber auch genau das Gegenteil sagen. Denn wenn man es unter dem Blickwinkel des gemeinen Rechts betrachtet, dann hat der *Usus modernus* geradezu das Ende einer Rechtseinheit herbeigeführt, weil der Gerichtsgebrauch in Holland anders war als derjenige in Spanien, in Sachsen oder in Bayern. Dadurch wurde eine Rechtsvielfalt auf europäischer Ebene insofern erzeugt, als es nunmehr nicht mehr ein gemeines Recht gab, sondern ein römisch-holländisches Recht, ein römisch-sächsisches Recht, ein römisch-hispanisches Recht und so weiter.

OESTMANN:

Zum ersten Punkt: Das Verhältnis von römischem und kanonischem Recht, das ist tatsächlich vergleichsweise unklar, denn die meisten Rechtsanwendungsklauseln, die ich kenne, sprechen von gemeinen Rechten *im Plural*. Und die gemeinen Rechte, sagt man ja üblicherweise, sind das römische und kanonische Recht. Das muss aber nicht einmal alles sein, denn wenn man das *ius commune in loco* dazu zählt, dann können zu den gemeinen Rechten auch Gesetze, Stadtbücher und so weiter dazukommen. Also: Das ist ziemlich unklar. Dass das römische und kanonische Recht ausdrücklich voneinander geschieden werden, ist vergleichsweise selten. Da ist dieses Beispiel aus Lüneburg eines der ganz, ganz wenigen, die ich kenne. Die rechtshistorische Literatur sagt, dass das kanonische Recht das jüngere Recht ist und deswegen bei einer Abweichung des kanonischen Rechts vom römischen Recht das kanonische Recht vorgeht. In den prozessualen Fragen ist das sowieso ganz häufig der Fall, weil das kanonische Recht viel mehr Prozessrecht enthält. Da müsste ich mich jetzt tatsächlich viel besser auskennen, wissen, wo es zum Beispiel materielle Überschneidungen zwischen dem kanonischen und dem römischen Recht gibt. Jedenfalls war es so, dass man in den *protestantischen* Territorien nach der Reformation das kanonische Recht immer noch als subsidiäre Rechtsquelle in Fragen des Ehe- und Familienrechts vor den Konsistorien anerkannt hat. Man hat zwar versucht, es abzuschaffen, es hat aber nicht funktioniert. Das setzte sich ab den 1530er Jahren schon wieder durch. Udo Wolter hat ja auch dazu geschrieben, dass man innerhalb der Rechtsanwendungslehre auf das kanonische Recht so zugreifen sollte.[1] Insofern ist das ein berechtigter Punkt, den Sie angesprochen haben. Aber es ist mir nicht vollkommen klar; ob das überhaupt irgendjemandem klar ist, weiß ich auch nicht so genau.

Der zweite Bereich mit dem *Usus modernus* ist auch schwierig. Ich würde sagen: Beide Ansatzpunkte, Ihrer und meiner, sind irgendwie richtig, bezogen auf einen anderen Bezugsrahmen. Sie argumentieren aus der Perspektive einer europäischen Rechtskultur, die eine Art Diskussionseinheit ist auf der Grundlage dieser *corpora*, und die Einheitlichkeit wird natürlich dadurch geschwächt, dass auch die wissenschaftliche Literatur anfängt, sich um etwas anderes zu kümmern, das ist vollkommen klar. Was ich stärker dachte – deswegen habe ich versucht, zwischen Rechtszersplitterung und Rechtsvielfalt zu unterscheiden –: In den einzelnen Rechtssprengeln oder Rechtskreisen empfand man diesen Gegensatz nicht mehr so stark, weil man, glaube ich, versucht hat, ihn aufzulösen. Eines der wichtigsten Werke in dem Zusammenhang ist der Kommentar von David Mevius zum Lübecker Stadtrecht von 1642.[2] Das kann man bei der Gelegenheit einmal sagen, das ist ein Jahr erschienen vor dem Buch von Hermann Conring,[3] es ist also keine Conring-Rezeption. Und Mevius hat im Einleitungsteil seines Kommentars gesagt: „Man muss die Partikularrechte aus ihrem eigenen Geist heraus auslegen." Und: „Wir brauchen das römische Recht für alles Mögliche, aber jedenfalls dürfen wir keine strikte Interpretation mehr betreiben." Hinterher wurde ihm dann vorgeworfen, er habe doch strikt interpretiert, weil

---

1 Udo Wolter, Ius canonicum in iure civili, 1975.
2 David Mevius, Commentarii in ius Lubecense, erstmals 1642/43.
3 Hermann Conring, De origine iuris germanici, erstmals 1643.

hundert Jahre später die Leute noch eigenständiger gewesen sind, aber auf die Weise näherten sich die beiden Schichten aneinander an.

Deswegen würde ich sagen: Von Ihrer Warte aus stimmt es; die Rechtsordnungen haben sich flächenmäßig stärker voneinander unterschieden, aber innerhalb der Territorien war die Rechtsanwendung wesentlich einfacher, wenn man sich über die Observanz und den *Usus* im Klaren war. Man sagt übrigens, das sei das Besondere an den Rechtsordnungen gewesen, die wissenschaftlicher Bearbeitung unterlagen – Sachsen und Lübeck werden hier angeführt. Deren Eigenständigkeit beruhte gerade darauf, dass sie diese Literatur geschaffen haben, und diese Rechte haben sich bis ins 19. Jahrhundert gehalten, viele andere hingegen nicht.

SELLERT:
Vielen Dank. Frau Wendehorst.

WENDEHORST:
Herzlichen Dank. Ich möchte bei Ihren Schlussbemerkungen anfangen, und zwar habe ich dort mitgeschrieben: „Vielfalt endete mit dem Kodifikationszeitalter." Sie haben das dann ein bisschen eingeschränkt, allerdings nur im Hinblick auf die fortgeltenden Artikel des Landesrechts, die es auch trotz des BGB noch gab.

Ich möchte die provokative Frage stellen, ob die recht verbreitete Auffassung, dass das Kodifikationszeitalter der Vielfalt ein Ende gesetzt hat, eine spezifisch deutsche Wahrnehmung ist. Ich selbst arbeite nun seit fünf Jahren in Österreich und habe es täglich mit einer für deutsche Kollegen schwer nachvollziehbaren Gemengelage der unterschiedlichsten Rechtsquellen zu tun. Und ich spreche jetzt nicht vom EU-Recht, sondern ich spreche vom ABGB und von pandektistischer bzw. deutscher Dogmatik, die teilweise in Reinform, teilweise verfälscht durch führende Textbücher und durch die Generationen immer wieder weiterentwickelt die Kodifikation überlagert. Ich spreche über ein Richterrecht, das teilweise der Kodifikation offen widerspricht. Man muss über Jahre hinweg ein Gefühl entwickeln, wie sich diese verschiedenen Rechtsquellen zueinander verhalten. Und ich glaube zumindest zu ahnen, dass Österreich nicht das einzige Land in Europa ist, in dem es sich so verhält. Das Problem ist nur: Es fehlt daran, dass dies einmal offen ausgesprochen und analysiert wird, denn die Regeln, nach denen diese verschiedenen Rechtsschichten gegeneinander abgewogen werden, die stehen nirgends. Offiziell gilt auch für Österreich die BYDLINSKI'sche oder die LARENZ/CANARIS'sche Methodenlehre, und danach ist all dies, wovon ich gerade gesprochen habe, nicht existent. De facto, so wage ich aber zu behaupten, haben wir stellenweise eine fast frühneuzeitliche Situation.

OESTMANN:
Ich kann mich natürlich nicht kompetent zu solchen gegenwärtigen Fragen äußern. Der Ansatzpunkt war: Ist das etwas typisch Deutsches? Und da bin ich mir nicht so ganz sicher. Denn wenn Sie sich einmal Frankreich anschauen, da hat man traditionell immer gesagt: Das französische Recht ist im Wesentlichen zweigeteilt, in ein

coutumier-Recht, das stark gewohnheitlich geprägt war mit großen Ähnlichkeiten zu deutschen Rechtsgewohnheiten, und in das in Südfrankreich geltende *droit écrit*, was ziemlich stark an römisches Recht angenähert war. Und *eine* Absicht der französischen Kodifikationsbewegung bestand gerade darin, diese Zweiteilung des französischen Rechts zu überwinden. Sie sagen jetzt: „Daneben gibt es die Lehren der Rechtslehrer und so weiter." Da würde ich aus meiner Perspektive sagen: Wahrscheinlich müsste man versuchen, zwischen der Intention des Kodifikators und der späteren Praxis zu unterscheiden. In Preußen kann man das ganz gut sehen; da war tatsächlich beabsichtigt, das römische Recht abzuschaffen. Das war eine ganz deutliche rechtspolitische Stoßrichtung des ALR und es war übrigens auch beabsichtigt, die Rechtsprechung als Quelle abzuschaffen, denn es ist eine Gesetzeskommission gegründet worden und man hat gesagt: „Wenn der Richter nicht weiß, was im Gesetz steht, muss er die Regierung fragen, und die Regierung muss das entscheiden." Der Richter durfte das Gesetz nicht auslegen. Das gab es in Frankreich auch einmal, unter Ludwig XIV., den *référé legislatif*. In der Praxis hat das nicht funktioniert; diese Gesetzeskommission ist nach zwanzig oder dreißig Jahren abgeschafft worden. Offensichtlich kann man die Justiz nicht einfach nur zum *bouche de la loi* erklären. Deswegen würde ich sagen, dass es in der Praxis neben der Kodifikation immer auch andere Möglichkeiten der Rechtsfortbildung gibt. Aber das kodifikatorische Ideal hat sich im Laufe der Zeit doch dahin verschoben, dass der Exklusivitätsanspruch von Kodifikationen gestiegen ist.

Sellert:
Vielen Dank. Frau Kieninger.

Kieninger:
Ganz besonders interessant fand ich an Ihrem Vortrag die verschiedenen Stufen der Statutentheorie und besonders die dritte Stufe. Sie haben ja ausgeführt, dass es eine Beibringungsobliegenheit für das Partikularrecht gegeben hat und dass das gelehrte Recht galt, wenn die Parteien dem nicht genügen konnten. Genau derselbe Grundsatz existiert heutzutage immer noch im Verhältnis des englischen Rechts zu anderen nationalen Rechten. Im englischen Prozess ist es immer noch so, dass, wenn die Parteien sich nicht aktiv auf eine fremde Rechtsordnung berufen und diese durch Gutachten belegen – da tauchen dann manchmal auch deutsche Juraprofessoren in mündlichen Verhandlungen vor dem High Court, dem Court of Appeal oder dem Supreme Court auf –, dann englisches Recht, also das *Common Law*, angewendet wird. Mich würde besonders interessieren: Gibt es eigentlich Forschungen dazu? Dieser Grundsatz des *Common Law* ist sehr alt – wahrscheinlich ebenso alt wie das, was Sie uns aus dem 13./14. Jahrhundert geschildert haben – und er gilt unangefochten bis heute und macht uns größte Schwierigkeiten bei der europäischen Kollisionsrechtsvereinheitlichung. Denn es ergibt keinen großen Sinn, in x Verordnungen die Kollisionsnormen gleichförmig auszugestalten, wenn es auf der einen Seite Länder gibt, in denen sie strikt beachtet werden müssen und das fremde Recht dann auch anzuwenden ist, und es andere Länder gibt, in denen sie nur fakultativ gelten. Dann kann man im

Grunde fragen: „Was soll das?" Dann können wir eigentlich alles lassen. Gleichzeitig ist aber dieser Grundsatz im englischen Recht so stark verwurzelt und so sehr Teil des Selbstverständnisses der englischen Juristen, dass es dort nicht vorstellbar ist, dass man ihn über Bord werfen könnte. Aber offensichtlich ist es bei uns gelungen, ihn über Bord zu werfen. Mich würde interessieren: Gibt es Forschungen dazu, die diese beiden Entwicklungen miteinander vergleichen und ihren wechselseitigen Einfluss unter die Lupe nehmen oder untersuchen, warum es in der geschichtlichen Entwicklung in Deutschland gelungen ist, diesen Grundsatz zu überwinden? Ich glaube, das würde uns helfen, in diesem ganz realen Konflikt, der sich gegenwärtig in der europäischen Kollisionsrechtsvereinheitlichung stellt, weiterzukommen.

OESTMANN:

Ich kann nur eine einzige dieser Fragen kompetent beantworten, nämlich die, warum es bei uns gelungen ist, das zu überwinden. Zu England selbst: Das ist ein Problem, weil die Engländer aus der nationalen Perspektive immer behaupten, sie hätten das römische Recht nicht rezipiert. Ob das stimmt oder nicht, ist unklar; es gibt aber aktuelle Forschungen, etwa von RANIERI ziemlich intensive Forschungen zur Rezeption des römischen Rechts bei BLACKSTONE.[4] Das ist natürlich dann ein bisschen später. Aber mein Kollege LOHSSE hat diese Frage anhand des englischen Grundstücksrechts im hohen Mittelalter untersucht[5] und da sieht man durchaus auch Einflüsse des römischen Rechts. Also ich kann das nicht hundertprozentig sagen, aber die Parallelerscheinung spricht dafür, dass da in irgendeiner Weise auch ein Transfer ist.

Was ich dazu noch sagen möchte: Reste davon gibt es heute bei uns übrigens auch noch in § 293 ZPO. Da steht irgendetwas über Statuten und Gewohnheiten. Keiner weiß, was Statuten sind, aber das Wort taucht da noch auf. Warum man das nicht abgeschafft hat, hat mehrere Gründe, aber auch einen ganz formalen Grund. Denn die Beibringungs- und Beweisobliegenheit für Recht setzt voraus, dass es sich um Tatsachen handelt. Für den Rest ist das Gericht zuständig. Und da hat man immer gesagt: Ob es eine Rechtsquelle gibt oder nicht, ist eine Tatsachenfrage. Das kann man mit ja oder nein beantworten. Dazu hat sehr stark das Buch von PUCHTA zum Gewohnheitsrecht (Band 1 von 1828) beigetragen, wo es heißt: „Jeder Richter muss jede Quelle, die er kennt, von Amts wegen anwenden." Und das ist im Prinzip auch auf ungeschriebene Rechtsquellen zu beziehen. In der älteren Zeit hatte man immer gesagt: „statuta sunt facti" – also Statuten sind des Faktischen. Ob es das gibt, ist eine Beweisfrage. Und in dem Maße, wie man das Beweisproblem überwindet, ist

---

4 FILIPPO RANIERI, Eine frühe deutsche Übersetzung der „Commentaries on the Laws of England" von William Blackstone. Zugleich ein Beitrag zur Instrumentalisierung des Common Law in der deutschen Germanistik des 19. Jahrhunderts, in: Tiziana J. Chiusi/Thomas Gergen/Heike Jung (Hrsg.), Das Recht und seine historischen Grundlagen. Festschrift für Elmar Wadle zum 70. Geburtstag, 2008, S. 875-899.
5 SEBASTIAN LOHSSE, Die Rezeption des Grundsatzes superficies solo cedit auf dem europäischen Kontinent und in England, in: Yu-Cheol Shin (Hrsg.), Rezeption europäischer Rechte in Ostasien, 2013, S. 19-40.

man die Parteien natürlich los, weil das dann die Amtspflicht des Richters ist. Das hat ganz verschiedene Schichten. Erst einmal müssen die Territorien dem Gericht ihr Gesetz einschicken. Das war nicht nur am Reichskammergericht so. Auch bei vielen Juristenfakultäten mussten die Territorien ihr Landesrecht einschicken – und wenn die Juristen das kannten, mussten sie es anwenden. Es gibt auch Rechtsanwendungsklauseln, die ich hier nicht genannt habe, da heißt es dann: „Die Richter sind verpflichtet, diese Quellen auch zu berücksichtigen." Die englische Situation kenne ich nicht gut genug, aber dieser Übergang, dass man Rechtsquellen nicht mehr als Fakten ansieht, sondern auch als Normen, das ist ein ganz wichtiger Punkt in dem Zusammenhang. Und dann ist es auch klar, dass das die Aufgabe des Richters ist. Die Grenzbereiche haben wir natürlich auch – mit dem ausländischen Recht, darüber kann man heute auch noch Gutachten anfordern. Die wichtigsten Entscheidungen heute stammen vom Bundesfinanzhof und da geht es immer darum, ob irgendwelche ausländischen Kindergeldansprüche berücksichtigt werden können. Wie soll das ein Amtsrichter wissen?

KIENINGER:
Wenn ich ganz kurz dazu ergänzen darf: Natürlich muss der inländische Richter kein ausländisches Recht können, darüber kann er ein Gutachten anfordern. Aber er muss das Kollisionsrecht von Amts wegen anwenden.

OESTMANN:
Ja, klar.

KIENINGER:
Und das muss der englische Richter nicht.

SELLERT:
Herr Ruffert und dann Herr Heun.

RUFFERT:
Ich möchte aus öffentlich-rechtlicher Sicht Ihre Ausführungen, auch vielleicht Ihr letztes Element „Auftragsforschung", in Bezug zu dem Begriff der Integration setzen, den die Veranstalter in das Oberthema der Tagung genommen haben. Wenn die Lübecker oder Magdeburger Schöffen ein Partikularrecht nicht anwenden wollten, sondern nur das eigene Recht, dann hatte das ja wahrscheinlich überwiegend auch praktische Gründe: Sie wollten sich einfach nicht mit diesen Partikularismen, die von weit herkommen, befassen. Wenn aber auf Reichsebene Polizeiordnungen oder auch Gesetze wie die Carolina eine solche Anordnung trafen, sollte das dann integrierenden Charakter haben? Also, wenn die Lübecker oder Magdeburger Schöffen nach ihrem eigenen Recht urteilten, dann haben sie damit ja nicht beabsichtigt, andere Kleinterritorien gewissermaßen aufzusaugen oder in ihren Rechtsraum einzubinden – der Recht setzende Kaiser oder König, der das territorienweit macht, vielleicht aber schon. Dort haben wir also auch irgendwie einen Wandel von Recht als Konfliktlö-

sungsmechanismus hin zum Recht als Steuerungsinstrument – mit der Funktion, Territorien, die nicht zusammengehören, irgendwie zu integrieren.

OESTMANN:

Das ist eine gute Frage. Ich würde beim ersten Teil übrigens sogar ein bisschen widersprechen. Sie haben gesagt: „Den Magdeburger Schöffen ging es nicht darum, irgendwelche Städte aufzusaugen und in ihren Rechtsraum einzubinden." Denen ging es wirklich nicht darum, Städte aufzusaugen, aber sie in ihren Rechtsraum einzubinden, *darum* ging es denen schon. Es gibt ganz klare Aussagen zum Beispiel der Ingelheimer Schöffen. Da fragt irgendjemand an: „Wie sollen wir den Fall lösen?" Und die sagen: „Wir beantworten das nur, wenn ihr euch verpflichtet, in Zukunft *immer* bei uns anzufragen." Man kann zwar im Einzelfall nicht immer feststellen, ob die das dann auch gemacht haben, aber es gibt Gerichte, die über 200 Jahre ganz treu bei einem Schöffenstuhl anfragen. Es gab offensichtlich schon ziemlich feste Beziehungen. Es gibt jetzt eine aktuelle Untersuchung von ALEXANDER KREY,[6] die zeigt, dass es im Rhein-Main-Gebiet Orte gab, die an vier Oberhöfen angefragt und zu allen gesagt haben: „Selbstverständlich fragen wir immer euch", und sich dann das aussuchten, was ihnen am besten passte. Aber aus der Perspektive des Oberhofes ging es um Rechtsvereinheitlichung. Das kann man ganz deutlich sagen und die Städte selbst wussten auch, zu welchem Rechtskreis sie gehörten.

Bei der Frage, ob es aus der Perspektive des Normsetzers darum ging, die Herrschaft durch den Geltungsbereich von Recht abzusichern, wäre ich zurückhaltend. Denn nach meinem Eindruck ist es so: Das Herrschaftsrecht, das in irgendeiner Weise Landesherrschaft gekennzeichnet hat, war bis weit ins 17. Jahrhundert hinein *jurisdictio*. Die *jurisdictio* ist das oberste Recht des Herrschers gewesen. Das heißt, das Gebiet, über das er geherrscht hat, hat man daran erkannt, aus welchen Gegenden Anfragen an sein Gericht gelangt sind, und nicht daran, in welchen Gegenden er selbst Recht gesetzt hat. Im Bereich der Carolina war der Anspruch allerdings schon, dass das Recht im Heiligen Römischen Reich nach Möglichkeit umgesetzt werden sollte; bei den Reichspolizeiordnungen war das auch so, aber es gab Umsetzungsdefizite und die waren den Zeitgenossen auch ganz klar bekannt. Ich glaube, den Befehl zu erteilen, irgendeine Norm müsse strikt befolgt werden, hätte sich wahrscheinlich der Normsetzer nicht getraut, weil das Risiko, Misserfolg zu erleiden, viel zu groß gewesen wäre. MASSIMO MECCARELLI hat nachgezeichnet, dass die Gesetzgebung erst ab Mitte des 17. Jahrhunderts planmäßig versucht hat, die Landesgrenzen zu erzeugen.[7] Vorher spielt die Gerichtsbarkeit eine viel stärkere Rolle; die integrative Wirkung haben die höchsten Gerichte.

---

6 ALEXANDER KREY, Die Praxis der spätmittelalterlichen Laiengerichtsbarkeit. Gerichts- und Rechtslandschaften des Rhein-Main-Gebietes im 15. Jahrhundert im Vergleich, 2015.

7 MASSIMO MECCARELLI, Das Problem der Rechtsmodernisierung durch die Theologen der Spätscholastik, in: Nils Jansen/Peter Oestmann (Hrsg.), Rechtsgeschichte heute. Religion und Politik in der Geschichte des Rechts – Schlaglichter einer Ringvorlesung, 2014, S. 119-130.

SELLERT:

Wir haben noch eine ganze Reihe von Meldungen und die Zeit läuft uns davon. Ich bitte daher die Diskutanten, sich kurz zu fassen. Auf meiner Liste stehen jetzt noch Herr Heun, Herr Eichenhofer, Herr Behrends und Frau Schumann. Zunächst bitte Herr Heun.

HEUN:

Wie sieht eigentlich das Verhältnis von Theorie und Praxis bzw. institutioneller Entscheidung aus? Also die Theorie, insbesondere die Statutentheorie, und auch die folgenden abstrakten Überlegungen geben ja so viel Flexibilität, dass der Richter eigentlich machen kann, was er will. Wenn er will, kann er sich für das eine oder für das andere entscheiden. Das heißt, die Frage der Vereinheitlichung hängt doch auch an den Institutionen, die entscheiden. Und ist das dann nicht auch der entscheidende Unterschied zu den anderen europäischen Ländern, in denen eine viel stärkere Vereinheitlichung der Institutionen, also der Gerichtsbarkeit, gelingt, und sich deswegen auch viel stärker ein einheitliches *Common Law* ausbilden kann als in der Vielfalt des Heiligen Römischen Reiches? Also kommt es nicht sehr viel mehr darauf an, dass die Theorie eigentlich alles erlaubt und alles nur an den Institutionen hängt, und dann sich daraus auch die entscheidenden Unterschiede zu anderen europäischen Ländern ergeben?

OESTMANN:

Also zunächst einmal zur Theorie selbst: Die Statutentheorie war in vielen europäischen Ländern bekannt und war als solche in der Gelehrtenliteratur stark verbreitet. Die praktische Umsetzung ist sicherlich unterschiedlich gewesen, allerdings würde ich so etwas wie Justizaufsicht oder Instanzenzüge nicht unterbewerten. Selbstverständlich war das Heilige Römische Reich territorial zersplittert, aber die Wirkung, die von den Obergerichten ausging, würde ich nicht unterschätzen. Das müssen im Heiligen Römischen Reich nicht unbedingt die Reichsgerichte gewesen sein, aber Gerichte wie das Oberappellationsgericht Celle oder das Wismarer Tribunal von 1653 hatten ganz starke rechtsvereinheitlichende Kraft. Und wenn ein Richter aus dem, was andere Juristen für üblich gehalten haben, ausbrach, gab es immer Rechtsmittel. Im Strafrecht und im Polizeirecht nicht, da sah die Situation anders aus, aber im Zivilrecht konnte man gegen falsche Entscheidungen Rechtsmittel einlegen. Und der wesentliche Bereich, um den es gerade in dieser Lehre geht, ist ja das Zivilrecht. Im Einzelfall mag ein Gericht abgewichen sein, aber dass ein Gericht konsequent diese Lehre nicht anwandte, das ist, wenn dieses Gericht gleichzeitig in einen größeren Gerichtssprengel eingebunden war, ziemlich unwahrscheinlich. Also sicherlich gibt es Theorie- und Praxisunterschiede, aber dass die von Gericht zu Gericht mit dieser Lehre unterschiedlich umgesprungen wären, das würde ich sehr erstaunlich finden. Materiell war das Ergebnis natürlich immer anders, je nachdem was es für Statuten gab, aber die Art und Weise der Rechtsanwendung, die ist vergleichsweise ähnlich gewesen.

Sᴇʟʟᴇʀᴛ:

Man könnte noch ergänzen, dass hier auch die ständige Rechtsprechung der Gerichte, von der sie aus naheliegenden Gründen nur ungern abwichen, eine Rolle spielte. Das gilt nach meinem Eindruck auch für die beiden höchsten Reichsgerichte, das Reichskammergericht und den Reichshofrat.

Oᴇsᴛᴍᴀɴɴ:

Vielleicht sage ich noch ganz kurz zu Herrn Heun: Es gab eine sehr starke europaweite Ausstrahlung der Rota Romana, das war eines der professionalisiertesten Gerichte überhaupt, das Gericht der katholischen Kirche. Und das ist das Vorbild gewesen für das Prozessrecht des Reichskammergerichts; das haben die sich nicht ausgedacht, sondern das ist übernommen worden.

Sᴇʟʟᴇʀᴛ:

Herr Eichenhofer.

Eɪᴄʜᴇɴʜᴏғᴇʀ:

Kann man nicht auch sagen – und das ist das Moderne Ihres Themas und auch der Lösung, die Sie angeboten haben –, dass der Konkretisierungsgrad von Recht unterschiedlich war, je nach der Rangstufe? Das heißt, das Stadtrecht war sehr konkret, sehr detailliert, auch technisch, und das gemeine Recht und auch das kaiserliche Recht waren prinzipiell, abstrakt, prinzipienorientiert und auch innovativ. Also, wenn man etwa die Reichspolizeiordnungen zur Einführung der Armenfürsorge aus dem 16. Jahrhundert nimmt, dann wurde damit einfach eine neue Struktur von Programmverwaltung geschaffen. Und ist das die Differenz, die wir heute auch haben? Auf der einen Seite ein sehr stark an allgemeinen Prinzipien orientiertes, universales Recht verbunden mit innovatorischen Ansprüchen und auf der anderen Seite ein sehr detailliertes, ins Detail gehendes, konkret werdendes Recht, das auf der lokalen Ebene zu finden ist.

Oᴇsᴛᴍᴀɴɴ:

Das würde ich eigentlich nicht sagen. Also in der Zeit des ungelehrten Rechts, da kann man den Gegensatz zwischen abstrakt und konkret machen. Das ungelehrte Recht konnte praktisch nicht abstrakt denken, denn im Einzelfall musste Konsens über das Ergebnis erzielt werden und das nennt man Rechtsfindung, das hat jedenfalls Mᴀʀᴛɪɴ Pɪʟᴄʜ gesagt[8] und das glaube ich ihm übrigens auch. Aber in der Zeit einer gelehrten Rechtswissenschaft gab es verschiedene Stufen von Normen, die im Prinzip gleich konkret sein konnten. Ein schönes Beispiel dafür ist die erbrechtliche Diskriminierung von Frauen. In vielen Stadt- und Landrechten war das Intestaterbrecht von Frauen schlechter als das von Männern, während es im römischen Recht prinzipiell gleich war. Das kann man nicht nur an den jeweiligen Rechtsquellen, sondern auch

---

8 Mᴀʀᴛɪɴ Pɪʟᴄʜ, Der Rahmen der Rechtsgewohnheiten. Kritik des Normensystemdenkens entwickelt am Rechtsbegriff der mittelalterlichen Rechtsgeschichte, 2009.

an den jeweiligen Ergebnissen von Erbrechtsprozessen sehen. Das ist keine Frage, was allgemeiner ist, das ist einfach die Frage von sich widersprechenden Quellen: Welchen räumlichen Ausdehnungsbereich haben diese? Das heißt, das allgemeine Recht ist das, was überall gilt, und nicht das, was allgemeine Rechtsgrundsätze hat. In einem Punkt haben Sie natürlich trotzdem Recht: Die ganz kleinen Rechte haben allein deswegen keine Rechtsgrundsätze, weil sie niemanden haben, der als Rechtsgelehrter diese Grundsätze erfindet. Das ist eben gerade der Vorteil von Lübeck oder der Vorteil von Sachsen. Da gab es jemanden wie DAVID MEVIUS oder wie CARPZOV, die haben diese Grundsätze formuliert und dann hat das Recht auch eine größere Stabilität, aber eigentlich geht es um den Ausdehnungsgrad von Normen und nicht um den Konkretisierungsgrad von Normen.

SELLERT:
Herr Behrends.

BEHRENDS:
Meine Frage knüpft an Ihre Bemerkung an, dass Sie ein Gericht, das Lübische Oberappellationsgericht, auf der Suche nach Grundsätzen gesehen haben. Sie zielt daher darauf ab, ob nicht allgemeine Grundsätze und die Suche danach ein typisches Element des Richterrechts bilden, weil Grundsätze über dem positiven Recht stehen und so dem Gericht eine Handhabung der Vielfalt und der Abfolge der Rechtsquellen erlauben. Es war beeindruckend, zu hören, wie der Satz *statuta sunt stricte interpretanda* durch eine Interpretation nach den Grundsätzen des gemeinen Rechts beiseite geschoben wird, so dass man fast überlegen kann, ob es dadurch ein lokal wirksames *ius commune* gibt, das das Lokalrecht durch Auslegung in seine Grundsätze integriert. Solche Grundsätze erscheinen damit als etwas, was der Gerichtsbarkeit eine originär wirkende Selbständigkeit verleiht und sie in gewisser Weise über die Rechtsquellenvielfalt stellt. Angesichts dieses Phänomens ist ein Rechtsquellenpurismus, wie ihn die Kodifikationen und vorher die Historische Rechtsschule erstrebt haben, eine Illusion. Mir ist insofern immer ein Beispiel aus dem *Usus modernus* aufschlussreich gewesen, der entgegen dem römischen Recht den Grundsatz der Klagbarkeit des Tausches vertrat, und zwar mit der die Rechtsquellenvielfalt relativierenden Erklärung, dass es gleichgültig sei, ob diese Verallgemeinerung des Vertragsrechts aus den Stammesrechten, dem Sachsenspiegel oder dem kanonischen Recht abgeleitet werde. Es gibt für die Selbständigkeit richterrechtlicher Grundsätze noch ein anderes Beispiel. Im BGB gibt es nicht die *exceptio doli generalis*, den Einwand des Rechtsmissbrauchs. Dieses Kontrollmittel war aber ein fester Bestandteil der Judikatur des Reichsgerichts. Als das BGB kam, hat das Reichsgericht mit Selbstverständlichkeit an der Geltung des Grundsatzes festgehalten und sich am Ende gegenüber dem Gesetz damit beruhigt, er stände im § 242, obwohl sich in ihm kein Wort davon findet. All das zeigt, dass Grundsätze etwas sind, was sowohl intertemporale Differenzen ausgleichen als auch Rechtsquellenvielfalt zusammenführen kann. Der *Usus modernus*, der

so dachte, war denn auch entgegen dem eher verächtlichen Urteil der Historischen Rechtsschule eine sehr achtbare und für die Gegenwart lehrreiche Epoche.

OESTMANN:

Also, die Anlehnung an Rechtsgrundsätze, das habe ich aber auch gesagt, das finde ich persönlich ganz wichtig und ich glaube, das kann man in der Praxis auch gut sehen. Ich würde jetzt hier ganz konventionell sagen: Die Rezeption hat praktisch zwei Elemente und in beiden dieser Elemente muss man sich auf die Suche nach den Rechtsgrundsätzen machen. Einmal sozusagen, was das materielle Recht betrifft, nämlich den Inhalt; und das andere sind die Methoden- und Auslegungsfragen – und das, was Sie am Anfang angesprochen haben, sind ja gerade die Methoden- und Auslegungsfragen. Das wäre vielleicht auch noch einmal eine Antwort auf die Frage von Herrn Zimmermann: Wenn das Recht anfängt, sich materiell zu unterscheiden, kann es trotzdem sein, dass methodisch und technisch die Juristen das gleiche machen. Denn die sortieren das nach ganz bestimmten Grundsätzen und wenden einfach nur andere Inhalte an und kommen zu anderen Ergebnissen. Bei dieser Quelle aus Lübeck kann man das sehr schön sehen. Da geht es um die Frage, ob man sich an ein Gesetz eines fremden Landes halten muss, wenn man Schmuggelei betreibt. Und darüber gibt es wahrscheinlich keine inländischen Normen. Dann zitieren sie französische Literatur, amerikanische Literatur, englische Literatur; obwohl der Fall aus Lübeck ist, zitieren sie eine Quelle aus Hamburg und kommen dann zu allgemeinen Rechtsgrundsätzen, die als solche formuliert sind. Das ist aus meiner Sicht das, was man unter „heutigem römischem Recht" im 19. Jahrhundert verstanden hat.

Zu Ihrem zweiten Punkt, wo die Klagbarkeit von Verträgen allgemein – *pacta nuda* – herkommt: Das kommt aus dem kanonischen Recht von JOHANNES TEUTONICUS und aus dem mittelalterlichen römischen Recht von BARTOLUS (aus dem Handelsrecht), ist dann übernommen worden im Stadtrecht von Freiburg von 1520, also Statutarrecht, und ist dann irgendwann als Rechtsgrundsatz ins allgemeine Privatrecht abgewandert.

SELLERT:

Frau Schumann.

SCHUMANN:

Ich habe noch eine kleine Anmerkung zu Ihrer Frage, Herr Ruffert. Sie haben gefragt: „Welche Interessen hatte das Reich an einer Integration der Territorien durch Gesetzgebung?". Jedenfalls hatte ich Ihre Frage so verstanden. Bei den Reichspolizeiordnungen oder besser den Polizeimaterien – denn die Polizeimaterien sind nicht nur in den Reichspolizeiordnungen geregelt, sondern auch in vielen Reichsabschieden – kann man sehr deutlich sehen, dass es Interessen gab, die tatsächlich die gesamte „Nation" betrafen. Diese werden dann auch genauso eingeleitet, nämlich dass die Regelung im Interesse der „deutschen Nation" ergehe. So soll man beispielsweise nicht in Frankreich Luxusartikel kaufen, sondern einfache, deutsche Tücher, um das Geld in Deutschland zu halten. Ein anderes Beispiel sind grenzüberschreitende Fragen zwischen den Territorien des Reiches, etwa zu Bettlern, die durchs Land ziehen. Zu nennen sind auch gemeinsame außenpolitische Interessen wie etwa die Türkengefahr. Bei diesen Materien kann man sehen, dass der Kaiser bemüht war, alle mitzunehmen, und auch ein Interesse der Reichsstände bestand, diese gemeinsamen Interessen mitzutragen.

Und dann habe ich noch eine Frage an Herrn Oestmann, die vielleicht den Bogen zu den Themen, die wir im Anschluss hören, schlägt: Sie haben sehr schön herausgearbeitet, dass ein Motor der Rechtsvereinheitlichung die Gerichte waren, also zunächst die Oberhöfe und dann auch das Reichskammergericht. Erst im Kodifikationszeitalter kommt ein neuer Motor der Rechtsvereinheitlichung, nämlich der Gesetzgeber hinzu. Nun kann man feststellen, dass vor den Kodifikationen im 17./18. Jahrhundert eine sehr starke Kritik am Recht bestand. Ist das auch eine Kritik an der Rechtsprechung oder richtet sich diese Kritik gegen etwas anderes? Heute haben wir ja auch eine starke Kritik an der Rechtsprechung im europäischen Raum und vielleicht ist es eine typisch deutsche Vorstellung, dass die Kodifikation Probleme besser lösen kann. Daher meine Frage: Die Kritik, die im 17./18. Jahrhundert aufkommt und dann zu den Kodifikationen führt, richtet sich diese auch gegen die Gerichte als Motor einer Rechtsvereinheitlichung im Reich?

OESTMANN:

Also, mit dieser Kritik am Recht, da wäre ich persönlich viel zurückhaltender. Da würde ich jetzt einmal fragen, was das für Kritik ist. Es gibt aus ganz unterschiedlichen Perspektiven Kritik am Recht. Es gibt in der Rezeptionszeit eine ziemlich radikale Kritik daran, dass Recht sich verwissenschaftlicht. FRIEDRICH III. soll angeblich einmal gesagt haben: „Das Recht ist den Juristen härter verschlossen als den Laien." Das gibt es im 16. Jahrhundert. Bei der Kritik im 18. Jahrhundert, da weiß ich nicht ganz genau, was Sie meinen. Also ich glaube, es ist sehr viel rechtspolitische Kritik von Seiten dieser germanistischen Rechtsantiquare.

SCHUMANN:

Ich meinte zum Beispiel die Kritik von THOMASIUS um 1700.

OESTMANN:

Ja, THOMASIUS hatte ich gestrichen, weil ich zu viel hatte. THOMASIUS sagt: „Wir müssen die *fundata intentio* des römischen Rechts abschaffen und sie ersetzen durch die *fundata intentio* des deutschen Rechts." Und das deutsche Recht ist die Quersumme von Sachsenspiegel, Schwabenspiegel, oberbayerischem Landrecht und kleinem Kaiserrecht. Und der hat einen Schüler gehabt, GEORG BEYER, der hat das auch gemacht, und die haben das alle geschrieben. Da würde ich sagen: Das ist prinzipiell das gleiche, nur mit anderen Quellen. Es geht nicht darum, dass man Recht kodifizieren soll. Soweit ich weiß, hat sich Klaus Luig damit beschäftigt[9] und gesagt: „Es gibt frühe Vorläufer der Kodifikationsbewegung", und das sind Leute wie Leibniz – das sind nicht die großen Rechtspolitiker, das sind nicht die Lauten; das sind die Leisen, die gesagt haben: „Es geht um Qualität, es geht um Technik und so weiter." Also deswegen würde ich die rechtspolitische Kritik gar nicht so hochheben. Und ich glaube übrigens auch, dass es die *fundata intentio* des Sachsenspiegels nie gegeben hat.

Sellert:
Meine Damen und Herren, damit sind wir am Ende unserer Diskussion. Einige Fragen sind sicherlich offen geblieben. So hätte ich zum Beispiel gerne noch darüber diskutiert, ob und gegebenenfalls welchen Einfluss der bekannte Satz „Altes Recht, gutes Recht" auf das Rangverhältnis hatte. Zu überlegen wäre meines Erachtens auch gewesen, ob im Alten Reich für die Wertigkeit und den Rang eines Rechts das politische Gewicht und das Ansehen seines jeweiligen Herkunftsterritoriums von Bedeutung waren. Auch die Frage, welche Rolle die Rechtsprechung des Reichskammergerichts und der Kaiserliche Reichshofrat insbesondere in seiner Eigenschaft als oberste Justizaufsichtsbehörde für die Rechtsvereinheitlichung spielten, hätte noch vertieft werden können. Zunächst einmal danke ich aber allen Diskutanten für ihre weiterführenden Beiträge und Anregungen sowie nochmals ganz besonders Herrn Oestmann für seinen eindrucksvollen Vortrag.

---

9 Klaus Luig, Römisches Recht – Naturrecht – Nationales Recht, 1998 (dort über das Sachregister gut greifbar); ders., Die Rolle des deutschen Rechts in Leibniz' Kodifikationsplänen, Ius Commune 5 (1975), S. 56-70.

Christian Starck
Völkerrecht, Unionsrecht und nationales Verfassungsrecht

I Einleitung: Normenhierarchie und Kompetenz

Die drei in der Übersicht genannten Rechtsordnungen stehen nicht im Verhältnis einer strengen Normenhierarchie. Das ist für das Völkerrecht und das nationale Verfassungsrecht allgemein bekannt. Die Hierarchie oder Stufenordnung von Normen ergibt sich regelmäßig aus einer Kompetenzordnung. Diese ist innerstaatlich durch Verfassungsrecht vorgegeben. Als Beispiel erwähne ich Art. 31 GG, der wie folgt lautet: „Bundesrecht bricht Landesrecht". Auf den ersten Blick scheint dieser Artikel eine strenge Hierarchie des Bundesrechts über das Landesrecht zu normieren. Sieht man sich aber die Kompetenzvorschriften für die Gesetzgebung im Grundgesetz an, wird deutlich, dass es Landesrecht gibt, das von Bundesrecht nicht gebrochen werden kann, weil dem Bund die Gesetzgebungskompetenz fehlt. Würde der Bund auf dem Gebiet der Landesgesetzgebungskompetenz regeln, wären seine Gesetze mangels Gesetzgebungskompetenz nichtig. Es läge also gar kein Bundesrecht vor, das Landesrecht brechen könnte. Nur auf dem Gebiete der konkurrierenden Gesetzgebung (Art. 72 Abs. 1, 2, 74 GG) gilt – neuerdings von einigen Ausnahmen (Art. 72 Abs. 3 GG) abgesehen – der Satz: „Bundesrecht bricht Landesrecht." Innerhalb der Rechtsordnung des Bundes oder eines Landes gilt zwischen der Verfassung und den Gesetzen und diesen und Rechtsverordnungen als niederrangigem Recht eine strenge Hierarchie.

Rechtshierarchien in einem demokratischen Verfassungsstaat beruhen auf dem Vorrang der Verfassung *und* auf der demokratischen Ableitung der Staatsgewalt. Das unmittelbar demokratisch legitimierte Parlament erlässt die Gesetze, in deren Rahmen auf Grund Ermächtigung (Art. 80 Abs. 1 GG) Regierungsbehörden Rechtsverordnungen erlassen können. Im Verhältnis der Gesetzgebung von Bund und Ländern liegen gleichwertige demokratische Ableitungsverhältnisse vor, die nach Maßgabe der bundesverfassungsrechtlichen Kompetenzverteilung aktualisiert werden.[1] Der

---

1 BVerfGE 36, S. 342, 361 ff.; zum Verhältnis Bundesverfassungsrecht und Landesverfassungsrecht vgl. PETER BADURA, Supranationalität und Bundesstaatlichkeit durch Rangordnung des Rechts, in:

verfassungsändernde Bundesgesetzgeber kann in gewissen Grenzen (Art. 79 Abs. 3 GG) über die Kompetenzverteilung zwischen Bund und Ländern disponieren, indem er das Grundgesetz ändert (Art. 79 Abs. 1, 2 GG). Soweit die Kompetenz des Bundes zur Verfassungsänderung reicht, ist der Bund den Ländern hierarchisch übergeordnet. Kompetenz bestimmt also über Hierarchie. Dies ist zugleich Ausdruck der Bundesstaatlichkeit, in der der Bund die Kompetenz-Kompetenz hat, die seine innerstaatliche Souveränität zum Ausdruck bringt.

Nun zu meinem Thema „Völkerrecht, Unionsrecht, nationales Verfassungsrecht". Ich beginne – noch einleitend – mit einigen Klarstellungen zu den drei Rechtskategorien.

1. *Völkerrecht* ist das Recht der Staatengemeinschaft, das auf Verträgen und zu Recht erstarkter Gewohnheit beruht; hinzukommen „von den Kulturvölkern anerkannte allgemeine Rechtsgrundsätze".[2] Dieses zwischen den Staaten – *inter nationes* – geltende Recht beruht also auf dem Übereinkommen der Staaten durch Vertrag, durch Handeln und durch gemeinsame Überzeugung. Rechtswahrende Instanzen sind Organe der Vereinten Nationen, die freilich das Recht selten durchsetzen können, und mit besserer Durchsetzungskraft regional-völkerrechtliche Einrichtungen wie z.B. der Europarat mit dem Europäischen Gerichtshof für Menschenrechte.

2. *Unionsrecht* sind völkerrechtliche Verträge der Mitgliedstaaten der Europäischen Union (primäres Europarecht) und das auf Grund dieser Verträge von den Organen der Europäischen Union gesetzte Recht (sekundäres Europarecht). Zwischen dem Vertragsrecht und dem von den Organen der Europäischen Union gesetzte Recht besteht, wie die Abstufung primäres und sekundäres Recht schon anzeigt, ein klares Hierarchieverhältnis. Das sekundäre Unionsrecht muss sich im Rahmen des Vertragsrechts halten, innerstaatlich vergleichbar dem Verhältnis von Verfassungsrecht und einfachem Recht. Dem Gerichtshof der Europäischen Union ist die Wahrung des Rechts bei der Auslegung und Anwendung der Verträge übertragen (Art. 19 Abs. 1 Satz 2 EUV).

3. *Nationales Verfassungsrecht* als höchste innerstaatliche Rechtsquelle (Vorrang der Verfassung) ist maßgeblich für die Ausübung der Staatsgewalt nach innen und außen. So regelt es den Abschluss völkerrechtlicher Verträge (Art. 59 GG), die sich auch in Gestalt der die Europäische Union betreffenden Vertragsgesetze im Rahmen der Verfassung halten müssen.[3] Völkerrechtliche Verträge haben normalerweise Gesetzesrang. Das bedeutet, dass die Regel *lex posterior derogat legi priori* Anwendung findet, also das neue Gesetz alte Verträge verdrängt. Unter Berücksichtigung

---

Christian Starck (Hrsg.), Rangordnung der Gesetze, 1995, S. 112 ff.

2 Vgl. Art. 38 Abs. 1 Statut des Internationalen Gerichtshofs.

3 BERND KEMPEN, in: Herrmann von Mangoldt/Friedrich Klein/Christian Starck (Hrsg.), Kommentar zum Grundgesetz, Bd. 2, 6. Aufl. 2010, Art. 59 Rn. 98 ff.; DIETRICH RAUSCHNING, in: Wolfgang Kahl/Christian Waldhoff/Christian Walter (Hrsg.), Bonner Kommentar zum Grundgesetz, Art. 59 Rn. 103 ff. (Stand 2009).

dieser Regel muss der Gesetzgeber darauf achten, neue Gesetze im Einklang mit früher geschlossenen völkerrechtlichen Verträgen zu halten oder im Wege der Verhandlung der Regierung mit dem Vertragspartner zu versuchen, den Vertrag der geplanten neuen Gesetzgebung anzupassen, damit innerstaatliches Recht und völkerrechtliche Verpflichtungen im Einklang bleiben.[4]

Art. 25 GG erklärt die allgemeinen Regeln des Völkerrechts zum Bestandteil des Bundesrechts; sie gehen den Gesetzen vor. An dieser Hierarchie nehmen nur teil die allgemeinen Rechtsgrundsätze des Völkerrechts und das Völkergewohnheitsrecht, soweit es allgemeine Regeln enthält.[5]

Für die Entwicklung der Europäischen Union sehen Art. 24 Abs. 1 GG und die 1992 ins Grundgesetz aufgenommene Spezialregelung des Art. 23 Abs. 1 vor, dass durch Gesetz Hoheitsrechte übertragen werden können. Soweit das Grundgesetz dadurch in seinem Inhalt geändert wird, gilt das Verfahren für Grundgesetzänderungen. Art. 23 Abs. 1 GG enthält ferner inhaltliche Schranken für die Übertragungsakte, bindet also den Gesetzgeber bei dem Abschluss entsprechender völkerrechtlicher Verträge. Die Wahrung des Verfassungsrechts obliegt dem Bundesverfassungsgericht.[6]

Nach diesen einführenden Überlegungen zu Normenhierarchie und Kompetenz möchte ich im Folgenden ins Detail gehen. Zunächst geht es um das Verhältnis von völkerrechtlichen Verträgen und nationalem Verfassungsrecht hauptsächlich am Beispiel der Europäischen Menschenrechtskonvention (II). Danach folgt ein Blick auf die Supranationalität, die durch völkerrechtlichen Vertrag souveräner Staaten begründet wird, wobei die Souveränität der Mitgliedstaaten in der Europäischen Union einer besonderen Betrachtung bedarf (III). Der Sicherung der Souveränität der Mitgliedstaaten dient die strenge Normenhierarchie innerhalb des Rechts der Europäischen Union (IV). Am Schluss behandele ich das Verhältnis der nationalen zu den unionalen Grundrechten (V).

II Völkerrechtliche Verträge und nationales Verfassungsrecht am Beispiel der EMRK

Das Völkerrecht ist ein wichtiges Instrument der Staaten, um miteinander zu kooperieren. Normalerweise werden zu diesem Zweck Verträge geschlossen. Im Wiener

---

4 Zum Problem am Beispiel eines aktuellen Falles aus dem Steuerrecht vgl. eingehend Marcel Krumm, Legislativer Völkerrechtsbruch im demokratischen Rechtsstaat, AöR 138 (2013), S. 364 ff.

5 Christian Koenig, in: Herrmann von Mangoldt/Friedrich Klein/Christian Starck (Hrsg.), Kommentar zum Grundgesetz, Bd. 2, 6. Aufl. 2010, Art. 25 Rn. 20 f.; Hans Joachim Cremer, § 235 Allgemeine Regeln des Völkerrechts, in: Josef Isensee/Paul Kirchhof (Hrsg.), Handbuch des Staatsrechts, Bd. 11: Internationale Bezüge, 3. Aufl. 2013, Rn. 10-18; Rudolf Geiger, Grundgesetz und Völkerrecht, 3. Aufl. 2002, S. 164 ff.

6 Siehe zuletzt etwa BVerfGE 123, S. 267 ff.

Übereinkommen über das Recht der Verträge[7] wird Bezug genommen auf die Grundsätze der Vereinten Nationen (Präambel Art. 1, 2 UN-Charta), darunter die souveräne Gleichheit und Unabhängigkeit der Staaten, die Nichteinmischung in die inneren Angelegenheiten der Staaten, das Gewaltverbot sowie die allgemeine Achtung und Wahrung der Menschenrechte und Grundfreiheiten für alle.

Nach deutschem Verfassungsrecht bedürfen völkerrechtliche Verträge, welche die politischen Beziehungen des Bundes regeln oder sich auf Gegenstände der Bundesgesetzgebung beziehen, der Zustimmung oder der Mitwirkung der jeweils für die Bundesgesetzgebung zuständigen Körperschaft in der Form des Bundesgesetzes (Art. 59 Abs. 2 GG). Der Völkerrecht schaffende Vertrag ist Ausdruck der Souveränität und Gleichheit der Staaten. Innerstaatlich ist nach deutschem Verfassungsrecht das direkt demokratisch legitimierte Parlament zuständig, den Souveränitätsakt zu beschließen, der dann vom Bundespräsidenten nach außen vollzogen wird (Art. 59 Abs. 1 Satz 2 GG). So wie eine Privatperson mit einer oder mehreren anderen Privatpersonen einen Vertrag schließt und damit Recht schafft, schließen auch Staaten miteinander Verträge als rechtliche Grundlage für Zusammenarbeit jedweder Art.

Der im regionalen Völkerrecht garantierte Schutz der Menschenrechte durch die Europäische Menschenrechtskonvention (EMRK) wirft ein Hierarchieproblem auf. Die Konvention als Völkervertragsrecht steht unter den Grundrechten des Grundgesetzes. Die Bundesrepublik hat sich aber verpflichtet, die Rechtsprechung des Europäischen Gerichtshofs für Menschenrechte (EGMR) anzuerkennen (Art. 46 EMRK). Individuen können sich an den EGMR wenden, um deutsche Rechtsakte, die schon am Maßstab der deutschen Grundrechte kontrolliert worden sind, vom EGMR am Maßstab der EMRK überprüfen zu lassen.

In der letzten Zeit ist es in einem alle Gerichtsinstanzen durchgelaufenen Rechtsstreit zwischen der Prinzessin CAROLINE VON HANNOVER (geborene VON MONACO) zu der Situation gekommen, dass eine Entscheidung des Bundesverfassungsgerichts vom EGMR als menschenrechtswidrig beurteilt worden ist. Es ging um eine Abwägung zwischen Pressefreiheit und Persönlichkeitsrecht, die der EGMR im Hinblick auf den Begriff „Person der Zeitgeschichte", die Bewertung des Presseorgans und die örtliche Bestimmung der Privatsphäre anders vorgenommen hat als das Bundesverfassungsgericht.[8] Das Hierarchieverhältnis zwischen Grundgesetz und EMRK als völkerrechtlicher Vertrag wird faktisch umgedreht. Deshalb wird in Deutschland, einem Land, in dem die EMRK den Rang eines einfachen Gesetzes hat, sorgfältig darauf geachtet, dass kein Gesetz oder Urteil gegen die Menschenrechte der EMRK in der Auslegung des EGMR verstößt.

---

7 Vom 23.5.1969, in Kraft getreten am 27.1.1980 (BGBl. 1985 II, S. 926).

8 Ausführlich siehe CHRISTIAN STARCK, Das Caroline-Urteil des Europäischen Gerichtshofs für Menschenrechte und seine rechtlichen Konsequenzen, JZ 2006, S. 76 ff. = DERS., Praxis der Verfassungsauslegung II, 2006, S. 85 ff.

Dazu hat das Bundesverfassungsgericht, ohne auf das Rangproblem ausdrücklich einzugehen, unter Bezugnahme auf frühere Entscheidungen ausgeführt: „Die Gewährleistungen der Konvention beeinflussen [...] die Auslegung der Grundrechte und rechtsstaatlichen Grundsätze des Grundgesetzes. Der Konventionstext und die Rechtsprechung des Europäischen Gerichtshofs für Menschenrechte dienen auf der Ebene des Verfassungsrechts als Auslegungshilfen für die Bestimmung von Inhalt und Reichweite von Grundrechten und rechtsstaatlichen Grundsätzen des Grundgesetzes, sofern dies nicht zu einer – von der Konvention selbst nicht gewollten (Art. 53 EMRK) – Einschränkung oder Minderung des Grundrechtsschutzes nach dem Grundgesetz führt."[9] Die Grundrechte des Grundgesetzes können ohne interpretatorische Schwierigkeiten so ausgelegt werden, dass sie im Einklang mit der EMRK stehen.[10]

Ein weiteres Beispiel stammt aus dem Familienrecht. 2003 hat das Bundesverfassungsgericht § 1626a BGB, der die gemeinsame elterliche Sorge für ein uneheliches Kind allein vom Willen der Mutter abhängig machte, nicht als gegen Art. 6 Abs. 2 GG verstoßend betrachtet.[11] Der EGMR hat 2009 in einem deutschen Fall[12] anders entschieden, gestützt weniger auf Art. 8 und 14 EMRK, die zum Elternrecht nichts sagen, sondern auf die Rechtsentwicklung in den anderen europäischen Staaten.[13] Bei der Regelung der elterlichen Sorge bestehe zwar ein Beurteilungsspielraum für den nationalen Gesetzgeber, der sich allerdings verenge, wenn ein allgemeiner europäischer Standard festgestellt werden könne. Im Anschluss an diese Entscheidung hat das Bundesverfassungsgericht 2010 den § 1626a Abs. 1 Nr. 1 BGB für unvereinbar mit Art. 6 Abs. 2 GG und verfassungswidrig erklärt.[14] In einem neuen, sehr ausführlich begründeten Interpretationsansatz gelangt das Bundesverfassungsgericht auf die Linie des EGMR.[15]

In diesem Fall mag das Ergebnis überzeugen. Aber grundsätzlich muss man fragen: Wie stellt der EGMR einen allgemeinen europäischen Standard fest? Wie kann begründet werden, dass dieser normativen Status bekommt? Nehmen wir ein anderes Beispiel: Das Bundesverfassungsgericht hat seit 1959 stets entschieden, dass Ehe im Sinne des Grundgesetzes die Verbindung eines Mannes und einer Frau zur grundsätzlich unauflösbaren Lebensgemeinschaft ist,[16] ein Strukturprinzip, das der Verfü-

---

9 BVerfGE 111, S. 307, 317 unter Bezugnahme auf BVerfGE 74, S. 358, 370; 83, S. 119, 128.

10 JOCHEN ABR. FROWEIN, § 180 Übernationale Menschenrechtsgewährleistungen und nationale Staatsgewalt, in: Josef Isensee/Paul Kirchhof (Hrsg.), Handbuch des Staatsrechts, Bd. 7: Normativität und Schutz der Verfassung, Internationale Beziehungen, 1992, Rn. 7, 24 f.

11 BVerfGE 107, S. 150, 169 f.

12 EGMR, Urt. vom 03.12.2009, Nr. 22028/04 (Zaunegger), NJW 2010, S. 501.

13 Siehe die Liste in BVerfGE 127, S. 132, 139 f.

14 BVerfGE 127, S. 132, 145 f.

15 BVerfGE 127, S. 132, 146-162.

16 BVerfGE 10, S. 59, 66; 31, S. 58, 82; 49, S. 286, 300; 53, S. 224, 245; 105, S. 313, 345; 121, S. 175, 198; 131, S. 239, 259.

gungsgewalt des Gesetzgebers entzogen ist.[17] Soll das anders werden, wenn der EGMR feststellen sollte, dass der Entwicklungsstand in anderen europäischen Staaten auch die gleichgeschlechtliche Gemeinschaft als Ehe anerkennt? Das Beispiel zeigt, dass es Grenzen für die Anpassung an tatsächliche europäische Standards gibt.

Art. 10 Abs. 2 der Spanischen Verfassung von 1978 fordert ausdrücklich: „Die Normen, die sich auf die in der Verfassung anerkannten Grundrechte und Grundfreiheiten beziehen, sind in Übereinstimmung mit der Allgemeinen Erklärung der Menschenrechte und den von Spanien ratifizierten internationalen Verträgen und Abkommen über diese Materien auszulegen."[18] Ähnlich lautet Art. 16 Abs. 2 der Portugiesischen Verfassung von 1976. In diesen Ländern ordnet die Verfassung selbst den Vorrang der völkerrechtlichen Menschenrechtserklärungen an, denen das Land beigetreten ist. Die zitierten Verfassungsvorschriften dürften sich aber wohl nur auf die normative Substanz der Erklärungen beziehen, nicht auf den Entwicklungsstand der Staaten, die der Menschenrechtskonvention beigetreten sind.

Daneben kann es zu einem rechtlich gesicherten Anwendungsvorrang der Freiheitsrechte der EMRK kommen, wenn der Europäische Gerichtshof (EuGH) die Anwendung von Gemeinschaftsrecht durch nationale Behörden überprüft und Art. 6 Abs. 2 und 3 EUV[19] als Rechtserkenntnisquelle heranzieht.[20] Ein Beitritt der Europäischen Union zur EMRK ist geplant. Der Entwurf eines entsprechenden Abkommens liegt vor.[21]

III Supranationalität und Souveränität

Die Kooperation zwischen Staaten kann so eng werden, dass zwischenstaatliche Einrichtungen gegründet werden. Schon in der ursprünglichen Fassung des Grundgesetzes von 1949 war in Art. 24 Abs. 1 vorgesehen, dass der Bund durch Gesetz Hoheits-

---

17 BVerfGE 63, S. 323, 330.

18 „Las normas relativas a los derechos fundamentales y a las libertades que la Constitución reconoce se interpretarán de conformidad con la Declaración Universal de Derechos Humanos y los tratados y acuerdos internacionales sobre las mismas materias ratificados por España."

19 Diese lauten: Abs. 2: „Die Union tritt der Europäischen Konvention zum Schutz der Menschenrechte und Grundfreiheiten bei. Dieser Beitritt ändert nicht die in den Verträgen festgelegten Zuständigkeiten der Union." Abs. 3: „Die Grundrechte, wie sie in der Europäischen Konvention zum Schutz der Menschenrechte und Grundfreiheiten gewährleistet sind und wie sie sich aus den gemeinsamen Verfassungsüberlieferungen der Mitgliedstaaten ergeben, sind als allgemeine Grundsätze Teil des Unionsrechts."

20 HANS-JOACHIM CREMER, Kapitel 32: Entscheidung und Entscheidungswirkung, in: Rainer Grote/ Thilo Marauhn (Hrsg.), EMRK/GG, Konkordanzkommentar zum europäischen und deutschen Grundrechtsschutz, 2006, S. 1763 f.

21 Siehe JÖRG POLAKIEWICZ, Der Abkommensentwurf über den Beitritt der Europäischen Union zur Europäischen Menschenrechtskonvention, EUGRZ 2013, S. 472 ff.

rechte auf zwischenstaatliche Einrichtungen übertragen kann.[22] Damit wurde der Weg geebnet von der Kooperation zur Integration, von der Internationalität zur Supranationalität. Supranationalität bedeutet, dass der Staat Hoheitsgewalt überträgt und der supranationale Hoheitsträger in den Vertragsstaaten, d.h. auch in Deutschland, unmittelbar wirksame Hoheitsakte erlassen kann. Die Einräumung von Hoheitsbefugnissen an supranationale Einrichtungen hat zur Folge, dass deren Wahrnehmung im Einzelnen nicht mehr stets vom Willen des Mitgliedstaates allein abhängt.

Die Hoheitsrechte werden durch Gesetz übertragen. Dieser *organisatorische Gesetzesvorbehalt* setzt voraus, dass Inhalt und Ausmaß der übertragenen Hoheitsrechte bestimmt sind.[23] Da der Akt der Hoheitsübertragung eine neue Hierarchie begründet, dem übertragenden Parlament Kompetenzen entzieht und beim Erlass von Richtlinien durch Organe der Europäischen Union (Art. 288 Abs. 3 AEUV) den Bundestag zur ausführenden Gesetzgebung verpflichtet, ist eine *hinreichende Bestimmtheit* der Hoheitsübertragung notwendig. Dies leuchtet besonders in Fällen ein, in denen Rechtsakte durch Mehrheitsentscheidung in den Unionsorganen erlassen werden.[24]

Der 1992 neugefasste Art. 23 GG ist eine Sondervorschrift für die europäische Integration, die auf der Grundlage des Art. 24 GG (der Bund kann durch Gesetz Hoheitsrechte auf zwischenstaatliche Einrichtungen übertragen) schon weit fortgeschritten war. Das Ziel ist nach Art. 23 Abs. 1 Satz 1 GG die Verwirklichung eines vereinten Europas. In der Präambel des Grundgesetzes heißt es schon in der ursprünglichen Fassung: „von dem Willen beseelt, als gleichberechtigtes Glied in einem vereinten Europa dem Frieden der Welt zu dienen".[25] Um dieses Ziel zu erreichen, soll Deutschland bei der Entwicklung der Europäischen Union mitwirken, „die demokratischen, rechtsstaatlichen, sozialen und föderativen Grundsätze und dem Grundsatz der Subsidiarität verpflichtet ist und einen diesem Grundgesetz im Wesentlichen vergleichbaren Grundrechtsschutz gewährleistet" (Art. 23 Abs. 1 Satz 1 GG). Zur Erreichung des Zieles der Integration kann der Bund durch Gesetz mit Zustimmung des Bundesrates Hoheitsrechte übertragen (Art. 23 Abs. 1 Satz 2 GG).

Grundlage der Europäischen Union sind völkerrechtliche Verträge. Die Mitgliedstaaten der Europäischen Union behalten ihre Souveränität, die Ausdruck der Selbstbestimmung des jeweiligen Staatsvolkes ist. Die Mitgliedstaaten bleiben „Herren der Verträge", wie das Bundesverfassungsgericht nicht müde wird zu betonen.[26] Das ist im Lissabon-Urteil des Bundesverfassungsgerichts in aller Deutlichkeit zum Aus-

---

22 Klaus Vogel, Die Verfassungsentscheidung des Grundgesetzes für eine internationale Zusammenarbeit, 1964.

23 BVerfGE 89, S. 155, 183-188; 123, S. 267, 355; 134, S. 366, 395.

24 Claus Dieter Classen, in: Herrmann von Mangoldt/Friedrich Klein/Christian Starck (Hrsg.), Kommentar zum Grundgesetz, Bd. 2, 6. Aufl. 2010, Art. 24 Rn. 9 f.

25 Siehe dazu Christian Starck, in: Herrmann von Mangoldt/Friedrich Klein/Christian Starck (Hrsg.), Kommentar zum Grundgesetz, Bd. 1, 6. Aufl. 2010, Präambel Rn. 40 ff.

26 So BVerfGE 123, S. 267, 349 in ständiger Rechtsprechung; vgl. BVerfGE 75, S. 223, 242; 89, S. 155, 200 (vom Willen der Vertragspartner getragen). Vgl. auch Badura (Anm. 1), S. 116.

druck gebracht[27] und in den Leitsätzen zusammengefasst:[28] Die Europäische Union ist ein auf Dauer angelegter Staaten(ver)bund „souverän bleibender Staaten", eine „Vertragsunion souveräner Staaten", die weiterhin verantwortlich sind für „die politische Gestaltung der wirtschaftlichen, kulturellen und sozialen Lebensverhältnisse", für die Lebensumstände der Bürger, vor allem für den grundrechtlich geschützten Raum der Eigenverantwortung und der persönlichen und sozialen Sicherheit. Weiter nennt das Gericht solche politischen Entscheidungen, die in besonderer Weise auf kulturelle, historische und sprachliche Vorverständnisse angewiesen sind. Dazu dürfte auch die Mentalität der Bevölkerung gehören, über deren Berücksichtigung beim Erlass von Gesetzen uns die Gesetzgebungslehre Auskunft gibt.

Die Übertragung von Hoheitsrechten auf die Europäische Union (Art. 23 Abs. 1 Satz 2 GG) hat in der deutschen und ausländischen Literatur und Rechtsprechung zu einigen Verwirrungen geführt: So spricht das tschechische Verfassungsgericht von einer Aufteilung der Souveränität, vom „concept of shared – ‚pooled' – sovereignty [...] which is difficult to classify in political science categories".[29] Einige meinen, die Souveränität als staats- und völkerrechtlicher Begriff sei obsolet geworden,[30] andere plädieren für eine föderative Gemeinschaftssouveränität.[31] Ebenso unangemessen ist es, eine Schwebelage der Souveränität anzunehmen.[32] Dagegen hat sich das Bundesverfassungsgericht gewandt, indem es mehrfach die Mitgliedstaaten als Herren der Verträge bezeichnet hat.[33]

---

27 BVerfGE 123, S. 267, 339 ff.

28 BVerfGE 123, S. 267 f.

29 Zitiert nach Isabel Ley, Brünn betreibt die Parlamentarisierung des Primärrechts, JZ 2000, S. 165.

30 Hans-Peter Ipsen, Europäisches Gemeinschaftsrecht, 1972, S. 101; ders., § 181 Deutschland in den Europäischen Gemeinschaften, in: Josef Isensee/Paul Kirchhof (Hrsg.), Handbuch des Staatsrechts, Bd. 7: Normativität und Schutz der Verfassung, Internationale Beziehungen, 1992, Rn. 19; Erhard Denninger, Vom Ende nationalstaatlicher Souveränität in Europa, JZ 2000, S. 1121, 1125; Juliane Kokott, Die Staatsrechtslehre und die Veränderung ihres Gegenstandes, VVDStRL 63 (2002), S. 7, 21 ff.

31 Horst Dreier, Art. Souveränität, in: Görres-Gesellschaft (Hrsg.), Staatslexikon, Bd. 4, 7. Aufl. 1988, Sp. 1208; Ulrich Everling, Überlegungen zur Struktur der Europäischen Union und zum neuen Europaartikel des Grundgesetzes, DVBl. 1993, S. 936, 942 f.

32 Ipsen, § 181 (Anm. 30), Rn. 19; Christoph Schönberger, Die Europäische Union als Bund, AöR 129 (2004), S. 81, 104 ff. auf der Grundlage der Bundestheorie von Carl Schmitt, Verfassungslehre, 1928, S. 363, 372 ff., der „substanzielle Gleichartigkeit" und „seinsmäßige Übereinstimmung" der Gliedstaaten voraussetzt (S. 376); Schmitt schwebt bei seinen Ausführungen das 1871 gegründete Deutsche Reich, ein Bundesstaat, vor; weitere Angaben zur Literatur bei Christian Starck, Allgemeine Staatslehre in Zeiten der Europäischen Union, in: Klaus Dicke u.a. (Hrsg.), Weltinnenrecht, Liber amicorum Jost Delbrück, 2005, S. 722 f., Fn. 36-38.

33 BVerfGE 123, S. 267, 349 f.; Claus Dieter Classen, in: Herrmann von Mangoldt/Friedrich Klein/Christian Starck (Hrsg.), Kommentar zum Grundgesetz, Bd. 2, 6. Aufl. 2010, Art. 23 Rn. 3; anders Ingolf Pernice, in: Horst Dreier, Grundgesetz Kommentar, Bd. 2, 2. Aufl. 2006, Art. 23 Rn. 36 jeweils mit weiteren Nachweisen.

Man muss sich von der Vorstellung freimachen, dass die Übertragung von Hoheitsrechten auf eine supranationale Union dem Staat, der die Übertragung durch völkerrechtlichen Vertrag vornimmt, die Souveränität ganz oder zum Teil entzieht, also der Staat, der Akteur ist, auf die Souveränität verzichtet. Der Abschluss eines völkerrechtlichen Vertrages, der den Staat rechtlich bindet, ist ein Akt der Souveränität. Ebenso wenig wie ich auf meine Freiheit verzichte, wenn ich in einen Verein oder eine Handelsgesellschaft eintrete und dort Bindungen unterliege, verzichtet der Staat auf seine Souveränität, wenn er Hoheitsrechte, besser Kompetenzen[34] oder Befugnisse[35] zur gemeinsamen Ausübung an eine supranationale Union überträgt, selbst wenn es sich um viele und wichtige Hoheitsrechte handelt.

Die Europäische Union beruht immer noch auf dem demokratisch legitimierten Willen der Mitgliedstaaten. Deren fortbestehende Souveränität[36] erweist sich auch in dem Recht, aus der Europäischen Union auszutreten (vgl. Art. 50 EUV). Wie sollte ein Staat nach Aufgabe seiner Souveränität noch fähig sein, aus der Europäischen Union auszutreten? Wenn Souveränität geteilt wäre oder sich in Schwebelage befände, gäbe es keine souveränen Staaten mehr, die völkerrechtliche Verträge über die weitere Übertragung von Hoheitsrechten, über Neuzuschneidung bereits übertragener Hoheitsrechte oder über die Rücknahme einzelner Hoheitsrechte[37] abschließen könnten. Das würde zugleich bedeuten: Verabschiedung von Völkerrecht als Grundlage der europäischen Integration und Übergang in ein dynamisches Europarecht, das in ein europäisches Bundesstaatsrecht einmünden soll.

Dagegen hat das Bundesverfassungsgericht 2009 im Lissabon-Urteil zum Souveränitätsverständnis des Grundgesetzes zutreffend gesagt:[38] Souveräne Staatlichkeit sei völkerrechtlich geordnete und gebundene Freiheit. Souveräne Staatlichkeit stehe für einen befriedeten Raum und die darin gewährleistete Ordnung auf Grund individueller Freiheit und kollektiver Selbstbestimmung. Das Bundesverfassungsgericht hebt hervor, dass das Grundgesetz eine europäische Integration und eine internationale Friedensordnung anstrebe. Wörtlich heißt es dann weiter:

> Das Grundgesetz ermächtigt den Gesetzgeber zwar zu einer weitreichenden Übertragung von Hoheitsrechten auf die Europäische Union, die Ermächtigung steht aber unter der Bedingung, dass

---

34 So Art. 88-1 Französische Verfassung.

35 Beschlussrechte Kap. X § 5 Schwedische Verfassung.

36 Helmut Steinberger, Der Verfassungsstaat als Glied einer Europäischen Gemeinschaft, VVDStRL 50 (1991), S. 9, 16 f.; Thomas Schmitz, Die Integration in der Supranationalen Union, 2001, S. 237 ff.; Christian Hillgruber, Souveränität – Verteidigung eines Rechtsbegriffs, JZ 2002, S. 1072, 1077 ff.; ders., § 32 Der Nationalstaat in übernationaler Verflechtung, in: Josef Isensee/Paul Kirchhof (Hrsg.), Handbuch des Staatsrechts, Bd. 2, 3. Aufl. 2004, Rn. 61-74; Albrecht Randelzhofer, § 17 Staatsgewalt und Souveränität, in: Josef Isensee/Paul Kirchhof (Hrsg.), Handbuch des Staatsrechts, Bd. 2, 3. Aufl. 2004, Rn. 33 f.

37 BVerfGE 123, S. 267, 350: Integrationsschritte müssen durch den Übertragungsakt sachlich beschränkt und prinzipiell widerruflich sein.

38 BVerfGE 123, S. 267, 346 f.

dabei die souveräne Verfassungsstaatlichkeit auf der Grundlage eines Integrationsprogramms nach dem Prinzip der *begrenzten Einzelermächtigung* und unter Achtung der *verfassungsrechtlichen Identität* als Mitgliedstaaten gewahrt bleibt und zugleich die Mitgliedstaaten ihre Fähigkeit zu selbstverantwortlicher politischer und sozialer Gestaltung der Lebensverhältnisse nicht verlieren.[39]

Das wird in der Praxis durch Kooperation zwischen dem Bundesverfassungsgericht und dem Europäischen Gerichtshof gesichert, wie das Bundesverfassungsgericht mehrfach betont hat. In seinem Vorlagebeschluss an den Europäischen Gerichtshof, betreffend die Europäische Zentralbank, vom 14. Januar 2014 ist dieses Kooperationsverhältnis wie folgt umschrieben worden: „Im Rahmen des bestehenden Kooperationsverhältnisses obliegt dem Gerichtshof die Auslegung der Maßnahme. Dem Bundesverfassungsgericht obliegt demgegenüber die Feststellung des unantastbaren Kernbestandes der Verfassungsidentität und die Prüfung, ob die Maßnahme (in der vom Gerichtshof festgestellten Auslegung) in diesen Kernbestand eingreift.“[40] Damit hat das Bundesverfassungsgericht das letzte Wort über die Gültigkeit von Rechtsakten der Organe der Europäischen Union in Bezug auf Deutschland. Im konkreten Fall wird der Europäische Gerichtshof die Maßnahmen der Europäischen Zentralbank genau auf Ihre Vereinbarkeit mit den Kompetenzen der Bank prüfen müssen. In der Auslegung des Gerichtshofs werden die Maßnahmen dann vom Bundesverfassungsgericht an den von ihm genannten Maßstäben überprüft.

Zur Grenze der Ermächtigung des Art. 23 Abs. Satz 1 GG sagt das Bundesverfassungsgericht: „Das Grundgesetz ermächtigt die für Deutschland handelnden Organe nicht, durch einen Eintritt in einen Bundesstaat das Selbstbestimmungsrecht des Deutschen Volkes in Gestalt der völkerrechtlichen Souveränität aufzugeben. Dieser Schritt ist wegen der mit ihm verbundenen unwiderruflichen Souveränitätsübertragung auf ein neues Legitimationssubjekt allein dem unmittelbar erklärten Willen des Deutschen Volkes vorbehalten.“[41] Das Bundesverfassungsgericht betont, dass einzelne Hoheitsrechte nur definiert übertragen werden dürfen. Eine Übertragung derart, dass daraus weitere Zuständigkeiten für die Europäische Union abgeleitet werden können, sei verfassungswidrig. Insbesondere sei die Überragung oder Inanspruchnahme einer Kompetenz-Kompetenz[42] untersagt. Diese Grundsätze sind *spiegelbildlich* auch in den Verträgen normiert: begrenzte Einzelermächtigung (Art. 5 Abs. 1 EUV), Pflicht der Europäischen Union, die nationale Identität der Mitgliedstaaten zu wahren (Art. 4 Abs. 3 EUV).

---

39 BVerfGE 123, S. 267, 347 (Hervorhebungen durch Verf.).
40 BVerfGE 134, S. 366, 385.
41 BVerfGE 123, S. 267, 347 f.
42 Dazu eine Kette von Entscheidungen: BVerfGE 58, S. 1, 37; 89, S. 155, 187; 192, S. 199; 104, S. 151, 210; 123, S. 267, 349; 132, S. 195, 238 f.

IV Hierarchie innerhalb des Unionsrechts

Damit sind wir beim Vorrang des primären Unionsrechts (Völkerrechts) vor dem sekundären Unionsrecht angelangt. Die Organe der Europäischen Union, d.h. das Europäische Parlament, der Europäische Rat, der Rat, die Kommission, der Gerichtshof (Art. 13 ff. EUV) verdanken ihre Existenz den völkerrechtlichen Verträgen zur Gründung der Europäischen Union und sind in ihren Tätigkeiten an die vertraglich festgelegten Aufgaben und Befugnisse gebunden. Hieraus folgt eine strenge Hierarchie. Gleichwohl nehmen die Organe der Union unter Einschluss des Gerichtshofs Kompetenzausdehnungen durch Rechtsfortbildung vor unter Berufung auf die *implied-powers*-Doktrin und die *effet-utile*-Regel des Vertragsvölkerrechts. Das Bundesverfassungsgericht nimmt dies zur Kenntnis,[43] warnt aber vor einem schleichenden Übergang der Integrationsverantwortung auf Organe der Europäischen Union, vor allem durch den Europäischen Gerichtshof, der früher als Motor der Integration galt.[44]

Die Integration kann ihre Dynamik nicht von innen her entfalten, sondern ist auf integrative Schritte der Mitgliedstaaten, der „Herren der Verträge", angewiesen. *Implied powers* muss sich im Rahmen der begrenzten Einzelermächtigung halten. Alles andere ist Kompetenzanmaßung. Entsprechendes gilt für den *effet utile*, der keine Kompetenzoptimierungsklausel ist. *Effet utile* kann bei der Auslegung einer begrenzten Einzelermächtigung nur insofern Geltung beanspruchen, als anderenfalls die Auslegung einer Ermächtigung diese praktisch bedeutungslos machen würde.[45] Ich zitiere hierzu einen Satz von GÄRDITZ und HILLGRUBER: „Eine ausdehnende Auslegung einer (begrenzten) Unionskompetenz, die ausschließlich mit der damit angeblich verbundenen nützlichen Integrationswirkung („effet utile") gerechtfertigt wird, begründet […] geradezu die Vermutung einer offensichtlichen Kompetenzüberschreitung."[46]

Im Zusammenhang mit *implied powers* und *effet utile* steht Art. 352 AEUV, der eine Kompetenzergänzungsklausel enthält, die im Gegensatz zur Vorgängernorm des Art. 308 EGV, die eine vertragsimmanente Fortentwicklung des Unionsrechts nur auf Zielverwirklichungen im Rahmen des gemeinsamen Marktes beschränkt war,[47] alle Politikbereiche der Verträge umfasst (Ausnahme: Außen- und Sicherheitspolitik, Art. 352 Abs. 4 AEUV). Das Bundesverfassungsgericht sieht darin eine Blankettermächtigung, die eine substanzielle Vertragsänderung ermögliche, ohne dass die mit-

---

43 BVerfGE 123, S. 267, 351 f.

44 Siehe mit weiteren Angaben Konrad Walter, Rechtsfortbildung durch den EuGH, 2009, S. 258 f.; kritisch auch Rudolf Streinz, Europarecht, 8. Aufl. 2008, Rn. 164, 566.

45 Michael Potacs, Effet utile als Auslegungsgrundsatz, EuR 44 (2009), S. 465, 474 ff.

46 Klaus Ferdinand Gärditz/Christian Hillgruber, Volkssouveränität und Demokratie ernst genommen. Zum Lissabon-Urteil des BVerfG, JZ 2009, S. 872, 877.

47 So BVerfGE 123, S. 267, 394 im Anschluss an Thomas Oppermann, Europarecht, 3. Aufl. 2005, § 6 Rn. 68.

gliedstaatlichen Parlamente zustimmen und kommt zu dem Ergebnis: Der deutsche Vertreter im Rat darf die förmliche Zustimmung zu einem entsprechenden Rechtssetzungsvorschlag der Kommission für die Bundesrepublik Deutschland nicht erklären, solange Bundestag und Bundesrat nicht gemäß Art. 23 Abs. 1 Sätze 2 und 3 ratifiziert haben.[48]

Hier stellt sich die Frage nach Hierarchie und Kompetenz so deutlich, dass das Bundesverfassungsgericht unter Berufung auf frühere eigene Rechtsprechung von „Grenzüberschreitungen bei der Inanspruchnahme der Zuständigkeiten der Europäischen Union" spricht und konsequent für sich die *ultra-vires*-Kontrolle in Anspruch nimmt:

> Wenn Rechtsschutz auf Unionsebene nicht zu erlangen ist, prüft das Bundesverfassungsgericht, ob Rechtsakte der europäischen Organe und Einrichtungen sich unter Wahrung des gemeinschafts- und unionsrechtlichen Subsidiaritätsprinzips (Art. 5 Abs. 1 Satz 3 und Abs. 3 EUV) in den Grenzen der ihnen im Wege der begrenzten Einzelermächtigung eingeräumten Hoheitsrechte halten.[49]

Das bedeutet für die Frage nach Hierarchie und Kompetenz, dass der Anwendungsvorrang des Unionsrechts nur Kraft und im Rahmen der fortbestehenden verfassungsrechtlichen Ermächtigung gilt. Es liegt also ein relativer Vorrang vor, der nur *im Rahmen* übertragener *Kompetenzen* gilt. Der verfassungsrechtlich ermächtigte gesetzliche Übertragungsakt steht hierarchisch über dem von den Organen der Europäischen Union gesetzten Recht. Denn die Europäische Union ist kein Bundesstaat, der über eine Kompetenz-Kompetenz verfügt.

Die Kompetenz begründenden völkerrechtlichen Verträge sind Maßstäbe für die Entscheidungen des Europäischen Gerichtshofs, der selbst durch die Verträge geschaffen und mit Kompetenzen begabt worden ist. Der Gemeinschaft ist durch den EWG-Vertrag nicht eine Rechtsprechungsgewalt zur unbegrenzten Kompetenzerweiterung übertragen worden, sagt das Bundesverfassungsgericht schon 1987.[50] „Ausbrechende Rechtsakte" der Kommission oder des Parlaments könnte und müsste der Gerichtshof also in einem bei ihm angestrengten Verfahren feststellen und für rechtswidrig erklären. Tut er es nicht, muss er sich gefallen lassen, dass dies das Bundesverfassungsgericht tut mit der Folge, dass entsprechende Akte der Europäischen Union in Deutschland nicht anwendbar sind. Diese verfassungsrechtlich begründete Prüfungskompetenz, die der Europarechtsfreundlichkeit des Grundgesetzes und dem Grundsatz loyaler Zusammenarbeit (Art. 4 Abs. 3 EUV) nicht widersprechen, ist erforderlich, um die „anerkannten grundlegenden politischen und verfassungsmäßigen Strukturen souveräner Staatlichkeit der Mitglieder bei fortschreitender Integration"

---

48 BVerfGE 123, S. 267, 395.
49 BVerfGE 58, S. 1, 30 f.; 75, S. 223, 235, 242; 89, S. 155, 188 („ausbrechender Rechtsakt").
50 BVerfGE 75, S. 223, 242.

zu wahren[51] und die Mitgliedstaaten davor zu bewahren, allmählich in einen europäischen Bundesstaat hineinzugleiten.

Das Bundesverfassungsgericht hat 2010 noch einmal festgestellt, dass das Unionsrecht von der vertraglichen Übertragung und Ermächtigung abhängig bleibt.[52] Die Unionsorgane unter Einschluss des EuGH bleiben somit für die Erweiterung ihrer Befugnisse auf Vertragsänderungen angewiesen, die die Mitgliedstaaten im Rahmen ihrer Bestimmungen vornehmen und verantworten. Das Bundesverfassungsgericht sieht zwar die Gefahr, dass *ultra-vires*-Kontrollen nationaler Verfassungsgerichte den Anwendungsvorrang des Unionsrechts gefährden könnten, aber auch die Gefahr der vertragswidrigen Kompetenzausdehnung. Eine europafreundliche *ultra-vires*-Kontrolle verlange deshalb die Feststellung einer offensichtlich kompetenzwidrigen Handlung der Europäischen Union, die zudem noch erheblich ins Gewicht fällt, wozu mehrere deutsche Staatsrechtslehrer zitiert werden. Zutreffend schränkt das Bundesverfassungsgericht die Kompetenz des EuGH zur Rechtsfortbildung ein auf die Ausfüllung von vertraglich vorgesehenen Programmen, die Schließung von Lücken und die Auflösung von Wertungswidersprüchen. Verboten seien neue politische Grundentscheidungen und strukturelle Kompetenzverschiebungen.[53]

Das Bundesverfassungsgericht weist auf die verschiedenen Verfahrensarten hin, in denen es seine Kontrollfunktion ausüben kann.[54] Interessant ist der Vorschlag des Gerichts, eine zusätzliche Verfahrensart zu schaffen, die speziell auf *ultra-vires*-Kontrolle und Identitätskontrolle zugeschnitten ist. Die Einführung einer solchen neuen Verfahrensart hätte in Richtung auf die Unionsorgane, besonders den EuGH, eine wichtige Signalwirkung; schon die entsprechende Erwägung des Bundesverfassungsgerichts ist eine deutliche Warnung.

V Nationale und unionale Grundrechte

Die unionsrechtlichen Grundfreiheiten sind in den folgenden Garantien enthalten: freier Warenverkehr (Art. 28 ff. AEUV), Freizügigkeit der Arbeitnehmer (Art. 45 ff. AEUV), Niederlassungsfreiheit (Art. 49 ff. AEUV), freier Dienstleistungsverkehr (Art. 56 ff. AEUV) und freier Kapital- und Zahlungsverkehr (Art. 63 ff. AEUV). Diese

---

51 BVerfGE 123, S. 267, 354 unter Hinweis auf BVerfGE 113, S. 273, 296; so auch für erhebliche und krasse Kompetenzüberschreitungen Juliane Kokott, Deutschland im Rahmen der Europäischen Union, AöR 119 (1994), S. 207, 233; Josef Isensee, Vorrang des Europarechts und deutsche Verfassungsvorbehalte, in: Joachim Burmeister (Hrsg.), Verfassungsstaatlichkeit. Festschrift für Klaus Stern zum 65. Geburtstag, 1997, S. 1239, 1255 f.; anderer Ansicht Thomas Schmitz, Integration in der Supranationalen Union, 2001, S. 285 ff., wonach das Verfassungsrecht der Mitgliedstaaten den Entscheidungen des EuGH ohne Einschränkungen unterworfen sein soll.
52 BVerfGE 126, S. 286, 302; auch zum Folgenden, S. 303-307.
53 BVerfGE 126, S. 286, 306.
54 BVerfGE 123, S. 267, 354 f.

Grundfreiheiten sind zunächst Gleichheitsrechte in dem Sinne, dass beim Vorliegen grenzüberschreitender Sachverhalte Angehörige von Mitgliedstaaten der Europäischen Union mit den eigenen Staatsangehörigen des betreffenden Mitgliedstaates gleichgestellt werden müssen. Die genannten Grundfreiheiten besagen z.B., dass Bier, das nicht dem deutschen Reinheitsgebot entspricht, aus einem anderen Mitgliedstaat in Deutschland eingeführt werden darf[55] und dass jemand mit dem Befähigungsnachweis eines anderen Mitgliedstaates in Deutschland den betreffenden Beruf ausüben darf. Die Grundfreiheiten können dazu führen, dass Deutsche benachteiligt werden.

Darüber hinaus wirken die Grundfreiheiten des Unionsrechts inzwischen als echte Freiheitsrechte, zu denen sie sich in der Rechtsprechung des Europäischen Gerichtshofs nach und nach entwickelt haben.[56] Das bedeutet eine unionsrechtliche Einflussnahme auf das deutsche Recht, indem unterschiedslos auf Inländer und Ausländer anwendbare Vorschriften auf ihre Vereinbarkeit mit dem unionsrechtlichen Verhältnismäßigkeitsprinzip geprüft werden. Die Argumentation des Europäischen Gerichtshofs ist nicht mehr nur vertragskonform gleichheitsrechtlich, sondern auch freiheitsrechtlich orientiert, wie ein Zitat aus der Gebhard-Entscheidung belegt: Aus der Rechtsprechung des Gerichtshofs ergebe sich, „dass nationale Maßnahmen, die die Ausübung der durch den Vertrag garantierten grundlegenden Freiheiten behindern oder weniger attraktiv machen können, vier Voraussetzungen erfüllen müssen: Sie müssen in nicht diskriminierender Weise angewandt werden [1], sie müssen aus zwingenden Gründen des Allgemeininteresses gerechtfertigt sein [2], sie müssen geeignet sein, die Verwirklichung des ihnen verfolgten Zieles zu gewährleisten [3], und sie dürfen nicht über das hinausgehen, was zur Erreichung des Zieles erforderlich ist [4]."[57]

Diese Aussage bedeutet, dass innerstaatliche Verhältnismäßigkeitsprüfungen vom Europäischen Gerichtshof in grenzüberschreitenden Fällen eigenständig überprüft werden und das Ergebnis der Prüfung in Konflikt mit der nationalrechtlichen Lösung geraten kann.[58] Da die unionsrechtlichen Grundfreiheiten dazu dienen sollen, die Angehörigen anderer Mitgliedstaaten mit den Staatsangehörigen gleichzustellen, muss der Europäische Gerichtshof bei einer Überprüfung der Verhältnismäßigkeit von Einschränkungen die dahinter stehende Politik des betreffenden Staates berücksichtigen, so z.B. die Gesundheitspolitik, wofür die Mitgliedstaaten zuständig sind und die Union nur ergänzende Maßnahmen treffen darf. Eine Harmonisierung ist in Art. 168 Abs. 5 AEUV ausdrücklich ausgeschlossen. Es geht hierbei wieder um Kompetenzprobleme.

---

55 EuGH Slg. 1987, S. 1227.
56 EuGH Slg. 1974, S. 837 (Dassonville); Slg. 1984, S. 2971 (Klopp); Slg. 1995, I-4165 (Gebhard).
57 EuGH Slg. 1995, I-4165 (Gebhard), Rn. 37.
58 Beispiel bei CHRISTIAN STARCK, Rechtliche Bewertung der Niederlassungsfreiheit und des Fremdbesitzverbots im Apothekenrecht, 2007, S. 17 ff., 40 ff.

Die Europäische Union übt öffentliche Gewalt aus, die ihr von den Mitgliedstaaten übertragen worden ist. Öffentliche Gewalt darf nach deutschem Verfassungsrecht nur übertragen werden, wenn Grundrechtsbindung besteht.[59] Als gemeinschaftsrechtliche Grundrechte galten auf Grund der Rechtsprechung des Europäischen Gerichtshofs[60] die Menschenwürde, die Unversehrtheit der Person, die Achtung des Privat- und Familienlebens, die Unverletzlichkeit der Wohnung, der Schutz der Vertraulichkeit des anwaltlichen Schriftverkehrs, das Arztgeheimnis und das Geheimnis der persönlichen Daten, die Religionsfreiheit und die Freizügigkeit. Weiter noch: Kommunikationsgrundrecht, Berufsfreiheit, Vereinigungsfreiheit, Eigentumsgrundrecht, Gleichheitsrechte und Verfahrensgrundrechte.

Die im Jahre 2000 in Nizza proklamierte und 2009 in Kraft getretene Grundrechtecharta der Europäischen Union (GrChEU) fasst die den Mitgliedstaaten gemeinsamen Grundrechtsvorstellungen zusammen.[61] Sie gilt gleichrangig mit den völkerrechtlichen Verträgen über die Europäische Union (Art. 6 Abs. 1 § 1 EUV). Durch die Bestimmungen der Charta werden die in den Verträgen festgelegten Zuständigkeiten der Union in keiner Weise erweitert (Art. 6 Abs. 1 § 2 EUV, Art. 51 Abs. 1 GrChEU). Die Grundrechte der Charta binden die Organe der Europäischen Union und die Mitgliedstaaten nur bei der Durchführung des Rechts der Union (Art. 51 Abs. 1 GrChEU). Bei der Anwendung der Unionsgrundrechte dürfen Kompetenzen der Mitgliedstaaten nicht berührt werden.

Damit bin ich am Ende meiner Darlegungen. Ich habe versucht, deutlich zu machen,

– dass man sich über Normenhierarchien immer nur auf der Grundlage einer Kompetenzordnung verständigen kann,
– dass Integration einen substanziellen Schritt weitergeht als Kooperation,
– dass aber Integration noch keine neue Staatlichkeit begründet.

59 BVerfGE 37, S. 271, 280 f.; 58, S. 1, 30 f.; 73, S. 339, 376; 89, S. 155, 174 f.
60 Vgl. Hans-Werner Rengeling, Grundrechtsschutz in der Europäischen Gemeinschaft, 1992.
61 Thomas Schmitz, Die EU-Grundrechtscharta aus grundrechtsdogmatischer und grundrechtstheoretischer Sicht, JZ 2001, S. 833 ff.

Diskussion zum Vortrag von Christian Starck

Leitung: Christoph Link

LINK:
Vielen Dank, Herr Starck. Sie haben uns wieder das Gewissen geschärft. Wir sehen ja doch, dass diese von Ihnen mit Recht festgehaltenen Grundsätze, vor allem derjenige, dass die Kompetenz über die Hierarchie bestimmt, nicht ganz das Verständnis des EuGH treffen, um es zurückhaltend zu sagen. Und die Frage, ob das BVerfG nur knurrt oder auch beißt, all das wird uns in der Diskussion beschäftigen. Bitte, Herr Hillgruber.

HILLGRUBER:
Herr Starck, ich würde gerne anknüpfen an Ihre Bemerkungen zum Verhältnis des Grundgesetzes zur EMRK. Sie haben das mit Recht als problematisch beschrieben und dabei im Wesentlichen darauf abgestellt, dass deutsche Fachgerichte und auch das BVerfG in all ihrer Weisheit, die ihnen eigen ist, schlecht voraussehen können, wie eine Abwägung in einem konkreten Einzelfall durch den EGMR erfolgen wird, und dass sich daher Friktionen ergeben können. Ich denke aber, man muss noch sehr viel grundsätzlicher ansetzen und fragen, ob die Rechtsprechung des BVerfG zu diesem Verhältnis von EMRK und Grundgesetz überhaupt zu überzeugen vermag.

Der Ausgangspunkt des BVerfG ergibt sich unmittelbar aus dem Wortlaut des Art. 59 Abs. 2 GG, nämlich dass die EMRK in der Bundesrepublik Deutschland nur den Rang eines einfachen Bundesgesetzes, nämlich des Zustimmungsgesetzes zu ihr, hat. Vor diesem Hintergrund muss es aber überraschen, dass das BVerfG seit dem Beginn der 1980er Jahre die Auffassung vertreten hat, die EMRK könne Auslegungshilfe bei der Interpretation der Grundrechte des Grundgesetzes und des Rechtsstaatsprinzips sein. Herkömmlicher Normenhierarchie würde es nicht entsprechen, höherrangiges Recht im Lichte einfachen Rechts zu interpretieren. Das würde die Normenhierarchie geradezu auf den Kopf stellen. Das BVerfG ist lange Zeit jede Begründung für diese These schuldig geblieben und hat dann in der Görgülü-Entscheidung eine Bestimmung des Grundgesetzes gestreift, die – wenn überhaupt – die einzige sein kann, die – und das ist notwendig für diese These – die EMRK über den einfachen Rang eines Bundesgesetzes doch hinaushebt, hochzont auf die Verfassungsebene, und das soll Art. 1 Abs. 2 GG sein. Nun ist das eine Bestimmung, die Sie ebenso wie ich kommentieren. Und wir sind uns auch da, wie in vielen anderen Fragen des Verhältnisses von nationalem Recht zu Europa- und Völkerrecht, einig: Die Annahme, dass das Bekenntnis des deutschen Volkes zu unverletzlichen und unveräußerlichen Menschenrechten als Grundlage jeder menschlichen Gemeinschaft und des Friedens und der Gerechtigkeit in der Welt eine – sei es auch nur indirekte – Bezugnahme auf die EMRK darstellen könnte, ist einigermaßen abwegig.

Die EMRK ist selbst in ihren frühesten Entwurfsstadien erst zu einem Zeitpunkt konzipiert worden, als das Grundgesetz bereits in Kraft getreten war – auch wenn jüngst auf der letzten Staatsrechtslehrertagung kühnerweise das Gegenteil behauptet worden ist. Also, diese Bezugnahme ist geradezu abwegig; es geht vielmehr – so haben Sie es auch dargestellt –, darum, dass das deutsche Volk sich nach der schrecklichen Unrechts- und Willkürherrschaft, Gewaltherrschaft des Nationalsozialismus wieder zur europäisch-atlantischen Menschenrechtsidee bekennt; deswegen auch „unverletzliche und unveräußerliche Menschenrechte" – ganz unbestimmt, ohne bestimmten Artikel, das ist das Bekenntnis zu dieser Idee.

Ich glaube – das ist mein zweiter, kurzer Punkt –, dass damit auch keine Friktionen verbunden wären. So richtig es ist, dass Deutschland seine völkerrechtlichen Verpflichtungen einhalten muss, dass die EMRK beachtet werden muss und Entscheidungen des EGMR zumindest in Deutschland als Beklagten betreffenden Verfahren zu beachten sind, so scheint mir ebenso eindeutig zu sein, dass das nicht zu der Annahme einer Sinnidentität der Grundrechte des deutschen Grundgesetzes und der EMRK zwingt. Es geht nicht notwendig um Widersprüche, sondern schlicht und einfach darum, dass die inhaltliche Reichweite der Grundrechtsbestimmungen unterschiedlich sein kann. Wenn im Fall der Sicherungsverwahrung das BVerfG auch im zweiten Verfahren entschieden hätte, dass diese, so wie sie in Deutschland praktiziert wird, nicht gegen die Grundrechte des Grundgesetzes verstößt, wäre der Verstoß gegen die EMRK, den der EGMR angenommen hat, davon völlig unberührt geblieben und natürlich hätte der deutsche Gesetzgeber auf diese Friktion reagieren müssen und hätte den vom EGMR konstatierten Verstoß beheben müssen, aber das zwingt keineswegs dazu, anzunehmen, dass die Grundrechte des Grundgesetzes exakt dieselbe Bedeutung haben wie vergleichbare Konventionsbestimmungen. Wenn man das nämlich annimmt, dann verlieren wir im Bereich der Grundrechte vollständig die Verfassungsautonomie.

STARCK:
Ich bedanke mich vielmals für diese sehr ausführliche Darlegung. Ich habe nur das Wort „praktische Umkehrung" verwendet und Sie haben das jetzt sehr ausführlich dargestellt. Ich möchte das nicht kommentieren, weil im Prinzip richtig ist, was Sie sagen. Man kann in der Tat der Meinung sein, dass das BVerfG so entscheiden soll, wie es das für richtig hält, und wenn der EGMR sagt: „Das verstößt gegen die EMRK", dann muss der Gesetzgeber reagieren. Das würde genügen.

LINK:
Frau Wendehorst.

WENDEHORST:
Vielen Dank. Zwei ganz kurze Fragen. Die erste offenbart meine Ignoranz im Verfassungsrecht, es geht um die *ultra-vires*-Kontrolle. Wie überspielt man eigentlich argumentativ das Auslegungsmonopol des EuGH? Man könnte ja genauso gut argumen-

tieren: Der Vorrang des Unionsrechts besteht zwar nur im Rahmen der übertragenen Kompetenzen, dazu gehören aber auch prozessuale Kompetenzen, und zu diesen prozessualen Kompetenzen gehört das Auslegungsmonopol des EuGH – und damit wäre der *ultra-vires*-Kontrolle ja eigentlich der Boden entzogen.

Die zweite Frage: Sie haben gesagt, dass eine ausdehnende Auslegung, die mit einer nützlichen Integrationswirkung gerechtfertigt wird, die Vermutung offensichtlicher Kompetenzüberschreitung begründet. Wie stehen Sie dann dieser neueren Judikatur des EuGH gegenüber – Banco Español, Aziz und so weiter –, die im Umweg über die Klauselkontrolle in Verbraucherverträgen in größerem Umfang das Zivilprozessrecht der Mitgliedstaaten in Frage stellt. Um es kurz zu erläutern: Wenn das Zivilprozessrecht eines Mitgliedstaats so gestaltet ist, dass es dem Verbraucher die Berufung auf die Unfairness einer Klausel merklich erschwert – zum Beispiel weil er leicht eine Frist übersieht, um eine Vertragsklausel vor Gericht überprüfen zu lassen –, dann kann nach dieser Judikatur des EuGH das Prozessrecht des Mitgliedstaats insoweit keinen Bestand haben. Das wird mit dem *effet utile* begründet. Ist das schon eine Kompetenzüberschreitung?

Starck:

Ich bin davon ausgegangen, dass Hoheitsrechte übertragen werden, dass diese Übertragung durch Gesetz geschieht und dass diese gesetzliche Übertragung bestimmt sein muss. Beim Begriff „bestimmt" ist unter Juristen natürlich bekannt, dass er immer einen „Unbestimmtheitshof" um sich herum hat. Daher kann das BVerfG nur tätig werden, wenn eine klare Überschreitung dieser übertragenen Kompetenzen vorliegt. Den Fall, den Sie zuletzt genannt haben, kenne ich nicht, sodass ich darauf keine Antwort geben kann. Ich kann nur allgemein wiederholen: Das Prinzip der Integration beruht darauf, dass Kompetenzen übertragen werden und dass dies bestimmt genug geschehen muss. Das gilt in den Verträgen – Einzelermächtigung heißt es da – und so ist es auch innerstaatlich zu betrachten. Da muss man dann die einzelnen Fälle genau analysieren und muss feststellen, ob eine Überschreitung vorliegt oder nicht.

Link:
Herr Schönberger.

Schönberger:

Ich habe zwei Anmerkungen. Die eine knüpft an das an, was Herr Hillgruber eben gesagt hat. Müssten wir nicht die gesamte Rechtsprechung des BVerfG zur EMRK, insbesondere im Fall Görgülü, verstehen als Versuch des Gerichts, sich bei der Interpretation der Rechte der EMRK irgendwie noch im Spiel zu halten?

Ich denke, dass Herr Hillgruber völlig richtig sagt: Im Grunde können wir den Verpflichtungen Deutschlands nach der EMRK auch ohne die interpretatorische Anpassung der Grundrechte des Grundgesetzes an die EMRK nachkommen. Der Effekt, den Herr Hillgruber nicht bemerkt hat, ist dann allerdings der, dass die Interpretation der EMRK zunehmend unser Grundrechtsregime gestaltet und die Rechtsprechung des BVerfG zu den Grundrechten an praktischer Bedeutung für die deutschen Grundrechtsfälle verliert. Auch so lässt sich die Einhaltung der EMRK sicherstellen. Ich denke daher, dass man das Problem stärker von der institutionellen Position des BVerfG in unserem System her begreifen muss: Ansonsten träten an seine Stelle faktisch die obersten Bundesgerichte im Dialog mit den europäischen Gerichten. Das ginge auch, aber das BVerfG möchte dies aus begreiflichen Gründen nicht.

Zweiter Aspekt – und da würde ich gerne ihr Souveränitätsverständnis hinterfragen wollen: Sie haben am Ende in zwei Sätzen Ihre Konzeption zusammengefasst und gesagt: Supranationalität ist nicht Internationalität, aber Supranationalität begründet auch keine Staatlichkeit. Dann ist die Frage: Wie unterscheiden Sie die beiden denn? Denn alles, was Sie uns zur Souveränität gesagt haben, sind im Grunde die Kategorien der Internationalität. Sie sagen: Es ist weiterhin maßgeblich der Vertrag, es ist weiterhin maßgeblich der souveräne Einzelstaat. Das sind alles die Kategorien des allgemeinen Völkerrechts. Und wie kommen wir dann noch zu einem Verständnis der Supranationalität, also des Gemeinsamen und der Besonderheit dieses Gemeinsamen? Ich glaube, beides zusammen bekommen Sie nicht. Sie müssen sich für das eine oder für das andere entscheiden. Entweder wir begreifen die Europäische Union mit den Kategorien des völkerrechtlichen Souveränitätsbegriffs wie jeden zwischenstaatlichen Vertrag – dann, glaube ich, bekommen wir die Eigenheit der Europäischen Union nicht in den Blick. Oder wir tun das nicht – dann müssen wir Kategorien anbieten, die nicht einfach der völkerrechtliche allgemeine Souveränitätsbegriff sind. Mir würde also diese Zwischenebene fehlen. Wie begreifen wir das Unionsrecht in seiner Eigenart?

Starck:

Zum ersten Punkt, in dem Sie sich auf Herrn Hillgruber beziehen, würde ich sagen, dass Sie wahrscheinlich Recht haben. Das BVerfG möchte nicht außen vor bleiben, es möchte sich sozusagen im Gespräch halten.

Und nun kommen Sie zu dieser wirklich schwierigen Frage zur Souveränität. Ich habe Schwierigkeiten, die Integration zu verbinden mit dem Verzicht auf Souveränität. Die Integration ist ja ein Prozess, der allmählich verläuft und irgendwann springt die Integration über in einen Bundesstaat. Also es gibt eben die Kooperation mit normalen völkerrechtlichen Verträgen, dann gibt es diese intensive Kooperation, die wir Integration nennen – dass man Kompetenzen überträgt und eine supranationale Organisation über uns regieren kann –, und dann gibt es die Bundesstaatlichkeit, die wir ja ziemlich genau kennen, weil wir in einem Bundesstaat leben. Ich sehe aber – auch rein faktisch, ganz unabhängig von den rechtlichen Kategorien – einen großen Unterschied zwischen dem Bundesstaat, den wir in Deutschland haben, und der europäischen Integration. Ich glaube, dass wir diesen Unterschied beachten müssen. Dies betrifft auch die Änderungen der Verträge zur Verstärkung der Integration: Wer soll denn das machen, wenn nicht die souveränen Staaten? Anderenfalls müsste die Union dies irgendwie selbst machen. Das sind alles solche Unklarheiten, weswegen ich darauf bestehen möchte, dass wir den Souveränitätsbegriff weiter verwenden und die Staaten zum Beispiel übertragene Kompetenzen zurücknehmen können. Wie wollen wir etwas zurücknehmen, wenn wir nicht mehr souverän sind? Und Souveränität bedeutet nicht, dass sie über alle Hoheitsrechte dauernd eigenständig verfügen können. Sie können sie auch weggeben für eine Zeit oder wiederholen. Wir brauchen für die juristische Klarheit den Begriff der Souveränität.

LINK:
Vielen Dank. Herr Schorkopf.

SCHORKOPF:
Herr Starck, ich habe Ihnen sehr gern zugehört. Ich stehe aber auch noch unter dem Eindruck des Vortrags von Herrn Oestmann und frage mich, wie ich das vielleicht zusammendenken kann. Ich habe eine Anmerkung, die ein Stück weit eine Parallelthese zu dem etabliert, was Sie sagten. Denn bei Herrn Oestmann habe ich mitgenommen, dass das Nebeneinander von verschiedenen Rechtsordnungen stark mit problemorientierten Lösungsansätzen zu tun hat. Ich will Ihnen dafür, dass es heute vielleicht weniger auf Hierarchie, sondern im Grunde genommen auf praktische Problemlösungen in der Kooperation ankommt, zwei aktuelle Beispiele geben – und zwar aus der Bankenunion, die gerade verhandelt wird. Die Bankenunion hat drei Säulen: Die erste Säule ist jetzt in Kraft getreten, die Bankenaufsicht; eine zweite Säule, die Abwicklung von Banken, wird gerade verhandelt; und dann gibt es noch eine dritte Säule, das ist noch alles sehr neblig. Zum ersten Beispiel: Es gibt jetzt eine Verordnung zur Bankenaufsicht, die die Europäische Zentralbank machen soll. Die ist auf eine Norm im AEU-Vertrag gestützt: auf Art. 127 Abs. 6 AEUV. Diese Norm gibt es seit 1992, seit Maastricht, und sie sieht auch eine Delegation, also eine Betrauung der Zentralbank mit Aufsichtsfunktionen, vor. Jetzt kommt die Verordnung – und was macht der Bundestag? Der Bundestag erlässt ein Gesetz auf der Grundlage von Art. 23 Abs. 1 S. 2 GG und sagt: „Ja, wir stimmen dieser Bankenaufsicht, dieser Verordnung, zu." Obwohl dieser Typus in keinerlei Begleitgesetz zu Art. 23 GG vorgesehen ist, denn Art. 127 Abs. 6 AEUV, der schon sehr alt ist, taucht dort nicht auf. Und was ist das jetzt? War dem Bundestag unwohl, weil er gedacht hat: „Um Gottes Willen, was kommt jetzt"? Sozusagen eine salvatorische Gesetzgebung? Hat er gedacht: „Nein, das ist kompetenzübertretend, ich legitimiere das nachträglich"? Wir wissen es nicht. Der Gesetzgeber sagt das nicht so richtig. Vielleicht war er aber auch ganz selbstbewusst und wollte der Bundesregierung sagen: „Ich sehe das, was du da machst, aber ich stimme dir zu." Aber möglicherweise hatte der Bundestag das BVerfG und das Lissabon-Urteil im Kopf. Es gibt sogar Kollegen, die sagen: „Es war schlichtweg rechtswidrig, was der Bundestag gemacht hat; europarechtswidrig, vielleicht sogar verfassungswidrig."

STARCK:
Darf ich noch mal dazu eine Zwischenfrage stellen? Ist das europarechtlich oder intergouvernemental?

SCHORKOPF:

Eine supranationale Verordnung, ganz klassisch.

STARCK:

Also der Europäischen Union?

SCHORKOPF:

Und der Bundestag erlässt ein Gesetz nach Art. 23 Abs. 1 S. 2 GG, was er nach Lissabon jetzt in vielen Fällen kann – nur in diesem Fall gerade nicht – und sagt: „Ich stimme dieser Verordnung zu."

Das zweite Beispiel ist noch interessanter: Der zweite Fall betrifft die Bankenunion und die Abwicklung, auf die man sich politisch geeinigt hat und mit der die EZB betraut ist. Dort ist es so: Es ist bislang noch nicht gesehen worden, dass bei diesem ganzen Mechanismus nationales Bankenrecht angewendet wird. Es gibt nämlich überhaupt nur ganz rudimentär europäisches Bankenaufsichtsrecht, sodass die EZB – und das ist ein völliger Bruch mit allem, was wir kennen – jetzt nationales Bankenaufsichtsrecht anwendet. Wenn sie die Deutsche Bank beaufsichtigt, wird also deutsches Bankenaufsichtsrecht angewendet. Es ist klar, warum – weil alles furchtbar schnell gehen muss und man keine Zeit hatte, ein europäisches Bankenrecht zu schaffen.

STARCK:

Auch griechisches Bankenrecht.

SCHORKOPF:

Griechisches Bankenrecht, zypriotisches Bankenaufsichtsrecht, es kommt auf die Bank an, die beaufsichtigt wird. Eine EU-Behörde wendet nationales Recht an, was den Grundsätzen völlig widerspricht, weil normalerweise nationales Recht von nationalen Behörden angewendet wird und europäisches Recht von europäischen Behörden.

Ja, was folgt daraus? Jetzt versuche ich, den Bogen zu Herrn Oestmann zu schlagen. Die Deutsche Bank wird beaufsichtigt, erhält einen Verwaltungsakt von der EZB, klagt dagegen. Wo klagt sie jetzt? Klagt sie vor einem deutschen Gericht oder beim EuGH? Klagt sie, weil die EZB handelt, beim EuGH oder bei einem nationalen Gericht, weil es sich um nationales Recht handelt und der EuGH wohl schlecht deutsches Bankenrecht anwenden kann? Wenn der EuGH zuständig sein wird – wofür viel spricht –, dann wird wahrscheinlich eine Vereinheitlichung eintreten. Er muss auf der Grundlage von Prinzipien und Grundsätzen das Bankenaufsichtsrecht aller im Blick haben, und zwar zypriotisches, griechisches, deutsches usw. Er muss diese Grundsätze in die „Territorien" – historisch betrachtet – übersetzen und er wird prinzipienorientiert ein Bankenaufsichtsrecht schaffen, das in zwanzig Jahren kodifiziert werden wird. Wenn die nationalen Gerichte zuständig sind – bei einem deutschen Fall ein deutsches Gericht –, dann wird sich das deutsche Gericht daran orientieren, was die anderen machen. Das heißt, kodifikatorisch spielt das Ganze gar keine Rolle. Es ist im

Grunde genommen eine Frage des Forums, das heißt die Gerichte spielen eine ganz zentrale Rolle, und zweitens eine Frage der Problemorientierung in einer Fachbruderschaft – schlichtweg hier Kapitalaufsicht, Bankenaufsicht und dergleichen. Das heißt: Hierarchie fällt dann raus. Der Ansatz wäre im Grunde genommen ein völlig pragmatischer, problemorientierter. Deshalb stand ich so unter dem Eindruck Ihres Beitrags, Herr Oestmann, weil ich den Eindruck hatte, dass die Ergebnisse und Problemlösungen ein Stück weit auch eine Beliebigkeit hatten. Das können wir vielleicht aus der Geschichte wiedererkennen.

STARCK:
Es ist schwierig, darauf eine Antwort zu finden. Ich würde aber meinen, wenn ein europäisches Organ das Recht des jeweiligen Landes anwendet, muss das vor dem EuGH verhandelt werden und der EuGH muss sich irgendwelcher Hilfen bedienen. Aber dass deutsche Gerichte darüber urteilen, das halte ich kaum für möglich, weil ja europäische Organe gehandelt haben.

LINK:
Vielen Dank. Herr Grabenwarter.

GRABENWARTER:
Vielen Dank, ich möchte auf die erste Frage von Herrn Hillgruber noch einmal zurückkommen. Ich teile die Kritik an dem Begründungstopos in Gorgülü und dann nochmals deutlicher bei der Sicherungsverwahrung, besonders an der Herleitung des Rangs der EMRK aus Art. 1 Abs. 2 GG. Abgesehen von den interpretatorischen Schwächen, also Wortlaut und Systematik, sprechen in besonderer Weise die historischen Argumente gegen eine solche Sicht. Man muss sich auch überlegen, und das wäre meine Anfrage an Sie, ob das nicht eine Gefahr in sich birgt: Wie grenzt man gegenüber anderen völkervertraglichen Verpflichtungen im Bereich der Menschenrechte ab? Warum gerade die EMRK? Es gibt einen Grund, Herr Schönberger hat es angesprochen und Herr VOLKMANN hat in seinem Beitrag in der Juristenzeitung[1] den schönen Begriff der Selbstbehauptung gebraucht. Da tritt ein Konkurrent auf den Plan, den es bei den anderen Menschenrechtsverträgen nicht gibt.

Aber ich möchte noch einen Schritt weiter gehen und Sie fragen, Herr Starck: Es gibt keine völkerrechtliche Verpflichtung nach der EMRK, dass Widersprüche zur EMRK durch ein Gericht beseitigt werden müssen. Es könnte – es klang in zwei Wortmeldungen an – auch der Gesetzgeber nach jedem Urteil, das eine Verletzung feststellt, die Frage erledigen. Und es gibt auch kein Gebot einer Verfassungsgerichtsbarkeit nach der EMRK. Aber kann man nicht sagen: Weil es die Subsidiarität des Straßburger Rechtsschutzes gibt, weil dieser subsidiär ist, gibt es so etwas wie eine Vorwirkung? Und das BVerfG – das muss man schon sagen – macht es sich nicht ganz

---

1 UWE VOLKMANN, Fremdbestimmung – Selbstbehauptung – Befreiung, Das BVerfG in der Frage der Sicherungsverwahrung, JZ 2011, S. 835.

leicht, indem es sich auf die Völkerrechtsfreundlichkeit des Grundgesetzes stützt. Es behauptet nicht, dass die EMRK in Art. 1 Abs. 2 GG erwähnt wird, sondern es versucht, über den Umweg der Völkerrechtsfreundlichkeit die EMRK in das Grundgesetz hineinzuholen. Aber kann man nicht sagen: Weil der Straßburger Rechtsschutz immer nur subsidiär sein kann, gibt es eine völkervertragliche Pflicht, die besagt: „Wenn es ein Gericht gibt, das eine vergleichbare Funktion hat, dann sollte eine kongruente Kontrolle schon vorher stattfinden, nicht erst nachher."

STARCK:

Also, mit dem „vorher stattfinden" meinen Sie, dass das Gericht das interpretatorisch mit einbezieht?

GRABENWARTER:

Ja. Die Subsidiarität des Straßburger Verfahrens wird ja prozessual hergeleitet aus dem Erfordernis der innerstaatlichen Rechtswegerschöpfung. Und natürlich kann man formal sagen: Wenn das Verfassungsgericht nicht hinreichende Kompetenzen hat, dann ist der Rechtsweg erschöpft und dann muss eben Straßburg die Verletzung feststellen.

STARCK:

Ja, in vielen Ländern ist das so, nur nicht in Deutschland.

GRABENWARTER:

Genau, so ist es. Und nun könnte man sagen: Aus diesem Zusammenspiel der Verfassungsrechtslage und der Konventionsrechtslage ergibt sich so etwas wie eine Pflicht, das vorher zu erledigen. Das klingt auch in der Sicherungsverwahrungsentscheidung an, indem die Orientierungswirkung aufgeladen wird und zu einer rechtlichen Verpflichtung gemacht wird – was ich nicht teile, aber das würde hier zu weit führen. Die Frage: Gibt es in dem Zusammenspiel aus der Verfassungsrechtslage und Völkerrechtslage nicht doch so etwas wie eine Verpflichtung, Konventionsverletzungen durch ein Organ, das die sachlich nächste Kompetenz hat, aufzugreifen?

STARCK:

Ich meine, die Aufforderung geht ja nicht an das BVerfG allein, sondern das kann durchaus auch das Landgericht schon machen.

Zu der anderen Frage, die Sie am Anfang gestellt haben: „Warum gilt das nur für die EMRK und den EGMR?". Das ist das einzige völkerrechtliche Menschenrechtsschutzsystem, das funktioniert, das man in gewisser Weise auch so vorwegnehmen *kann*. Und das andere Problem mit der Vorwirkung: Wenn es nur um Auslegung geht, kann man eine echte Vorwirkung annehmen. Wenn es aber um Abwägung geht, wie es in den Fällen der Prinzessin CAROLINE der Fall war, dann kann man das sehr schlecht voraussagen. Es hat damals mehrere Verfassungsrichter gegeben, die sehr scharfe, kritische Äußerungen in den Zeitungen geschrieben haben – GRIMM, HOFFMANN-RIEM –, und es wurde auch überlegt, die Große Kammer anzurufen, was aber dann nicht getan worden ist, weil man gesagt hat: „Wenn die Große Kammer das bestätigt, dann wird es noch schlimmer."

GRABENWARTER:
Es gab noch einen anderen Grund: Es gab damals einen Bundesfinanzminister, der Gegenstand der Bildberichterstattung war.

LINK:
Herr Eichenhofer

EICHENHOFER:
„Im Ersten seid ihr frei, im Zweiten seid ihr Knechte", heißt es bei GOETHE und das ist genau das Problem der Übertragung von Zuständigkeiten auf die Europäische Union, die selbst Recht schafft. Denn die Zuständigkeiten, die auf die Europäische Union übertragen werden, sind die Grundlage für die Schaffung einer autonomen Rechtsordnung, die auch gegenüber den Mitgliedstaaten wirkt. Das sehen Sie zum Beispiel an der Währungsunion. Der Euro wird existieren – unabhängig davon, wie Deutschland sich künftig zum Euro stellt. Das europäische Kollisionsrecht besteht unabhängig davon, wie Deutschland sich zu diesem Kollisionsrecht stellt, und dieses ist vorrangig gegenüber dem deutschen Recht. Das Wettbewerbsrecht ist aufgrund europäischen Rechts geschaffen und wirkt vorrangig gegenüber dem deutschen Recht. In der Mangold-Entscheidung des BVerfG – einer Entscheidung darüber, wie Karlsruhe mit einem Luxemburger Urteil umgehen soll, das scharf kritisiert worden ist – hat das BVerfG selbst eingeräumt, dass die Eigenständigkeit der europäischen Rechtsordnung auch vom deutschen Verfassungsrecht hingenommen wird. Und das bedeutet im Ergebnis, dass damit die Souveränität überall dort verschwunden ist, wo die Europäische Union ein eigenes vorrangiges Recht schafft. Und die Frage ist, wie Sie diesen Zusammenhang in Ihre Souveränitätskonzeption einbauen.

STARCK:
Ja, aber Sie müssen immer sehen: Die EU und der EuGH im Wege der Rechtsfortbildung dürfen nur Recht schaffen, soweit die Kompetenzen übertragen worden sind; das wird strikt vorausgesetzt.

EICHENHOFER:
Klar. Das, was übertragen wurde, kommt nun als irgendetwas Fremdes über uns, obwohl es aus der Souveränität der Mitgliedstaaten abgeleitet ist. Das Phänomen muss man aber begrifflich erfassen, das ist meine Frage. Der rechtliche Tatbestand, den ich umschrieben habe, ist – glaube ich – unstreitig. Das heißt, das europäische Recht, das als fremd erlebt wird, stammt letztlich aus der Souveränitätsübertragung des Mitgliedstaats, ist aber sozusagen mitgliedstaatlich als solches nicht mehr verfügbar. Der einzelne Mitgliedstaat kann über das, was die Europäische Union geschaffen hat, auf der Grundlage der Legitimationsübertragung selbst nicht mehr verfügen,

sondern ist diesem Recht ausgesetzt, weil es vorrangig ist. Und das kann man mit Souveränitätsvorstellungen begrifflich nicht erfassen.

LINK:

Okko Behrends.

BEHRENDS:

Ich habe zwei Fragen. Mit der ersten würde ich gerne eine Klärung des Souveränitätsbegriffs in Bezug auf die europäischen Verträge erreichen. Wenn man hört, dass die Vertragsstaaten verpflichtet sind, die kulturelle Identität der Völker zu wahren, einschließlich ihrer historisch gewordenen Mentalität, liegt darin dann nicht – vielleicht denkt aber nur der Zivilist so – eine immanente Schranke ihrer Ermächtigung oder besser Bevollmächtigung zum Abschluss solcher Verträge, und keine Freistellung ihrer Souveränität im Sinne BODINS, die keine Normebene über sich anerkannt, von der Einschränkungen ausgehen könnten? Das ist die erste Frage. Die zweite Frage ist: Wie soll man die Rechtsquellenqualität des gemeinsamen Standards, des erreichten Standards beurteilen? Läuft die Anerkennung einer solchen Rechtsquelle nicht eigentlich, wenn man nach Bindung durch Gesetz und Recht fragt, auf die Freistellung des EGMR hinaus, einen solchen Standard wittern und feststellen zu dürfen, und damit die Vertragsstaaten aus der Rolle, die politische Frage zu entscheiden, was ein Standard ist, den man will oder fördern möchte, hinauszudrängen?

STARCK:

Ich habe das als sehr problematisch beschrieben, nachdem der Gerichtshof auch noch sagt, dass auf diesem Gebiet ein Ermessen der Gesetzgebung der Staaten besteht. Und dann hat er festgestellt, das sei ja schon so weit gediehen in den Staaten. Ich habe das also nicht bestätigt, ich habe das nur gewissermaßen als eine juristische Sonderbarkeit dargestellt. Und das erste, was hatten Sie da gefragt?

BEHRENDS:

Der Souveränitätsbegriff, wie verträgt sich die Souveränität eines vertragsschließenden Staates mit seiner Bindung an die kulturelle Selbstbestimmung eines Volkes?

STARCK:

Die kulturelle Selbstbestimmung, das ist ja ein Ausfluss der Souveränität.

BEHRENDS:

Wenn sich aber die kulturelle Selbstbestimmung eines Volkes in dessen Recht ausdrückt, an seiner geschichtlich gewordenen Identität festzuhalten und sie auf seine Weise fortzuentwickeln, beschränkt nicht dieses Recht dann die Staatsorgane in ihrer Souveränität, Verträge zu schließen? Sie müssen dann doch das Recht auf kulturelle Identität als normative Schranke beachten, d.h. als etwas, was es für den insofern hochabstrakten Souveränitätsbegriff BODINS nicht gibt.

STARCK:

Bodin hat nie gesagt, dass ein souveräner Staat nicht gebunden ist. Wenn Sie das bei Bodin nachlesen: Er ist an Völkerrecht gebunden, er ist an göttliches Recht und Naturrecht gebunden. Also es gibt ganz viele Bindungen. Wenn der souveräne Staat völkerrechtliche Verträge schließt, dann ist er an diese Verträge gebunden. Und wenn die Souveränität aufgegeben werden soll, um einen europäischen Bundesstaat zu gründen, dann geht das eben nur in einem Verfahren, an dem das Volk unmittelbar beteiligt ist; das ist die Aussage der Verfassung, die mir plausibel erscheint.

Ich möchte nicht – durch einen Rechtsakt nach dem anderen – plötzlich in einem Eurostaat leben. Wir leben in Deutschland, Frankreich, England – und das sehen die Franzosen und die Engländer noch viel deutlicher als wir. Deswegen spielen wir ohnehin eine Sonderrolle, da wir meinen, Europa müsste immer enger werden. Das sehen die anderen Länder anders.

LINK:

Vielen Dank. Ich habe noch Herrn Oestmann und Herrn Paulus; im Hinblick auf die Zeit darf ich dann die Liste schließen. Wir haben ja morgen noch eine Abschlussdiskussion.

OESTMANN:

Ich habe zwei Punkte, der erste ist ganz klein. Sie haben in den Schlusssätzen gesagt: „Normenhierarchien setzen immer Kompetenznormen voraus." Und da würde ich sagen: Historisch ist das nicht richtig. Das Wort „immer" würde ich einschränken. Das zweite ist diese Frage nach der Souveränität – und da habe ich eine methodische Frage. Kann das sein, dass ein Rechtsdogmatiker, der normativ argumentiert, historische Vorgänge nicht beschreiben kann, und zwar insbesondere dann, wenn sie über längere Zeit dauern? Diese Frage nach der Souveränität hat für mich als Empiriker auch etwas Quantitatives: Wie viel haben die anderen? Im Heiligen Römischen Reich hat Pütter einmal gesagt: Es gibt einen komplementären Reichsstaat, die Staatsgewalt ist auf verschiedene Organe verteilt – ein bisschen Staatsgewalt haben die Länder, ein bisschen hat das Reich.[2] Und da ist einfach meine Frage: Würden Sie sagen: „Als Dogmatiker muss man immer mit ja und nein antworten"? Das heißt: Ist die Frage nach der Souveränität für Sie eine Ja/Nein-Frage?

STARCK:

Nein, es gibt natürlich auch Einschränkungen zur einen oder anderen Richtung.

OESTMANN:

Ja. Aber es gibt eine Vermutung: Immer dann, wenn es keine Ausnahmen gibt, sind wir souverän.

---

2 Johann Stephan Pütter, Beyträge zum Teutschen Staats- und Fürsten-Rechte, 1777, S. 30-31: „ein aus mehreren besonderen Staaten zusammengesetzter Staatskörper".

STARCK:

Also, ich würde sagen: Was PÜTTER gesagt hat über das Reich, hat später einmal STOLLEIS gesagt: Die Europäische Union sei so etwas Ähnliches wie das Reich – es ist unklar, wer das Sagen hat. Ich finde das nicht richtig, weil das Alte Reich vor 1803 etwas völlig anderes war als die Europäische Union. Die Europäische Union wurde ja bewusst völkervertragsrechtlich gebildet. Ich bin kein Empiriker; ich benutze die Empirie, um die Realität zu verstehen, aber ich arbeite mit juristischen Begriffen, mit normativen Begriffen. Und insoweit ist die Rechtsdogmatik etwas anderes als Empirie, das ist klar. Aber zur Rechtsdogmatik gehört Empirie. Ich habe meine Antrittsvorlesung in Göttingen zum Thema „Empirie in der Rechtsdogmatik"[3] gehalten.

LINK:

Vielen Dank. Herr Paulus.

PAULUS:

Vielen Dank. Ich spreche hier natürlich als Kollege und nicht als Bundesverfassungsrichter. Dennoch kann ich vielleicht etwas zur Aufklärung beitragen.

Zu Art. 1 Abs. 2 GG: Historisch hatten die Mitglieder des Parlamentarischen Rats ein anderes Dokument vor Augen, das ist empirisch belegbar, nämlich die Allgemeine Erklärung der Menschenrechte, die war das Modell. Die ist ja auch wortgleich mit Art. 1 Abs. 2 GG. Die Frage wäre nur, ob Art. 1 Abs. 2 GG ein dynamisches Element enthält, das sich auf den jeweiligen Stand des Menschenrechtsschutzes bezieht. Ich würde aber sagen – und ich glaube, so ist auch die Rechtsprechung des Zweiten Senats zu verstehen –, dass sich über Art. 1 Abs. 2 GG hinaus aus dem Grundgesetz der Wille ableiten lässt, dass wir, wenn wir uns völkerrechtlich binden, auch gebunden sein wollen. „Drum prüfe, wer sich ewig bindet", und das bedeutet eben auch – Herr Hillgruber, da würde ich Ihnen widersprechen –: Das Grundgesetz selbst will, dass wir unsere völkerrechtlichen Verpflichtungen einhalten, und so beginnt auch der zweite Satz der Präambel: Nach Gott kommt gleich das Bekenntnis zu den Menschenrechten und zu der Integration in Europa und in der Welt. Das ist schon bedeutend. Und wenn man im Grundlagenvertragsurteil zu Recht die Präambel für verbindlich erklärt hat, dann gilt das eben auch dafür. Das wurde auch honoriert bei der Wiedervereinigung, insofern kann man doch nicht sagen, dass das in der Historie verschwunden ist. Damit hängt zusammen, dass wir keine klaren Hierarchien bilden können. Es schaut sich von zwei Seiten unterschiedlich an: Vom Grundgesetz gesehen ist die EMRK einfaches Recht, gleichzeitig haben wir aber den Willen zur völkerrechtlichen Bindung – und das muss man in Einklang bringen und deswegen die Auslegung im Lichte der EMRK, was nicht heißt „identische Auslegung", sondern nur: Wo es möglich ist, wird man versuchen, diese beiden Verfassungsanforderungen in Einklang zu bringen. Wenn am Ende aber ein Rest bleibt oder Art. 79 Abs. 3 GG hierarchisch aus der Sicht der deutschen Rechtsordnung höherrangig ist, dann gilt natürlich der Vorrang dessen, was im

---

3 JZ 1972, S. 609-614.

Grundgesetz normiert ist. Insofern ist dieses Aufeinander-Eingehen auch dem Rechtszustand in Europa im 21. Jahrhundert geschuldet, in dem es verschiedene Rechtsschichten gibt, die, wenn sie in Einklang gebracht werden können, auch den Versuch erfordern, dies zu tun. Wenn Sie sich zum Beispiel anschauen, dass der EGMR in der Rechtssache Springer auch den nationalen Spielraum wieder stärker betont hat als bei der Ausgangsentscheidung zum Verhältnis Privatheitsschutz und Pressefreiheit, dann geht das in die richtige Richtung. Gelegentlich muss man ihn noch ein bisschen weiter in diese Richtung drängen – das sicherlich.

Zweiter Punkt, *ultra vires*: Ich möchte nur kurz darauf hinweisen, dass es von der Maastricht-Entscheidung – damals noch mit dem Stichwort „ausbrechender Rechtsakt" – über die Entscheidungen Lissabon und Honeywell hin zu der Entscheidung zum Allgemeinen Antiterrordateigesetz schon verschiedene Akzente gibt: Da ist einerseits der Wille, die Supranationalität in dem Sinne zu akzeptieren, dass das europäische Recht unmittelbar in die deutsche Rechtsordnung wirkt – also eher eine Öffnung als eine Übertragung im klassischen Sinn, eine Öffnung der deutschen Rechtsordnung für dieses unmittelbar geltende Recht. Andererseits gibt es aber auch Grenzen. Und speziell zu den Menschenrechten, da gibt es eine – seit der Entscheidung des Ersten Senats zum Allgemeinen Antiterrordateigesetz relativ offene – Divergenz zwischen dem EuGH und dem BVerfG. Das BVerfG wird jedenfalls in dem Bereich, der nach der Kompetenzordnung in der deutschen Zuständigkeit bleibt, weiterhin seine Grundrechtskompetenz ausüben.

Vorletzter Punkt: Ich habe Supranationalität schon angedeutet. Die gibt es auch im Völkerrecht. Eurocontrol ist eine der wesentlichen Entscheidungen, aber sie ist im Völkerrecht die Ausnahme, im Europarecht wird sie die Regel – das ist der Unterschied. Beim Europäischen Stabilitätsmechanismus hat das BVerfG mehr oder weniger Art. 23 Abs. 1 GG analog angewendet, weil dieses Konstrukt verfassungsrechtlich, europäisch in Art. 23 GG hineinführt, trotzdem aber Völkerrecht und kein Europarecht im klassischen Sinne ist. Aber das darf nicht dazu führen, dass Verfassungsgarantien heruntergeschraubt werden können, indem man eine Rechtswahl zwischen Völker- und Europarecht eröffnet – Formenmissbrauch ist zu stark ausgedrückt, aber es geht in diese Richtung. Dadurch wird man die Anforderungen von Art. 23 Abs. 1 GG nicht verlieren; es darf sogar gefragt werden, ob man Art. 23 Abs. 1 GG als die neuere Norm auch als Auslegungshilfe für Art. 24 GG heranzieht. Aber das ist etwas für die Zukunft.

Letzter Punkt: Souveränität und Demokratie. Ich würde doch betonen, dass gerade im Verständnis des Lissabon-Urteils die Souveränität nicht so sehr mit der Staatlichkeit korreliert wird, sondern vor allem auch mit der Demokratie. Und man könnte sich natürlich vorstellen – Jürgen Habermas hat das neulich vorgeschlagen[4] –, dass man in Europa auch eine unabgeleitete demokratische Legitimation einführt. Ich sage: „einführt"; es gibt Europarechtler, die behaupten, das sei schon da, aber das

---

4 Jürgen Habermas, Zur Verfassung Europas, 2011, S. 62 ff.

ist meines Erachtens nicht richtig. Dann hat man immer noch das Problem, dass irgendein Gremium die Kompetenzen abgrenzen muss, aber ich würde auch sagen: Der Kern der Lissabon-Entscheidung ist wichtig: Wenn wir in einem europäischen Bundesstaat aufgehen, dann müssen wir die Wegnahme dieses demokratischen Anspruchs des Grundgesetzes auch demokratisch besonders legitimieren und deswegen über Art. 146 GG die Rücknahme im deutschen Rechtsraum und nicht nur durch eine europäische Abstimmung über eine neue europäische Verfassung durchführen. Aber das Ganze ist natürlich sehr spekulativ; ich glaube, wir werden erst einmal bei dieser komplizierten, verschiedene Rechtsordnungen in Einklang bringenden Situation stehen bleiben, und ich sehe *schon* eine Rolle des BVerfG darin, diesen Ausgleich zwischen der nationalen und der supranationalen Rechtsordnung aus der Sicht der nationalen Rechtsordnung zu vollführen. Wenn wir das nicht tun, dann macht es allein die europäische Seite. Und ich glaube, dann werden wir diesen Ausgleich und diese Verschränkung nicht richtig und nicht in unserem Sinne beeinflussen können.

STARCK:
Vielen Dank, Herr Paulus. Sie haben gesagt: „Das BVerfG hat anerkannt, dass Akte der Europäischen Union bei uns gelten." Das ist ja das A und O der Integration, das habe ich am Anfang auch klar dargelegt. Aber die Frage ist: Wie weit geht die Öffnung? Für diese Öffnung müssen Kompetenzen übertragen werden. Und das andere ist: Die Souveränität habe ich immer mit der Demokratie begründet und deswegen habe ich auch gesagt: Das geht nur über ein Verfahren nach Art. 146 GG. Also ich glaube, wir liegen nicht auseinander, wenigstens wenn ich Sie richtig verstanden habe. Und zu dem, was Sie über die *ultra-vires*-Kontrolle gesagt haben: Die Drohung durch das BVerfG nimmt von Entscheidung zu Entscheidung ab, sie wird immer milder.

PAULUS:
Die letzte war nicht mehr so milde.

STARCK:
Ja, das würde ich auch gerne glauben.

LINK:
Vielen Dank. Ich habe nicht nur den Diskutanten zu danken, sondern auch Ihnen, Herr Starck, für einen ebenfalls fulminanten Vortrag und eine fulminante Diskussion mit starkem Temperament.

Matthias Ruffert

Rechtserzeugung und Rechtsdurchsetzung im Europäischen Rechtsraum[1]

I Die schwierige Emanzipation der Supranationalität

Vordergründig lebt das rechtswissenschaftliche Verständnis staatlicher Rechtserzeugung und Rechtsdurchsetzung, wie wir sie heute kennen, von einfachen Grundannahmen, die ihre historische Komplexität abgeschüttelt haben:[2] Einheit des parlamentarischen Gesetzgebers, Geltungsvorrang und Steuerungsprärogative des Parlamentsgesetzes, gesetzesgebundene Ausdifferenzierung der Administrativrechtsetzung bei der Rechtserzeugung, ergänzt um die zentrale, hierarchisch strukturierte, imperative Rechtsdurchsetzung. Das politisch-informelle Vorfeld der Rechtserzeu-

---

1 Meinem Assistenten, Herrn Dr. ENRICO PEUKER, danke ich für wertvolle Hinweise und Diskussionen.
2 Bezogen auf den Gesetzesbegriff im Überblick FRITZ OSSENBÜHL, § 100 Gesetz und Recht – Die Rechtsquellen im demokratischen Rechtsstaat, in: Josef Isensee/Paul Kirchhof (Hrsg.), Handbuch des Staatsrechts, Bd. 5, 3. Aufl. 2007, Rn. 6 f.; sowie vertiefend ERNST-WOLFGANG BÖCKENFÖRDE, Gesetz und gesetzgebende Gewalt, 2. Aufl. 1981; GERD ROELLECKE, Der Begriff des positiven Gesetzes und das Grundgesetz, 1969; CHRISTIAN STARCK, Der Gesetzesbegriff des Grundgesetzes, 1970; GREGOR KIRCHHOF, Die Allgemeinheit des Gesetzes, 2009.

gung, die Pluralität der Akteure im föderalen Gefüge sowie im Geflecht der Parteipolitik und der Interessenverbände kann in der Staatsrechtslehre ebenso zur Irritation herabgestuft werden wie die Problematik von Implementationsdefiziten.[3]

Bediente man sich für Rechtsetzung und Rechtsdurchsetzung in der Europäischen Union der gleichen einfachen Grundannahmen, wäre dies nicht nur eine bezogen auf die gegenwärtigen politischen Integrationsziele und den unionsverfassungsrechtlichen wie grundgesetzlichen Rahmen unangemessene Staatsanalogie[4]. Eine solche Übertragung der im staatlichen Rechtsraum anwendbaren Grundannahmen auf die supranationale Ebene würde auch der dort andauernden Komplexität der Strukturen nicht gerecht: Pluralität von Rechtserzeugungsakteuren, Administrativrechtsetzung in teilweise hybriden Netzwerkstrukturen auf der Rechtserzeugungsebene, begleitet von einer im unional-mitgliedstaatlichen Verbund deutlich dezentralisierten Rechtsdurchsetzung. Ziel der Europarechtswissenschaft muss es vielmehr sein, Theorie und Dogmatik von Rechtsetzung und Rechtsdurchsetzung im europäischen Rechtsraum so weiterzuentwickeln, dass auch ihre supranationale Ebene den Grundanforderungen gerecht wird, die sich aus den Prinzipien der Demokratie und Gerechtigkeit im Sinne von Rechtsgleichheit, aber auch aus den Grundsätzen von Rationalität und Effektivität ergeben.

Überdies ist nach mehr als 60 Jahren des europäischen Integrationsprozesses ein Verständnis der Europäischen Union als eines lediglich kooperativen Unternehmens von mittlerweile 28 Mitgliedstaaten[5] ebenso realitätsfern wie das skizzierte staatsanaloge Denken. Die europarechtswissenschaftliche Idee der Supranationalität muss sich daher nicht nur von der Staatlichkeit, sondern auch von völkerrechtlich geprägten kooperativen Formen emanzipieren. Dies führt für die Rechtserzeugung dazu, sich im analytischen Ausgangspunkt an Grundkategorien des Rechts zu orientieren. Rechtserzeugung (und die daran anknüpfende Rechtsdurchsetzung) im europäischen Rechtsraum ist immer wieder veranlasst, ja gezwungen, sich in die Rechtsbildungsverfahren Verhandlung und Setzung sowie damit einhergehend in die Ergebniskategorien Vertrag und Gesetz[6] einzuordnen. Trotz aller Bemühungen um eine Reform der Europäischen Union haben die damit verbundenen Schwierigkeiten in der Gegenwart keineswegs ab-, sondern zugenommen.

---

3 In der Rechtserzeugung vor allem diskutiert unter dem Begriff der Informalisierung: MATTHIAS HERDEGEN und MARTIN MORLOK, Informalisierung und Entparlamentarisierung politischer Entscheidungen als Gefährdungen der Verfassung?, VVDStRL 62 (2003), S. 7 und 37, sowie grundlegend HELMUTH SCHULZE-FIELITZ, Der informale Verfassungsstaat, 1984; hinsichtlich der Rechtsdurchsetzung auf soziologisch-empirischer Basis grundlegend: RENATE MAYNTZ/EBERHARD BOHNE/BEATE HESSE/ JOCHEN HUCKE/AXEL MÜLLER, Vollzugsprobleme der Umweltpolitik, 1978.

4 Zu Letzterer BVerfGE 123, S. 267, 370 f. und 419.

5 Explizit vertreten von STEFAN HAACK, Demokratie mit Zukunft, JZ 2012, S. 753, 756 ff.

6 Theoretisch analysiert vor allem auf Verfassungsebene, s. CARL SCHMITT, Verfassungslehre, 1928 (8. Aufl. 1993), S. 62 ff.; PETER M. HUBER, Europäisches und nationales Verfassungsrecht, VVDStRL 60 (2001), S. 194, 234 f. m.w.N. S. auch die Andeutung bei KLAUS F. RÖHL/HANS CHRISTIAN RÖHL, Allgemeine Rechtslehre, 3. Aufl. 2008, S. 198: Vertrag als Norm.

II Supranationale Rechtserzeugung in der EU

1 Vom Vertrag zum Gesetz: Der supranationale Rechtserzeugungsprozess

a) Rechtsakte und Rechtsetzung in der europäischen Integration

Der Blick auf die Anfänge der europäischen Integration zeigt allerdings mit einiger Eindeutigkeit, dass der Rechtsetzungsprozess aus dem diplomatisch-zwischenstaatlichen Verhandlungsgefüge herausgelöst und supranationalen Entscheidungsträgern zugewiesen werden sollte,[7] um das Vertragswerk als *traité cadre* auszufüllen.[8] Diese Innovation[9] ist in der EGKS wegen der stark einzelfall- und unternehmensbezogenen Fassung des einschlägigen Art. 14 EGKSV[10] noch nicht so deutlich sichtbar wie sieben Jahre später in Art. 189 EWGV, der Vorläufernorm zu Art. 288 AEUV, wenngleich die Bezeichnung „Rechtsakte" anstelle von Rechtsetzung bis heute im Vertragswerk verblieben ist.[11] Die frühe europarechtliche Literatur referiert die supranationale Rechtsetzung, ohne sie zu hinterfragen, und nicht einmal das in der Übergangsphase vielfach noch anwendbare Einstimmigkeitserfordernis bei Entscheidungen im Rat spiegelt sich in den frühen wissenschaftlichen Stellungnahmen als Indiz für ein verhandlungsbasiertes Vertragsarrangement.[12] Diskutiert wird allein, namentlich aus der Sicht des französischen Rechts, ob die Verordnungsgebung gemäß Art. 189 Abs. 2 EWGV Ausdruck eines spezifischen *pouvoir réglementaire* der neu gegründeten Gemeinschaft ist oder ob man auf der supranationalen Ebene von Gesetzgebung,

---

7 S. nur ULRICH EVERLING, Die ersten Rechtsetzungsakte der Organe der Europäischen Gemeinschaften, BB 1959, S. 52; HANS JOACHIM GLAESNER, Übertragung rechtsetzender Gewalt auf internationale Organisationen in der völkerrechtlichen Praxis, DÖV 1959, S. 653, 655; HANS PETER IPSEN, Europäisches Gemeinschaftsrecht, 1972, 19/8. Skeptisch-zurückhaltend seinerzeit HANS VON MEIBOM, Die Rechtsetzung durch die Organe der Europäischen Gemeinschaften, BB 1959, S. 127; rechtsvergleichend REINHOLD KRAUSHAAR, Zur Kompetenz der Kommissionen der Europäischen Gemeinschaften zum Erlaß von Verordnungen, DÖV 1959, S. 726. Historische Analyse bei TARA UNA DIEDRICHSEN, The system of legal acts in the history of drafts and proposals of the EC Treaty, in: Gerd Winter (Hrsg.), Sources and Categories of European Union Law, 1996, S. 315, 317-321.

8 Explizit PAUL REUTER, Aspects de la Communauté Économique Européenne, RMC 1958, S. 161.

9 PIERRE PESCATORE, Les aspects fonctionnels de la Communauté Économique Européenne, notamment les sources du droit, in: Les aspects juridiques du marché commun, 1958, S. 51, 53.

10 S. FERNAND DEHOUSSE, Les aspects politiques et institutionnels de la Communauté Économique Européenne, in: Les aspects juridiques du marché commun, 1958, S. 35, 36: „rôle de réglementation économique".

11 MATTHIAS RUFFERT, in: Christian Calliess/Matthias Ruffert (Hrsg.), EUV/AEUV, 4. Aufl. 2011, Art. 288 AEUV, Rn. 7.

12 Nur vereinzelt wird der EWGV wegen seines Inhalts, nicht wegen seiner Entstehung, als Gesetz angesehen: LOUIS CARTOU, Le Marché Commun et la technique du Droit Public, Revue du Droit Public et de la Science Politique 1958, S. 186, 189.

législation, sprechen kann – was unter Rückgriff auf den ideengeschichtlich aufgeladenen Begriff der *loi* kontrovers diskutiert wird.[13]

Wenn auch die öffentlich-politische Debatte in den folgenden Jahrzehnten immer wieder die Verhandlungssituation in „Brüssel" in den Blick nahm – vor allem im anfangs dominierenden Agrarrecht – stand die eigenständige Rechtsetzungskompetenz der EU niemals in Frage. Daher entzündeten sich an der quantitativ dominierenden sowie durch ihre Verbindlichkeit und allgemeine Geltung besonders gewichtigen Verordnung die wenigsten Streitfragen,[14] sieht man von den Grundkontroversen um unmittelbare Wirkung und Anwendungsvorrang ab.[15] Auch die unübersehbare, mindestens quantitative Dominanz der Exekutivrechtsetzung durch die Kommission in Gestalt von Durchführungsverordnungen erregte kaum Anstoß.[16]

Spruchpraxis des EuGH und anschließende rechtswissenschaftliche Diskussion wurden vielmehr beherrscht durch die Bereichsdogmatik der Rechtsetzungsform Richtlinie und damit eines Modus supranational angeleiteter (Rahmen-)Rechtsentstehung, in dem die Mitgliedstaaten nur den Rahmen ausfüllend und nachvollziehend auf der Umsetzungsebene tätig werden.[17] Zum einen formulierte der EuGH aus Abs. 3 des Art. 189 E(W)GV/249 EGV/288 AEUV sowie der Gemeinschafts-/Unionstreue Vorgaben für die Richtlinienumsetzung.[18] Namentlich wurde präzisiert, dass die nach dem Wortlaut dieses Absatzes freie Wahl der Formen und Mittel zur Zielerreichung keinesfalls einer detailgenauen Zielbeschreibung im Wege steht und die zweistufige Rechtsetzung weniger der (subsidiaritätsorientierten) Schonung der mitgliedstaatlichen Souveränitätssphäre dient, sondern vielmehr der Ermöglichung der passgenauen Einordnung europäischer Rechtsetzung in das mitgliedstaatliche Recht.[19]

---

13 Vehement verneinend Pescatore (Anm. 9), S. 64 ff., insbesondere S. 67; anders hingegen Reuter (Anm. 8), RMC 1958, S. 162; ähnlich für die EGKS ders., La Communauté européene du charbon et de l'acier, 1953, Rn. 44; sowie aus deutscher Sicht: Ernst Wohlfarth, in: ders./Ulrich Everling/Hans Joachim Glaesner/Rudolf Sprung, Die Europäische Wirtschaftsgemeinschaft. Kommentar zum Vertrag, 1960, Vorb. 2 vor Art. 189. In einigen Vorentwürfen zum EWGV ist wie selbstverständlich von Gesetzen die Rede, so in Art. 35 des Redaktionsentwurfs des Verfassungsausschusses der Ad-hoc-Versammlung vom 29.01.1953 (Dok. AA/CC/GT (3) 7) in: Reiner Schulze/Thomas Hoeren (Hrsg.), Dokumente zum Europäischen Recht, Bd. 1, Gründungsverträge, 1999, S. 539 ff.
14 Zur Empirie bereits Armin von Bogdandy/Jürgen Bast/Felix Arndt, Handlungsformen im Unionsrecht, ZaöRV 62 (2002), S. 77, 92 ff.
15 S.u. III. 1. b).
16 Konzeptionalisierende Analyse bei Christoph Möllers, Durchführung des Gemeinschaftsrechts, EuR 2002, S. 483.
17 Grundlegend Sacha Prechal, Directives in EC Law, 2. Aufl. 2005. Zur Kategorie des mitgliedstaatlichen Umsetzungsrechts Andreas Funke, Umsetzungsrecht, 2010.
18 Übersicht: Ruffert (Anm. 11), Art. 288 AEUV, Rn. 26 ff.
19 Zur auch integrationspolitisch nicht mehr verfolgten Subsidiaritätserwartung an dieser Stelle Werner Schroeder, in: Rudolf Streinz (Hrsg.), EUV/AEUV, 2. Aufl. 2012, Art. 288 AEUV, Rn. 69. Kritisch daher Martin Nettesheim, in: Eberhard Grabitz/Meinhard Hilf/Martin Nettesheim (Hrsg.), Das Recht der Europäischen Union, Art. 288 AEUV, Rn. 132 (Stand 2012). Umfassend-empirisch Franziska Rösch, Zur Rechtsformenwahl des europäischen Gesetzgebers im Lichte des Verhältnismäßigkeits-

Gleichzeitig wurden den Mitgliedstaaten Einreden gegen die Umsetzungspflicht verwehrt, vom reziprozitäts- und verhandlungsorientierten *„tu quoque"*-Einwand bis zum Vortrag, wegen einer Parlaments- oder Regierungskrise könne keine Umsetzungsgesetzgebung ergehen.[20] Ferner ist seither die Umsetzung auch in der Formenstrenge durch das Effektivitätsgebot europarechtlich vorgezeichnet, nicht nur, aber vor allem dann, wenn Rechte Einzelner in Rede stehen.[21] Zum anderen entwickelte der EuGH in kritischer Begleitung durch das europarechtliche Schrifttum eine ganze Batterie von Rechtsfolgen mangelhafter Umsetzung. An deren Spitze steht die nur *prima facie* wortlautwidrige unmittelbare Wirkung von Richtlinienbestimmungen[22] einschließlich einer ausziselierten Dogmatik,[23] die eine unmittelbare Wirkung zugunsten des Staates und zulasten des Einzelnen[24] ebenso ausschließt wie zwischen Privaten,[25] sie aber unter Umständen in Dreiecksverhältnissen[26] oder bei unechten Richtlinienbestimmungen[27] zulässt. Der Ausschluss der unmittelbaren Richtlinienwirkung im Privatrecht ruft die richtlinienkonforme Auslegung[28] auf den Plan, die gerade in der Ausfüllung unbestimmter Rechtsbegriffe und Generalklauseln zu ähnlichen Ergebnissen kommt.[29] Daneben tritt – quantitativ allerdings in Ausnahmefällen – die Haftung für die fehlerhafte Umsetzung des Richtlinienrechts.[30] In der Gesamtschau haben sich sowohl die Umsetzungsvorgaben als auch die Rechtsfolgeregelungen bei Nichtumsetzung als supranationale Mechanismen gegen teils starke Widerstände durchgesetzt.

b) Gewichtsverschiebung durch Vertragsreformen und Entwicklungen im integrationspolitischen Prozess

Nicht zuletzt deswegen ist Reformbedarf nicht durch die ausgreifende Sonderdogmatik des Richtlinienrechts entstanden, sondern vor allem durch eine Ausweitung der Rechtsetzungsthemen im Zuge der Vertragsrevisionen von Maastricht und Amsterdam

---

grundsatzes – von der Richtlinie zur Verordnung: exemplifiziert anhand des Lebensmittelrechts und des Pflanzenschutzmittelrechts, 2013.

20 Beides bereits in EuGH, Rs. 52/75, Slg. 1976, S. 277, Rn. 11/13 (Kommission/Italien); seither st. Rspr.

21 St. Rspr. bereits seit EuGH, Rs. 29/84, Slg. 1985, S. 1661, Rn. 23 und 28 (Kommission/Deutschland).

22 St. Rspr. seit EuGH, Rs. 41/74, Slg. 1974, S. 1337 (van Duyn/Home Office); zunächst für Entscheidungen in EuGH, Rs. 9/70, Slg. 1970, S. 825, Rn. 5 f. (Grad/Finanzamt Traunstein).

23 Zur Übersicht: Ruffert (Anm. 11), Art. 288 AEUV, Rn. 47 ff. m.w.N. aus Rechtsprechung und Schrifttum.

24 *Leading cases*: EuGH, Rs. 14/86, Slg. 1987, S. 2545, Rn. 19 (Pretore di Salò/X); Rs. 80/86, Slg. 1987, S. 3969, Rn. 13 (Kolpinghuis Nijmegen).

25 *Leading cases*: EuGH, Rs. 152/84, Slg. 1986, S. 723 (Marshall); Rs. C- 91/92, Slg. 1994, I-3325, Rn. 19 ff. (Paola Faccini Dori).

26 EuGH, Rs. C-201/02, Slg. 2004, I-723 (Delena Wells).

27 EuGH, Rs. C-443/98, Slg. 2000, I-7535 (Unilever/Central Food).

28 Grundlegend: Winfried Brechmann, Die richtlinienkonforme Auslegung, 1994.

29 S. Ruffert (Anm. 11), Art. 288 AEUV, Rn. 81 m.w.N.

30 Ausgehend von EuGH, Verb. Rs. C-6/90 und C-9/90, Slg. 1991, I-5357 (Francovich).

(weniger von Nizza) und auch durch die Erweiterungsschübe. Rechts*akte* für sechs Mitgliedstaaten in begrenzten Feldern der Wirtschaftspolitik sind etwas anderes als Rechts*etzung* für 28 Mitgliedstaaten in nahezu allen Lebensbereichen. Namentlich die Vereinfachung und hierarchisierende Strukturierung der europäischen Rechtsetzung standen lange auf der Reformagenda.[31]

Die Reform des supranationalen Rechtserzeugungsprozesses hat allerdings nicht die Bezeichnung der Handlungsformen der supranationalen Rechtsetzung erfasst. Die Anpassung der Terminologie an die Realität der Gesetzgebung durch die Begriffe Gesetz und Rahmengesetz – das wäre der Schlussstein in der skizzierten Entwicklung gewesen – ist zusammen mit dem Verfassungsvertrag von 2005 aufgegeben worden, und der Anpassungsversuch wirkt dogmatisch nur begrenzt strukturierend in der verfahrensakzessorischen Bezeichnung „Gesetzgebungsakte" (Art. 289 Abs. 3 AEUV) fort.[32] Um der Vertragsreform vor allem mit Blick auf Referenden ihren konstitutionellen Schrecken zu nehmen, wurden die Begriffe Verordnung und Richtlinie (sowie für den Einzelfall: Beschluss) beibehalten.[33] Gewandelt haben sich hingegen die verfahrensrechtlichen Rechtserzeugungsnormen.[34] Das Übergewicht der Administrativrechtsetzung durch die Kommission ist gemindert worden, und vor allem haben Mehrheitsprinzip im Rat und Intensivierung der Beteiligung des Europäischen Parlaments das Gesicht der supranationalen Rechtsetzung über die Jahrzehnte erheblich verändert.[35] Während die Durchsetzung des Mehrheitsprinzips in erster Linie dem Ziel einer Effektuierung der Regelsetzung auf supranationaler Ebene geschuldet ist, geht es bei der gesteigerten Parlamentsbeteiligung um den Grundsatz der repräsentativen Demokratie (Art. 10 Abs. 1 EUV).[36] Auf der Ebene der Union wird er durch die Mitwirkung des Parlaments als Repräsentationsorgan der Unionsbürger (Art. 10 Abs. 2 UAbs. 1 EUV) sichergestellt und hat über die Zwischenschritte des eigentümlichen Mitwirkungsverfahrens nach der Einheitlichen Europäischen Akte und das Mit-

---

31 HERWIG HOFMANN, Normenhierarchien im europäischen Gemeinschaftsrecht, 2000, S. 43 ff., sowie die Beiträge in GERD WINTER (Hrsg.), Sources and Categories of European Union Law, 1996. Weitere Nachweise bei RUFFERT (Anm. 11), Art. 288 AEUV, Rn. 2.

32 JÜRGEN BAST, New categories of acts after the Lisbon reform: Dynamics of parliamentarization in EU law, CMLRev. 49 (2012), S. 885, 887 und 889 f.; CONSTANTIN FABRICIUS, Abgeleitete Rechtsetzung nach dem Vertrag von Lissabon – Überlegungen zu Delegierten Rechtsakten und Durchführungsrechtsakten, ZEuS 2011, S. 567, 569. Zur Entwicklung im und aus dem Verfassungsvertrag JONAS BERING LIISBERG, The EU Constitutional Treaty and its distinction between legislative and non-legislative acts – Oranges into apples?, Jean Monnet Working Paper 01/06.

33 EUROPÄISCHER RAT (Brüssel), 21./22.06.2007, Schlussfolgerungen des Vorsitzes, Anlage I, Entwurf des Mandats für die Regierungskonferenz, Ratsdok. D/07/2, Ziff. I 3.

34 *Secondary rules* in der Terminologie von HERBERT L. A. HART, The Concept of Law, 1961, S. 77 ff.

35 S. im Überblick MATTHIAS RUFFERT, in: Martin Morlok/Utz Schliesky/Dieter Wiefelspütz (Hrsg.), Parlamentsrecht. Handbuch, 2015, im Erscheinen.

36 Die Bürgerinitiative nach Art. 11 EUV ist erst auf dem Weg, sich zu einem plebiszitären Gewicht zu entwickeln, vgl. dazu die Informationen über laufende und abgeschlossene Initiativen auf http://ec.europa.eu/citizens-initiative/public/welcome (21.07.2014).

entscheidungsverfahren nach dem Vertrag von Amsterdam nunmehr im ordentlichen Gesetzgebungsverfahren (Art. 294 AEUV) seinen deutlichen Ausdruck gefunden.[37] Die standardmäßig auf eine Anhörung beschränkte Parlamentsbeteiligung ist zwar nicht vollständig passé und findet sich etwa weiterhin an zentraler Stelle im Vertragsänderungsverfahren sowie aktuell in Art. 127 Abs. 6 AEUV bei der Übertragung von Bankenaufsichtsbefugnissen auf die EZB;[38] umgekehrt ist in Art. 352 AEUV ein wichtiges Zustimmungserfordernis hinzugetreten.[39]

Die Komplexität des ordentlichen Gesetzgebungsverfahrens mit seinen drei Lesungen, dem Vermittlungsverfahren nach der zweiten Lesung und den unübersichtlich miteinander korrespondierenden Zustimmungs- und Ablehnungsquoren wird noch weiter durch institutionelle Arrangements gesteigert, in denen die Akteure des Verfahrens ihrer Position jeweils das ihr spezifische Gewicht zu verleihen suchen. Dies gilt namentlich für das sog. Trilog-Verfahren, das aus dem Vorfeld des Vermittlungsverfahrens entstanden, nun aber zeitlich in die erste Lesung gerückt ist[40] und die informelle Vorabstimmung der Positionen von Parlament, Rat und Kommission ermöglicht. Das Verfahren wird in einer Gemeinsamen Erklärung der drei Organe funktional fixiert, jedoch nur äußerst schwach strukturiert.[41] Im Parlament muss durch geschickte Verhandlungsführung ein positives Abstimmungsergebnis antizipiert werden, und der Ratsvorsitz muss sich der hinreichenden Zustimmung in den Mitgliedstaaten versichern, um die qualifizierte Mehrheit zu erreichen. Wenn tatsächlich 70 % der Gesetzgebung auf diese Weise zustandekommen – so die im 5 %-Sperrklausel-Urteil des Bundesverfassungsgerichts referierte Zahl[42] –, hat sich jenseits des Vertragstextes ein Verhandlungsmechanismus zum Normerlass herausgebildet, der allerdings anders als beim völkerrechtlich-diplomatischen Verhandlungsausgleich

---

37 S. etwa PAUL CRAIG, Institutions, Power, and Institutional Balance, in: ders./Gráinne de Búrca (Hrsg.), The Evolution of EU Law, 2011, S. 41, 74 f.; MARTIN NETTESHEIM, in: Thomas Oppermann/ Claus Dieter Classen/Martin Nettesheim, Europarecht, 5. Aufl. 2011, § 11, Rn. 43 ff.; ROLAND BIEBER, Der neue institutionelle Rahmen, in: Ulrich Fastenrath/Carsten Nowak (Hrsg.), Der Lissabonner Reformvertrag, 2009, S. 47, 53; MATTHIAS RUFFERT, Institutionen, Organe und Kompetenzen – der Abschluss eines Reformprozesses als Gegenstand der Europarechtswissenschaft, in: Jürgen Schwarze/ Armin Hatje (Hrsg.), Der Reformvertrag von Lissabon, EuR-Beiheft 1/2009, S. 31, 39 ff.
38 Verordnung (EU) Nr. 1024/2013 des Rates vom 15.10.2013 zur Übertragung besonderer Aufgaben im Zusammenhang mit der Aufsicht über Kreditinstitute auf die Europäische Zentralbank, ABl.EU 2013 Nr. L 287, S. 63. Zur Diskussion s. nur JÖRN AXEL KÄMMERER/PAULINA STARSKI, Die Europäische Zentralbank in der Bankenunion oder: Vor Risiken und Nebenwirkungen wird gewarnt, ZG 2013, S. 318.
39 Dazu nur MATTHIAS ROSSI, in: Christian Calliess/Matthias Ruffert (Hrsg.), EUV/AEUV, 4. Aufl. 2011, Art. 352 AEUV, Rn. 81.
40 S. die empirische Analyse bei RIK DE RUITER/CHRISTINE NEUHOLD, Why Is Fast Track the Way to Go? Justifications for Early Agreement in the Co-Decision Procedure and Their Effects, ELJ 18 (2012), S. 536.
41 Gemeinsame Erklärung des Europäischen Parlaments, des Rates und der Kommission zu den praktischen Modalitäten des neuen Mitentscheidungsverfahrens (Artikel 251 EG-Vertrag), ABl.EU 2007 Nr. C 145, S. 5, dort generell Ziff. 7-9 sowie Ziff. 23-25 für Zweite Lesung und Vermittlungsverfahren.
42 BVerfGE 129, S. 300, 333.

zwischen den (Mitglied-)Staaten mit dem Europäischen Parlament und der Kommission starke supranationale Akteure kennt.

   Diese treten indes in den Hintergrund, wenn sich die Rechtsentstehung über den Europäischen Rat vollzieht. Primärrechtlich hat der Europäische Rat keine gesetzgeberische Funktion; Art. 15 Abs. 1 S. 2 EUV verneint diese Kompetenz ausdrücklich. Dieses Verbot ist vielfach für überflüssig gehalten worden[43] – zu Unrecht, wie die neuere Praxis zeigt. Politische Programmatik auf der Ebene des Europäischen Rates schlägt immer stärker in konkrete Rechtsetzungsvorgaben um, die andere Unionsorgane gleichsam in eine Ratifikationslage bringen können, zumal dann, wenn nicht der Europäische Rat selbst entsprechende Beschlüsse fasst, sondern der Euro-Gruppen-Gipfel.[44] Der Europäische Rat setzt eigene Arbeitsgruppen ein, um entsprechende Vorhaben vorzubereiten, und tritt so auf Initiativebene neben die Europäische Kommission.[45] Gerade in der Krisenrechtsetzung ist seine Tätigkeit eng mit einer einzelnen Ratsformation, dem Ecofin-Rat, sowie der sich mehr und mehr institutionalisierenden Eurogruppe verwoben.

   In diesem Kontext wird schließlich der Rahmen des Unionsrechts verlassen und auf völkerrechtliche Konstruktionen zurückgegriffen. Implizit geschieht dies bereits, wenn die Unsicherheit über den Umfang einer Kompetenznorm (man könnte auch sagen: die Sicherheit über den begrenzten Umfang und der Bedarf, diese Sicherheit zu kaschieren) zu einer mitgliedstaatlichen Umsetzungshandlung Anlass gibt, wie sie nur bei Vertragsänderung oder Kompetenzabrundung nach Art. 352 AEUV erforderlich wäre. Auf dieser Grundlage hat der Deutsche Bundestag im Sommer einer Verordnung ausdrücklich durch Gesetz zugestimmt, nämlich der problematisch auf Art. 127 Abs. 6 AEUV gestützten Bankenaufsichtsverordnung.[46] Noch offensichtlicher ist das explizite Ausscheren in völkerrechtliche Regelungsstrukturen bei fehlender Unionskompetenz. Sie bringen ein „völkerrechtliches Ersatzunionsrecht"[47] zum Entstehen, ob aus Sorge um die mitgliedstaatliche Budgethoheit wie im Fall des Europäi-

---

43 S. etwa VOLKER EPPING, in: Christoph Vedder/Wolff Heintschel von Heinegg (Hrsg.), Europäisches Unionsrecht, 2012, Art. 15 EUV, Rn. 4.

44 S. z.B. den „Euro-Plus-Pakt": Schlussfolgerungen der Staats- und Regierungschefs der Mitgliedstaaten des Euro-Währungsgebiets vom 11.03.2011 (ohne Dok.-Nr.) oder die Erklärung der Staats- und Regierungschefs des Euro-Währungsgebiets vom 09.12.2011 (ohne Dok.-Nr.).

45 S. den Abschlussbericht der Arbeitsgruppe „Wirtschaftspolitische Steuerung" vom 21.10.2010, Dok. 15302/10; sowie – damit verwandt – das von den Präsidenten des Europäischen Rates, der Europäischen Kommission sowie der EZB erarbeitete Programm „Towards a Genuine Economic and Monetary Union" vom 05.12.2012 (ohne Dok.-Nr.).

46 Gesetz zum Vorschlag für eine Verordnung des Rates zur Übertragung besonderer Aufgaben im Zusammenhang mit der Aufsicht über Kreditinstitute auf die Europäische Zentralbank, BGBl. II 2013, S. 1050. Dazu FRANZ MAYER/DANIEL KOLLMEYER, Sinnlose Gesetzgebung? Die Europäische Bankenunion im Bundestag, DVBl. 2013, S. 1158. Zur Verordnung s.o. Anm. 38.

47 Begriffsprägend RALPH ALEXANDER LORZ/HEIKO SAUER, Ersatzunionsrecht und Grundgesetz, DÖV 2012, S. 573; aufgegriffen durch BVerfGE 132, S. 195, 259.

schen Stabilitätsmechanismus ESM[48] oder weil eine Einigung in allen Mitgliedstaaten nicht gelingt wie beim Stabilitätspakt[49]. Auch dem avisierten Kontraktmanagement im Rahmen der makroökonomischen Steuerung könnte eine entsprechende Rechtsbildungsfunktion zukommen.[50]

c) Praktische Reformbemühungen

Eine Strukturierung der quantitativ hoch bedeutsamen „Rechtsmasse" des Unionsrechts wird also offensichtlich nur sehr begrenzt durch das Vertragsrecht angeleitet. Dies liegt auch daran, dass das Interorganrecht im Vertragsreformprozess inkohärent und unsystematisch auf EUV, AEUV, Sekundärrecht sowie auf interinstitutionelle Vereinbarungen und gemeinsame Erklärungen verteilt worden ist,[51] weil sich eine überschaubarere Vertragsstruktur sowie institutionsspezifische *lois organiques* im Vertragsreformprozess nicht realisieren ließen.[52] Die Vielsprachigkeit des gesetzten Rechts tut ihr Übriges, den Eindruck der Inkohärenz und Unübersichtlichkeit zu vertiefen.[53] Dadurch droht die Transparenz der Regelungen verlorenzugehen – wenn dies nicht bereits geschehen ist – und mit ihr die Erfüllung der Grundanforderungen an demokratisch legitimierte, effektive und rationale Rechtsetzung.

Maßnahmen zur Qualitätsverbesserung und Vereinfachung der Rechtsetzung sind vielmehr auf mehreren praktischen Ebenen verortet. Die Juristischen Dienste von Kommission, Rat und Parlament haben einen Leitfaden zur vereinheitlichten Struktur der Rechtsetzungsakte auf der Basis einer interinstitutionellen Vereinbarung und verschiedener Erklärungen verabschiedet.[54] Überdies konsolidiert das Amt für Veröffentlichungen der Europäischen Union Rechtsakte zur besseren Handhabbar-

---

48 Vertrag zur Errichtung des Europäischen Stabilitätsmechanismus vom 02.02.2012, BGBl. II 2012, S. 982.

49 Vertrag über Stabilität, Koordinierung und Steuerung in der Wirtschafts- und Währungsunion vom 02.03.2012, BGBl. II 2012, S. 1006.

50 „Towards a Genuine Economic and Monetary Union" (Anm. 45), S. 13 ff.; aufgegriffen in den Schlussfolgerungen des Europäischen Rates vom 19./20.12.2013, Dok. EUCO 217/13, Ziff. 32 ff.

51 S. nun die ausdrückliche Verankerung in Art. 295 S. 2 AEUV; zum Ganzen im Überblick Martin Gellermann, in: Rudolf Streinz (Hrsg.), EUV/AEUV, 2. Aufl. 2012, Art. 295 AEUV, Rn. 3 ff. m.w.N.

52 Zu ihnen Roland Bieber/Bettina Kahil, „Organic Law" in the European Union, in: Gerd Winter (Hrsg.), Sources and Categories of European Union Law, 1996, S. 423.

53 Hinzu kommt, dass die nur teilweise Integration der GASP in den Gesamtrahmen der EU zur Fortgeltung besonderer Handlungsformen führt (Art. 25 EUV), s. dazu Herwig Hofmann/Gerard Rowe/Alexander Türk, Administrative Law and Policy of the European Union, 2011, S. 90.

54 Abrufbar unter: http://new.eur-lex.europa.eu/techleg/index.html (21.07.2014). Grundlagen: Schlußfolgerungen des Europäischen Rates in Edinburgh vom 11./12.12.1992, Ziff. 7; Erklärung Nr. 39 zur redaktionellen Qualität der gemeinschaftlichen Rechtsvorschriften, Anhang zur Schlußakte des Vertrags von Amsterdam, ABl.EG 1997 Nr. C 340, S. 1, 139; Interinstitutionelle Vereinbarung vom 22.12.1998: Gemeinsame Leitlinien für die redaktionelle Qualität der gemeinschaftlichen Rechtsvorschriften, ABl.EG 1999 Nr. C 73, S. 1; Entschließung des Rates vom 08.06.1993 über die redaktionelle Qualität der gemeinschaftlichen Rechtsvorschriften, ABl.EG 1993 Nr. C 166, S. 1; Kommission: All-

keit.[55] Im Rahmen der *Governance*-Politik hat die Kommission einen Prozess unter der Überschrift „Bessere Rechtsetzung" eingeleitet, der einerseits auf verbesserte Partizipation vor allem im Rahmen von Anhörungen zielt, andererseits vor allem ein Modell der Folgenabschätzung errichtet hat, das die praktische Wirksamkeit einzelner Rechtsakte oder Regelungscluster in den Blick nimmt.[56] Es geht dabei weniger um juristische oder rechtswissenschaftliche Fragen, sondern um eine Effektivitätskontrolle nach häufig wirtschaftlichen Maßstäben, oft auf eine simple *Cost-Benefit-Analysis* reduziert.[57] Immerhin werden die Rechtsakte in diesem Kontext systematisch zusammengeführt, und darüber hinaus gibt es häufig das Modell, in Rahmenverordnungen oder -richtlinien grundlegende Fragen zu fixieren und in paralleler Rechtsetzung den Rahmen auszufüllen – ggf. unter Nutzung „untergesetzlicher" Rechtsetzungformen.[58] Leitbild ist eine kohärente Gesetzgebung und untergesetzliche Rechtsetzung; die Wiedergabe eines vertragsförmigen Verhandlungsergebnisses wie bei der Rechtsetzungsvorbereitung auf Gipfelebene oder im völkerrechtlichen Ersatzunionsrecht ist geradezu Gegenbild der Konsolidierungs- und Verbesserungsbemühungen.

2 Hierarchisierung der Rechtsetzung: Administrative Rechtserzeugung und ihre Kontrolle

a) Hierarchisierung

Nur bedingt gelungen ist auch der über Jahre als eine Angelegenheit *semper reformanda* angemahnte Prozess der Hierarchisierung des EU-Rechts.[59] Mit dem Vertrag

---

gemeine Leitlinien für die Legislativpolitik, Dok. SEK(95) 2255/7 vom 18.01.1996. Analyse bei Rösch (Anm. 19), S. 69 ff.

55 S. http://eur-lex.europa.eu/content/help/faq/intro.html#help5 (25.07.2014) unter Ziff. 7. Grundlage: Interinstitutionelle Vereinbarung vom 20.12.1994 über ein beschleunigtes Arbeitsverfahren für die amtliche Kodifizierung von Rechtstexten, ABl. 1996 Nr. C 102, S. 2.

56 S. nach wie vor die Interinstitutionelle Vereinbarung „Bessere Rechtsetzung", ABl.EU 2003 Nr. C 321, S. 1; sowie die folgenden Mitteilungen der Kommission: Europäisches Regieren: Bessere Rechtsetzung, Dok. KOM(2002)275endg. vom 06.06.2002; über Folgenabschätzung, Dok. KOM(2002)276endg. vom 05.06.2002; Aktionsplan „Vereinfachung und Verbesserung des Regelungsumfelds", Dok. KOM(2002)278endg. vom 05.06.2002; Intelligente Regulierung in der Europäischen Union, Dok. KOM(2010)endg. vom 8.10.2010; und Regulatorische Eignung der EU-Vorschriften, Dok. KOM(2012) 746endg. vom 12.12.2012.

57 Umfassend: EuGH, Direction de la Recherche et Documentation, Vers une réglementation intelligente pour mieux légiférer, Actualité législative de l'Union européenne, No. 3 (2011); sowie Werner Schroeder, Folgenabschätzung als Element der Gesetzgebung der Europäischen Union – Maßstab für die Zweckmäßigkeit oder Gegenstand gerichtlicher Kontrolle?, ZÖR 68 (2013), S. 225. Aus dem älteren Schrifttum Helen Xanthaki, The Problem of Quality in EU Legislation: What on Earth is Really Wrong?, CMLRev. 38 (2001), S. 651.

58 Vgl. Alberto Alemanno/Anne Meuwese, Impact Assessment of EU Non-Legislative Rulemaking: The Missing Link in 'New Comitology', ELJ 19 (2013), S. 76.

59 S. statt vieler Paul Craig, EU Administrative Law, 2. Aufl. 2012, S. 124 f.

von Lissabon und der primärrechtlichen Einführung der delegierten Rechtsetzung bzw. Bekräftigung der Durchführungsrechtsetzung ist immerhin ein entscheidender Schritt vollzogen worden. Auch der EuGH hat die Unterscheidung zwischen Gesetzgebungsakten und untergesetzlicher Rechtsetzung – der nur in Deutschland gebräuchliche und darüber hinaus nicht anschlussfähige Begriff „Tertiärrecht" sollte aufgegeben werden[60] – mittlerweile klar herausgearbeitet, indem er in zwei Instanzen den Rechtsschutz gegen „Rechtsakte mit Verordnungscharakter" nicht auf alle Verordnungen i.S.v. Art. 288 Abs. 2 AEUV bezieht, sondern unter Heranziehung des Wortlauts und der Entstehungsgeschichte von Art. 263 Abs. 4 AEUV nur auf – aber auch auf alle – abstrakt-generellen Normen ohne Gesetzgebungscharakter beschränkt hat.[61]

Hierarchisierung bedeutet zunächst, dass die Rechtmäßigkeit der niederrangigen Norm von derjenigen der höherrangigen abhängt.[62] Im Verhältnis des Sekundärrechts zum Primärrecht ist dies der Fall. Diese hierarchische Relation kann auch nicht dadurch grundsätzlich in Frage gestellt werden, dass sekundärrechtliche Harmonisierungsnormen vorrangig vor den Grundfreiheiten anwendbar sind und die verhältnismäßige Anwendung von geschriebenen Schranken oder ungeschriebenen, zwingenden Gemeinwohlerfordernissen verdrängen,[63] denn in der sekundärrechtlichen Harmonisierung ist der Unionsgesetzgeber seinerseits an die Grundentscheidungen aus den Grundfreiheiten gebunden.[64] Auch im Verhältnis der Gesetzgebungs-

---

60 Wie hier GERNOT SYDOW, Europäische exekutive Rechtsetzung zwischen Kommission, Komitologieausschüssen, Parlament und Rat, JZ 2012, S. 157, 158; MARTIN NETTESHEIM, Normenhierarchien im EU-Recht, EuR 2006, S. 737, 765 f.; INES HÄRTEL, Handbuch Europäische Rechtsetzung, 2006, § 15, Rn. 9. Anders hingegen der Sprachgebrauch bei THOMAS GROSS, Exekutive Vollzugsprogrammierung durch tertiäres Gemeinschaftsrecht, DÖV 2004, S. 20; WOLFGANG WEISS, Der Europäische Verwaltungsverbund, 2010; RUDOLF STREINZ, Europarecht, 9. Aufl. 2012, Rn. 560; SABINE SCHLACKE, Komitologie nach dem Vertrag von Lissabon, JÖR n.F. 61 (2013), S. 293, 305; andeutungsweise MARKUS MÖSTL, Rechtsetzungen der europäischen und nationalen Verwaltungen, DVBl. 2011, S. 1076, 1077.
61 S. EuGH, Urt. vom 03.10.2013, Rs. C-583/11 P, EuZW 2014, S. 22, 25, Rn. 89 ff. (Inuit) als Bestätigung von EuG, Rs. T-18/10, Slg 2011, II-5599, Rn. 38 ff. (Inuit). S. dazu WOLFRAM CREMER, Die Nichtigkeitsklage Privater 50 Jahre nach Plaumann: Der EuGH bleibt sich treu – zum Rechtsmittelurteil vom 3. Oktober 2013 in der Rs. Inuit Tapiriit Kanatam, ZG 2014, S. 82; BAST (Anm. 32), CMLRev. 49 (2012), S. 898 ff.
62 HANS KELSEN, Reine Rechtslehre, 1. Aufl. 1934 (Studienausgabe 2008), S. 84 ff., insbes. 94 ff.
63 So aber die kritische Analyse von MATTHIAS JESTAEDT, Diskriminierungsschutz und Privatautonomie, VVDStRL 64 (2005), S. 298, 322 ff.; im Anschluss an CHRISTOPH SCHÖNBERGER, Normenkontrollen im EG-Föderalismus. Die Logik gegenläufiger Hierarchisierungen im Gemeinschaftsrecht, EuR 2003, S. 600.
64 Überwiegend in Rspr. und Lit. angenommen – ausf. MATTHIAS KNAUFF, Der Regelungsverbund: Recht und Soft Law im Mehrebenensystem, 2010, S. 90 ff.; sowie differenzierend NETTESHEIM (Anm. 60), EuR 2006, S. 737; zusammenfassend SCHROEDER (Anm. 19), Art. 34 AEUV, Rn. 29. Dagegen aufgrund seines theoretischen Ansatzes THORSTEN KINGREEN, in: Christian Calliess/Matthias Ruffert (Hrsg.), EUV/AEUV, 4. Aufl. 2011, Art. 34-36 AEUV, Rn. 110.

akte zu den untergesetzlichen Rechtsakten steht das Hierarchieverhältnis fest.[65] Art. 290 Abs. 1 AEUV nimmt in seinem Wortlaut die EuGH-Rechtsprechung auf, wonach in delegierten Rechtsakten nur eine Ergänzung oder Änderung bestimmter, nicht wesentlicher Vorschriften aus Gesetzgebungsakten zulässig ist und „wesentliche Aspekte eines Bereichs" dem Gesetzgebungsakt vorbehalten bleiben.[66] Damit muss sich delegierte Rechtsetzung innerhalb des Kompetenzrahmens des Delegatars bewegen und wird rechtswidrig, wenn sie ihn überschreitet. Gleiches gilt für Durchführungsrechtsetzung.

b) Formen untergesetzlicher Rechtsetzung nach dem Vertrag von Lissabon

Hierarchisierung kann aber auch im Dienst der institutionellen Konzentration sowie der Entlastung des Unionsgesetzgebers von Detailregelungen[67] stehen. Mit der delegierten Unionsrechtsetzung in Art. 290 AEUV greift der Vertrag insoweit ein Regelungsmodell auf, das in den Mitgliedstaaten etabliert ist – die Verlagerung von Kompetenzen zur Detailregelung auf die ausführende Gewalt.[68] Schon der Umstand, dass daneben das überkommene Konzept der Komitologie[69] in Art. 291 Abs. 3 AEUV in Gestalt der Durchführungsrechtsetzung beibehalten wird, zeigt jedoch, dass es bei den im Vertrag von Lissabon primärrechtlich verankerten Formen untergesetzlicher Rechtsetzung um mehr geht als um das im staatlichen Recht bekannte Verhältnis zwischen Legislative und Exekutive bei der Normgebung. In beiden Rechtsetzungsformen perpetuiert sich auf der Aus- oder Durchführungsebene das Spannungsverhältnis zwischen mitgliedstaatlich-kooperativer Rechtserzeugung und supranationaler Rechtsetzung – zwischen Vertrag und Gesetz.

---

65 Kritisch-differenzierend CORINNA HASELMANN, Delegation und Durchführung gemäß Art. 290 und 291 AEUV, 2012, S. 249 ff.

66 S. HERWIG HOFMANN, Legislation, Delegation and Implementation under the Treaty of Lisbon: Typology Meets Reality, ELJ 15 (2009), S. 482, 489 f.; DERS./ALEXANDER TÜRK, Die Ausübung übertragener Normsetzungsbefugnisse durch die Europäische Kommission, ZG 2012, S. 105, 107; THOMAS KRÖLL, Delegierte Rechtsetzung und Durchführungsrechtsetzung und das institutionelle Gleichgewicht der Europäischen Union, ZÖR 66 (2011), S. 253, 262. Zum Wesentlichkeitskriterium HASELMANN (Anm. 65), S. 100 ff. Aus der Rspr. EuGH, Rs. C-133/06, Slg. 2008, I-3189, Rn. 45 (Parlament/Rat); Rs. C-355/10, EuGRZ 2012, S. 625, Rn. 64 m.w.N. (Parlament/Rat), die Rechtsprechung erläuternd JÜRGEN BAST, Grundbegriffe der Handlungsformen der EU, 2006, S. 301 f.

67 Explizit ULRICH STELKENS, Rechtsetzungen der europäischen und nationalen Verwaltungen, VVDStRL 71 (2012), S. 369, 400.

68 Grundlegend ARMIN VON BOGDANDY, Gubernative Rechtsetzung, 2000, S. 295 ff. Die Parallele zu Art. 80 GG ziehen MÖSTL (Anm. 60), DVBl. 2011, S. 1077, 1079 und 1080 f.; sowie HOFMANN/ROWE/ TÜRK (Anm. 53), S. 96, unter Rückgriff auf die Entstehungsgeschichte.

69 Zur Entwicklung CRAIG (Anm. 37), S. 113 ff.; HOFMANN/ROWE/TÜRK (Anm. 53), S. 264 ff.; sowie DANIELE BIANCHI, La comitologie est morte! vive la comitologie!, RTDE 48 (2012), S. 75, 78 ff. unter besonderer Bezugnahme auf das Anwendungsfeld Agrarpolitik.

Die mitgliedstaatliche Kontrollfunktion vollzieht sich vor allem bei der Durchführungsrechtsetzung nach Art. 291 Abs. 3 AEUV,[70] die offensichtlich auch die Praxis dominiert, wie eine kurze Überprüfung in der Rechtsetzungsdatenbank eur-lex zeigt.[71] Hintergrund ist die Grundentscheidung des AEUV, den Mitgliedstaaten gemäß Art. 291 Abs. 1 AEUV die Durchführung des Unionsrechts zu übertragen. Ob unter „Durchführung" auch der verwaltungsmäßige Vollzug in Gestalt von Einzelakten zu verstehen ist, wird im Schrifttum unterschiedlich beurteilt, ist aber zu bejahen, weil sich der Durchführungsbegriff nicht nur auf abstrakt-generelle Regelungen reduzieren lässt.[72] Dass er jedenfalls die Rechtsetzung zur Verwirklichung des Unionsrechts in den Mitgliedstaaten – durch welche Rechtssatzform des mitgliedstaatlichen Rechts auch immer[73] – meint, steht außer Streit. In den beiden durch die neue Komitologieverordnung von 2011 etablierten Verfahren geht es daher vor allem darum, den mitgliedstaatlichen Kompetenzverlust mittels Kontrollausschüssen (*comités*), zusammengesetzt aus Vertretern der Mitgliedstaaten und der Kommission, zu kompensieren, wenn es einheitlicher Durchführungsbedingungen im europäischen Rechtsraum bedarf (Art. 291 Abs. 2 AEUV).[74]

– Das *Beratungsverfahren* nach der bisherigen Komitologieverordnung ist übernommen worden. Die Kontrollrechte der Mitgliedstaaten sind hier nicht besonders stark, denn die Stellungnahme des Ausschusses muss von der Kom-

---

70 Hofmann/Rowe/Türk (Anm. 53), S. 534; Hofmann (Anm. 66), ELJ 15 (2009), S. 498; Bast (Anm. 32), CMLRev. 49 (2012), S. 912; Möstl (Anm. 60), DVBl. 2011, S. 1081.
71 Ein Aufruf mit den Suchbegriffen „delegierte" und „Durchführungsverordnung" bringt für letzteren ein ca. dreißigfach höheres Ergebnis.
72 Wie hier Bast (Anm. 32), CMLRev. 49 (2012), S. 919; Steve Peers/Marios Costa, Accountability for Delegated and Implemeting Acts after the Treaty of Lisbon, ELJ 18 (2012), S. 427, 446; Hofmann/Türk (Anm. 66), ZG 2012, S. 112. Anders Stelkens (Anm. 67), VVDStRL 71 (2012), S. 385 m.w.N. pro und contra; sowie ausf. ders., Art. 291 AEUV, das Unionsverwaltungsrecht und die Verwaltungsautonomie der Mitgliedstaaten, 2011 (FÖV Discussion Papers 68).
73 Jedoch ohne Änderung des durchzuführenden Rechtsakts: Hofmann/Rowe/Türk (Anm. 53), S. 531; Eckart Bueren, Grenzen der Durchführungsrechtsetzung im Unionsrecht, EuZW 2012, S. 167, 170 f.; Thomas Christiansen/Mathias Dobbels, Comitology and delegated acts after Lisbon: How the European Parliament lost the implementation game, EIoP 16 (2012), Article 13, S. 44; differenzierend Bast (Anm. 32), CMLRev. 49 (2012), S. 920; Andrea Edenharter, Die Komitologie nach dem Vertrag von Lissabon: Verschiebung der Einflussmöglichkeiten zugunsten der EU-Kommission, DÖV 2011, S. 645, 649; sowie entstehungsgeschichtlich Paul Craig, Delegated acts, implementing acts and the new Comitology Regulation, ELRev. 36 (2011), S. 671, 672 f.
74 Verordnung (EU) Nr. 182 (2011) des Europäischen Parlaments und des Rates vom 16.02.2011 zur Festlegung der allgemeinen Regeln und Grundsätze, nach denen die Mitgliedstaaten die Wahrnehmung der Durchführungsbefugnisse durch die Kommission kontrollieren, ABl.EU 2011 Nr. L 55, S. 13. Dazu Sydow (Anm. 60), JZ 2012, S. 160 ff.; Edenharter (Anm. 73), DÖV 2011, S. 645; Fabricius (Anm. 32), ZEuS 2011, S. 596 ff.; Christiansen/Dobbels (Anm. 73), EIoP 16 (2012), S. 47 ff.; Schlacke (Anm. 60), JÖR n.F. 61 (2013), S. 313 ff.

mission lediglich so weit wie möglich berücksichtigt werden (Art. 4 Abs. 2 VO Nr. 182/2011). Das Beratungsverfahren kommt im Regelfall zur Anwendung.[75]

– Im *Prüfverfahren* hingegen steht dem Ausschuss ein Vetorecht zu (Art. 5 Abs. 3 VO Nr. 182/2011). Es kommt zur Anwendung, wenn „Programme mit wesentlichen Auswirkungen" durchgeführt werden sowie in zentralen Politikbereichen: Agrar- und Fischereipolitik, Umweltpolitik, Gesundheitsschutz, gemeinsame Handelspolitik sowie Steuerpolitik (Art. 2 Abs. 2 VO Nr. 182/2011). In manchen Politikfeldern wird die Kontrolle durch den die Mitgliedstaaten vertretenden Ausschuss für so wichtig gehalten, dass selbst bei fehlender Stellungnahme des Ausschusses kein Durchführungsrechtsakt ergehen kann. Dies gilt für die Steuerpolitik, Finanzdienstleistungen, den Gesundheitsschutz sowie für multilaterale Schutzmaßnahmen (Art. 5 Abs. 4 UAbs. 2 lit. a VO Nr. 182/2011). Außerdem kann im Basisrechtsakt bestimmt werden, dass der Durchführungsrechtsakt ohne befürwortende Stellungnahme nicht erlassen werden darf, oder der Ausschuss kann nunmehr mit einfacher – statt qualifizierter – Mehrheit den Erlass ablehnen. Insbesondere bei ablehnender Stellungnahme kann ein gesonderter Berufungsausschuss mit dem Vorschlag der Kommission befasst werden, der endgültig entscheidet; unterbleibt seine Stellungnahme, liegt die Entscheidung über den Erlass im Ermessen der Kommission. Ferner gibt es Dringlichkeitsregelungen, die ein sofortiges Inkrafttreten mit nachheriger Kontrolle ermöglichen (Art. 7 und 8 VO Nr. 182/2011).

Das von der Kommission zu verwaltende Register (Art. 10 VO Nr. 182/2011[76]) enthält gegenwärtig 312 Ausschüsse auf der Basis unterschiedlichster sekundärrechtlicher Grundlagen.

Auf den ersten Blick ist die Einbindung mitgliedstaatlicher Entscheidungsträger bei der delegierten Rechtsetzung schwächer. Dies liegt daran, dass Art. 290 AEUV gewissermaßen einen Schlusspunkt in der Entwicklung der Kontrollfunktion des Europäischen Parlaments in der europäischen untergesetzlichen Rechtsetzung[77] darstellt, weil er das „Regelungsverfahren mit Kontrolle" aus dem früheren Komitologieverfahren primärrechtlich perpetuiert,[78] während das Europäische Parlament bei der

---

75 Ausnahme: Art. 2 Abs. 3 VO Nr. 182/11.

76 Abrufbar unter: http://ec.europa.eu/transparency/regcomitology/index.cfm (21.07.2014). S. auch die von der Kommission erarbeitete Standardgeschäftsordnung für Ausschüsse, ABl.EU 2011 Nr. L 206, S. 6.

77 S. CHRISTIANSEN/DOBBELS (Anm. 73), EIoP 16 (2012), Article 13; MICHAEL KAEDING/ALAN HARDACRE, The European Parliament and the Future of Comitology after Lisbon, ELJ 19 (2013), S. 382; HASELMANN (Anm. 65), S. 35 ff.; SCHLACKE (Anm. 60), JÖR n.F. 61 (2013), S. 318. Dies ist daneben auch im LAMFALUSSY-Verfahren im Bereich des Finanzrechts („abgesichert" in Erklärung Nr. 39 zur Lissabon-Schlussakte) zu beobachten, s. dazu HOFMANN/ROWE/TÜRK (Anm. 53), S. 273 ff.

78 BAST (Anm. 32), CMLRev. 49 (2012), S. 916; HOFMANN/TÜRK (Anm. 66), ZG 2012, S. 107; zu den Folgen für Art. 290 AEUV GREGOR SCHUSTERSCHITZ, Rechtsakte und Rechtsetzungsverfahren, in: Walde-

Durchführungsrechtsetzung nur eine untergeordnete Rolle spielt – es ist auf Informations- und Hinweisrechte reduziert (Art. 10 Abs. 3, 11 VO Nr. 182/2011). Vor diesem Hintergrund ist die Befugnis zu sehen, im delegierenden Rechtsakt festzulegen, dass die Delegation mit Mitgliedermehrheit widerrufen oder einem Zustimmungsvorbehalt unterworfen werden kann (Art. 290 Abs. 2 AEUV). Wenn auch das supranational-parlamentarische Element dominierend erscheint, bleiben doch über den Rat als Teil des Unionsgesetzgebers die Mitgliedstaaten in diesen Prozess nachgeordneter Gesetzgebung weiterhin eingebunden.[79] Überdies ist der Versuch in der Praxis unübersehbar, über verpflichtende Expertenanhörungen beim Erlass delegierter Rechtsakte das mitgliedstaatlich dominierte Komitologieverfahren bei der delegierten Rechtsetzung gleichsam durch die Hintertür wieder einzuführen.[80] Die übermäßige Einschränkung der Kommissionsbefugnisse durch Einbindung in Verhandlungsprozesse mit den Mitgliedstaaten könnte sogar die Gefahr einer weiteren Verlagerung auf informelle Handlungsformen heraufbeschwören („*soft law*", s.u. d)).[81]

c) Die Einbindung der Agenturen in den Rechtsetzungsprozess

Die komplexitätssteigernde mitgliedstaatliche Beteiligung an der EU-Rechtsetzung wird weiter durch die Einbindung der Agenturen in den Rechtsetzungsprozess intensiviert. Nachdem bis vor wenigen Jahren Gewicht und Unabhängigkeit dieser Organisationsform in der Importeuphorie des *agency*-Konzepts aus den U.S.A. eher übertrieben wurde,[82] ist ihr operativer Einfluss im europäischen Verwaltungsverbund

---

mar Hummer/Walter Obwexer (Hrsg.), Der Vertrag von Lissabon, 2009, S. 209, 232 f. Zum Regelungsverfahren mit Kontrolle (*Procédure de réglementation avec contrôle* – PRAC): HASELMANN (Anm. 65), S. 39.

79 Zum Problem der Exklusivität der Befugnisse aus Art. 290 Abs. 2 AEUV bzw. zum Verhältnis der Kontrolle EP/Rat zueinander PEERS/COSTA (Anm. 72), ELJ 18 (2012), S. 444; sowie KRÖLL (Anm. 66), ZÖR 66 (2011), S. 275.

80 Mitteilung der Kommission an das Europäische Parlament und den Rat – Umsetzung von Artikel 290 des Vertrags über die Arbeitsweise der Europäischen Union, Dok. KOM(2009) 673endg., S. 7; Gemeinsames Verständnis (*Common Understanding*) der drei Organe der Europäischen Union vom 03.03.2011 (Ratsdok. 8753/11), Ziff. 4. Zu diesem Gesichtspunkt CRAIG (Anm. 37), S. 128 ff.; sowie ausf. FABRICIUS (Anm. 32), ZEuS 2011, S. 573 ff., auch zur Diskussion um eine Konsultationspflicht im Vorfeld des Vertrages von Lissabon; und CHRISTIANSEN/DOBBELS (Anm. 73), EIoP 16 (2012), S. 50 mit einem praktischen Beispiel.

81 SYDOW (Anm. 60), JZ 2012, S. 160.

82 Vgl. MATTHIAS RUFFERT, Verselbständigte Verwaltungseinheiten: Ein europäischer Megatrend im Vergleich, in: Hans-Heinrich Trute/Thomas Groß/Hans Christian Röhl/Christoph Möllers (Hrsg.), Allgemeines Verwaltungsrecht – zur Tragfähigkeit eines Konzepts, 2008, S. 431.

spürbar angestiegen.[83] In die Setzung abstrakt-genereller Normen sind Agenturen in zweierlei Hinsicht eingebunden.[84]

Zum einen treten sie als Initiatoren und Entwurfsverfasser technischer Regelwerke auf, die dann von der Kommission im Wege delegierter oder Durchführungsrechtsetzung auf den Weg gebracht werden. Besonders anschaulich hierfür sind die Verordnungen zur Finanzmarktregulierung, die den drei Agenturen EBA, ESMA und EIOPA entsprechende Befugnisse verleihen und sogar das Initiativmonopol insofern auf die Agenturen verlagern.[85] Selbst die neue Konstruktion der gemeinsamen Aufsicht (Single Supervisory Mechanism – SSM) tastet dies nicht an, sondern bindet die Aufsichtsbehörde EZB explizit an die Regelwerke.[86] Zum anderen kommt einigen Agenturen punktuell die Befugnis zu, selbst technische Regelwerke verbindlich festzuschreiben, überwiegend als Leitlinien, *guidelines* oder vergleichbare Formen.[87]

In den Agenturen wirken bei der Rechtsetzung mitgliedstaatliche Experten – etwa die Leiter der nationalen Finanzaufsichtsinstanzen – mit Kommissionsexperten zusammen und sorgen für eine fachlich hochspezialisierte Exekutivrechtsetzung. An die Stelle mitgliedstaatlicher Verhandlung treten Verhandlungsmodi durch mitgliedstaatliche Behörden und ihre Netzwerke. Konzeptionell und teilweise auch konkret setzt die Agenturkonstruktion das Komitologiemodell vertiefend fort.[88]

Vor allem darf die Bezeichnung als technische Regelwerke über den politischen Charakter solcher Rechtsetzung nicht hinwegtäuschen. Auch dies illustriert die Finanzmarktregulierung: Risikowahrnehmung und Risikoverteilung im Aufsichtsrecht sind hochgradig politische Einschätzungsfragen. Die Legitimationsprobleme für die Agenturen sind offenkundig und werden umfassend diskutiert – ob im Lichte

---

83 Aus der kaum noch überschaubaren Literatur s. HERWIG HOFMANN/ALESSANDRO MORINI, Constitutional Aspects of the Pluralisation of the EU Executive through "Agencification", ELRev. 37 (2012), S. 37, 41; STEFFEN AUGSBERG, Europäisches Verwaltungsorganisationsrecht und Vollzugsformen, in: Jörg Philipp Terhechte (Hrsg.), Verwaltungsrecht der Europäischen Union, 2011, § 6, Rn. 73 ff.

84 EDOARDO CHITI, European Agencies' Rulemaking: Powers, Procedures and Assessment, ELJ 19 (2013), S. 93, 99.

85 S. die gleichlautenden Art. 10 in Verordnung (EU) Nr. 1093/2010 des Europäischen Parlaments und des Rates vom 24.11.2010 zur Errichtung einer Europäischen Aufsichtsbehörde (Europäische Bankenaufsichtsbehörde), ABl.EU 2010 Nr. L 331, S. 12 – insoweit durch die Änderungsverordnung Nr. 1022/2013, ABl.EU 2013 Nr. L 287, S. 5, nicht berührt –; Verordnung (EU) Nr. 1094/2010 des Europäischen Parlaments und des Rates vom 24.11.2010 zur Errichtung einer Europäischen Aufsichtsbehörde (Europäische Aufsichtsbehörde für das Versicherungswesen und die betriebliche Altersversorgung), ABl.EU 2010, Nr. L 331, S. 48; und Verordnung (EU) Nr. 1095/2010 des Europäischen Parlaments und des Rates vom 24.11.2010 zur Errichtung einer Europäischen Aufsichtsbehörde (Europäische Wertpapier- und Marktaufsichtsbehörde), ABl.EU 2010 Nr. L 331, S. 84. Kritisch MADALINA BUSIOC, Rule-Making by the European Financial Supervisory Authorities: Walking a Tight Rope, ELJ 19 (2013), S. 111, 123.

86 S. Art. 4 Abs. 3 UAbs. 2 der Verordnung (EU) Nr. 1024/2013 (Anm. 38).

87 S.u. d). Der EuGH hat (zeitlich nach diesem Vortrag vom 17.01.2014) in einem Urteil vom 22.01.2014 die Befugnisse der Agenturen eher weit formuliert: EuGH, Urt. vom 22.01.2014, Rs. C-270/12, ECLI:EU:C:2014:18, Rn. 77-87 (Vereinigtes Königreich/Parlament und Rat – Leerverkäufe).

88 CRAIG (Anm. 37), S. 127 f.

der überkommenen, aber praktisch immer noch aktuellen Meroni-Rechtsprechung oder in Anwendung des unionalen Demokratiegrundsatzes in Art. 10 Abs. 1, 2 EUV.[89]

d) Ungekennzeichnete Administrativrechtsetzung

Mit den Leitlinien der Agenturen ist schließlich die wohl unüberschaubarste Ebene der Rechtsetzung durch die EU bereits angesprochen worden – steuernde Administrativrechtsetzung jenseits derjenigen in Art. 288 AEUV (einschließlich Empfehlung und Stellungnahme). Die bisherige Aufarbeitung dieses Regelungskonglomerats kommt nur schwer über Typisierungen des Vorhandenen hinaus, die aber immer präziser werden: *Mitteilungen*, ob rechtsprechungsbezogen, interpretativ oder rechtskonkretisierend, gehören seit langem zur Handlungspraxis der Kommission.[90] Da ihre Unverbindlichkeit außer Streit steht und Rechtsschutz jeweils gegen die in Umsetzung der Mitteilungen ergehenden Akte ergehen kann, ist das Unbehagen gegen diese Handlungsform überschaubar, wenngleich die explizite Einbindung in den Handlungsformenkatalog im Zuge der Primärrechtsreformen begrüßenswert gewesen wäre.[91]

Erheblich stärker ist die Kritik bei den *Leitlinien*, die insofern nicht allein binnenrechtlich bleiben, als sie Handeln von Behörden außerhalb der EU-Eigenverwaltung steuern oder sich auch verhaltenslenkend für einzelne Wirtschaftssubjekte auswirken sollen. Regulierungsentscheidungen der Behörden in den telekommunikations- und energierechtlichen Entscheidungsverbünden werden durch die Leitlinien der Kommission teildeterminiert,[92] und wie erwähnt ist nun im sensiblen Finanzmarktsektor die Steuerung durch Leitlinien der unionalen Aufsichtsagenturen hinzugetreten.[93] Problematisch ist hierbei bereits die fehlende primärrechtliche Verankerung jenseits der punktuellen Erwähnung in Art. 156, 168, 173 Abs. 2 und 183 Abs. 2 AEUV.[94] Noch größere Bedenken ruft die kompetentiell-organisationsrechtliche Hinterfragung der Leitlinienpraxis hervor. Durch Leitliniengebung können Befugnisse im Verwaltungsverbund auf die Kommission verlagert werden, über die sie möglicherweise nicht verfügt.[95] Leitlinien von Ausschüssen oder Agenturen können politische Entscheidungen

---

89 MATTHIAS RUFFERT, Die neue Unabhängigkeit: Zur demokratischen Legitimation von Agenturen im europäischen Verwaltungsrecht, in: Peter-Christian Müller-Graff/Stefanie Schmahl/Vassilios Skouris (Hrsg.), Europäisches Recht zwischen Bewährung und Wandel – Festschrift für Dieter H. Scheuing, 2011, S. 399, 403 ff. m.w.N.
90 Typisierung bei KNAUFF (Anm. 64), S. 325 ff.
91 Speziell zur Gefahr der Kompetenzüberschreitung durch *soft law* KNAUFF (Anm. 64), S. 299.
92 JÜRGEN KÜHLING, Telekommunikationsrecht, in: Matthias Ruffert (Hrsg.), Europäisches Sektorales Wirtschaftsrecht, 2013 (Enzyklopädie Europarecht, Bd. 5), § 4, Rn. 76 ff.; MARKUS LUDWIGS, Energierecht, ebd., § 5, Rn. 152 ff.
93 S.o. c).
94 S. KNAUFF (Anm. 64), S. 330.
95 Sehr kritisch HELMUT LECHELER, Ungereimtheiten bei den Handlungsformen des Gemeinschaftsrechts dargestellt anhand der Einordnung von Leitlinien, DVBl. 2008, S. 873; WOLFGANG WEISS, Das Leitlinien(un)wesen der Kommission verletzt den Vertrag von Lissabon, EWS 2010, S. 257.

(z.B. Energieregulierung, Risikomanagement) ohne hinreichende Legitimation transportieren, im ungünstigen Fall ohne klare Verantwortungszurechnung – ob zur Ebene mitgliedstaatlicher Aus- und Verhandlung, ob zur supranationalen Expertise oder zu einem mitgliedstaatlich geprägten Behördennetzwerk, jeweils möglicherweise durch eine gehörige Portion *regulatory capture* angereichert.[96]

Diesen Problemen kann in erster Linie durch Transparenz in der Normerzeugung und formalisierte, dem Rechts- und Demokratieprinzip angemessene Beteiligungsverfahren bei der Normausarbeitung begegnet werden; idealerweise mit primärrechtlicher Rückabsicherung.[97] Außerdem muss Rechtsschutz dann gewährt werden, wenn die Entscheidung fällt, nicht erst im Nachhinein und im Anschluss an nicht mehr korrigierbare halbnormative Vorfestlegungen.[98] Die diffuse Sammelbezeichnung *soft law*[99] bedarf nicht nur der typisierenden Konkretisierung, sondern auch der Einhegung[100] – sonst sind Ausweichstrategien vorprogrammiert, wenn eine stringentere Verwirklichung demokratischer Legitimation bei der Rechtsetzung auf der Grundlage der Art. 288 ff. AEUV, vor allem bei der delegierten Rechtsetzung, gelingt.

III Rechtsdurchsetzung im Verbund von Union und Mitgliedstaaten

1 Supranationale Rechtsdurchsetzungsmechanismen

a) Zentrale Durchsetzung

Ähnlich wie bei der Rechtsetzung findet man auch bei der Rechtsdurchsetzung in der Anfangsphase der europäischen Integration eine eindeutige Supranationalisierungstendenz vor. Schon der Vertragstext löst den Durchsetzungsmechanismus aus der überkommenen völkerrechtlichen Reziprozität heraus: Die Hohe Behörde, später die Kommission, wird als Hüterin der Verträge installiert und mit der Befugnis zur Einleitung eines Vertragsverletzungsverfahrens ausgestattet (Art. 88 EGKSV bzw.

---

96 WEISS (Anm. 60), S. 149 f.

97 Deutlich und ausführlich JOANA MENDES, Delegated and Implementing Rule Making: Proceduralisation and Constitutional Design, ELJ 19 (2013), S. 22; ähnlich LINDA SENDEN, Soft Post-Legislative Rulemaking: A Time for More Stringent Control, ELJ 19 (2013), S. 57, 66 ff.; ferner ANNE PETERS, Soft law as a new mode of governance, in: Udo Diedrichs/Wulf Reiners/Wolfgang Wessels (Hrsg.), The Dynamics of Change in EU Governance, 2011, S. 21. S. den Entwurf ReNEUAL (http://www.reneual.eu/).

98 EBERHARD SCHMIDT-ASSMANN, Verwaltungsrechtliche Dogmatik, 2013, S. 103 f.; KNAUFF (Anm. 64), S. 511 ff.

99 S. etwa ALBRECHT VON GRAEVENITZ, Mitteilungen, Leitlinien, Stellungnahmen – Soft Law der EU mit Lenkungswirkung, EuZW 2013, 169; LINDA SENDEN, Soft Law in European Community law, 2004, S. 107 ff.

100 KNAUFF (Anm. 64), S. 388 ff. leistet dies durch das Konzept des Regelungsverbundes.

Art. 169 E(W)GV/226 EGV/258 AEUV). Dieses Verfahren endet letztlich in der gerichtlichen Kontrolle durch den EuGH im Rahmen der Aufsichtsklage, der damit in den Mittelpunkt der zentralen Rechtsdurchsetzung rückt.[101] Nicht übersehen werden darf außerdem die effektive zentrale Rechtsdurchsetzung gegenüber Privaten im unmittelbaren Vollzug, wie sie durch Milliardenbußgelder der Kommission im Wettbewerbsrecht eindrucksvoll illustriert wird.[102] Der dezentral-völkerrechtliche Durchsetzungsmodus – ein Mitgliedstaat klagt gegen den anderen wegen Vertragsverletzung – bleibt zwar in Gestalt des Art. 170 E(W)GV erhalten (später Art. 227 EGV bzw. heute Art. 259 AEUV), fristet jedoch ein Schattendasein – der aktuellste der lediglich fünf Anwendungsfälle, die Verweigerung der Einreise des früheren ungarischen Präsidenten SÓLYOM zu einer provozierenden Denkmalsenthüllung in die Slowakei 2009, ist eher die groteske Illustration eines unzeitgemäßen Nationalitätenkonflikts als Kennzeichen einer neuen Entwicklung.[103]

b) Dezentrale Durchsetzung

Dezentral in anderer Weise ist jedoch der erfolgreiche Durchsetzungsmechanismus, den der EuGH mit einer bewussten und willentlichen Herauslösung des Europarechts aus dem Völkerrecht in den 1960er Jahren etabliert hat.[104] Nicht zu Unrecht ist 2013 das 50-jährige Jubiläum der „van Gend en Loos"-Rechtsprechung in Luxemburg festlich begangen worden, liegt in der Begründung der unmittelbaren Wirkung doch der Schlüssel für die europaweite effektive Durchsetzung des Europarechts.[105] Nicht die Mitgliedstaaten als staatliche Einheiten werden in die Rechtsimplementation eingebunden, sondern ihre rechtsanwendenden Instanzen, namentlich die Gerichte. Später treten mitgliedstaatliche Behörden hinzu,[106] und in diesem Kontext wird auch deutlich, dass der EuGH die unmittelbare Wirkung nicht von einer Individualberechtigung abhängig macht, sondern dem Einzelnen aus dem unmittelbar wirkenden Rechtssatz in der Rechtsfolge eine Individualberechtigung zukommt.[107] Erst mit dieser funktionalen Subjektivierung, der Mobilisierung des Einzelnen für die

---

101 Nach dem EGKSV musste sogar der Mitgliedstaat die Initiative zur Klage ergreifen, vgl. IPSEN (Anm. 7), 26/3.

102 S. die Pressemitteilung der Kommission IP/13/1208 vom 04.12.2013 im Libor-Skandal.

103 EuGH, Urt. vom 16.10.2012, Rs. C-364/10, JuS 2013, S. 87 (Ungarn/Slowakei). Mit diesem Verfahren gibt es erst vier Anwendungsfälle: WOLFRAM CREMER, in: Christian Calliess/Matthias Ruffert (Hrsg.), EUV/AEUV, 4. Aufl. 2011, Art. 259 AEUV, Rn. 1 (Fn. 1).

104 Aus dem Schrifttum ECKART KLEIN, Unmittelbare Geltung, Anwendbarkeit und Wirkung von Europäischem Gemeinschaftsrecht, 1988 (Vorträge, Reden und Berichte aus dem Europa-Institut, Nr. 119).

105 COURT OF JUSTICE (Hrsg.), 50th anniversary of the judgment in Van Gend en Loos 1963-2013, 2013.

106 EuGH, Rs. 103/88, Slg. 1989, S. 1861 (Fratelli Costanzo/Stadt Mailand).

107 Mittlerweile allgemein anerkannt: SCHROEDER (Anm. 19), Art. 288 AEUV, Rn. 51.

Durchsetzung des Europarechts, kann es seinen Siegeszug in den mitgliedstaatlichen Rechtsordnungen antreten.[108]

Flankiert wird die unmittelbare Wirkung durch das Vorrangkonzept. Ungeachtet aller komplexen Theoriefragen[109] wurzelt der Vorrang des Europarechts in einem pragmatischen Bedürfnis, denn eine Rechtsgemeinschaft ist unmöglich, wenn alle Teilrechtsordnungen grundsätzlich Vorrang beanspruchen können. Mit der Anerkennung dieses pragmatischen Ansatzes durch das Bundesverfassungsgericht im Honeywell-Beschluss ist die Vorrangfrage für die Praxis geklärt,[110] und in der neueren Rechtsprechung des EuGH – Fall Melloni – kommt noch einmal sehr deutlich zum Ausdruck, wie weit er reicht.[111]

Ähnlich wie die supranationalen Rechtsetzungsprozesse ist die supranationale Durchsetzung aber auch bezogen auf einen begrenzten Rechtskorpus entwickelt worden. Je höher die Diversität der mitgliedstaatlichen politischen Kulturen und Rechtskulturen, je breiter der Anwendungsbereich des Unionsrechts, umso größer das Konfliktpotential durch seine strikt supranationale Implementation. Auseinandersetzungen um Themen wie die Tabakwerbung[112] oder Frauenquoten in Aufsichtsgremien von Kapitalgesellschaften[113] illustrieren dies.

2 Gegenbewegungen

a) Durchsetzung und Verhandlung

Hierin mag einer der Gründe für die sich in neuerer Zeit verstärkenden Gegenbewegungen gegen das supranationale Durchsetzungskonzept mit seinen zentralen wie dezentralen Facetten liegen. Schon das Vertragsverletzungsverfahren trägt ein Flexibilitätsmoment in sich, das von Kommission und Mitgliedstaaten auch im Sinne eines Verhandlungsmodus gedeutet werden kann,[114] denn seine Einleitung liegt im Ermessen der Kommission, und der Gerichtshof hat es durchweg abgelehnt, dieses Ermessen auf Null zu reduzieren oder auch nur mittelbare Folgen (Schadensersatz) an seinen Gebrauch zu knüpfen.[115]

---

108 Grundlegend JOHANNES MASING, Die Mobilisierung des Bürgers für die Durchsetzung des Rechts, 1997. S. auch MATTHIAS RUFFERT, Subjektive Rechte im Umweltrecht der EG, 1996, S. 222 f.

109 Umfassend TOBIAS KRUIS, Der Anwendungsvorrang des EU-Rechts in Theorie und Praxis, 2013.

110 BVerfGE 126, S. 286, 301 f.

111 EuGH, Rs. C-399/11, EuGRZ 2013, S. 157, Rn. 58 ff. (Melloni).

112 EuGH, Rs. C-376/98, Slg. 2000, I-2247 (Deutschland/Parlament und Rat); Rs. C-380/03, Slg. 2006, I-11573 (Deutschland/Parlament und Rat).

113 Zur Kommissionspolitik s. http://ec.europa.eu/justice/gender-equality/gender-decision-making/index_de.htm (21.07.2014).

114 Als aktueller Beispielsfall mag das Verfahren gegen Deutschland wegen der Förderung erneuerbarer Energien angesehen werden, s. Pressemitteilung der EU-Kommission vom 18.12.2013, IP/13/1283.

115 S. CREMER (Anm. 103), Art. 258 AEUV, Rn. 40 ff.

Punktuell ist das flexible Element in den Verträgen verstärkt worden. Ein Beispiel hierfür ist die eingeschränkte Zuständigkeit des EuGH für die GASP gemäß Art. 24 Abs. 1 UAbs. 2 S. 6 EUV, Art. 275 Abs. 1 AEUV (und begrenzt in der Innenpolitik, Art. 276 AEUV).[116] Noch prominenter ist die Verdrängung des allgemeinen Vertragsverletzungsverfahrens durch das Defizitverfahren im Rahmen der Wirtschafts- und Währungsunion und die Abschwächung dieses Defizitverfahrens durch die Möglichkeit zu Verhandlungen im Rat gemäß Art. 126 Abs. 6 AEUV.[117] Die aufweichende Interpretation der einschlägigen Verfahrensnormen hat entscheidend zur gegenwärtigen Krise beigetragen, und viele der Maßnahmen des Unionsgesetzgebers sind insoweit als Korrektur zu lesen.[118]

b) Informalisierung und Koordinierung

Eine weitere Gegenbewegung ist mit der Zunahme informaler Steuerungskonzepte zu beobachten. Über weite Strecken und häufig aufgrund der Kompetenzlage setzt die Union nicht auf die rechtsförmliche Durchsetzung, sondern auf koordinierte Verfahren der Faktenerhebung, des Benchmarking und der freiwilligen Anpassung.[119] In manchen Gebieten sind diese Mechanismen vertraglich verankert, so in der Beschäftigungs- und Sozialpolitik;[120] bisweilen wird versucht, die vertragliche Verankerung sekundärrechtlich zu erweitern, so in der wirtschaftspolitischen Koordinierung;[121] und teilweise besteht überhaupt keine vertragliche Grundlage.[122] In der Wirkung müssen Koordinierungsmechanismen nicht hinter der Rechtsdurchsetzung nach der Gemeinschaftsmethode zurückstehen. So ist es umso wichtiger, dass sie als Ausübung hoheitlicher Gewalt identifiziert und die entsprechenden Anforderungen vor allem an die demokratische Legitimation beachtet werden.[123] Das *soft law* als Rechtsetzungsinstrument spiegelt sich hier institutionell in einem Durchsetzungsmodus, der kaum noch selbst der „weichen" Rechtsetzung bedarf.[124]

---

116 Dazu MATTHIAS PECHSTEIN, EU-Prozessrecht, 4. Aufl. 2011, Rn. 58 ff. und Rn. 70 ff.

117 Statt aller s. ULRICH HÄDE, in: Christian Calliess/Matthias Ruffert (Hrsg.), EUV/AEUV, 4. Aufl. 2011, Art. 126 AEUV, Rn. 106 f. zum Umfeld von EuGH, Rs. C-27/04, Slg. 2004, I-6679 (Kommission/Rat).

118 Instruktiv CHRISTOPH OHLER, Die zweite Reform des Stabilitäts- und Wachstumspaktes, ZG 2010, S. 330.

119 Umfassend BEATE BRAAMS, Koordinierung als Kompetenzkategorie, 2013.

120 Dazu SEBASTIAN KREBBER, Die Koordinierung als Kompetenzkategorie im EU-Verfassungsentwurf aus dogmatischer Sicht, EuGRZ 2004, S. 592.

121 Bewertung etwa bei CHRISTIAN CALLIESS/CHRISTOPHER SCHOENFLEISCH, Auf dem Weg in die europäische „Fiskalunion"? – Europa- und verfassungsrechtliche Fragen einer Reform der Wirtschafts- und Währungsunion im Kontext des Fiskalvertrages, JZ 2012, S. 477, 478 ff.

122 S. BRAAMS (Anm. 119), S. 49 f.

123 Deutlich BRAAMS (Anm. 119), S. 125 ff.

124 Auf internationaler Ebene paradigmatisch hierfür ist die PISA-Studie der OECD; s. ARMIN VON BOGDANDY/MATTHIAS GOLDMANN, The Exercise of International Public Authority through National

c) Völkerrechtliche Durchsetzungsmechanismen

Wenn schließlich die Rechtsetzung aus dem unionalen Rahmen in das völkerrechtliche Ersatzunionsrecht verlagert wird, hat dies auch Folgen für die Rechtsdurchsetzung. Der EuGH kommt hier als Kontrollinstanz über einen genuin völkerrechtlichen Streitbeilegungsmodus ins Spiel, nämlich als Schiedsgericht gemäß Art. 273 AEUV[125]. Vertieft werden soll der völkerrechtlich-vertragliche Durchsetzungsansatz – wie erwähnt – durch bilaterale Verträge zur Absicherung von Reformverpflichtungen, so lange es keinen effektiven unionalen Kontrollmechanismus gibt. Die Einrichtung solcher bilateraler, auf Reziprozität setzender Reformabsprachen ist allerdings auf Oktober 2014 vertagt worden.[126]

IV Ausblick

Rechtserzeugung und Rechtsdurchsetzung im europäischen Rechtsraum folgen heute keinen rechtswissenschaftlich formulierten Idealbildern, sondern einer hochkomplexen politischen Realität. Eine starke politische Kraft hinter einer besseren Strukturierung des Rechtsetzungsprozesses und einer erhöhten Fokussierung der Rechtsdurchsetzung ist gegenwärtig nicht erkennbar. Die politischen Suchbewegungen im Schwebezustand zwischen Kooperation und Supranationalität[127] werden auch und gerade in der Rechtserzeugung und Rechtsdurchsetzung sichtbar.

Die Analyse anhand der Grundkategorien Setzung/Gesetz und Verhandlung/Vertrag kann eine bessere, Transparenz schaffende sowie rationalitätsstiftende Strukturierung jedoch vorbereiten. Auf diese Weise kann die Rechtswissenschaft ihr Potential für eine verbesserte Rechtserzeugung und eine effektivere Rechtsdurchsetzung aus ihren Kernkonzepten entwickeln und dem politischen Prozess anbieten. Dabei sollte man nicht der Versuchung erliegen, die geschilderten Verschleifungen zwischen Setzung und Verhandlung, zwischen Gesetz und Vertrag nur auf die Ebene der EU zu beziehen. Bei näherem Hinsehen sind Überlagerungen der nationalen Rechtsetzung durch föderale Spannungen, parteipolitische Arrangements (Koalitionsvereinbarung!) und Einflussnahme von Partikularinteressen sowie Grenzen der Rechtsdurchsetzung infolge politischer Implementationsdefizite dann, anders als

---

Policy Assessments. The OECD's PISA Policy as a Paradigm for a New Standard Instrument, International Organisations Law Review 5 (2008), S. 241; MATTHIAS RUFFERT, § 17 Rechtsquellen und Rechtsschichten des Verwaltungsrechts, in: Wolfgang Hoffmann-Riem/Eberhard Schmidt-Aßmann/Andreas Voßkuhle (Hrsg.), Grundlagen des Verwaltungsrechts, Bd. 1: Methoden, Maßstäbe, Aufgaben, Organisation, 2. Aufl. 2012, Rn. 47.

125 Kritisch PAUL CRAIG, The Stability, Coordination and Governance Treaty: Principle Politics and Pragmatism, ELRev. 37 (2012), S. 231, 245 ff.

126 Ziff. 37 der Schlussfolgerungen (Anm. 44).

127 Klassisch JOSEPH WEILER, The Community System: the Dual Character of Supranationalism, YbEL 1 (1981), S. 267.

eingangs festgestellt, eben doch mehr als bloße Schönheitsfehler im Idealbild. Das Europarecht hat in der Außendarstellung aber den Nachteil, dass nicht einmal das nach der supranationalen wie der mitgliedstaatlichen Richtung vorrangige Vertragsrecht ein klares Idealbild zeichnet. Seine Entwicklung vorzubereiten, kann rechtswissenschaftlich nur unter Rückgriff auf etablierte und für das Europarecht auszuformulierende Grundkategorien – hier: Vertrag und Gesetz – gelingen.

Diskussion zum Vortrag von Matthias Ruffert

Leitung: WERNER HEUN

HEUN:

Vielen Dank, Herr Ruffert, Sie haben uns sehr schön und eindrucksvoll die ganze Komplexität der Rechtserzeugungsprozesse auf der europäischen Ebene vorgeführt. Als Sie das Ganze vorgetragen haben, ist mir zunächst HABERMAS eingefallen, der ja einmal vom Zeitalter der neuen Unübersichtlichkeit gesprochen hat,[1] das passt sehr gut auch auf die Europäische Union. Damit darf ich aber jetzt zunächst die Diskussion mit einer Vorbemerkung eröffnen: Ich würde gerne immer drei Beiträge zusammenfassen, auf die Sie, Herr Ruffert, dann bitte gemeinsam antworten. Fangen wir an mit Herrn Eichenhofer.

EICHENHOFER:

Herr Ruffert, mir ist manches klar geworden, etwas aber noch nicht: die offene Methode der Koordinierung. Das ist ja auch ein Steuerungsinstrument, ein Rechtsdurchsetzungsinstrument, und meine Frage ist: Wie würden Sie diese einordnen? Sie spielt ja eine zentrale Rolle im Rahmen der *economic governance*, angefangen bei der Haushaltspolitik bis hin zur Beschäftigungs-, Sozial-, Umweltpolitik; die Idee, dass man gegebenenfalls Haushaltsstandards durch den EuGH kontrollieren lässt. Also das wäre meine Frage, ein Versuch der Einordnung Ihrer Begrifflichkeiten.

HEUN:

Herr Schönberger.

SCHÖNBERGER:

Ich bin ganz beeindruckt von Deiner Diagnose, hätte aber eine Nachfrage nach der Therapie: Die Therapie, die Du vorschlägst, ist ja der Versuch, das Ganze mit den Kategorien Gesetz, Vertrag, Koordination, Einheit oder einseitige Rechtsetzung zu strukturieren. Meine Nachfrage wäre: Müssten wir nicht eigentlich Kategorien entwickeln, die dieser Zwischenlage angemessen sind? Wir können natürlich versuchen, mit einer vom hierarchischen, nationalstaatlichen, parlamentarisch kontrollierten System ausgehenden, idealtypisch beschriebenen Dogmatik an das Europarecht heranzutreten und so viel wie möglich davon dort wiederzufinden. Das wäre dann die Rationalisierungsleistung. Und wir müssten dann alles andere als unvollkommene föderative vertragliche Elemente abbuchen. Müssten wir aber nicht eigentlich überlegen, Zwischenkategorien zu bilden, die wir ja auch aus dem Bundesstaat in vielfältiger Weise kennen? Läge da nicht eigentlich die Aufgabe, und müssten wir dann noch einmal darüber nachdenken, wie weit wir mit diesen Zwischenkategorien auch die idealtypische Beschreibung aufgeben müssten, die bei uns schon im natio-

---

1 JÜRGEN HABERMAS, Die Neue Unübersichtlichkeit, 1985.

nalen Bundesstaat an vielen Stellen nicht funktioniert hat, die immer ein Stück idealistischer Überformung auch unseres eigenen Systems gewesen ist? Liegt da nicht die rechtswissenschaftliche Aufgabe? Die Therapie kann nicht einfach sein: „so viel wie möglich Rationalisierung nach dem idealtypischen parlamentarischen Modell".

HEUN:
Vielen Dank. Herr Grabenwarter.

GRABENWARTER:
Ich habe noch zwei Nachfragen. Die eine ist: Der Titel des Vortrags lautet „Rechtserzeugung und Rechtsdurchsetzung im europäischen Rechtsraum" und da würde doch auch die Herausforderung des innerstaatlichen Rechtsetzungsprozesses durch die Rechtsetzung in der Europäischen Union dazugehören. Was meine ich damit? Hybride Rechtserzeugungsformen, die wir im nationalen Recht nicht kennen. Ich denke an die Emissionszertifikate, die in der Umsetzung Schwierigkeiten bereiten, mit dem herkömmlichen Rechtsetzungs- und Durchführungsinstrumentarium umzugehen. Ich frage mich: Ist das aus dem Thema ausgegrenzt oder muss man das nicht auch noch als eine zusätzliche Unübersichtlichkeit des Ganzen denken, wenn nämlich nationale, rechtsstaatliche Erfordernisse auf diese Unübersichtlichkeit im Unionsrecht treffen?

Und dann habe ich eine zweite Nachfrage: Vielleicht habe ich da etwas nicht ganz verstanden. Bei der ungekennzeichneten Administrativrechtsetzung, da hast Du gesagt: „Der Rechtsschutz muss dann erfolgen, wenn die Entscheidung fällt." Ist das jetzt bezogen auf eine bestimmte Situation oder kann man diesen Satz vielleicht doch nicht verallgemeinern, etwa wenn man daran denkt, dass das Mittel einstweiligen Rechtsschutzes ja auch einen nachgängigen Rechtsschutz durchaus rechtfertigt?

RUFFERT:
Vielleicht fange ich bei den speziellen Fragen an, das ist zunächst die letzte. Es gibt in den wirtschaftsverwaltungsrechtlich-regulierungsrechtlichen Verbünden die Situation, dass die Entscheidung mit einer Leitliniengebung für eine Vielzahl von Fällen fällt, die nachher per Rechtsschutz deswegen nur noch schwer einzufangen ist, weil zum Beispiel das Bundesverwaltungsgericht in Deutschland von einem sehr weiten Ermessen – Regulierungsermessen – ausgeht. Da sind in der Feinsteuerung in der Tat Defizite; dies liegt auf einer ganz anderen Ebene als der übrige Vortrag.

Die anderen drei Fragen hängen auf eine eigentümliche und vielleicht auch idealtypische Weise miteinander zusammen. Vielleicht erst zur Frage von Herrn Eichenhofer: Was ist die offene Methode der Koordinierung? Sie ist ein Rechtsdurchsetzungsmechanismus ohne Rechtsetzung, ja nicht einmal mit einer „*soft*"-Rechtsetzung; sie gehört auf die Rechtsdurchsetzungsebene. Man muss vielleicht ergänzend hinzufügen: Die offene Methode der Koordinierung ohne vertraglichen Hintergrund ist – das kann ich einer neueren Dissertation, die bei mir entstanden ist,[2] sehr gut entnehmen – im Abklingen begriffen. Wir arbeiten nun mit dem Vertragsinhalt. Eine Zeit lang hatte die Kommission die Idee, das noch auszudehnen – das ist einfach empirisch nicht mehr richtig.

Zu den beiden anderen Fragen: Soll man sich an Idealvorstellungen orientieren, die aus dem überkommenen Verfassungsstaat stammen, oder soll man nach dem „Zwischen" suchen? Natürlich soll man nach dem „Zwischen" suchen, aber mit Bausteinen, die auf einer anderen Ebene Grundbausteine sind. Vertrag und Gesetz sind ja nichts, was am Verfassungsstaat hängt, sondern ablösbar von den konkreten Herrschaftsträgern. Wenn es mir im Laufe dieser weiteren Überlegungen gelingen sollte – nicht heute Abend, aber irgendwann –, neue Begriffe und Konzepte zu finden, die das „Zwischen" besser treffen, dann bitte ich, mir in diesem schönen Raum einen akademischen Preis zu verleihen, weil das natürlich das ist, wonach wir alle suchen. Aber insofern würde ich die Frage von Christoph Schönberger eindeutig beantworten: Wir können in diesen überkommenen Kategorien, in so einer Unüberschaubarkeitssituation – um Herrn HABERMAS nochmals zu zitieren –, nur noch begrenzt weiterkommen. Wir suchen nach etwas Neuem, aber ich meine schon, dass der spezifisch rechtswissenschaftliche Beitrag dazu sein muss, aus Kategorien zu arbeiten, die vielleicht viel älter sind als der Verfassungsstaat. Also bitte: der Vertrag, das Gesetz – da bringen wir eine Saite zum Schwingen, die einen ganz anderen Urgrund hat. Und damit wird man auch neue Regelungsmodelle marktlicher Art, wie etwa den Emissionshandel, aufgreifen können. Wobei ich beim Emissionshandel die Problemebene nicht auf der Ebene meines Vortrags sehe, also in der Rechtserzeugung und der anschließenden Durchsetzung. Das ist einfach die Implementierung eines besonders ausgearbeiteten ökonomischen Modells. Viel mehr bedaure ich, dass ich aus Zeitgründen dieses schöne Beispiel von Frank Schorkopf aus meinem Vortrag verbannt habe – mit der EZB, die jetzt nationales Bankrecht vollziehen soll; darüber könnte man auch noch nachdenken. Man könnte noch über vieles nachdenken, aber das EZB-Beispiel würde ich dann eher wieder hineinnehmen als den Emissionshandel.

Heun:
Gut, vielen Dank. Wir hätten jetzt die nächste Runde, das wären die drei Wortmeldungen von Herrn Peuker, Herrn Hillgruber und Frau Wendehorst. Zunächst Herr Peuker.

Peuker:
Sie haben das hierarchische Verhältnis zwischen dem Europäischen Rat und den anderen europäischen Organen beschrieben, bei dem die anderen europäischen Organe in eine hierarchische Ratifikationslage gezwängt werden. Dem Vortrag von Herrn Starck habe ich entnommen, dass Hierarchien nur dort existieren, wo Kompetenzen auch solche Hierarchien begründen. Woraus folgt die Kompetenz des Europäischen Rates, solche Ratifikationslagen zu schaffen? Gibt es hierfür normative

---

2 Beate Braams, Koordinierung als Kompetenzkategorie, 2013.

Anknüpfungspunkte oder ist das eher dem faktischen Krisendruck geschuldet? Das hierarchische Verhältnis möchte ich auch noch von einer anderen Seite, nämlich aus dem Blickwinkel des Europäischen Parlaments, beleuchten. Es heißt, das Europäische Parlament sei ein starker Player auf europäischer Ebene. Wenn es sich aber in einer Ratifikationslage befindet und nur noch nachvollziehen kann, was der Europäische Rat zuvor beschlossen hat, ist es dann nicht legitim zu sagen, das Parlament spiele auf europäischer Ebene nur eine schwache institutionelle und funktionelle Rolle – so argumentierte schließlich auch das Bundesverfassungsgericht, als es die Verfassungswidrigkeit der deutschen Sperrklausel bei den Wahlen zum Europäischen Parlament erkannte.

HEUN:
Gut. Vielen Dank. Herr Hillgruber.

HILLGRUBER:
Herr Ruffert, Sie haben geschildert, dass die Entwicklung des europäischen Integrationsprozesses im Grunde von Anfang an bis heute oszilliert zwischen Anwendung der Gemeinschaftsmethode und Rückgriff auf eher kooperative Formen intergouvernementaler Zusammenarbeit. Ich würde jetzt die These wagen wollen, dass die Gemeinschaftsmethode dann Anwendung findet, wenn wir uns in einer Normallage befinden. In Fällen krisenhafter Zuspitzung dagegen wird auf intergouvernementale Methoden Rückgriff genommen. Wenn das richtig ist, könnte man vielleicht eine Brücke zu der von uns vorhin verhandelten Souveränitätsfrage schlagen, indem man die *persona non grata* sinngemäß zitiert und sagt: „Souverän ist, wer im Ausnahmezustand entscheidet oder wer zunächst einmal entscheidet, ob ein Ausnahmezustand vorliegt." Wenn das richtig wäre, dann kämen wir zu einer Beantwortung der Souveränitätsfrage, die vielleicht verblüffend ist. Da wir die Souveränität danach weder den Einzelstaaten noch der Union als selbstständigem Rechtssubjekt zuweisen könnten, müssten wir sie den in der und durch die Union miteinander verbundenen Mitgliedstaaten – zur gesamten Hand – zuweisen.

HEUN:
Eine neue Form der Staatsleitung zur gesamten Hand. Gut, Frau Wendehorst.

WENDEHORST:
Vielen Dank. Wenn ich für den ganz schmalen Bereich, den ich ein bisschen zu überblicken glaube, das größte Problem europäischer Rechtsetzung momentan formulieren sollte, dann würde ich sagen: Es liegt im Fehlen von Korrekturmöglichkeiten. In meinem Bereich jedenfalls sehe ich, dass teilweise schon im Rechtsetzungsprozess keine Korrekturmöglichkeiten bestehen; das heißt, dass selbst in einem frühen Stadium erkannte Redaktionsfehler nicht mehr ausgebessert werden, dass aber auch dann, wenn Rechtsakte einmal in Kraft sind, erkannte Fehlsteuerungen – Stichwort „Informationsparadigma im Verbraucherrecht" – nie korrigiert werden, sondern dass immer nur noch etwas draufgesetzt wird. Also zu den schon existierenden Informati-

onspflichten werden beispielsweise noch zehn hinzugefügt, aber es wird nicht umgesteuert. Erste Frage: Ist das nur in meinem Bereich so oder auch in anderen Bereichen? Zweitens, sollte es ein breiteres Phänomen sein: Wo verorten Sie die Ursachen in diesem sehr komplexen System der Rechtsetzung, das Sie geschildert haben?

HEUN:
Herr Ruffert.

RUFFERT:
Zunächst die Frage: „Hat die Ratifikationslage, in die der Europäische Rat die Mitgliedstaaten durch seine vorbereitenden Arbeiten bringt, einen Hauch von Unionsrechtswidrigkeit?" Ich würde nicht so weit gehen, aber wenn man den Vortrag von Herrn Starck zu Ende denkt, kommt man fast dort an. Es ist zumindest eine Fehlentwicklung, eine Abkehr vom vereinbarten Kompetenzrahmen, mehr kann ich dazu leider nicht sagen.

Damit wären wir schon beim nächsten Schritt, bei der Frage von Herrn Hillgruber: Ist diese Entwicklung denn nicht dem Ausnahmezustand geschuldet? Das ist gewissermaßen der empirische Teil Ihrer Fragestellung. Ich sage Ihnen jetzt etwas ganz Unhöfliches: Mir ist Souveränität an dieser Stelle unwichtig. Wenn ich diesen unüberschaubaren Wust versuche zu strukturieren, hilft mir der Souveränitätsbegriff gar nichts. Vielleicht wäre es anders, wenn ich aus einer anderen Wissenschaft käme; nur bin ich weder politischer Philosoph noch Politikwissenschaftler, sondern ich suche nach rechtswissenschaftlichen zentralen Kategorien. Und da sieht man: Da wird verhandelt, dort wird Recht gesetzt.

HILLGRUBER:
Wenn ich einen Einwand machen darf: Souveränität ist ein Rechtsbegriff, jedenfalls verwende ich ihn als solchen. Diejenigen, die ihn in der juristischen Diskussion verwenden, tun das auch.

RUFFERT:
Gut. Es mag Stellen geben, an denen er hilft. Aber was nützt es denn, wenn ich dann am Ende meines Vortrags gesagt hätte: „Jetzt wissen wir, wo die Souveränität ist, sie ist in gesamter Hand bei den Mitgliedstaaten"? Dann haben Sie immer noch nicht die Unüberschaubarkeit in HABERMASscher Hinsicht strukturiert. Im Übrigen, jetzt werde ich vielleicht etwas sachlicher: Die 312 Ausschüsse – oder sind es 315 oder 308? – handeln in Bereichen, die an Banalität oft nicht zu überbieten sind. Da geht es um die Verhandlung von Maispreisen und Olivenöl oder Ähnliches.

Frau Wendehorst, ich habe versucht – bei genauerem Hinsehen ist mir das nicht so gelungen, wie ich es eigentlich wollte –, diese Bemühungen um Qualitätsverbesserungen der Rechtsakte und Rechtsetzungen in der Europäischen Union irgendwie in das Thema einzubinden, weil ich sie für zentral halte. Ich sehe diese Bemühungen in der Europäischen Union als defizitär an, weil sie häufig im Ergebnis außerhalb der Rechtswissenschaft auf cost/benefit-Analysen, Effizienzkontrollen usw. hinauslaufen. Ich würde aber sagen: Das ist kein Spezifikum allein der Rechtsetzung in der Europäischen Union. Um ein Beispiel zu geben: Ich bin im Nebenamt Verfassungsrichter im Freistaat Thüringen. Dort hatten wir ein Gesetz am Maßstab der Bestimmtheit zu beurteilen, das Polizeiaufgabengesetz. In diesem Gesetz waren Sätze in zentralen Befugnisnormen enthalten, die grammatisch keinen Sinn ergaben.[3]

HEUN:

Vielen Dank. Ich hätte jetzt auf meiner Liste noch drei Wortmeldungen, nämlich Herrn Paulus, Herrn Thiele und Frau Kieninger. Habe ich noch jemanden übersehen? Wenn das nicht der Fall ist, würde ich jetzt die Rednerliste schließen. Herr Paulus, Sie leiten die letzte Runde ein.

PAULUS:

Vielen Dank. Herr Schönberger hatte vorhin und Sie haben das auch gemacht, Herr Ruffert, die fehlende Transparenz hervorgehoben und Sie haben versucht, dann mit den Kategorien Vertrag und Gesetz Ordnung hineinzubringen. Ich finde das auch aus grundrechtlicher Perspektive sehr wichtig und da spielt es eigentlich gar nicht so eine große Rolle, ob wir die nationalen oder die europäischen Grundrechte nehmen. Intransparente Rechtsetzung macht den Rechtsschutz schwierig und macht auch die Rückführung auf Demokratie schwierig, ob nun im nationalen Recht oder im europäischen Zusammenhang zur Gesamthandsgemeinschaft – so sehe ich übrigens die gesamte Konzeption der Europäischen Union, Herr Hillgruber. Der Erste Senat hat gerade gesagt, dass der Rechtsschutz in der Tat an der Quelle erfolgen muss, das heißt, er muss dann erfolgen, wenn er noch sinnvoll ist, und nicht erst, wenn es zu spät ist.[4] Das ist in der Theorie banal, in der Praxis ist es alles andere als das. Und deswegen die Frage: Was sehen die europäischen Grundrechte, insbesondere Art. 47 Grundrechtecharta, in diesem Fall vor, gewähren auch sie ein Recht auf rechtzeitigen Rechtsschutz?

Der Punkt zur Souveränität fordert mich doppelt heraus. Herr Starck hat ja schon gesagt, dass es um die Kompetenzen geht. Und dann geht man in die Einzelheiten; das ist ja das, was wir Juristen machen: Wir teilen die Sachen so lange in kleine Teile auf, bis wir sie bewältigen können. Es gibt auch Probleme mit dieser Art von analytischer Methode, aber das ist die Arbeitsmethode, nach der wir vorgehen. Souveränität ist – und Sie haben ja mit dem SCHMITTschen Satz ein bisschen gespielt, Herr Hillgruber – so ein bisschen außerrechtlich, weil sie genau mit dieser Art, wie wir die Sache im Normalzustand rechtlich in den Griff zu bekommen versuchen, bricht und radikal in den Ausnahmezustand geht. Deswegen habe ich sehr viel Sympathie, die Souveränitätsfrage immer erst residuell, also am Ende zu stellen, wenn man mit den anderen Kompetenzen – das ist hier gar kein Widerspruch zu Ihnen, Herr Hillgruber – nicht mehr zurechtkommt.

---

3 ThürVerfGH ThürVBl 2013, S. 55 (juris-Rn. 223).
4 BVerfG, Urteil vom 17.12.2013, EuGRZ 2014, S. 65, Rn. 194.

HEUN:

Gut, vielen Dank. Herr Thiele.

THIELE:

Herr Ruffert, ich habe eine kurze Anmerkung und eine Frage. Die Anmerkung: Ich bin erst einmal sehr dankbar dafür, dass Sie zum Schluss Ihres Vortrags noch einmal darauf hingewiesen haben, dass das kein spezifisch europarechtliches Problem ist, sondern auch auf nationaler Ebene auftritt. Die Intransparenz und die Ratifikationszwänge bestehen auch auf deutscher Ebene. Wenn man Herrn SEEHOFER fragt, dann hört man, dass die Gesetzgebung eigentlich mittlerweile ausschließlich im Koalitionsausschuss stattfindet und dort alles geklärt wird. Also das scheint mir auch äußerst problematisch und bedenklich zu sein.

Die Frage: Sie hatten in Ihrem Vortrag gesagt, die Vorrangfrage sei seit dem Honeywell-Beschluss für die Praxis geklärt. Wenn ich ehrlich bin, hatte ich das auch gehofft. Wie ordnen Sie in dem Zusammenhang die Prüfung der Anleihekäufe durch die EZB von Seiten des BVerfG ein? Ich hätte gedacht, dass das möglicherweise ein Fall gewesen wäre, wo man jetzt einfach hätte sagen können: „Das prüfen wir nicht mehr oder jedenfalls nicht mehr so ausführlich." Jetzt tun sie es aber dennoch – trotz des Honeywell-Beschlusses.

HEUN:

Gut. Als letzte Wortmeldung Frau Kieninger.

KIENINGER:

Vielen Dank. Ich bin etwas elektrisiert durch den Begriff der Gesamthandsgemeinschaft, der jetzt von Seiten des Öffentlichen Rechts verwendet wird. Und ich möchte aus gesellschaftsrechtlicher Sicht einige Sätze dazu sagen und eine Warnung davor aussprechen, diesen Begriff für irgendetwas zu verwenden und mit der Hoffnung zu verbinden, dass man damit irgendetwas anfangen könnte. Damit schließt sich auch der Kreis zu unserem ersten Vortrag, zu dem historischen Beitrag. Denn die Gesamthandsgemeinschaft ist etwas, das irgendwie aus einer Verbindung der römischrechtlichen *societas* mit deutschrechtlichen Vorstellungen entstanden ist. Jedenfalls wusste man auch bei den Beratungen zum BGB nicht, was man sich unter einer Gesamthandsgemeinschaft vorzustellen habe. Man hat das auch ganz offen in die Motive hineingeschrieben und gesagt: „Das soll die Wissenschaft erörtern und die Rechtsprechung richten." Dies führte zum berühmten „Dreißigjährigen Krieg" unter den Gesellschaftsrechtlern – angefangen Mitte der 1970er Jahre mit der Publikation von FLUMES „Die Personengesellschaft" und der großen Kommentierung der §§ 705 ff. BGB von ULMER im Münchener Kommentar. Diese Auseinandersetzung hat am 29. Januar 2001 mit einer Entscheidung des Bundesgerichtshofs ihren Abschluss gefunden, in der der BGH festgestellt hat, dass die Gesamthandsgemeinschaft rechts- und parteifähig sei, und dann ist dies noch weiter ausgefaltet worden: Grundbuchfähigkeit, Wechselfähigkeit und so weiter. Im Prinzip haben wir die Gesamthandsgemeinschaft im

Zivilrecht letztendlich beerdigt; es gibt im Grunde keine Gesamthandsgemeinschaft mehr. Im Gesellschaftsrecht kann man mit der Kategorie der Gesamthandsgemeinschaft nichts mehr anfangen; es fehlt nur noch der letzte Akt des Gesetzgebers, der sich irgendwann einmal dazu durchringen wird, zu sagen: „Das ist eine juristische Person", wie das in anderen entwickelten Rechtsordnungen, zum Beispiel in Frankreich, auch der Fall ist; da ist selbstverständlich die OHG oder die KG eine juristische Person. Ich glaube, das ist eigentlich das Fazit meines kleinen Ausflugs ins Gesellschaftsrecht: Lassen Sie die Finger von diesem Begriff.

Heun:

Herr Ruffert, Sie haben das letzte Wort, auch zur Beerdigung der Gesamthandsgemeinschaft.

Ruffert:

Herr Hillgruber spricht eine Denkrichtung an, die sich so langsam – nicht durch Herrn Hillgruber, sondern durch andere Autoren – in die Diskussion einschleicht. Ich habe das anfangs angedeutet; dieser Gedanke, dass die Unionsorgane so etwas wie Organe einer Kooperation der Mitgliedstaaten seien, das ist tatsächlich falsch. Und darüber müssen wir uns auch nicht dreißig Jahre bekriegen, denn das ist ziemlich realitätsfern, das hatte ich aber eingangs schon gesagt.

Warum prüft das BVerfG überhaupt die Anleihekäufe durch die EZB? Es gab ja noch keine – ich habe das nicht vorbereitet, aber ich glaube, das alte Kaufprogramm ist nicht Streitgegenstand.

Heun:

Nein, ist es nicht.

Ruffert:

Ist es nicht. Ich bin eigentlich der Auffassung: Wenn wir irgendwo einen ausbrechenden Rechtsakt finden wollen, dann da. Nur die prozessualen Implikationen sind schwierig – eine Ankündigung, die nicht wahr gemacht wurde, prozessual zu greifen. Ich finde es bemerkenswert, dass man bei einer mündlichen Verhandlung im Juni jetzt noch nicht beim Urteil ist,[5] aber ich stecke ja auch nicht in der Verantwortung, so etwas Wichtiges entscheiden zu müssen, und insofern sage ich einfach nur: Es ist bemerkenswert.

Transparenz, Rechtsschutz, Art. 47 Grundrechtecharta – das ist für mich ein übergeordneter Gedanke: weg von den verfassungs*staat*lichen Idealvorstellungen – also nicht weg vom Verfassungsstaat, aber weg von den staatsanalogen Idealvorstellungen. Das Wichtige ist, dass die EU zum Schluss transparent ist, dass sie den Gerechtigkeits- und Gleichheitsvorstellungen entspricht, dass sie demokratische Legitimation abbildet. Dann tritt auch die Debatte um die Souveränität in den Hintergrund. Wenn etwas transparent und demokratisch ist, dann ist mein Interesse an der Souveränität

---

5 Siehe mittlerweile den Vorlagebeschluss BVerfG JZ 2014, S. 341 (inhaltlich wie im Text).

ausgesprochen gering. Das ist ein ganz unhöfliches Schlusswort, aber es ist auch eine Antwort auf die Frage nach Transparenz und Rechtsschutz.

HEUN:
Kriegsführung ist kein Privileg der Zivilrechtler. Ich bedanke mich bei Ihnen, Herr Ruffert, und bei allen Diskussionsteilnehmern.

Christoph Grabenwarter

Konkurrenz und Kooperation zwischen dem Europäischen Gerichtshof für Menschenrechte, dem Europäischen Gerichtshof und dem Bundesverfassungsgericht

I Der Ausgangspunkt: Ähnliche Maßstäbe und Kompetenzen

Der Titel meines Vortrages enthält die Aufzählung dreier Gerichte und nimmt auf Kooperation und Konkurrenz dieser Rechtsprechungsorgane Bezug. Dieses Thema hat Konjunktur, es beschäftigt Fachtagungen der Europarechtler und Staatsrechtslehrer ebenso wie Doktoranden und die betroffenen Gerichte selbst. Die Europäische Konferenz der Verfassungsgerichte widmete ihren Kongress im Mai 2014 exakt dem gleichen Thema, freilich in rechtsvergleichender Perspektive.

Wenn sich Gerichte mit unterschiedlichen und gelockerten Maßstäben in je und je unterschiedlichen Gefilden bewegen, nehmen sie voneinander weniger Notiz als in Zeiten einer Konzentration der Zuständigkeiten und Verschärfung der Maßstäbe. Während der EuGH in früherer Zeit ohne eigenen Grundrechte-Katalog häufiger Fälle über die Grundfreiheiten löste, rücken die Grundrechte im letzten Jahrzehnt sukzessive in den Vordergrund.[1]

Dabei scheint es in dem Rechtsprechungsdreieck eine Konstante zu geben. Sieht man von punktuellen Änderungen in den Grundrechten des Grundgesetzes und im

---

[1] Siehe hierzu nur: EuGH, Urt. vom 09.10.2001, Rs. C-377/98 (Niederlande/Parlament und Rat), Slg. 2001, I-7079; EuGH, Urt. vom 22.01.2013, Rs. C-283/11 (Sky Österreich), noch nicht in der Slg. veröffentlicht; EuGH, Urt. vom 26.02.2013, Rs. C-617/10 (Åkerberg Fransson), noch nicht in der Slg. veröffentlicht; EuGH, Urt. vom 15.01.2014, Rs. C-176/12 (Association de médiation sociale).

Verfassungsprozessrecht – Stichwort Verfassungsbeschwerde – ab, so hat sich für das BVerfG wenig in den normativen Grundlagen – materiell und prozessual – getan. Doch ebenso wie für die europäischen Gerichte gilt auch für Karlsruhe, dass entscheidende Änderungen von Innovationen in der Rechtsprechung ausgingen und ausgehen.

Die Maßstäbe und mit ihnen die Zuständigkeiten der Gerichte rücken zusammen. Es gilt an dieser Stelle festzuhalten, dass wir nicht über Wahlprüfungsverfahren oder ein Organstreitverfahren über den Bundeswehreinsatz oder den Bund-Länder-Streit in Fragen des Finanzausgleichs sprechen, sondern über Verfassungsbeschwerde-, Individualbeschwerde- und Vorabentscheidungsverfahren in Fragen der Grundrechte.

Die Grundrechte konvergieren europaweit, einerseits durch Akte der Verfassungsgesetzgeber und durch europäische Verträge, andererseits durch die Rechtsprechung. Die Besonderheit der Art. 1 bis 16 Grundgesetz besteht darin, dass sie ungefähr in derselben Zeit entstanden sind wie die europäischen und internationalen Menschenrechtskataloge, nämlich unmittelbar nach dem Zweiten Weltkrieg. Das Grundgesetz enthält mit spezifischem Zuschnitt einer staatlichen Verfassung die Antwort auf die Negation von Menschenwürde und Menschenrechten durch die grausamste Diktatur der Geschichte. Menschenrechtskonvention, Menschenrechtserklärung und später der UN-Pakt formulieren dasselbe Anliegen allgemeiner für die regionale und universelle Ebene in Teilbereichen.[2]

Mit der Grundrechte-Charta tritt ein um 50 Jahre jüngerer Grundrechtskatalog auf den Plan, teils unter Anknüpfung und Verweisung auf die bestehenden Menschenrechte, in mancher Hinsicht das nationale Verfassungsrecht aufnehmend und berücksichtigend und in nicht wenigen Bereichen in Kodifikation unionsrechtlicher subjektiver Rechte.

Diese holzschnittartige Beschreibung der Grundrechtslandschaft in Europa macht deutlich, dass sich die Tätigkeiten der Gerichte zunehmend aus denselben Quellen speisen und dieselbe normative Nahrung zu verarbeiten haben.

II Der Modus der Kooperation: Zusammenarbeit oder Zusammenwirken?

Im Europarecht ist in den letzten Jahren viel von Kooperationsverhältnissen die Rede.[3] Mit diesem Begriff wird manches verschleiert, manches beschönigt, im besten Fall aber unscharf ausgedrückt. Vieles, was im Gewande der Kooperation daherkommt,

---

2 Art. 1 Abs. 2 Grundgesetz bezieht sich auf diese Dokumente.

3 Statt vieler WALTER BERKA, Grundrechtsschutz durch EuGH und EGMR – Konkurrenz oder Kooperation?, ÖJZ 2006, S. 876, 886; CHRISTINE HEER-REISSMANN, Die Letztentscheidungskompetenz des Europäischen Gerichtshofes für Menschenrechte in Europa, 2008, S. 60, 205 ff.; JULIE VONDUNG, Die Architektur des europäischen Grundrechtsschutzes nach dem Beitritt der EU zur EMRK, 2012, S. 117 ff.

ist ein verstecktes Nebeneinander, manchmal gar ein Gegeneinander. Ko-Operation kann Zusammenarbeit oder aber auch Zusammenwirken meinen.[4] Eine echte Zusammen*arbeit* findet zwischen den Gerichten nicht statt, sie ist auch nicht von den Verträgen gewollt, sowie von keiner Verfassung eines europäischen Staates angeordnet.[5] Gerichte arbeiten in zeitlicher Hinsicht hintereinander, und sie verarbeiten auf das Ganze gesehen dasselbe grundrechtsdogmatische Problem an verschiedenen Sachverhalten und im Ausgangspunkt in einer prozessual und materiell-rechtlich verschiedenen normativen Lage.

Kooperation in der europarechtlichen Terminologie meint Zusammen*wirken* der verschiedenen europäischen Gerichte und der nationalen Verfassungsgerichte, die letztlich für die Einhaltung und Durchsetzung der Grund- und Menschenrechte im innerstaatlichen Bereich zu sorgen haben.[6] Die deutlichste normative Klammer für das Zusammenwirken im Unionsrecht bildet Art. 267 AEUV, der unter bestimmten Voraussetzungen ein Gebot für das nationale Gericht enthält, eine Arbeitsteilung mit dem EuGH vorzunehmen. Doch auch die Abfolge von Verfassungsbeschwerde und Individualbeschwerde an den EGMR führt zu Formen der Kooperation, die nicht weniger dialogisch sind als jene unter dem Regime des Art. 267 AEUV – man denke an die Urteile „Caroline" Nr. 1 bis Nr. 3[7] und die beiden Senatsentscheidungen des BVerfG[8] oder an die Sicherungsverwahrungsentscheidungen aus Karlsruhe[9] und den Fall M.[10], gefolgt von einer Serie von Parallelfällen.[11]

Dieses Zusammenwirken lässt sich in vielerlei Hinsicht gliedern, Charakteristika lassen sich da wie dort ausmachen. Ich möchte im Folgenden drei Arten des Zusammenwirkens erwähnen, im Bewusstsein, dass es noch andere Arten und viele andere Mög-

---

4 CHRISTOPH GRABENWARTER, Die Kooperation zwischen EuGH und EGMR, in: ders./Erich Vranes (Hrsg.), Kooperation der Gerichte im europäischen Verfassungsverbund, 2012, S. 35, 36.
5 Von hohem Wert sind informelle Arbeitstreffen zwischen EuGH, EGMR und Verfassungsgerichten; vgl. dazu ECKHART KLEIN, § 167 Das Verhältnis des Europäischen Gerichtshofs zum Europäischen Gerichtshof für Menschenrechte, in: Detlef Merten/Hans-Jürgen Papier (Hrsg.), Handbuch der Grundrechte in Deutschland und Europa, Bd. VI/1, Europäische Grundrechte I, 2010, S. 1269, 1309 f.
6 GRABENWARTER (Anm. 4), S.37.
7 EGMR, Urt. vom 24.6.2004, Nr. 59320/00 (von Hannover); EGMR, Urt. vom 07.02.2012, Nr. 40660/08 und 60641/08 (von Hannover, Nr. 2); EGMR Urt. v. 19.09.2013, Nr. 8772/10 (von Hannover, Nr. 3).
8 BVerfG, Urt. vom 15.12.1999, Az. 1 BvR 653/96, BVerfGE 101, S. 361-396; BVerfG, Beschl. vom 26.02.2008, Az. 1 BvR 1602/07, 1 BvR 1606/07, 1 BvR 1626/07, BVerfGE 120, S. 180-223.
9 BVerfG, Urt. vom 04.05.2011, Az. 2 BvR 2333/08, 2 BvR 2365/09, 2 BvR 571/10, 2 BvR 740/10, 2 BvR 1152/10, BVerfGE 128, S. 326-409; BVerfG, Beschl. vom 08.06.2011, Az. 2 BvR 2846/09, BVerfGE 129, S. 37-49; BVerfG, Beschl. vom 06.02.2013, Az. 2 BvR 2122/11, 2 BvR 2705/11; BVerfG, Beschl. vom 11.07.2013, Az. 2 BvR 2302/11, 2 BvR 1279/12.
10 EGMR, Urt. vom 17.12.2009, Nr. 19359/04 (M. gegen Deutschland).
11 EGMR, Urt. vom 19.01.2012, Nr. 21906/09 (K. gegen Deutschland); EGMR, Urt. vom 22.03.2012, Nr. 36035/04 (O. gegen Deutschland); EGMR, Urt. vom 13.01.2011, Nr. 17792/07 (K. gegen Deutschland); EGMR, Urt. vom 13.01.2011, Nr. 20008/07 (M. gegen Deutschland); EGMR, Urt. vom 13.01.2011, Nr. 27360/04 und 42225/07 (S. gegen Deutschland); EGMR, Urt. vom 14.04.2011, Nr. 30060/04 (J. gegen Deutschland); EGMR, Urt. vom 24.11.2011, Nr. 4646/08 (H. gegen Deutschland).

lichkeiten der Gliederung des Zusammenwirkens gibt: die gegenseitige Verstärkung, die gegenseitige Ergänzung und die Konkurrenz der Gerichte. Am Ende steht ein Ausblick.

III Die Arten der Kooperation: Verstärkung – Ergänzung – Konkurrenz

1 Gegenseitige Verstärkung

Die wesentlichste Form des Zusammenwirkens zwischen den europäischen Gerichtshöfen untereinander sowie zwischen diesen und den Verfassungsgerichten kommt in wechselseitigen Bezugnahmen auf die Rechtsprechung zum Ausdruck.[12] Diese Einschätzung gilt sowohl in qualitativer wie mittlerweile auch in quantitativer Hinsicht. Das BVerfG hat spätestens mit der Sicherungsverwahrungsentscheidung vom 4. Mai 2011[13] jede Reserve in der Zitierung der Straßburger Rechtsprechung aufgegeben. Man darf diese scheinbar vordergründige Beobachtung nicht unterschätzen. Mit der affirmativen Bezugnahme auf EGMR-Urteile wird für die Gerichte und Behörden, die an die Entscheidungen des BVerfG gem. § 31 BVerfGG gebunden sind, in Erinnerung gerufen, dass sie die EMRK in der Auslegung durch den EGMR in ihrer Entscheidungspraxis anzuwenden haben. Dazu tritt aber ein noch viel wesentlicherer Aspekt, nämlich die Kenntnisnahme von Straßburger Rechtsprechung überhaupt. Anders als bei Verfassungsgerichten, aber auch beim EuGH ist der jährliche Output quantitativ mittlerweile so groß, dass die Entscheidungen nicht mehr als Leitentscheidungen wahrgenommen werden können.[14] Dazu kommt, dass Urteile des EGMR meist längere Zeit, viele aber überhaupt nicht in deutscher Sprache verfügbar sind. Rechtsprechungsberichte in Fachzeitschriften, durch das Bundesministerium der Justiz oder durch den EGMR selbst vermögen diese Probleme zu lindern, aber nicht zu beseitigen. Kurz: Die Heranziehung einzelner Urteile des EGMR durch das BVerfG vermittelt diesen eine herausgehobene Stellung und bewirkt, dass sie in der universitären Lehre, in der wissenschaftlichen Literatur und in der fachgerichtlichen Praxis über europa- und völkerrechtliche Spezialisten hinaus verstärkt rezipiert werden.

---

12 Katharina Gebauer, Parallele Grund- und Menschenrechtsschutzsysteme in Europa?, 2007, S. 340 ff. m.w.H.; Klein (Anm. 5), S. 1309; Jörg Gundel, Der wachsende Einfluss des EU-Rechts auf die Auslegung der EMRK – und seine strukturellen Grenzen, in: Peter-Christian Müller-Graff/Stefanie Schmahl/Vassilios Skouris (Hrsg.), Europäisches Recht zwischen Bewährung und Wandel, Festschrift für Dieter H. Scheuing, 2011, S. 59, Fn. 9; Vondung (Anm. 3), S. 117 ff.

13 BVerfG, Urt. vom 04.05.2011, Az. 2 BvR 2333/08, 2 BvR 2365/09, 2 BvR 571/10, 2 BvR 740/10, 2 BvR 1152/10, BVerfGE 128, S. 326-409.

14 Vgl. die statistische Auswertung von Matthias Jestaedt, Der „Europäische Verfassungsgerichtsverbund" in (Verfahrenskenn-)Zahlen, JZ 2011, S. 872.

Ähnliche, wenngleich schwächere Effekte sind im Verhältnis zwischen dem EGMR und dem EuGH zu beobachten. Die Zahlen der Entscheidungen in Straßburg wie in Luxemburg, in denen auf die Rechtsprechung des jeweils anderen Gerichts Bezug genommen wird, gehen heute mindestens in den dreistelligen Bereich.[15] Die Motive für Zitate sind andere als jene des BVerfG. In den seltensten Fällen ist ein Zitat heute wegen der normativen Grundlage unumgänglich. Vielmehr hat die Zitierung des anderen Gerichtshofes die Funktion, die Begründungslast zu verringern. Gibt es eine Straßburger Entscheidung zu einer entsprechenden EMRK-Garantie, so erspart sich der EuGH eine parallele Ableitung, die in aller Regel zu keinem anderen Ergebnis führen würde.[16]

Weniger offensichtlich ist dieser Befund in umgekehrter Richtung. Einen wesentlichen Faktor in der Begründung der Reichweite des Schutzbereichs und der Schranken von Konventionsgarantien bildet in der Rechtsprechung des EGMR die Feststellung eines europäischen Standards. Gerade dann, wenn der EGMR eine Konventionsgarantie interpretativ weiterentwickeln will, blickt er auf die Rechtsprechung in Luxemburg, die häufig auch durch Primär- und Sekundärrecht jenseits der Menschenrechte bestimmt ist. Weiterentwicklungen des Grundrechts des *ne bis in idem*[17] oder des Anwendungsbereichs des Art. 6 EMRK auf Beamtenrechtsstreitigkeiten[18] sind hier ebenso zu nennen wie materielle Garantien des Gebots der Verhängung milderer Strafen[19] oder des *refoulement*-Verbots in Art. 3 EMRK[20].

Jenseits des Begründungswerts der einzelnen Zitate geht eine darüber hinausgehende Wirkung von dieser Form gegenseitiger Berücksichtigung der Rechtsprechung aus, die wiederum eine Parallele zum Verhältnis zwischen dem BVerfG und dem EGMR hat. Das Zitat eines EGMR-Urteils im EuGH-Urteil vermittelt dem EuGH menschenrechtliche Legitimität und verstärkt gleichzeitig die Legitimität und Bedeutung des EGMR als eines europaweiten Hüters der Menschenrechte. Umgekehrt hat die Bezugnahme auf die Rechtsprechung des EuGH in Urteilen des EGMR bei der Bestimmung eines europäischen Standards oder einer Praxis der Mitgliedstaaten höhere Relevanz als die Bezugnahme auf die Rechtsprechung einzelner Verfassungs-

---

15 Vgl. dazu Gundel (Anm. 12), S. 58 ff.

16 Vgl. zum Namensrecht in Art. 7 GRC EuGH, Urt. vom 22.12.2010, Rs. C-208/09 (Sayn-Wittgenstein/ Landeshauptmann von Wien), Slg. 2010, I-13693, Rn. 52; zur unmenschlichen Behandlung in Art. 4 GRC EuGH, Urt. vom 21.12.2011, Rs. C-411/10 und 493/10 (N. S. [C-411/10]/Secretary of State for the Home Department und M. E. und andere [C-493/10]/Refugee Applications Commissioner und Minister for Justice, Equality and Law Reform), noch nicht in der Slg. veröffentlicht, Rn. 88 ff.; zur Ladung durch Aushang in Art. 47 Abs. 2 GRC EuGH, Urt. vom 15.03.2012, Rs. C-292/10 (G./Cornelius de Visser), noch nicht in der Slg. veröffentlicht, Rn. 58; zum Doppelbestrafungsverbot EuGH, Urt. vom 05.06.2012, Rs. C-489/10 (Bonda), noch nicht in der Slg. veröffentlicht, Rn. 36 ff.

17 EGMR, Urt. vom 10.02.2009, Nr. 14939/03 (Zolotukhin), Rn. 33 ff., 78 ff.

18 EGMR, Urt. vom 08.12.1999, Nr. 28541/95 (Pellegrin), Rn. 38, 41; vgl. dazu auch Heer-Reissmann (Anm. 3), S. 225.

19 EGMR, Urt. vom 17.09.2009, Nr. 10249/03 (Scoppola), Rn. 38, 105.

20 EGMR, Urt. vom 29.01.2013, Nr. 60367/10 (S.H.H.), Rn. 35.

gerichte, soweit die Rechtsprechung des EuGH die Rechtsordnungen von immerhin 28 Mitgliedstaaten bestimmt.[21]

2 Gegenseitige Ergänzung: Aufgabenteilung und Kontrollbeschränkung

Ein zweites Charakteristikum des Zusammenwirkens von EGMR, EuGH und BVerfG ist es, dass die Gerichte dort mit Zurückhaltung agieren, wo eine vorrangige Kompetenz des jeweils anderen Gerichtshofes angenommen und akzeptiert wird und eine effektive Grundrechtskontrolle auch tatsächlich stattfindet. Im Folgenden soll die gerichtliche Dreiecksbeziehung beleuchtet werden, wobei das Verhältnis zwischen BVerfG und EuGH im Vordergrund steht. Es ist gleichzeitig das in den nächsten Jahren wohl prekärste im Beziehungsgeflecht.

a) EuGH – BVerfG

Die Geschichte des Verhältnisses zwischen der Rechtsprechung des EuGH und jener des BVerfG ist von der Zurücknahme der Kontrolle gestützt auf das Vertrauen effektiver Grundrechtskontrolle im jeweils anderen Bereich gekennzeichnet – Solange I[22], Solange II[23], Bananenmarktordnung[24]. Die Art. 51 bis 53 der Charta sind darauf angelegt, mögliche Konflikte zwischen den Grundrechtsebenen zu vermeiden und Auslegungsergebnisse zu harmonisieren. Die aktuell umstrittenste Frage liegt in diesem Verhältnis beim Anwendungsbereich der Charta, der von dessen Art. 51 bestimmt ist.

Art. 51 der Grundrechtecharta wurde in den Konventsberatungen intensiv diskutiert und war in Einzelheiten auch umstritten.[25] Gute Gründe sprechen dafür, im Wortlaut des Art. 51 Abs. 1 („[...] für die Mitgliedstaaten ausschließlich bei der Durchführung") unter Berücksichtigung der Entstehungsgeschichte – dazu sogleich – den Versuch einer Begrenzung der Verpflichtung gegenüber der allgemeinen Verpflichtung durch die Gemeinschaftsgrundrechte zum damaligen Stand zu sehen.[26] Aus der Perspektive der verschiedenen Sprachfassungen ist festzuhalten, dass die engste Formulierung wohl die deutsche Fassung bildet („Durchführung"), während die übrigen Fassungen ein weiteres Verständnis zumindest zulassen, so etwa die

---

21 Vgl. GRABENWARTER (Anm. 4), S. 38.

22 BVerfG, Beschl. vom 29.05.1974, Az. 2 BvL 52/71, BVerfGE 37, S. 271.

23 BVerfG, Beschl. vom 22.10.1986, Az. 2 BvR 197/83, BVerfGE 73, S. 339.

24 BVerfG, Beschl. vom 07.06.2000, Az. 2 BvL 1/97, BVerfGE 102, S. 147.

25 MARTIN BOROWSKY, in: Jürgen Meyer (Hrsg.), Charta der Grundrechte der Europäischen Union, 4. Aufl. 2014, Vorb. Kap. VII GR-Charta Rn. 1 ff, Art. 51 Rn. 2 ff.

26 Vgl. auch STEFAN KADELBACH, Die Bindung an die Grundrechte der Europäischen Union bei der Anwendung staatlichen Strafrechts – Anmerkungen zum Urteil des EuGH in der Rechtssache Åkerberg Fransson, KritV 2013, S. 276, 282.

englische („implementation"), die französische („mettre en œuvre"), die spanische („applicar"), die italienische („Nell'attuazione") oder die niederländische („ten uitvor brengen") Fassung. Das Ringen um Formulierungen im Konvent und vor allem der Wortlaut „ausschließlich" lassen erkennen, dass es jedenfalls der Wille war, die Grundrechtsverpflichtung der Mitgliedstaaten gegenüber dem damaligen *status quo* nicht zu erweitern.[27]

Die teils intensiven Auseinandersetzungen um Art. 51 kommen nur zum Teil in den Erläuterungen zum Ausdruck. War in frühen Fassungen zunächst noch von der „Umsetzung" oder „Anwendung des Unionsrechts" die Rede, so hieß es in späteren Fassungen „Anwendung", danach „Geltungsbereich" und sodann wiederum „Umsetzung". Bemerkenswert ist, dass in einzelnen Phasen der Diskussion die englische und die französische Fassung teils unverändert blieben und die deutsche Sprachfassung erst am Ende von „Umsetzung" in „Durchführung" geändert wurde, womit erkennbar eine Anpassung an die Wortwahl des EuGH im Fall Karlsson[28] vorgenommen wurde, ohne dass die Erläuterungen noch geändert wurden.[29] Diese Änderung geht auf einen Formulierungsvorschlag des Vertreters des deutschen Bundesrats im Konvent zurück.[30]

Probleme bereiten vor allem die Hinweise auf die Rechtsprechung des EuGH in den Erläuterungen. Sie sind zumindest ambivalent, wie die Untersuchung der Fallgruppen noch zeigen wird. Anstelle einer Erläuterung geben sie Anlass zu Kontroversen. Demgemäß werden die Erläuterungen in diesem Punkt sowohl von Vertretern einer zurückhaltenden Interpretation zur Begründung der Annahme einer Einschränkung des Anwendungsbereichs der Charta als auch vom EuGH zur Begründung einer Gleichsetzung des Anwendungsbereichs der Charta mit jenem des Unionsrechts herangezogen.[31] Der Gerichtshof selbst sieht sich im Åkerberg-Fransson-Urteil durch die Erläuterungen zu Art. 51 GRC bestätigt, wenn er explizit annimmt, dass die Verpflichtung zur Einhaltung der im Rahmen der Union definierten Grundrechte für die Mitgliedstaaten dann gilt, wenn sie im Anwendungsbereich des Unionsrechts handeln.[32]

Die Schwierigkeit der Einordnung der Entstehungsgeschichte besteht vor allem darin, dass Urteile unterschiedlicher Rechtsprechungslinien erwähnt werden.

---

27 Vgl. Borowsky (Anm. 25), Art. 51 Rn. 4 ff.

28 EuGH, Urt. vom 13.04.2000, Rs. C-292/97 (Karlsson), Slg. 2000, I-2737, Rn. 37.

29 Vgl. Borowsky (Anm. 25), Art. 51 Rn. 4 ff.

30 Vgl. Peter Huber, Auslegung und Anwendung der Charta der Grundrechte, NJW 2011, S. 2385, 2387 (mit Fn. 36).

31 EuGH, Urt. vom 26.02.2013, Rs. C-617/10 (Åkerberg Fransson), noch nicht in Slg. veröffentlicht, Rn. 20 einerseits und Borowsky (Anm. 25), Art. 51 Rn. 2 ff., 24 ff.; Clemens Ladenburger, in: Peter Tettinger/Klaus Stern (Hrsg.), Kölner Gemeinschaftskommentar zur Europäischen Grundrechte-Charta, 2006, Art. 51 Rn. 22, 24, 53; Hans-Jürgen Rabe, Grundrechtsbindung der Mitgliedstaaten, NJW 2013, S. 1407, 1408; Huber (Anm. 30), NJW 2011, S. 2385, 2387 andererseits.

32 EuGH, Urt. vom 26.02.2013, Rs. C-617/10 (Åkerberg Fransson), noch nicht in der Slg. veröffentlicht, Rn. 20.

Betrachtet man die Bezugnahmen auf die vier Urteile im Zusammenhang, so zeigt sich, dass zwei die Durchführungen im unmittelbaren Vollzug von Verordnungen im Milchsektor zum Gegenstand hatten, eine die Beschränkung der Grundfreiheiten und eine weitere eine nationale Maßnahme betraf, die nicht unter das Gemeinschaftsrecht fiel. Vereinfacht gesagt wird einerseits auf Konstellationen verwiesen, in denen die Anwendbarkeit bzw. die Unanwendbarkeit der Charta unbestritten ist. Die Bezugnahme auf ERT[33] ist schillernd, weil sie zum einen deutlich macht, dass die Anwendbarkeit der Charta jedenfalls dann, wenn eine Grundfreiheit beschränkt wird, in Betracht kommt. Zum anderen lässt sie offen, inwieweit man die ERT-Rechtsprechung verallgemeinern kann, indem man sie auf Konstellationen, Sachverhalte und Regelungen überträgt, in denen kein oder nur ein marginaler Bezug zu einer Grundfreiheit oder sonstigen Regelung des Unionsrechts besteht. Den unmittelbar folgenden Hinweis auf Annibaldi[34] mag man als Argument für einen zurückhaltenden Ansatz werten.

Insgesamt spricht die Entstehungsgeschichte zwar nicht für eine restriktive, wohl aber für eine zurückhaltende Interpretation des Art. 51.[35] Neben dem Wortlaut und der Absicht jener, welche die Regelung in die Fassung gebracht haben, die letztendlich verbindlich wurde, ist auch die Bestimmung des Art. 51 Abs. 2, die in Art. 6 Abs. 1 EUV wiederholt wird, wonach keine Ausweitung der Befugnisse der EU stattfindet, zu berücksichtigen.

Deutlich weniger zurückhaltend ist indessen die Praxis des Gerichtshofs der Europäischen Union vor Inkrafttreten der Charta. Seit Inkrafttreten der Charta führt er sowohl die Wachauf-Judikatur[36] als auch die ERT-Judikatur soweit ersichtlich konsequent fort. Dies zeigt sich etwa im Fall Carpenter, in dem die Anwendbarkeit von Art. 8 der EMRK durch die Dienstleistungsfreiheit ausgelöst wurde.[37] Jenseits dessen aber bietet sich dem Betrachter ein uneinheitliches Bild. Wir beobachten in Schlussanträgen der Generalanwälte Expansionstendenzen wie etwa im Zusammenhang mit der Unionsbürgerschaft in den Schlussanträgen der Generalanwältin SHARPSTON in der Rechtssache Zambrano[38] oder der Generalanwältin KOKOTT im Zusammenhang mit dem Diskriminierungsrecht[39]. Dem stehen differenzierende Positionen wie jene des Generalanwalts CRUZ VILLALÓN in der Rechtssache Åkerberg Fransson[40] oder zurückhaltende Wegmarkierungen des Gerichtshofes selbst gegenüber, wie sie etwa

---

33 EuGH, Urt. vom 18.06.1991, Rs. C-260/89 (ERT), Slg. 1991, I-2925.
34 EuGH, Urt. vom 18.12.1997, Rs. C-309/96 (Annibaldi), Slg. 1997, I-7493.
35 THOMAS VON DANWITZ/KATHARINA PARASCHAS, A Fresh Start for the Charter: Fundamental Questions on the Application of the European Charter of Fundamental Rights, Fordham International Law Journal 2012, S. 1396, 1402 ff.
36 EuGH, Urt. vom 13.07.1989, Rs. C-5/88 (Wachauf), Slg. 1989, S. 2609.
37 EuGH, Urt. vom 11.07.2002, Rs. C-60/00 (Carpenter), Slg. 2002, I-6279.
38 Schlussanträge GA SHARPSTON vom 30.09.2010, Rs. C-34/09 (Zambrano).
39 Schlussanträge GA KOKOTT vom 17.11.2011, Rs. C-393/10 (O'Brien).
40 Schlussanträge GA CRUZ VILLALÓN vom 12.06.2012, Rs. C-617/10 (Åkerberg Fransson).

eine Kammer in der Rechtssache Chartry aufgestellt hat, in der der Ausgangssachverhalt nach Auffassung des EuGH keinerlei Bezug zu den Freiheiten des Binnenmarktes aufwies[41] und der Gerichtshof daher seine Zuständigkeit und damit auch die Anwendbarkeit der Grundrechtecharta verneinte.

Der EuGH ging vor allem in seinem Urteil in der Rechtssache Åkerberg Fransson weiter. Das Ausgangsverfahren betraf bekanntlich die Frage, ob die Kumulation eines Steuerzuschlags mit einer Finanzstrafe als Sanktion für falsche Steuererklärungen mit dem Doppelbestrafungsverbot des Art. 50 der Charta vereinbar ist. Im Ausgangsverfahren war Herr Åkerberg Fransson vor einem erstinstanzlichen schwedischen Gericht im Jahr 2009 wegen Steuerhinterziehung in einem schweren Fall angeklagt worden. Herrn Åkerberg Fransson wurde vorgeworfen, in seinen Steuererklärungen für die Jahre 2004 und 2005 unrichtige Angaben gemacht zu haben, wodurch dem schwedischen Staat nicht unerhebliche Einnahmen aus Einkommens- und Mehrwertsteuer sowie einer Arbeitgeberabgabe entgangen waren. Wegen derselben unrichtigen Angaben wurden Herrn Åkerberg Fransson durch Bescheide des Finanzamts („Skatteverk") im Jahr 2007 Steuerzuschläge auferlegt. Die Bescheide erwuchsen unangefochten am 31. Dezember 2010 und am 31. Dezember 2011 in Rechtskraft.

Das schwedische Gericht legte dem EuGH Fragen vor, anhand deren Beantwortung es vom Gerichtshof geklärt haben wollte, ob die Anklage gegen Herrn Åkerberg Fransson unzulässig sei. Die Vorlagefrage des schwedischen Gerichts warf das Problem auf, ob der Betroffene im Verfahren, mit dem ihm die Steuerzuschläge auferlegt worden waren, bereits wegen derselben Tat bestraft worden sei und ein Strafverfahren somit gegen das Verbot der Doppelbestrafung nach Art. 4 des Siebten Zusatzprotokolls zur EMRK und Art. 50 GRC verstoßen könnte, und damit als Vorfrage, ob das Verfahren, in dem gegen Herrn Åkerberg Fransson Steuerzuschläge verhängt wurden, und die Anklage als „Durchführung des Unionsrechts" im Sinne des Art. 51 Abs. 1 GRC anzusehen sei.

Ohne an dieser Stelle auf die Problematik der allgemeinen Aussagen des EuGH in den Rn. 20 bis 23 des Urteils eingehen zu müssen, ist die Begründung des EuGH, die Sanktionen stünden „teilweise im Zusammenhang mit der Nichteinhaltung von Mitteilungspflichten auf dem Gebiet der Mehrwertsteuer" und seien im Hinblick auf die Verpflichtung der Mitgliedstaaten, die Erhebung der Mehrwertsteuer zu gewährleisten und Steuerbetrug zu bekämpfen, nach dem vorhin Ausgeführten nicht hinreichend, um *in concreto* eine Durchführung des Unionsrechts und damit die Anwendbarkeit der Charta zu begründen. Denn die zunächst erhobenen Steuerzuschläge der schwedischen Abgabenverwaltung bilden bereits die Erfüllung der Verpflichtung aus der Richtlinie, jedenfalls aber, wenn man dies als Argument überhaupt gelten lässt,[42]

---

41 EuGH, Urt. vom 01.03.2011, Rs. C-457/09 (Chartry), Slg. 2011, I-00819, Rn. 25 f.
42 Äußerst kritisch – bereits zur Ableitung von Pflichten der Mitgliedstaaten aus der Richtlinie – Thorsten Kingreen, Ne bis in idem: Zum Gerichtswettbewerb um die Deutungshoheit über die Grundrechte, EuR 2013, S. 446, 451 („geradezu abenteuerlich").

erfolgt das auf die abgabenrechtliche Sanktion folgende Strafverfahren nicht mehr in Durchführung des Unionsrechts. Da erst durch dieses der Tatbestand des Art. 50 GRC erfüllt werden könnte, ist die Charta *in concreto* nicht anwendbar. Die Untiefe des Åkerberg-Fransson-Urteils liegt daher nicht nur in den sehr apodiktischen allgemeinen Aussagen, sondern auch – und möglicherweise vielmehr – in der Bewertung eines Strafverfahrens als Maßnahme der Durchführung einer Richtlinie.[43]

Doch Åkerberg Fransson war nicht das letzte Wort in dieser Frage. Der EuGH präzisierte seine Aussagen in diesem Urteil bereits ein Jahr später aus Anlass einer Vorlage eines italienischen Gerichts in der Rechtssache Cruciano Siragusa über die Entfernung unerlaubt ausgeführter Bauten nach einem Gesetz über den Schutz von Kultur- und Landschaftsgütern.[44] Der Gerichtshof weist erneut darauf hin, dass er eine nationale Regelung, die nicht in den Rahmen des Unionsrechts fällt, nicht im Hinblick auf die Charta beurteilen kann. Unter Zitierung des Åkerberg-Fransson-Urteils führt der Gerichtshof aus, dass er, wenn eine Regelung in den Anwendungsbereich des Unionsrechts falle und er im Wege des Vorabentscheidungsverfahrens angerufen werde, dem vorlegenden Gericht alle Auslegungskriterien an die Hand zu geben habe, die es benötigt, um die Vereinbarkeit dieser Regelung mit den Charta-Grundrechten beurteilen zu können.[45] Auch der folgende Hinweis auf die Erläuterungen zur Bekräftigung der Bedeutung des (mitgliedstaatlichen) Handelns im Anwendungsbereich des Unionsrechts als Voraussetzung der Anwendbarkeit der Charta entspricht noch dem Åkerberg-Fransson-Urteil.[46] Sodann aber nimmt der EuGH wesentliche Nuancierungen seiner bisherigen Rechtsprechung vor. Das Ausgangsverfahren betrifft in der Rechtssache Siragusa eine Entfernungsanordnung im Landschaftsschutzrecht. Der EuGH betont zunächst über das Umweltrecht den Zusammenhang mit dem Unionsrecht.[47] Der EuGH gibt zu bedenken, dass der Begriff der „Durchführung des Rechts der Union" im Sinne von Art. 51 der Charta einen hinreichenden Zusammenhang von einem gewissen Grad verlangt, der darüber hinausgeht, dass die fraglichen Sachbereiche benachbart sind oder der eine Sachbereich mittelbare Auswirkungen auf den anderen haben kann.[48] Sodann wird das in den Erläuterungen zu Art. 51 der Charta genannte, für eine einschränkende Interpretation sprechende Urteil Annibaldi zitiert und werden die Kriterien zur Reichweite der Rechte aus der Unionsbürgerschaft zu Kriterien der Auslegung des Art. 51 der Charta gemacht: Um festzustellen, ob eine nationale Regelung die Durchführung des Rechts der Union im Sinne von Art. 51 der Charta betrifft, ist dem EuGH zufolge im Siragusa-Urteil u.a. zu prüfen, ob mit ihr

---

43 Kritisch dazu auch FRANK SCHORKOPF, § 3 Grundrechtsverpflichtete, in: Christoph Grabenwarter (Hrsg.), Europäischer Grundrechteschutz (Enzyklopädie Europarecht, Bd. 2), 2014, Rn. 24 ff.
44 EuGH, Urt. vom 06.03.2014, Rs. C-206/13 (Siragusa).
45 EuGH, Urt. vom 06.03.2014, Rs. C-206/13 (Siragusa), Rn. 21.
46 EuGH, Urt. vom 06.03.2014, Rs. C-206/13 (Siragusa), Rn. 22.
47 EuGH, Urt. vom 06.03.2014, Rs. C-206/13 (Siragusa), Rn. 23.
48 EuGH, Urt. vom 06.03.2014, Rs. C-206/13 (Siragusa), Rn. 24 unter Hinweis auf EuGH, Urt. vom 29.05.1997, Rs. C-299/95 (Kremzow), Rn. 16.

eine Durchführung einer Bestimmung des Unionsrechts bezweckt wird, welchen Charakter diese Regelung hat und ob mit ihr nicht andere als die unter das Unionsrecht fallenden Ziele verfolgt werden, selbst wenn sie das Unionsrecht mittelbar beeinflussen kann, sowie ferner, ob es eine Regelung des Unionsrechts gibt, die für diesen Bereich spezifisch ist oder ihn beeinflussen kann.[49] Es folgt eine Negativabgrenzung des Anwendungsbereichs der Charta: Die Grundrechte der Union sind – so der EuGH unter Hinweis auf das Urteil in der Rechtssache Maurin – im Verhältnis zu einer nationalen Regelung unanwendbar, wenn die unionsrechtlichen Vorschriften in dem betreffenden Sachbereich keine Verpflichtungen der Mitgliedstaaten im Hinblick auf den im Ausgangsverfahren fraglichen Sachverhalt schaffen.[50] Die Auferlegung solcher Verpflichtungen war im Fall Siragusa weder durch die Bestimmungen des EU-Vertrages, noch des AEU-Vertrages, noch durch die Regelung über das Übereinkommen von Aarhus, noch durch die Richtlinien 2003/4 und 2011/92 gegeben.[51] Noch einmal weist der EuGH auf das Urteil Annibaldi hin, um zu betonen, dass ein nationales Gesetz, das das Funktionieren einer gemeinsamen Agrarmarktorganisation mittelbar beeinflussen kann, keinen hinreichenden Zusammenhang zu begründen vermag.[52] Überdies sei dem Ziel des Grundrechtsschutzes im Unionsrecht Rechnung zu tragen, das darin besteht, sicherzustellen, dass die Grundrechte in den Tätigkeitsbereichen der Union nicht verletzt werden, sei es infolge von Handlungen der Union oder infolge der Durchführung des Unionsrechts durch die Mitgliedstaaten.[53]

Die Umsetzung von Richtlinien ist ganz unzweifelhaft eine Form der „Durchführung", der „*implementation*" des Unionsrechts. Bloße Hinweise in Richtlinien oder in den Verträgen, dass nationale Rechtsvorschriften im Einklang mit dem Unionsrecht stehen müssen, begründen hingegen noch keine Durchführung des Unionsrechts durch diese verwiesenen Vorschriften.[54] Die Grundrechtsbindung bei der Richtlinienumsetzung gilt jedenfalls dort, wo die Mitgliedstaaten keinen Spielraum haben.[55]

---

49 EuGH, Urt. vom 06.03.2014, Rs. C-206/13 (Siragusa), Rn. 25 unter Hinweis auf EuGH, Urt. vom 18.12.1997, Rs. C-309/96 (Annibaldi), Rn. 21 bis 23; EuGH, Urt. vom 08.11.2012, Rs. C-40/11 (Iida), Rn. 70 und EuGH, Urt. vom 08.05.2013, Rs. C-87/12 (Ymeraga), Rn. 41.

50 EuGH, Urt. vom 06.03.2014, Rs. C-206/13 (Siragusa), Rn. 26 unter Hinweis auf EuGH, Urt. vom 13.06.1996, Rs. C-144/95 (Maurin), Rn. 11 f.

51 EuGH, Urt. vom 06.03.2014, Rs. C-206/13 (Siragusa), Rn. 27.

52 EuGH, Urt. vom 06.03.2014, Rs. C-206/13 (Siragusa), Rn. 29.

53 EuGH, Urt. vom 06.03.2014, Rs. C-206/13 (Siragusa), Rn. 31 unter Hinweis auf EuGH, Urt. vom 15.11.2011, Rs. C-256/11 (Dereci), Rn. 71.

54 Zutreffend CLEMENS LADENBURGER, European Union Institutional Report, in: Julia Laffranque (Hrsg.), The Protection of Fundamental Rights Post-Lisbon: The Interaction between the Charter of Fundamental Rights of the European Union, the European Convention on Human Rights and National Constitutions, 2012, S. 141, 165 unter Hinweis auf die Rechtsprechung des EuGH (EuGH, Urt. vom 14.04.2005, Rs. C-6/03 [Eiterköpfe], Slg. 2005, I-2753).

55 THORSTEN KINGREEN, Die Grundrechte des Grundgesetzes im europäischen Grundrechtsföderalismus, JZ 2013, S. 801, 806 f.; BVerfG, Beschl. vom 13.03.2007, Az. 1 BvF 1/05, BVerfGE 118, S. 79-111; BVerfG, Einstweilige Anordnung vom 11.03.2008, Az. 1 BvR 256/08, BVerfGE 121, S. 1-30, Rn. 135.

Dort, wo sie einen Umsetzungsspielraum haben, ist die Charta zwar anwendbar, sie tritt aber nur neben die völkerrechtliche Bindung des Mitgliedstaates an die EMRK und die verfassungsrechtliche Bindung an die nationalen Grundrechte.

Die Grenze der Bindung dürfte aber dort erreicht sein, wo der Gesetzgeber zusätzliche Regelungen aus Anlass eines Gesetzes trifft, sei es aus gänzlich anderen rechtspolitischen Gründen, sei es aus verfassungsrechtlichen Gründen etwa zur Vermeidung von Inländerdiskriminierungen, wobei damit nicht die Auffassung vertreten wird, dass eine Vorschrift, die unterschiedslos für Richtlinienumsetzungssachverhalte und andere „Inhaltssachverhalte" gilt, deshalb nicht von der Geltung der Charta erfasst wäre.

Wie aber sieht es mit der Bindung an die Charta bei Regelungen im Bereich von Grundfreiheiten aus? Gerade im Lichte der jüngsten Rechtsprechung stellt sich die Lage bei Regelungen im Anwendungsbereich der Grundfreiheiten wesentlich komplexer dar. Nähme man den EuGH in den allgemeinen Aussagen im Åkerberg-Fransson-Urteil beim Wort, wäre die Frage allerdings auch erledigt: Anwendbarkeit der Grundrechte-Charta, weil Anwendungsbereich des Unionsrechts. So einfach sind die Dinge aber auch hier nicht. Gerade das Siragusa-Urteil zwingt zu einer differenzierteren Sicht.

Ausgangspunkt der Überlegungen ist der Hinweis auf das ERT-Urteil in den Erläuterungen zu Art. 51 der Charta.[56] Angesichts der Erwähnung des Urteils in den Erläuterungen ist zunächst anzunehmen, dass jedenfalls zum Zeitpunkt der Formulierung der Charta davon ausgegangen werden musste, dass bestimmte Regelungen und Maßnahmen im Anwendungsbereich einer oder mehrerer Grundfreiheiten Fälle einer Durchführung des Unionsrechts bilden sollten. Einzuräumen ist auch, dass die Änderung des Wortlauts der deutschen Fassung der Charta am Ende der Konventsberatungen in letzter Minute eine enge Auslegung nahelegt.[57] Eine gänzliche Abkehr von der ERT-Doktrin gestützt auf den deutschen Wortlaut dürfte jedoch schon allein deswegen nicht anzunehmen sein, weil der Wortlaut der englischen und der französischen Fassung des Art. 51 Abs. 1 in der Schlussphase der Beratungen des Charta-Konvents unverändert blieb. Es ist daher mit der herrschenden Lehre[58] davon auszugehen, dass

---

56 Charta-Erläuterungen, ABl. 2007 C 303, S. 17, 32.
57 So etwa Borowsky (Anm. 25), Art. 51 Rn. 24 ff.; Wolfgang Cremer, Der programmierte Verfassungskonflikt: Zur Bindung der Mitgliedstaaten an die Charta der Grundrechte der Europäischen Union nach dem Konventionsentwurf für eine Europäische Verfassung, NVwZ 2003, S. 1455; Thorsten Kingreen, in: Christian Calliess/Matthias Ruffert (Hrsg.), EUV/AEUV, 4. Aufl. 2011, Art. 51 Rn. 16; Huber (Anm. 30), NJW 2011, S. 2387; Thorsten Kingreen, Theorie und Dogmatik der Grundrechte im europäischen Verfassungsrecht, EuGRZ 2004, S. 570, 576.
58 Vgl. u.a. Carsten Nowak, § 6 Grundrechtsberechtigte und Grundrechtsadressaten, in: Sebastian Heselhaus/Carsten Nowak (Hrsg.), Handbuch der Europäischen Grundrechte, 2006, Rn. 48; Ladenburger (Anm. 31), Art. 51 Rn. 23; Albert Posch, Bindung der Mitgliedstaaten an die Grundrechtecharta der EU, ÖJZ 2013, S. 380, 381; Christoph Grabenwarter, Auf dem Weg in die Grundrechtsgemeinschaft? / Weimarer Kolloquium: Vom Vertrag zur EU-Verfassung?, EuGRZ 2004, S. 563, 564; Hans Jarass, Charta der Grundrechte der Europäischen Union, 2. Aufl. 2013, Art. 51 Rn. 21.

Maßnahmen analog zu denen in der ERT-Konstellation, mit denen gezielt eine Grundfreiheit eingeschränkt wird, an den Grundrechten der Charta zu messen sind. Gleiches wird wohl für Fälle anzunehmen sein, in denen der EuGH Unionsgrundrechte bei Beschränkungen der Grundfreiheiten durch Private in Anschlag brachte.[59]

Jenseits dieser klassischen ERT-Situationen ist aber zu fragen, ob in Konstellationen, die in mehr oder weniger loser Form mit einer Grundfreiheit in Bezug gesetzt werden können, tatsächlich Fälle der „Durchführung" des Unionsrechts im Sinne von Art. 51 der Charta zu sehen sind.[60] Der Nachweis der Durchführung des Unionsrechts wird bei individuellen Akten leichter zu führen sein als bei der Beurteilung von gesetzlichen Regelungen, die in vielen Fällen neben einem Bezug zu den Grundfreiheiten auch oder überwiegend auf Sachverhalte bezogen sind, denen jeder grenzüberschreitende Bezug fehlt oder deren Intention überhaupt nicht auf die Beschränkung einer Grundfreiheit gerichtet ist. In diesem Sinne entschied der EuGH in der Rechtssache Chartry[61], dass ein Verfahren über die Besteuerung von Einkommen für eine Tätigkeit im Hoheitsgebiet eines Mitgliedstaates, dessen Staatsangehörigkeit der Betroffene besitzt, keinerlei Bezug zu einem der durch die Bestimmungen des EG-Vertrages über die Freizügigkeit, den freien Dienstleistungs- oder Kapitalverkehr geregelten Sachverhalte aufweise.

Dieses zuletzt genannte Urteil zeigt, dass eine generelle Antwort bei Regelungen im Zusammenhang mit Grundfreiheiten nicht gegeben werden kann. Die knappe Bezugnahme auf die ERT-Rechtsprechung in den Erläuterungen lässt es jedenfalls nicht zu, anders als dies die Entscheidung Åkerberg Fransson nahelegen mag, generell von der Anwendbarkeit der Charta-Grundrechte auszugehen. Vielmehr wird im Einzelfall zu prüfen und nachzuweisen sein, ob bzw. dass eine spezifische Verbindung zu einer Grundfreiheit vorliegt. Dieser Nachweis wird umso eher erforderlich sein, je weniger offensichtlich die Ausgangssachverhalte auf einen Bezug zum Unionsrecht hindeuten. Gibt es keine Harmonisierungsvorschriften des Sekundärrechts, liegt keine spezifische Regelung des Unionsrechts vor.[62] Mit der jüngsten Rechtsprechung des EuGH ist eine solche spezifische Verbindung dann anzunehmen, wenn sie andere als unionsrechtliche Ziele verfolgt und auf das Unionsrecht nur mittelbaren Einfluss hat. Vorschriften im Anwendungsbereich einer Grundfreiheit, die diese nicht beschränken, begründen insoweit keine „Verpflichtung der Mitgliedstaaten" und daher auch nicht die Anwendbarkeit der Charta.

Zu berücksichtigen ist in diesem Zusammenhang schließlich ein historisch-systematisches Argument, das für eine restriktivere Auslegung des Art. 51 der Charta spricht: Die Berufung auf die ERT-Rechtsprechung muss den Kontext berücksichtigen, in dem diese Rechtsprechung ihren Anfang genommen hat. In dieser Zeit gab

59 EuGH, Urt. vom 12.06.2003, Rs. C-112/00 (Schmidberger), Slg. 2003, I-5659.
60 Zum Folgenden auch Ladenburger (Anm. 54), S. 167 f.
61 EuGH, Urt. vom 01.03.2011, Rs. C-457/09 (Chartry), Slg. 2011, I-0081.
62 EuGH, Urt. vom 06.03.2014, Rs. C-206/13 (Siragusa), Rn. 25.

es eben noch keinen gemeineuropäischen Grundrechtskatalog in der Union und die ERT-Rechtsprechung kann mit guten Gründen als ein Vehikel gesehen werden, um einen einheitlichen Grundrechtsstandard zu wahren, der frei ist von beliebigen Abweichungen des nationalen Verfassungsrechts; die (wenn auch nur mittelbare) Durchsetzung der EMRK-Standards über das Gemeinschaftsrecht könnte hier eine wesentliche Stütze bilden. In den letzten 15 Jahren ist sowohl die materielle Basis als auch der Rechtsschutzmechanismus im Rahmen der EMRK stärker geworden, sodass der damals vorhandene Grund nicht mehr trägt oder jedenfalls wesentlich weniger Bedeutung hat.[63]

Es bleiben aber Fälle, in denen nationale Rechtsvorschriften im Bereich von Grundfreiheiten, im Besonderen Gesetze, sowohl für reine Inlandssachverhalte als auch für grenzüberschreitende Sachverhalte gelten. In einem Normenkontrollverfahren kann kein Zweifel bestehen, dass ein Verfassungsgericht, und vor dem Hintergrund des Grundgesetzes namentlich auch das BVerfG, die ihm von der Verfassung auferlegte Zuständigkeit zur Prüfung am Maßstab der Grundrechte ausübt. Auch der EuGH beansprucht in diesem Fall mit Blick auf die Beschränkung der Grundfreiheit für die grenzüberschreitenden Sachverhalte eine Prüfungszuständigkeit. Heute ist im Ergebnis unbestritten, dass nicht von einer Alternativität der Zuständigkeit im Sinne einer strikten „Trennungsthese" auszugehen ist. Vielmehr sind Verfassungsgericht und EuGH nebeneinander zuständig („Kumulationsthese").[64] Das bedeutet, dass EuGH und BVerfG in diesem Bereich in Konkurrenz zueinander treten. Wie diese Konkurrenzen im Einzelfall aufzulösen sind, ist nicht allgemein zu beantworten. Die Charta gibt in Gestalt des Günstigkeitsprinzips des Art. 53 eine Antwort und mit Art. 52 Abs. 3 eine Handhabe für die harmonisierende Auflösung von Konkurrenzen. Sie erscheinen jedoch bei allgemeiner Betrachtung bedeutsamer als im konkreten Konfliktfall. Hier steht zu erwarten, dass der EuGH im Lichte der Melloni-Entscheidung den Vorrang der Grundrechte der Charta beanspruchen wird, dies auch mit guten Gründen.[65]

b) EGMR – BVerfG

Im Verhältnis zwischen dem EGMR und dem BVerfG ist das Zusammenwirken der Gerichte durch eine Steuerung der Kontrolldichte bestimmt, die der Straßburger Gerichtshof mit dem Beurteilungsspielraum der Mitgliedstaaten umschreibt. Für diesen Beurteilungsspielraum haben sich verschiedene Kriterien herausgebildet, zu denen unter anderem das Vorliegen eines europäischen Standards gehört. Andere Gesichtspunkte sind Fragen der Moral, das Verhältnis zwischen Staat und Religion

---

63 Vgl. Schorkopf (Anm. 43), Rn. 27.
64 Kingreen (Anm. 55), JZ 2013, S. 803; Johannes Masing, Einheit und Vielfalt des Europäischen Grundrechtsschutzes (im Erscheinen).
65 Kingreen (Anm. 55), JZ 2013, S. 808.

oder komplexe Prognoseentscheidungen in sich rasch ändernden Gebieten, wie zum Beispiel Fragen des Medizinrechts.[66]

In den letzten zehn Jahren bestimmten drei Themenfelder das Verhältnis zwischen EGMR und BVerfG: Neben den Umgangsrechtsverfahren waren es die Sicherungsverwahrung und der Persönlichkeitsschutz in der medialen Bildberichterstattung.

Nachdem das BVerfG die Sicherungsverwahrung im Jahr 2004 für vereinbar mit dem Grundgesetz befunden hatte,[67] stellte der EGMR am 17. Dezember 2009 im Fall M.[68] eine Verletzung von Art. 5 und Art. 7 EMRK fest. Das BVerfG reagierte und traf am 4. Mai 2011 eine Grundsatzentscheidung[69] zum Verhältnis zwischen den Grundrechten des Grundgesetzes und der EMRK und es befand seinerseits die Sicherungsverwahrung wegen Verstoßes gegen Art. 2 Abs. 2 Satz 2 Grundgesetz in Verbindung mit Art. 20 bzw. Art. 104 Abs. 1 Satz 1 Grundgesetz für unvereinbar mit dem Grundgesetz. In bisher nicht gekannter Offenheit betont das BVerfG die Bedeutung der EMRK als Auslegungshilfe für die Grundrechte des Grundgesetzes. Es betont aber auch, dass der vom Gericht so bezeichnete aktive Rezeptionsvorgang Vorsicht walten lassen müsse, wenn es darum geht, völkerrechtliche Begriffe verfassungsrechtlich zu kontextualisieren.[70]

Die Caroline-Fälle sind das zweite markante Beispiel. Die Urteile von Hannover Nr. 1 bis von Hannover Nr. 3[71] bilden eine Rechtsprechungslinie, in deren Verlauf der Straßburger Gerichtshof auf Entscheidungen des BVerfG reagierte. Die Entscheidung des BVerfG vom 26. Februar 2008[72] rezipierte wesentliche Begründungsstränge aus der ersten Caroline-Entscheidung des EGMR. Nicht ohne Genugtuung stellt der EGMR in Rn. 47 seines Urteils Caroline Nr. 3 vom 19. September 2013 fest, dass der Bundesgerichtshof seine frühere Rechtsprechung modifiziert habe, indem er die Betonung auf die Frage gelegt habe, ob ein streitverfangener Bericht einen Beitrag zu einer faktischen Debatte bilde und ob sein Beitrag über den einfachen Wunsch, die öffentliche Neugier zu befriedigen, hinausgehe, und dass das BVerfG diesen Ansatz bestätigt habe.

---

66 EGMR, Urt. vom 03.11.2011, Nr. 57813/00 (S.H. u.a.).

67 BVerfG, Urt. vom 05.02.2004, Az. 2 BvR 2029/01, BVerfGE 109, S. 133-190.

68 EGMR, Urt. vom 17.12.2009, Nr. 19359/04 (M.).

69 BVerfG, Urt. vom 04.05.2011, Az. 2 BvR 2333/08, 2 BvR 2365/09, 2 BvR 571/10, 2 BvR 740/10, 2 BvR 1152/10, BVerfGE 128, S. 326-409.

70 BVerfG, Urt. vom 04.05.2011, Az. 2 BvR 2333/08, 2 BvR 2365/09, 2 BvR 571/10, 2 BvR 740/10, 2 BvR 1152/10, BVerfGE 128, S. 326-409, Rn. 86 ff.

71 EGMR, Urt. vom 24.06.2004, Nr. 59320/00 (von Hannover); EGMR, Urt. vom 07.02.2012, Nr. 40660/08 und 60641/08 (von Hannover, Nr. 2); EGMR, Urt. vom 19.09.2013, Nr. 8772/10 (von Hannover, Nr. 3).

72 BVerfG, Beschl. vom 26.02.2008, Az. 1 BvR 1602/07, 1 BvR 1606/07, 1 BvR 1626/07, BVerfGE 120, S. 180-223.

Bestimmende Elemente dieser Kooperation sind der *„margin of appreciation"* und „Korridorlösungen" bei Abwägungsergebnissen im Zusammenhang mit kollidierenden Rechten in mehrpoligen Grundrechtsverhältnissen.[73]

c) EGMR – EuGH

Im Verhältnis zwischen dem EGMR und dem EuGH wird diese Beobachtung der Kontrolle von Unionsrecht am Maßstab der Garantien der EMRK bestätigt. Im Fall Bosphorus[74] hatte der Straßburger Gerichtshof den heutigen Stand der Rechtsprechung auf den Punkt gebracht. Er hatte zu entscheiden, ob Irland für die Verletzung der Konvention bei der Durchführung einer EU-Verordnung verantwortlich gemacht werden konnte. Die Frage, die der EGMR faktisch zu beurteilen hatte, war, ob die EU-Verordnung mit der Konvention vereinbar war. Der EGMR hätte zwar nicht die Union verantwortlich machen können, wohl aber nach der Vorjudikatur Irland als Mitgliedstaat der Union. Weil dies aber wohl zu einer Konfrontation mit dem EuGH geführt hätte, befand der EGMR, dass Handlungen in Entsprechung rechtlicher Verpflichtungen im Rahmen des Unionsrechts gerechtfertigt seien, solange für die betreffende Organisation davon ausgegangen werden könne, dass sie die Menschenrechte in einer Weise schützt, die wenigstens gleichwertig zu jener ist, die die EMRK gewährt. Wenn ein solcher gleichwertiger Grundrechtsschutz angenommen werden kann, streitet eine widerlegliche Vermutung dafür, dass der betreffende Mitgliedstaat die Anforderungen der Konvention nicht verletzt habe. Mit diesem an die Solange-Rechtsprechung des deutschen BVerfG erinnernden Ansatz nimmt der EGMR seine Kontrolle gegenüber dem EuGH doch deutlich zurück.[75]

Auch in umgekehrter Hinsicht kann davon ausgegangen werden, dass das Zusammenwirken von gegenseitiger Rücksichtnahme geprägt ist. Dafür sprechen nicht nur die zahlreichen, ansatzlos übernommenen Auslegungsergebnisse des EGMR immer dann, wenn durch das Vorbringen vorlegender Gerichte Fragen des Primärrechts mit Grundrechtsfragen verknüpft werden. Als ein vielleicht nicht in dieser Deutlichkeit ins Auge springendes Beispiel mag die Rechtsprechung zur Unionsbürgerschaft dienen. Während man nach dem Urteil des EuGH in der Rechtssache Ruiz Zambrano[76] von einem weithin uneingeschränkten Aufenthaltsrecht von Drittstaatsangehörigen ausgehen konnte, das diese aus dem Status der Unionsbürgerschaft eines Familienangehörigen ableiten konnten, hat der EuGH über Vorlage des Verwaltungsgerichts-

---

73 Vgl. CHRISTOPH GRABENWARTER, Kontrolldichte des Grund- und Menschenrechtsschutzes in mehrpoligen Rechtsverhältnissen – aus der Sicht des Österreichischen Verfassungsgerichtshofes, EuGRZ 2006, S. 487 ff.

74 EGMR, Urt. vom 30.06.2005, Nr. 45036/98 (Bosphorus), Rn. 152 ff.

75 Vgl. dazu BERKA (Anm. 3), ÖJZ 2006, S. 883; CHRISTOPH GRABENWARTER/KATHARINA PABEL, Europäische Menschenrechtskonvention, 5. Aufl. 2012, S. 25 f.; VONDUNG (Anm. 3), S. 83 ff.

76 EuGH, Urt. vom 08.03.2011, Rs. C-34/09 (Ruiz Zambrano/Office national de l'emploi), noch nicht in der Slg. veröffentlicht, Rn. 40 ff.

hofes im Fall Dereci[77] eine deutliche Nuance verfügt, indem er gestützt auf das Grundrecht des Privat- und Familienlebens – verankert nicht nur im Grundrecht nach der Charta, sondern auch im Art. 8 EMRK – den Ball gleichsam zurück in das Feld des Grundrechtsschutzes durch die mitgliedstaatlichen Gerichte und damit letztlich des EGMR gespielt hat.

In jüngerer Zeit zeigt sich eine verstärkte Bezugnahme des EuGH auf die Rechtsprechung des EGMR in eigenen Entscheidungen. In dem Urteil des Gerichtshofes zur Vorratsdatenspeicherung verweist dieser wiederholt auf die Rechtsprechung des EGMR zum Schutz personenbezogener Daten nach Art. 8 EMRK.[78] Auch die Steuerung der eigenen Kontrolldichte und die Beurteilung des Gestaltungsspielraums des Unionsgesetzgebers erinnert an die ständige Rechtsprechung des EGMR zum sog. *margin of appreciation* und spricht für eine Interaktion der beiden europäischen Gerichtshöfe.[79] Der Beitritt der EU zur EMRK muss an diesem Verhältnis etwas ändern, hindert den EGMR aber nicht daran, seine Kontrolldichte in einer vergleichbaren Form zurückzunehmen, wie er dies im Verhältnis zu den Verfassungsgerichten tut.

3 Konkurrenz: Der Wettlauf um das höhere Schutzniveau

Für das Verhältnis unterschiedlicher Schutzniveaus gibt es zwei Regelungen, nämlich Art. 53 EMRK und den nahezu wortgleichen Art. 53 GRC. Sie verschaffen dem nationalen Grundrechtsstandard Luft und lassen Raum nach oben. Beide Vorschriften bringen so etwas wie ein grundrechtliches Meistbegünstigungsgebot zum Ausdruck, letztere umfassend nicht nur gegenüber der EMRK, sondern auch gegenüber den Verfassungen der Mitgliedstaaten, wobei eine Nuance nicht übersehen werden darf, nämlich dass Art. 53 EMRK auf die Gesetze und damit auch auf die Verfassung des konkreten Mitgliedstaates bezogen ist, während die Charta auf die Verfassungen der – d.h. aller – Mitgliedstaaten zielt.

Eine Analyse dieser Feinheiten bringt uns aber nicht dem allgemeinen Erkenntnisanliegen näher, zumal diese Meistbegünstigungsklauseln bei mehrpoligen Grundrechtsverhältnissen nicht wirken. Jenseits dieser normativen Grundlage zeigt sich vor allem im Verhältnis zwischen dem EuGH und dem EGMR in jüngerer Zeit eine Dynamik, die im Ergebnis zu höherem Grundrechtsschutz führt. Die Rechtsprechung des EuGH ist reich an Beispielen, in denen die Rechtsprechung des EGMR, ohne unmittelbar verbindlich zu sein, dazu geführt hat, dass im Unionsrecht bestimmte

---

[77] EuGH, Urt. vom 15.11.2011, Rs. C-256/11 (Dereci u.a./Bundesministerium für Inneres), noch nicht in der Slg. veröffentlicht, Rn. 62 ff.

[78] EuGH, Urt. vom 08.04.2014, Rs. C-293/12 und C-594/12 (Digital Rights Ireland Ltd./Kärntner Landesregierung), noch nicht in der Slg. veröffentlicht, Rn. 35 und 54 f.

[79] EuGH, Urt. vom 08.04.2014, Rs. C-293/12 und C-594/12 (Digital Rights Ireland Ltd./Kärntner Landesregierung), noch nicht in der Slg. veröffentlicht, Rn. 48.

grundrechtliche Standards eingezogen werden. Erinnert sei etwa an das frühe Beispiel der Hoechst-Rechtsprechung[80], in der der EuGH zunächst die Anwendbarkeit des Art. 8 EMRK auf Firmenräumlichkeiten verneint hatte. Einige Jahre und EGMR-Urteile später war es dann unbestritten, dass der Schutz des Privatlebens auch im Unionsrecht Firmenräumlichkeiten umfassen kann.[81]

Ein sehr bemerkenswertes und in seiner Bedeutung nicht zu unterschätzendes, jüngeres Beispiel betrifft den Grundrechtsschutz von Asylbewerbern im Regime der Dublin II-Verordnung.[82] Nach anfänglicher Zurückhaltung des EGMR, die sich zuletzt noch in der Unzulässigkeitsentscheidung vom 2. Dezember 2008 im Fall K.R.S.[83] manifestierte, wagte der EGMR im Fall M.S.S. gegen Belgien und Griechenland[84] den Zugriff auf die chaotischen Zustände bei der Betreuung von Asylbewerbern in Griechenland. Anders als im Fall Bosphorus hatte Belgien durch das Selbsteintrittsrecht nach der Dublin II-Verordnung eine Möglichkeit, sich sowohl unionsrechtskonform als auch EMRK-konform auch dann zu verhalten, wenn eine Rückschiebung des Asylbewerbers nach Griechenland nicht erfolgte. Der EGMR stellte eine Verletzung von Art. 3 durch Belgien fest, wobei er sich konkret auf die Zustände des Asylwesens in Griechenland bezog. Unter Hinweis auf die Vorjudikatur im Fall Saadi[85] hielt der EGMR ausdrücklich fest, dass die Mitgliedschaft in Menschenrechtsverträgen für sich genommen nicht ausreicht, um einen angemessenen Schutz vor Misshandlungen zu gewährleisten, wenn verlässliche Quellen eine Praxis zeigen, die offensichtlich gegen die Prinzipien der Konvention verstößt.

Der EuGH war in der nur genau elf Monate später ergangenen Entscheidung N.S.[86] mit der konkreten Frage des englischen Court of Appeal konfrontiert, ob die EMRK weitreichenden Schutz gegenüber den Charta-Garantien gewährleiste. Der EuGH beantwortete die Frage nur indirekt, indem er darauf hinwies, dass diese Frage vor dem Hintergrund des Stands der Rechtsprechung *vor* dem M.S.S.-Urteil gestellt wurde und dass die Beantwortung dieser Frage zu keinem anderen Ergebnis führen würde als bei der zur Charta gestellten Frage. Mit Bezug zu Art. 4 der Grundrechte-Charta ist auf eine bemerkenswerte Nuance zu verweisen. Der EuGH stellt nämlich fest, dass es den Mitgliedstaaten obliege, dann einen Asylbewerber nicht an den

---

80 EuGH, Urt. vom 21.09.1989, Rs. C-46/87 und C-227/88 (Hoechst/Kommission der Europäischen Gemeinschaften), Slg. 1989, S. 2859, Rn. 13, 17 f.

81 EGMR, Urt. vom 16.12.1992, Nr. 13710/88 (Niemietz), Rn. 30 ff.; vgl. dazu GRABENWARTER/PABEL (Anm. 75), S. 239 m.w.H.; EuGH, Urt. vom 14.02.2008, Rs. C-450/06 (Varec/Belgischer Staat), Slg. 2008, I-00581, Rn. 48.

82 Vgl. dazu auch KAY HAILBRONNER/DANIEL THYM, Vertrauen im europäischen Asylsystem, NVwZ 2012, S. 406 ff.

83 EGMR, Urt. vom 02.12.2008, Nr. 32733/08 (K.R.S.).

84 EGMR, Urt. vom 21.01.2011, Nr. 30696/09 (M.S.S.), Rn. 223 ff., 353.

85 EGMR, Urt. vom 28.02.2008, Nr. 37201/06 (Saadi), Rn. 147.

86 EuGH, Urt. vom 21.12.2011, Rs. C-411/10 und 493/10 (N. S. [C-411/10]/Secretary of State for the Home Department und M. E. und andere [C-493/10]/Refugee Applications Commissioner und Minister for Justice, Equality and Law Reform), noch nicht in der Slg. veröffentlicht.

zuständigen Mitgliedstaat im Sinne der Dublin II-Verordnung zu überstellen, wenn ihnen nicht unbekannt sein konnte, dass die „systemischen Mängel des Asylverfahrens unter Aufnahmebedingungen für Asylbewerber" in diesem Mitgliedstaat ernsthafte und durch Tatsachen bestätigte Gründe für die Annahme darstellen, dass der Antragsteller tatsächlich Gefahr laufe, einer unmenschlichen oder erniedrigenden Behandlung im Sinne dieser Bestimmung ausgesetzt zu werden. Mit anderen Worten: Der EuGH präzisiert die Aussage des EGMR aus dem M.S.S.-Urteil dahingehend, dass nur in Bezug auf Mitgliedstaaten mit „systemischen Mängeln" ein Abschiebungshindernis bestehe. Nach zutreffender Auffassung[87] besteht diese Situation gegenwärtig nur im Fall von Griechenland.

Ein weiteres Beispiel bildet die Rechtsprechung zu Rechten von Arbeitnehmern im Spannungsverhältnis zwischen den Grundfreiheiten des Unionsrechts in den Fällen Viking und Laval einerseits und der Rechtsprechung des EGMR zu Rechten von Arbeitnehmern aus Art. 11 EMRK andererseits.[88] In den Urteilen Viking[89] und Laval[90] (beide aus dem Jahr 2007) räumte der EuGH den wirtschaftlichen Grundfreiheiten, namentlich der Niederlassungs- und Dienstleistungsfreiheit, eine starke Position gegenüber gewerkschaftlichen Maßnahmen ein. So stellt der Luxemburger Gerichtshof im Urteil Viking fest, dass die Niederlassungsfreiheit dem finnischen Fährunternehmen Viking-Line Rechte verleiht, auf die es sich gegenüber der Internationalen Transportarbeiter-Föderation ITF berufen kann. Der ITF zugehörig ist die Gewerkschaft Finnish Seamen's Union der finnischen Belegschaft; die ITF übt die ihr aufgrund der Koalitionsfreiheit zustehende autonome Befugnis aus, mit den Arbeitgebern und berufsständischen Organisationen über die Arbeits- und Vergütungsbedingungen der Arbeitnehmer zu verhandeln. Das finnische Fährenunternehmen Viking-Line hatte beabsichtigt, ein Schiff umzuflaggen und in Estland, wo es eine Tochtergesellschaft hatte, registrieren zu lassen, um eine estnische Besatzung auf der Grundlage eines niedrigeren Lohnniveaus als desjenigen in Finnland beschäftigen zu können. Dabei sind kollektive Maßnahmen der Gewerkschaft, die darauf abzielen, ein ausländisches Unternehmen zum Abschluss eines Tarifvertrages mit einer Gewerkschaft zu veranlassen, der geeignet ist, das Unternehmen davon abzubringen, von seiner Niederlassungsfreiheit Gebrauch zu machen, eine Beschränkung der Grundfreiheit, die gerechtfertigt sein muss. Hierzu ist zu prüfen, ob die kollektive

---

87 Vgl. dazu HAILBRONNER/THYM (Anm. 82), NVwZ 2012, S. 408.

88 Vgl. dazu MATHIS FISTER, Neuerungen bei den Grundrechten des Arbeitslebens, in: Christoph Grabenwarter/Winfried Pöcherstorfer/Claudia Rosenmayr-Klemenz (Hrsg.), Die Grundrechte des Wirtschaftslebens nach dem Vertrag von Lissabon, 2012, S. 56 ff. m.w.N.; JÖRG POLAKIEWICZ/ADRIANA KESSLER, Das Streikverbot für deutsche BeamtInnen, NVwZ 2012, S. 841 ff.

89 EuGH, Urt. vom 11.12.2007, Rs. C-438/05 (International Transport Workers' Federation und Finnish Seamen's Union/Viking Line ABP und OÜ Viking Line Eesti), Slg. 2007, I-10779, Rn. 44 ff.

90 EuGH, Urt. vom 18.12.2007, Rs. C-341/05 (Laval un Partneri Ltd./Svenska Byggnadsarbetareförbundet u.a., Slg. 2007, I-11767, Rn. 91 ff.

Maßnahme, der Streik, geeignet ist, die Erreichung des verfolgten Ziels zu gewährleisten, und nicht über das zur Erreichung dieses Ziels Erforderliche hinausgeht.

Seit dem Inkrafttreten des Vertrages von Lissabon ist das Streikrecht in Art. 28 Grundrechte-Charta ausdrücklich garantiert. Bezüglich der Rechtsprechung des EGMR zu Rechten von Arbeitnehmern führe ich an dieser Stelle die Urteile Demir und Baykara[91], Enerji Yapi-Yol Sen[92], Kaya und Seyhan[93] und Çerikci[94] an. In der Grundsatzentscheidung Demir und Baykara aus dem Jahr 2008 zur Tragweite des Art. 11 EMRK geht der EGMR von einem sachlichen Schutzbereich aus, der die Vereinigungsfreiheit öffentlich Bediensteter ebenso umfasst wie das Recht auf Tarifverhandlungen. Als *living instrument*[95] muss die EMRK im Zuge einer evolutiven Auslegung durch den EGMR an internationale Standards angepasst werden. Hierzu greift der EGMR einige internationale Rechtsquellen[96] als Rechtserkenntnisquelle auf.[97] Sohin war laut EGMR weder das alle öffentlich Bediensteten betreffende Gewerkschaftsverbot noch die Annullierung des Tarifvertrages der türkischen Gewerkschaft Tüm Bel Sen konventionskonform. Beide Maßnahmen stellten Eingriffe in Art. 11 EMRK dar, die durch keine Rechtfertigungsgründe aus Art. 11 Abs. 2 EMRK gedeckt waren.

Die Beispiele zeigen, dass es bei der Konkurrenz der Gerichte nicht um ein blindes Wettrennen ohne Rücksicht auf Verluste geht. Vielmehr kommt es zu einer Verstärkung des Grundrechtsschutzes im Dialog der Gerichte,[98] der durch einen weiteren Faktor begünstigt wird: das Verhalten der Rechtsschutzsuchenden. In völlig legitimer Weise suchen sich die Rechtsunterworfenen jenen Weg der Rechtsdurchsetzung, der ihnen am vielversprechendsten vorkommt. Diese Form des *„forum shopping"* bringt dann je nach Konstellation zufällig einmal bei diesem Gericht, das andere Mal bei jenem Gericht ein Rechtsproblem zuerst zur Entscheidung.

---

91 EGMR, Urt. vom 12.11.2008, Nr. 34503/97 (Demir und Baykar).
92 EGMR, Urt. vom 21.04.2009, Nr. 68959/01 (Enerji Yapi-Yol Sen).
93 EGMR, Urt. vom 15.12.2009, Nr. 30946/04 (Kaya und Seyhan).
94 EGMR, Urt. vom 13.07.2010, Nr. 33322/07 (Çerikci).
95 Vgl. dazu die Leitentscheidung EGMR, Urt. vom 25.04.1978, Nr. 5856/72 (Tyrer).
96 Internationaler Pakt über zivile und politische Rechte; Internationaler Pakt über wirtschaftliche, soziale und kulturelle Rechte; Abkommen der Internationalen Arbeitsorganisation Nr. 87, 98, 105; Europäische Sozialcharta; Grundrechte-Charta.
97 EGMR, Urt. vom 12.11.2008, Nr. 34503/97 (Demir), Rn. 37 ff.
98 So auch: ANDREAS VOßKUHLE, Der europäische Verfassungsgerichtsverbund, NVwZ 2010, S. 1, 8; vgl. FRANZ MERLI, Rechtsprechungskonkurrenz zwischen nationalen Verfassungsgerichten, Europäischem Gerichtshof und Europäischem Gerichtshof für Menschenrechte, VVDStRL 66 (2007), S. 392, 418; WOLFGANG HOFFMANN-RIEM, Die Caroline II-Entscheidung des BVerfG – Ein Zwischenschritt bei der Konkretisierung des Kooperationsverhältnisses zwischen den verschiedenen betroffenen Gerichten, NJW 2009, S. 20, 26.

4 Angleichungsvorgänge durch dialogische Rezeption

Versucht man im Dickicht zunehmender Judikaturleistungen aller drei Gerichte Linien und Tendenzen auszumachen, so lassen sich in einem allgemeinen Befund Angleichungsvorgänge auf allen Ebenen feststellen, die durch gegenseitige Rezeption bestimmt sind.[99] Die Kooperationsform ist der Dialog der Richter und Gerichte, der nur im informellen Rahmen tatsächlich als Gespräch stattfindet, im Übrigen aber von Reaktionen auf vorangegangene Entscheidungen anderer Gerichte bestimmt ist.

Im Verhältnis zwischen dem EGMR und dem BVerfG sind die Angleichungsvorgänge besonders deutlich. Sie sind vor allem auf eine Gleichheit der Ergebnisse gerichtet; in der Wahl des Begründungsweges entwickelt vor allem das BVerfG Spielräume mitgliedstaatlicher Autonomie, die es zuletzt in den Grundsatz der Verhältnismäßigkeit einbettet.[100]

Im Verhältnis zwischen dem EuGH und dem BVerfG ist der Ton zuletzt weniger freundlich. Hatte das BVerfG in einem Kammerbeschluss vom 14. Mai 2007 den EuGH vor dem Vorwurf zu grober Verhältnismäßigkeitskontrolle in Schutz genommen und betont, dass eine genauere Kontrolle am Maßstab des Verhältnismäßigkeitsgrundsatzes durch das Bundesverwaltungsgericht „Teil des Dialogs der Gerichte in der Gemeinschaft" sei,[101] so sind die Formulierungen in der Rn. 91 des Urteils des Ersten Senats zum Antiterrordateigesetz[102] schon deutlich kritischer: „Im Sinne eines kooperativen Miteinanders zwischen dem Bundesverfassungsgericht und dem Europäischen Gerichtshof [...] darf dieser Entscheidung [Åkerberg Fransson, Anm. d. Verf.] keine Lesart unterlegt werden, nach der diese offensichtlich als Ultra-vires-Akt zu beurteilen wäre oder Schutz und Durchsetzung der mitgliedstaatlichen Grundrechte in einer Weise gefährdete [...], dass dies die Identität der durch das Grundgesetz errichteten Verfassungsordnung infrage stellte". Hier werden schwere Geschütze in Stellung gebracht.[103]

Wenn und solange aber das BVerfG nicht die Effektivität des Unionsrechts beeinträchtigt, ist es nicht gehindert, seiner Aufgabe zur Normenkontrolle im Überschneidungsbereich mit dem Unionsrecht umfassend nachzukommen. Es hat häufig aus prozessualen Gründen sowie im Hinblick auf die potentiell raschere und umfassendere Bereinigung einer Grundrechtsverletzung (Normverwerfungsmonopol) den

---

99 Von Danwitz/Paraschas (Anm. 35), Fordham International Law Journal 2012, S. 1419; Thomas von Danwitz, Verfassungsrechtliche Herausforderungen in der jüngeren Rechtsprechung des EuGH, EuGRZ 2013, S. 253, 260 f.
100 BVerfG, Urt. vom 04.05.2011, Az. 2 BvR 2333/08, 2 BvR 2365/09, 2 BvR 571/10, 2 BvR 740/10, 2 BvR 1152/10, BVerfGE 128, S. 326-409, Rn. 86 ff.
101 BVerfG, Beschl. vom 14.05.2007, Az. 1 BvR 2036/05, Rn. 41.
102 BVerfG, Urt. vom 24.04.2013, Az. 1 BvR 1215/07.
103 Kritisch zur Situation des „Kooperationsverhältnisses" nach dem Urteil Åkerberg Fransson Christoph Ohler, Grundrechtliche Bindungen der Mitgliedstaaten nach Art. 51 GRCh, NVwZ 2013, S. 1433, 1438: „liegt derzeit am Boden".

besten Zugriff. Es nimmt seine Aufgabe mit umso größerer Akzeptanz wahr, je besser es – bei Wahrung von Spielräumen im Ergebnis und von Vielfalt in der Dogmatik – europäische Grundrechtsgehalte in die Auslegung und Anwendung der nationalen Grundrechte aufnimmt. Eine Vorlagepflicht für die Fachgerichte stellt sich nicht in jedem Fall, in dem sich ein Grundrechtsstreit nach nationalem Verfassungsrecht auch als ein unionsrechtlicher Grundrechtsfall konstruieren lässt,[104] jedenfalls dann nicht, wenn das Verfassungsgericht im Fall des Falles zur Vorlage bereit ist.

Unterdessen bemüht sich der EuGH, in seiner Grundrechtsrechtsprechung mehr und mehr ernst genommen zu werden, indem er die Prüfung verfeinert, wohl auch mit dem Ziel, den Befund zu relativieren, seine Verhältnismäßigkeitsprüfung sei weniger genau. Sinnfälliger Ausdruck dessen ist das Urteil Sky Österreich vom 22. Januar 2013[105]. In diesem Urteil führt der EuGH die Verhältnismäßigkeitskontrolle unter Art. 16 der Grundrechtecharta (unternehmerische Freiheit) an jene des BVerfG unter Art. 12 Grundgesetz heran. Der EuGH betont, dass die unternehmerische Freiheit einer Vielzahl von Eingriffen der öffentlichen Gewalt unterworfen werden könne, die im allgemeinen Interesse die Ausübung der wirtschaftlichen Tätigkeit beschränken könnten. Im unmittelbaren Anschluss an die allgemeinen Ausführungen zu den Schranken des Grundrechts führt der EuGH eine klassische Verhältnismäßigkeitsprüfung durch, indem er im Einzelnen sehr ausführlich, in klarer Struktur und in drei selbstständigen Schritten die Geeignetheit, Erforderlichkeit und Adäquanz der im Ausgangsverfahren angegriffenen Richtlinienbestimmung prüft.

In seiner Entscheidung zur Gültigkeit der Vorratsdatenspeicherungs-Richtlinie[106] verweist der Gerichtshof auf das Urteil Sky Österreich; er orientiert seine Verhältnismäßigkeitsprüfung an den Vorgaben der eigenen Vorjudikatur, allerdings ist die Struktur der Begründung nicht so klar in die Teilschritte gegliedert wie im Sky-Österreich-Urteil. Man könnte die Reihe der Beispiele beliebig fortsetzen, das Gesamtbild würde sich nicht wesentlich ändern. Jedes der Gerichte versucht, Rechtsprechungsleistungen der anderen Gerichte zu rezipieren, dies in einer Form, die Respekt signalisiert und auf kooperatives Zusammenwirken gerichtet ist.

---

104 Masing (Anm. 64).
105 EuGH, Urt. vom 22.01.2013, Rs. C-283/11 (Sky Österreich), noch nicht in der Slg. veröffentlicht.
106 EuGH, Urt. vom 08.04.2014, Rs. C-293/12 und C-594/12 (Digital Rights Ireland und Seitlinger u.a.), noch nicht in der Slg. veröffentlicht.

IV Der Ausblick: Zusammenwirken im Verfassungs- gerichtsverbund unter neuen Bedingungen

Das künftige Zusammenwirken zwischen den europäischen Gerichtshöfen wird durch das Gutachten des EuGH vom 18. Dezember 2014[107] auf die Probe gestellt. Mit der Feststellung, dass das Beitrittsübereinkommen über den Beitritt der EU nicht vereinbar mit Art. 6 Abs. 2 EUV oder mit dem EU-Protokoll Nr. 8 zu diesem Artikel sei, wird die Perspektive eines Beitritts der Union, den herbeizuführen Art. 6 Abs. 2 EUV verpflichtet, in die Ferne gerückt. Die Argumente des EuGH vermögen nicht zu überzeugen, ohne dass in diesem Rahmen auf die Einwände gegen die Argumentation der Luxemburger Richter im Einzelnen eingegangen werden kann. Der EGMR wird wohl auf der Linie seiner Bosphorus-Rechtsprechung weiterjudizieren und möglicherweise danach trachten, die Mitgliedstaaten, wenn sie in Vollziehung des Unionsrechts tätig werden, stärker als bisher in die Pflicht zu nehmen und damit die EU weiter und möglicherweise verstärkt – über den Umweg der völkerrechtlichen Verpflichtung der Mitgliedstaaten – an die Menschenrechte der EMRK zu binden. Möglicherweise kann dies auch die Rezeption der Grundrechte-Charta und der hierzu ergangenen Rechtsprechung des EuGH in der Rechtsprechung des EGMR und in der Folge auch der Verfassungsgerichte der Mitgliedstaaten hemmen. Zu einer „parallelen Interpretation" beider Grundrechtskataloge durch die beiden europäischen Gerichtshöfe, abgesichert durch verfahrensrechtliche Instrumente wie jenes eines „prior involvement", wird es jedenfalls nicht kommen.

Ungeachtet dessen muss auf die Klippen der Zukunft des europäischen Menschenrechtsschutzes hingewiesen werden. Drei Gerichte sind in höchst unterschiedliche organisatorische und verfahrensrechtliche Rahmenbedingungen eingebettet. Das Verfahrensrecht des EGMR sieht im Gegensatz zu jenem des EuGH die Möglichkeit des Zugangs des einzelnen Normunterworfenen im Wege der Individualbeschwerde vor.[108] Nach Erschöpfung des Instanzenzuges kann sich jedermann gegen eine Maßnahme eines Mitgliedstaates der Konvention an den Straßburger Gerichtshof wenden. Der EuGH hingegen ist auch nach dem Vertrag von Lissabon im Wesentlichen auf die Unterstützung der mitgliedstaatlichen Gerichte angewiesen. Diese müssen im Zweifelsfall Fragen der Auslegung der Charta, aber auch der Vereinbarkeit von Sekundärrecht mit der Charta dem EuGH vorlegen.[109] Das BVerfG wiederum ist über die Verfassungsbeschwerde prinzipiell jedem Normunterworfenen zugänglich. Neben diesen rechtlichen Rahmenbedingungen gibt es faktische Bedingungen, die gleichsam ein Spiegelbild der unterschiedlichen Zugänge zu den Gerichten sind. Während

---

107 EuGH, Gutachten vom 18.12.2014, 2/13, noch nicht in der Slg. veröffentlicht.
108 Vgl. dazu Art. 34 EMRK.
109 Vgl. dazu Art. 267 AEUV i.V.m. Art. 6 Abs. 1 EUV.

der EuGH[110] im Wege des Vorabentscheidungsverfahrens mit über 600 neuen Rechtssachen im Jahr 2011 befasst war, von denen nur ein Teil Grundrechtsfragen gewidmet war, waren beim Straßburger Gerichtshof[111] 64.500 neue Beschwerden im selben Zeitraum zu bewältigen. Das BVerfG[112] hat dagegen nur rund ein Zehntel an Entscheidungen zu bewältigen, nämlich exakt 6.158 Erledigungen im Verfassungsbeschwerdeverfahren, insgesamt 6.344 im Jahr 2010. Noch frappanter ist eine weitere Zahl, die nur die Spruchkörper Senat bzw. Kammer in den Blick nimmt. Im Jahr 2010 entschieden die 16 Richter der beiden Senate des BVerfG insgesamt 35 Fälle, während die fünf Kammern des EGMR 1.591 Fälle entschieden; rechnet man das schematisch um, so kommt man auf ein Verhältnis von knapp 1:100.[113] Das muss zwangsläufig zu einer unterschiedlichen Qualität der Begründung führen.

Hinzu tritt die Verfahrensdauer, die bei beiden europäischen Gerichten deutlich über jener des BVerfG liegt. Während der Gerichtshof in Luxemburg im Schnitt knapp eineinhalb Jahre zur Entscheidung eines Verfahrens benötigt, ist die Verfahrensdauer vor dem EGMR in Fällen, die zu einer Feststellung der Verletzung der Konvention führen, meist jenseits der Fünfjahresgrenze. Die kürzeste Verfahrensdauer weist im Durchschnitt aller Verfahren jene des BVerfG auf.[114]

Diese faktischen Rahmenbedingungen müssen bei der Leistungsfähigkeit der Gerichte in Hinkunft berücksichtigt werden. Zu dieser organisatorisch-quantitativen Perspektive tritt die qualitative Perspektive hinzu. Die drei Gerichte haben aller Kooperationsrhetorik zum Trotz völlig unterschiedliche Aufgaben – und sie hatten sie von Anfang an. Die konsequente Anwendung der Charta durch den EuGH und die Öffnung des BVerfG zur EMRK ändern daran nichts. Das BVerfG ist ein mächtiges Verfassungsgericht, das über die Verfassungsbeschwerde für jeden Bürger offen ist und dessen Entscheidungen unmittelbare Bindungswirkung entfalten. Der EuGH war ursprünglich Integrationsmotor einer Wirtschaftsgemeinschaft und ist heute auch für die Durchsetzung des Menschenrechtsschutzes zuständig in einer gegenüber dem Europarat relativ geschlossenen Rechtsgemeinschaft, aber eben doch nicht in einem Staat. Der EGMR hat wieder eine andere Funktion. Er war von Anfang an als

---

110 Vgl. dazu Gerichtshof der Europäischen Union, Pressemitteilung Nr. 14/12 vom 14.02.2012, Rechtsprechungsstatistiken 2011, http:// curia.europa.eu/jcms/jcms/P_84811/ (18.06.2014).
111 Europäischer Gerichtshof für Menschenrechte, Analysis of Statistics 2011 vom Januar 2012, www. echr.coe.int/Documents/Stats_analysis_2011_ENG.pdf (18.06.2014).
112 https://www.bundesverfassungsgericht.de/organisation/gb2010/A-III-1.html (18.06.2014).
113 BVerfG: https://www.bundesverfassungsgericht.de/organisation/gb2010/A-I-5.html (18.06.2014); https://www.bundesverfassungsgericht.de/organisation/statistik_2010.html (18.06.2014); EGMR: JE-STAEDT (Anm. 14), JZ 2011, S. 872, 878.
114 Vgl. dazu: Durchschnittliche Verfahrensdauer von Verfassungsbeschwerden beim BVerfG der Eingangsjahre 2006 bis 2013, http://www.bundesverfassungsgericht.de/organisation/gb2013/A-IV-3.html (18.06.2014); Gerichtshof der Europäischen Union, Pressemitteilung Nr. 34/14 vom 13.03.2014, http:// curia.europa.eu/jcms/upload/docs/application/pdf/2014-03/cp140034de.pdf (18.06.2014); Europäischer Gerichtshof für Menschenrechte, Annual Report 2013, http://www.echr.coe.int/Documents/Annual_report_2013_ENG.pdf (18.06.2014).

die Menschenrechtswahrungsinstanz in Europa eingesetzt, dies jedoch in einem völkerrechtlichen Kontext. Für diesen Kontext ist maßgeblich, dass die Wahrung eines Mindeststandards an Grundrechten und damit die Gewährung von Spielräumen der Mitgliedstaaten charakteristisch ist. Das Völkerrecht hat in der Interpretation der Grundrechte größere Bedeutung. Auch die Akteure in Gestalt von Drittintervenienten (häufig Nichtregierungsorganisationen) aus dem Bereich des Menschenrechtsschutzes bestimmen die Auslegung durch den EGMR nicht unerheblich.[115] Die Auslegung ein und derselben Garantie kann daher mittelfristig durchaus andere Zugänge weisen, die sich insbesondere bei der Bestimmung des sog. *margin of appreciation* der Mitgliedstaaten zeigen werden.[116]

Die heutige Rollenverteilung zwischen BVerfG, EuGH und EGMR und das Zusammenwirken in Interpretationsfragen werden angesichts des nunmehr in weite Ferne gerückten Beitritts der EU zur EMRK nicht wesentlich verschoben werden. Was sich insbesondere nicht ändern wird, ist der Einfluss der Auslegung auf die Entscheidungspraxis des jeweils anderen Gerichts. Schon heute ist das Gros der Einflüsse über eine sog. Orientierungswirkung[117] vermittelt, die jenseits der rechtlichen Bindungswirkung in Fällen liegt, in denen die Mitgliedstaaten der Union als Mitgliedstaaten der EMRK im Straßburger Verfahren Parteien und damit an das Urteil des EGMR nach Art. 46 EMRK gebunden sind. Für das BVerfG liegen nach einem Jahrzehnt der intensiveren Auseinandersetzung mit dem EGMR in den nächsten zehn Jahren die größeren Herausforderungen mit Sicherheit in der Suche nach einer angemessenen Aufgabenteilung im Grundrechtsschutz in Bezug auf die Europäische Union und den EuGH.

In dieser Grundrechtsarchitektur steht zu erwarten, dass die beschriebene Teilung der Aufgabenwahrnehmung und der Rollen stärker konturiert und akzentuiert wird:

Der EuGH wird in Kooperation mit den nationalen Verfassungsgerichten die Einhaltung der Grund- und Menschenrechte bei der Vollziehung des Unionsrechts am Maßstab der Charta überwachen, dabei stärker als bisher das Handeln der Union in den Blick nehmen, wie etwa die Schlussanträge des Generalanwalts CRUZ VILLALÓN im Vorratsdatenspeicherungs-Verfahren[118] zeigen, im Verhältnis zu den Mitgliedstaaten seine Kontrolldichte aber nach der Leistungsfähigkeit der verfassungsgerichtlichen Kontrolle im Grundrechtsbereich differenzieren können.

---

115 CHRISTOPH GRABENWARTER, „Third Parties" im Verfahren vor dem Europäischen Gerichtshof für Menschenrechte, in: Marten Breuer u.a. (Hrsg.), Der Staat im Recht, Festschrift für Eckart Klein, 2013, S. 1057, 1060.

116 Vgl. dazu GRABENWARTER (Anm. 73), EuGRZ 2006, 489 ff.; GRABENWARTER/PABEL (Anm. 75), S. 131 ff.; aus der jüngeren Rechtsprechung des EGMR vgl. EGMR, Urt. vom 24.06.2010, Nr. 30141/04 (Schalk und Kopf); EGMR, Urt. vom 03.11.2011, Nr. 57813/00 (S.H. u.a.); EGMR, Urt. vom 18.03.2011, Nr. 30814/06 (Lautsi).

117 Vgl. zum Begriff CHRISTOPH GRABENWARTER, Die deutsche Sicherungsverwahrung als Treffpunkt grundrechtlicher Parallelwelten, EuGRZ 2012, S. 507, 509; UWE VOLKMANN, Fremdbestimmung – Selbstbehauptung – Befreiung, JZ 2011, S. 835.

118 Schlussanträge GA CRUZ VILLALÓN vom 12.06.2012, Rs. C-617/10 (Åkerberg Fransson).

Der EGMR wird weiter unter Wahrung notwendiger Beurteilungsspielräume der Mitgliedstaaten – künftig aber stärker geleitet vom Subsidiaritätsgedanken – darüber wachen, dass bei der Auslegung und Anwendung der Grundrechte des Grundgesetzes bzw. der Charta im Lichte der EMRK Mindeststandards der Konvention nicht unterschritten werden.

Das BVerfG hat die Letztverantwortung für einen effektiven Grundrechtsschutz unter dem Grundgesetz, der stärker dogmatisch durchdrungen ist, im Zweifel ein höheres Schutzniveau aufweist und mit der höchsten Verbindlichkeit ausgestattet ist und schließlich auch rascher erfolgt als die europäische Kontrolle. Karlsruhe hat schon aus prozessualen Gründen den ersten Zugriff auf die Grundrechtskontrolle jedenfalls dort, wo es eine Gemengelage aus Unionsrechtssachverhalten und sonstigen Konstellationen gibt, dies auch deshalb, weil die Normenkontrolle vor dem Verfassungsgericht nicht danach unterscheiden kann, ob im Anlassfall und Ausgangsverfahren ein Unionsrechtssachverhalt oder ein rein innerstaatlicher Sachverhalt bzw. ein Sachverhalt mit Bezug zu Drittstaatsangehörigen gegeben war.

Diskussion zum Vortrag
von Christoph Grabenwarter

Leitung: OKKO BEHRENDS

BEHRENDS:

Vielen Dank, Herr Grabenwarter, für diesen sehr anregenden und gedankenreichen Einblick in ein ganz besonderes Dreiecksverhältnis, in dem Sie – wenn ich das recht verstanden habe – dem BVerfG einen sehr ehrenvollen Platz auf der Spitze eines rechtwinkligen Dreiecks gegeben haben, während die beiden anderen Gerichte hypothenusenartig verbunden mehr eine Fülle von Anregungen für das in Ihrem Blick und in Ihren Endworten führende Gericht geben. Mit dieser Bemerkung darf ich die Diskussion eröffnen und darum bitten, möglichst konzentrierte Fragen zu stellen. Bitteschön, Herr Ruffert.

RUFFERT:

Ich habe eine in der Tat kurze Frage: Hin und wieder ist in Deinem Vortrag der Beitritt der Europäischen Union zur EMRK aufgeschienen. Mir ist aber nicht ganz klar, wie wichtig dies ist. Oder anders gefragt: Wird dieser Beitritt die Kräfteverhältnisse in diesem Dreieck, das Herr Behrends auch angesprochen hat, gar nicht so stark verschieben, wie man es vielleicht erwarten könnte? Angehängt die Frage: Wird es vielleicht durch den Beitritt Rückwirkungen auf das Verhältnis des BVerfG zu den beiden anderen Gerichten geben?

GRABENWARTER:

Eine Änderung gibt es ganz gewiss: Es wird der Umweg aufgelöst, den man gehen muss, wenn die Mitgliedstaaten in Durchführung, in Anwendung oder im Anwendungsbereich des Unionsrechts handeln. Denn hier wird jetzt in einer Art *co-respondent*-Verfahren die Union im Ergebnis einem Mitgliedstaat gleichgestellt. Eine Verschiebung des Verhältnisses zwischen BVerfG und EuGH könnte insoweit eintreten, als der Rechtsweg, der von einem Bürger beschritten wird, nun jedenfalls das Unionsrechtsproblem auch an den Straßburger Gerichtshof bringt, wenn kein anderes Fachgericht vorlegt. Wir haben heute die Situation, dass häufig nicht vorgelegt wird – das ist die Praxis – und vielleicht auch gar nicht die Voraussetzungen für eine Vorlage gegeben sind, so dass dann der EuGH nie erreicht wird. Durch die Voraussetzung, dass ein Grundrechtseingriff, eine behauptete Grundrechtsverletzung auch unionsrechtlich determiniert ist, ist sichergestellt, dass der EuGH auch eine Stellungnahme abgeben kann, dass er in ein Quasi-Vorabentscheidungsverfahren einbezogen wird. Ich meine, dass es dazu noch einer primärrechtlichen Änderung bedarf, damit dieser Beitritt vorgenommen werden kann. Das heißt, es ist auf diese Weise sichergestellt, dass auch der EuGH zu Wort kommt. Und das kann natürlich zurückwirken, das kann vielleicht sogar das Verhältnis zwischen BVerfG und EuGH entkrampfen. Aber das ist eine Spekulation.

BEHRENDS:

Vielen Dank. Frau Wendehorst.

WENDEHORST:

Vielen Dank. Das Thema dieses Vortrags war beschränkt auf das Dreieck EGMR – EuGH – BVerfG. In Europa gibt es aber eine ganze Reihe oberster Verfassungsgerichte. Auch mir ist klar, dass man in diesem Vortrag darauf nicht eingehen konnte, aber trotzdem würde es mich interessieren, ob sich das Bild, wenn wir das BVerfG durch ein anderes oberstes Verfassungsgericht ersetzen, fundamental ändert oder ob es doch weitgehend gleich bleibt.

BEHRENDS:

Bitte, Herr Grabenwarter.

GRABENWARTER:

Da muss man stark differenzieren. Ich würde sagen: Die Situation in Deutschland ist eine spezifische. Ich würde aber auch meinen, dass etwa in Italien, Tschechien und Polen sehr ähnliche Fragestellungen gegeben sind und dass es ähnliche Problemlagen gibt, weil diese Gerichte schon bisher auch einen ähnlichen Umgang mit Gemeinschafts- und Unionsgrundrechten hatten und auch eine ähnliche Situation mit der EMRK gegeben ist. Dann haben wir eine Reihe von Mitgliedstaaten, die kein echtes Verfassungsgericht oder die kein Verfassungsgericht mit Normenkontrolle oder kein Verfassungsgericht mit Verfassungsbeschwerde haben – da gibt es eine große Vielfalt. Die Konfliktlage stellt sich in der Schärfe nur bei einem Gericht, das eine weitgehend unbeschränkte Verfassungsbeschwerde und Normenkontrolle hat. Hier sind im europaweiten Rechtsvergleich die Kompetenzen des BVerfG die weitesten. Staaten, die nicht Mitgliedstaaten der Europäischen Union sind, sind von der Frage des Beitritts der Union zur EMRK überhaupt nicht berührt, aber dort stellt sich ein anderes Problem, das etwa Russland in einem Fall hatte, in dem es verschiedene völkerrechtliche Konventionen gab: Der Fall betraf einen furchtbaren Sachverhalt, nämlich dass eine russische Staatsangehörige im Prostitutionsmilieu auf Zypern ums Leben gekommen war. Russland wurde dafür verantwortlich gemacht, weil es keine effektiven Maßnahmen gegen Menschenhandel getroffen hatte – und das Auslegungsergebnis des Straßburger Gerichtshofs war auch stark bestimmt von der Grundrechtecharta, die ein Verbot des Menschenhandels enthält. In anderen Bereichen gibt es das auch: Der Grundsatz *ne bis in idem* ist vom Schengener Durchführungsübereinkommen und von Art. 50 Grundrechtecharta bestimmt, das strafrechtliche Rückwirkungsverbot von der Grundrechtecharta gespeist. Hier stellt sich die Frage: Inwieweit kann die Weiterentwicklung von supranationalem Recht für einen Teil der Mitgliedstaaten auch für die übrigen 20 Mitgliedstaaten verbindlich sein? Ich weiß schon, da gibt es Begründungswege, aber die werden nicht so deutlich gegangen, sondern der Straßburger Gerichtshof hat ein topisches Verfahren der Rechtsvergleichung, das heißt, er sammelt und wenn er eine hinreichend dichte Basis hat, dann nimmt er das als europäischen Standard und das müssen dann auch Staaten, die vom Standard abweichen, gegen sich gelten lassen. Das führt vielleicht zum allgemeinen Thema der Tagung zurück – auch zu dem, was gestern im ersten Vortrag angesprochen wurde: Tendenziell drängt die Form der Rechtserzeugung durch Völkervertragsrecht ein wenig in den Hintergrund, jedenfalls gegenüber hybriden Formen der Erzeugung von *soft law*, etwa durch Resolutionen der Parlamentarischen Versammlung bzw. des Ministerkomitees des Europarates, die zunächst einmal nicht den Anspruch erheben, harte Rechtsvorschriften zu sein, aber über die Gerichtsurteile, in denen sie zur Auslegung einer Menschenrechtsgarantie zitiert werden, dann Verbindlichkeit erlangen.

BEHRENDS:
Vielen Dank. Herr Heun.

HEUN:
Herr Grabenwarter, Sie haben uns eine – ich sage mal – eher harmonisierende Darstellung geliefert. Ich will doch noch einmal den Akzent auf die Konflikte lenken. Und zwar haben wir das prinzipielle Problem, dass wir drei Gerichte haben, die aus ihrer Sicht jeweils völlig legitim eigenständig entscheiden und zu Entscheidungen kommen können, die dem anderen Gericht widersprechen. Und es gibt angesichts dessen, dass es kein hierarchisches Überordnungsverhältnis gibt, keine einheitliche dogmatische Grundlage, keine gemeinsame Basis und auch kein System, das diesen Konflikt löst. Das heißt, es bleibt mehr oder weniger nur den drei Gerichten untereinander überlassen, sich im Wege der Selbstbeschränkung anzunähern und sich möglicher anderer Konfliktlösungsmechanismen zu bedienen, um den Konflikt zu lösen. In der Politik würde man sagen: Die drei setzen sich an einen Verhandlungstisch und führen Verhandlungen. Das geht aber nicht und deswegen stellt sich die Frage, wie wir das machen. Das führt aus meiner Sicht einmal dazu, dass so eine Art von Ping-Pong-Spiel in Gang gesetzt wird, indem nämlich ein Gericht etwas überschießend agiert – dann kommt das andere und schießt dagegen und dann spielen sich alle ein. Das ist natürlich ein etwas komplizierter Mechanismus, aber das kann vielleicht erklären, warum wir etwa beim BVerfG und beim EuGH so ein Hin und Her zwischen den verschiedenen Entscheidungen haben. Das beruht letztlich darauf, dass zwar keine Verhandlungen stattfinden, dass aber das eine Gericht sich dem anderen verweigern kann, was dazu führen kann, dass es Durchsetzungsprobleme gibt, denn alle drei Gerichte stehen letztlich vor dem Problem, dass sie darauf angewiesen sind, dass die anderen es freiwillig akzeptieren. Und das führt zu dieser eigentümlichen Reiberei, für die es keine Lösung gibt. Das bedeutet, dass es eigentlich die Anweisung an alle drei Gerichte geben müsste, in gewisser Weise Zurückhaltung zu üben, und wenn man das Gefühl hat, das andere Gericht überschreitet seine Kompetenzen, dann muss man eine Art von Verweigerung betreiben. Das ist keine Kooperation, die könnte allenfalls stattfinden, wenn man an einem Tisch sitzt. Man kann sich allenfalls so

ähnlich wie im Gefangenendilemma über dieses Ping-Pong-Spiel koordinieren. Und da gibt es keine Lösung – außer, dass alle ein bisschen vernünftig sind, das sind sie aber nicht immer.

Behrends:
Sie können den Tischtennisball gleich aufgreifen.

Grabenwarter:
Sie bieten am Ende ja auch eine harmonisierende Erkenntnis. Ich bleibe in Ihrem Bild und sage: Die Gerichte haben die Aufgabe, den Ping-Pong-Ball auf dem Tisch zu halten. Es wird einmal der Ball stärker zur hinteren weißen Kante gespielt und man versucht eben, diesen nicht immer an die weiße Kante springen zu lassen, denn dann ist er schwer zurückzuspielen. Ich denke – Sie haben das noch einmal bestätigt –, nachdem es hier keine Kooperation der Gleichzeitigkeit gibt, ist in vielen Entscheidungen die Sicht der anderen Gerichte zu berücksichtigen: Gibt es Lösungen, die in der anderen Rechtsschicht von anderen geleistet wurden? Am offensten ist hier sicher die Charta; die Charta hat den Anspruch, sich in das bestehende Gefüge einzufügen, also keine widersprüchlichen Lösungen zu erzielen. Das ist in den anderen Rechtsschichten nicht der Fall, aber die Charta hat ein Harmonisierungsgebot. Das funktioniert nur bei mehrpoligen Grundrechtsverhältnissen nicht.

Behrends:
Vielen Dank. Herr Paulus.

Paulus:
Vielen Dank für diese wirklich meisterhafte Zusammenfassung und Weiterentwicklung der Situation, die auf der Konfliktseite von Herrn Heun gerade sehr adäquat beschrieben worden ist. Dialog heißt eben – das „dia" wird oft falsch verstanden –, dass es gelegentlich auch kein klares Ergebnis gibt, dass der Konflikt bleibt und die Lösung auch eine sein kann, die erst mit der Zeit erfolgt. Einiges wird auf Dauer akzeptiert und anderes fällt dann im Laufe der Zeit weg. Und in der Tat ist gelegentlich auch ein Warnschuss erforderlich – das hat der Senat, dem ich angehöre, in der Entscheidung zum Allgemeinen Antiterrordateigesetz jedenfalls versucht.[1] Ob das gelungen ist, das überlasse ich jetzt Ihnen.

Ich möchte noch auf zwei Sachen hinweisen: Sie haben zum Beitritt der Europäischen Union zur EMRK mit Recht darauf hingewiesen, dass es eine Lösung im Primärrecht der EU geben sollte, die zum Beispiel auch die Bedeutung der Stellungnahmen vor dem EGMR innerunionsrechtlich und auch für die nationalen Fachgerichte beschreibt. Immer wenn ich jemanden treffe, der mit Entscheidungsmacht diese Dinge mit beeinflusst, weise ich darauf hin, wie Sie das hier auch getan haben – und das Ergebnis ist meistens, dass entweder das Problem noch überhaupt nicht erkannt ist oder aber behauptet wird, das sei im Sekundärrecht doch einfach lösbar. Wenn das

---

1 BVerfGE 133, S. 277, 313 ff., Rn. 88 ff. (Antiterrordatei).

nicht aufgegriffen wird, werden wir in der Tat national große Probleme bekommen, weil unsere Gerichte nicht wissen werden, wie sie damit umgehen sollen.

Der zweite Punkt, den Sie erwähnt haben, der hat auch eine Bedeutung, die schon über den Beitritt der EU zur EMRK hinausgehen kann, denn die EMRK eröffnet dem Einzelnen auch gegen EU-Maßnahmen einen direkten Rekurs über die bekannten Mechanismen. Bisher ist da die EU nur sehr selten betroffen, aber jetzt wird ein Individualrechtsschutz über die EMRK herbeigeführt und das hat dann schon Auswirkungen auf das Verhältnis der Gerichte. Da werden die nationalen Gerichte tendenziell geschwächt und das wird durch die Rechtsvereinheitlichung in Europa noch weitergehen. Die Datenschutzgrundverordnung führt – allein weil sie eine Verordnung ist – doch zu einer erheblichen Verschiebung in der Zuständigkeit für das ganze Konfliktverhältnis Privatheit, Pressefreiheit und so weiter – und das ist sicherlich ein weiterer Problembereich.

Sie hatten ja optimistisch gesagt, dass das BVerfG immer in der Vorhand ist. So optimistisch kann man nicht ganz sein. Vorlagen an das BVerfG sind ja für Fachgerichte mit sehr viel Arbeit und sehr viel Verdruss verbunden, weil sie diese oft mit der Begründung zurückbekommen, die Vorlage sei nicht gut genug. Das führt dann dazu, dass in einigen Bereichen Vorlagen nur noch an den EuGH gehen. Das ist im Arbeitsrecht ganz massiv der Fall; das Bundesarbeitsgericht legt kaum noch zum BVerfG vor und fast nur noch zum EuGH, was dann natürlich auch eine Verschiebung zur Folge hat. Auf der anderen Seite stimme ich Ihnen vollkommen zu, dass sich die Aufgabe der nationalen Gerichte, auch des BVerfG, zur Umsetzung verschiebt, aber auch zur kritischen Umsetzung der Entscheidungen der europäischen Gerichte, die erst eine Übersetzungsleistung erfordert.

GRABENWARTER:
Zwei Bemerkungen: Ich stimme Ihnen in Ihrer Analyse völlig zu: Ich erwarte zu Ihrem ersten Punkt, zu der Frage der Änderung des Unionsrechts in Bezug auf den Beitritt zur EMRK, dass der EuGH in seinen Gutachten die Sache deutlich ansprechen wird und damit wäre unser Werben für eine Änderung des Primärrechts nicht mehr erforderlich.

In Ergänzung zur Antwort auf die Frage von Matthias Ruffert wollte ich noch sagen: Natürlich dürfen wir nicht das Verhältnis Fachgerichtsbarkeit/Verfassungsgerichtsbarkeit in diesem Rechtsprechungsdreieck vernachlässigen. Die Åkerberg-Judikatur, aber auch die Rechtsprechung jener Verfassungsgerichte, die über Normenkontrollbefugnisse verfügen, birgt die Gefahr in sich, dass die Verfassungsgerichte im Dialog über die europäischen Grundrechte nicht hinreichend mitwirken. Das hat einmal die Ursache, dass die Unionsgrundrechte nicht wie verfassungsrechtliche Grundrechte in einem Hierarchieverhältnis stehen und im Vorabentscheidungsverfahren auch keine Rechtsbereinigung wie im Normenkontrollverfahren stattfindet. Das heißt, dass es dem einzelnen Fachgericht, das ein Grundrechtsproblem sieht, ja freistehen muss, eine Vorlage mit im Wesentlichen demselben Rechtsproblem über eine unionsgrundrechtliche Frage an den EuGH zu richten und nicht das Normenkontrollverfahren zu wählen. Und die Verfassungsgerichte, die strenge Anforderungen an Normenkontrollanträge stellen, haben ihren Anteil daran, dass die Gerichte wenig Bereitschaft zu einem Verfahren nach der Art des Art. 100 GG haben. Sie haben das am Beispiel der Arbeitsgerichtsbarkeit in Deutschland gezeigt. Hingegen nimmt der EuGH die Formerfordernisse für Vorabentscheidungsverfahren – nicht zuletzt aufgrund der Fallzahl und weil der Luxemburger Gerichtshof praktisch keine andere Möglichkeit hat, an Fälle heranzukommen – nicht so streng.

BEHRENDS:
Herr Schönberger.

SCHÖNBERGER:
Ich würde gleich an dem Punkt auch noch eine Nachfrage stellen wollen. Ich fand das Bild, gerade was den EuGH und das BVerfG angeht, zu harmonisierend. Ich würde das mal so beschreiben wollen: Was wir jetzt im Verhältnis zum EGMR sehen, ist im Grunde eine Arbeitsteilung von zwei typischerweise auf Grundrechtsfragen ausgerichteten Sondergerichtsbarkeiten, die natürlich inhaltlich ein bisschen Konfliktpotenzial haben, aber von der Sache her Verbündete sind – und der EGMR braucht das BVerfG auch deswegen, damit seine Rechtsprechung innerstaatlich die volle Wirkung bekommt. Die Schwäche des EGMR bei der Durchsetzung seiner Entscheidungen ist ja so groß, dass er auf die Übersetzungsleistung durch das BVerfG angewiesen ist, nicht nur in sprachlicher Hinsicht, sondern auch in institutioneller Hinsicht. Insofern ist das Konfliktpotenzial überschaubar. Beim EuGH sieht die Sache aus meiner Sicht völlig anders aus. Der EuGH ist ein durchsetzungsstarkes Gericht, und zwar insbesondere durch seinen Dialog mit den Untergerichten der Mitgliedstaaten, das ist seine traditionelle Erfolgsressource. Das heißt, er ist im Grunde genommen ein Gericht, das die Marginalisierung der Verfassungsgerichte sehr gut ertragen kann. Und wenn wir jetzt sagen: „Der EuGH wächst zunehmend in den Bereich der Grundrechte hinein", dann ist das einerseits Effekt des Rechts, also der Existenz der Charta, aber das wird sich noch verstärken, wenn der Beitritt der Union zur EMRK kommt, also wenn der EuGH auch verfahrensrechtlich in diese ganzen Fragen immer wieder eingebunden wird. Das wird ihn noch stärker in diese „Grundrechtsgerichtsbarkeitsrichtung" drängen, in der er jetzt schon unterwegs ist. Wenn er das macht, mit seinem Hintergrund der Durchsetzungsfähigkeit innerhalb unserer Rechtssysteme, dann wird das die Marginalisierung der nationalen Verfassungsgerichte noch verstärken, davon bin ich fest überzeugt. Da sind wir erst am Anfang, zumal wenn man das vergleicht mit den Erfahrungen in den USA: Bundesgrundrechtskataloge werden am Anfang immer gemacht, um die Bundesgewalt zu binden. Und dann wachsen die Bundesgrundrechte schrittweise in den Zugriff auf die Landesstaatsgewalt hinein – so ist es ja in der amerikanischen Entwicklung geschehen. Und ich glaube, dass sich diese Entwicklung beim EuGH auch vollziehen wird. Wenn der EuGH das stärker als sein Feld entdeckt, wenn er da eigenständige Kompetenz aufbaut, dann wird er mit seiner ganzen Durch-

setzungsstärke viel stärker diesen Bereich gestalten. Das, was der Erste Senat in der Antiterrordatei-Entscheidung geschrieben hat, ist ja nur der Vorbote einer berechtigten Ahnung von dem, was sich da sehr wahrscheinlich vollziehen wird.

GRABENWARTER:
Herr Schönberger, ich glaube, es gibt verschiedene Gründe, warum man zumindest Zweifel daran haben kann, dass es so kommt. Ich glaube, dass der EuGH selbst kein Interesse haben kann, langfristig zum Grundrechtsgericht für 400 Millionen Menschen zu werden. Das wird von der Kapazität her nicht klappen – das ist die quantitative Seite. Es gibt dazu eine qualitative Seite: Der EuGH ist kein Verfassungsgericht, sondern entscheidet Einzelfragen des Zivilrechts, des Steuerrechts usw. Das heißt, es ist kein auf Grundrechte spezialisiertes Gericht und das kann es auch gar nicht sein, es muss in anderen Bereichen spezialisiert sein. Und die Frage ist, ob ein einzelnes Gericht gleichzeitig oberstes Verwaltungsgericht der Union und Verfassungsgericht sein kann. Ich stelle die Frage, ob nicht der EuGH in dieser Lage ein Interesse hat, dass die Last der Grundrechtskontrolle von den Verfassungsgerichten wahrgenommen wird, freilich verbunden mit der Bedingung, dass bei grundsätzlichen Fragen der Auslegung der Charta auch Vorlagen der Verfassungsgerichte an den EuGH erfolgen. Meine Prognose wäre, dass wir in zehn Jahren eine bestimmte Anzahl von Vorlagen auch des BVerfG in Grundrechtsfragen in Luxemburg haben werden. Ich denke, das gehört zusammen.

Ich möchte noch eine Funktion der Verfassungsgerichtsbarkeit nach deutsch-österreichisch-polnischem Muster erwähnen: Der EuGH hat die Stärke, dass er im Einzelfall eine Entscheidung trifft, aber die Verfassungsgerichte haben eine Rechtsbereinigungsfunktion mit einer für den Rechtsstaat unabdingbaren Gleichmäßigkeitsfolge, nämlich dass eine Norm für alle nicht mehr gilt und ohne einen weiteren Akt des Gesetzgebers aus dem Rechtsbestand ausscheidet. Und ich denke, das ist eine Funktion, die man nicht beiseiteschieben sollte. Ich weiß, es gibt die Meinung, dass dieses Modell der Verfassungsgerichtsbarkeit ein Auslaufmodell und zu verabschieden sei. Aber die Gegenposition wäre eben, dass Normenkontrolle nach diesem Muster auch eine spezifische Qualität hat.

BEHRENDS:
Vielen Dank, das war eine sehr schöne Diskussion.

Eva Schumann

Der Europäische Gerichtshof für Menschenrechte und das deutsche Familien- und Erbrecht[*]

I Einführung

Als der Praktikant JOHANN WOLFGANG GOETHE im Jahr 1772 am Reichskammergericht in Wetzlar, dem damals höchsten Gericht des Heiligen Römischen Reichs, eintraf, fand er dort beklagenswerte Zustände vor, von denen er später berichtete: „ein ungeheurer Wust von Akten lag aufgeschwollen und wuchs jährlich, da die siebzehn Assessoren nicht einmal imstande waren, das Laufende wegzuarbeiten. Zwanzigtausend Prozesse hatten sich aufgehäuft, jährlich konnten sechzig abgetan werden, und das Doppelte kam hinzu."[1]

So beeindruckend diese Zahlen sind, sie sind nichts im Vergleich zu den anhängigen Verfahren vor dem EGMR. Im Jahr 2011 wurde erstmals die Zahl von 150.000 anhängigen Beschwerden überschritten und jährlich kommen rund 65.000 Beschwerden neu hinzu.[2] Der Gerichtshof hat inzwischen auf diese Entwicklung reagiert und

---

[*] Meinem Mitarbeiter CARSTEN FITTING danke ich für vielfache Hilfe. Die in diesem Beitrag angegebenen URL-Adressen wurden zuletzt am 15.01.2015 abgerufen.
[1] JOHANN WOLFGANG VON GOETHE, Gesamtausgabe der Werke und Schriften in zweiundzwanzig Bänden, Abt. 1: Poetische Werke, Bd. 8: Aus meinem Leben. Dichtung und Wahrheit, 1959, Teil 3, Buch 12, S. 620. Tatsächlich waren die Zustände noch viel schlimmer, denn zum damaligen Zeitpunkt waren bereits mehr als 60.000 Fälle unerledigt. Dazu WOLFGANG SELLERT, Pax Europae durch Recht und Verfahren, in: Leopold Auer/Werner Ogris/Eva Ortlieb (Hrsg.), Höchstgerichte in Europa, Bausteine frühneuzeitlicher Rechtsordnungen, Quellen und Forschungen zur höchsten Gerichtsbarkeit im Alten Reich, Bd. 53, 2007, S. 97, 105.

[2] Angesichts dieser Entwicklung hat MATTHIAS RUFFERT, Die Europäische Menschenrechtskonvention und innerstaatliches Recht, EuGRZ 2007, S. 245, 254 bereits vor einigen Jahren darauf hingewiesen,

seit 2012 die Zahl der Erledigungen erheblich gesteigert;[3] die Anzahl der jährlich neu hinzukommenden Beschwerden steigt indessen weiter.[4] Der Gerichtshof ist zuständig für 47 Staaten, die die EMRK ratifiziert haben (darunter sämtliche Mitgliedstaaten der Europäischen Union), so dass derzeit fast 820 Mio. Menschen nach Art. 34 EMRK individualbeschwerdeberechtigt sind.

Angesichts dessen drängt sich die Frage auf, ob der Gerichtshof seinen Aufgaben überhaupt gerecht werden kann, denn es ist zu befürchten, dass sich die quantitative Überlastung[5] auch auf die Qualität der Entscheidungen auswirkt[6] – insbesondere in hochkomplexen Rechtsgebieten. Zu diesen gehört auch das deutsche Familienrecht, dessen Regelungen nicht nur an die Vorgaben des Grundgesetzes, der EMRK und weiterer internationaler Übereinkommen anzupassen, sondern auch mit anderen Rechtsgebieten wie dem Kinder- und Jugendhilferecht, dem Medizinrecht, dem Erbrecht,

---

dass man aufgrund des Anstiegs der „Zahl der Eingänge um durchschnittlich 16 % im Jahr [...] alle fünf Jahre mit einer Verdoppelung" der Eingänge rechne.

3 Der erstmalige Rückgang der anhängigen Beschwerden ist auf das am 1. Juni 2010 in Kraft getretene Protokoll Nr. 14 zur EMRK zurückzuführen; dieses brachte folgende Neuerungen: Erstens können Beschwerden, die Trivialfälle betreffen (Art. 35 Abs. 3 lit. b EMRK), als unzulässig zurückgewiesen werden; zweitens kann die Zurückweisung der Beschwerde als unzulässig durch einen Einzelrichter erfolgen (Art. 27 Abs. 1, 2 EMRK); drittens kann ein Ausschuss aus drei Richtern auch Urteile fällen (Art. 28 Abs. 1 lit. b, 2 EMRK). Derzeit sind mehr als 96 % aller Beschwerden unzulässig; daher fand im Jahr 2011 nur in 1511, im Jahr 2012 in 1678 und im Jahr 2013 in 3659 Fällen eine Prüfung der Begründetheit statt. Dazu insgesamt JENS MEYER-LADEWIG/HERBERT PETZOLD, Trivialbeschwerden in der Rechtsprechung des EGMR, NJW 2011, S. 3126 ff.; NORBERT PAUL ENGEL, Strukturreform zur Entlastung des EGMR / EMRK-Protokoll Nr. 14 zum 1. Juni 2010 in Kraft, EuGRZ 2010, S. 148 f.; PETRA FOLLMAR-OTTO, Reform des Europäischen Gerichtshofs für Menschenrechte – eine Dauerbaustelle, AnwBl 2014, S. 307. Vgl. weiter FRANZ C. MAYER, in: Ulrich Karpenstein/Franz C. Mayer (Hrsg.), EMRK, Konvention zum Schutz der Menschenrechte und Grundfreiheiten, Kommentar, 2012, Einleitung, Rn. 16 ff. Des Weiteren werden zunehmend Verfahren verbunden (http://www.echr.coe.int/Documents/Stats_analysis_2013_ENG.pdf, S. 4 unten) und Piloturteil-Verfahren durchgeführt (Art. 61 Verfahrensordnung seit 1. April 2011). Zu letzteren MARTEN BREUER, Zur Fortentwicklung der Piloturteilstechnik durch den EGMR, EuGRZ 2012, S. 1 ff.; JÖRN ESCHMENT, Musterprozesse vor dem Europäischen Gerichtshof für Menschenrechte, 2011.

4 Im Jahr 2011 kamen 64.400 Individualbeschwerden neu hinzu und 52.188 Verfahren konnten erledigt werden; im Jahr 2012 waren es 64.900 neue Beschwerden, denen 87.879 erledigte Verfahren gegenüberstanden; im Jahr 2013 gingen 65.900 Beschwerden neu ein und 93.396 Verfahren wurden erledigt (http://www.echr.coe.int/Documents/Stats_analysis_2012_ENG.pdf; http://www.echr.coe.int/Documents/Stats_analysis_2013_ENG.pdf).

5 Die durch die quantitative Belastung entstehenden Missstände wurden auch vom Ministerkomitee des Europarats im Vorfeld des 15. Protokolls zur EMRK diskutiert. Im Anschluss an drei Konferenzen in Interlaken, Izmir und Brighton wurde die sog. Brighton Erklärung zur Reform des Gerichtshofs abgegeben. Darin wurde u.a. (neben der Qualität der Richter) die mit der zögerlichen Umsetzung der Vorgaben des EGMR durch die Vertragsstaaten zusammenhängende Überflutung des Gerichtshofs mit Beschwerden, die gleichgelagerte Fälle betreffen, kritisiert. Dazu http://www.echrblog.blogspot.de/2012/04/brighton-outcomes.html.

6 Kritisch daher ROBERT REBHAHN, Zivilrecht und Europäische Menschenrechtskonvention, AcP 210 (2010), S. 489, 537.

dem Familiensozialrecht und dem Familienverfahrensrecht abzustimmen sind, und das durch ein über Jahrzehnte gewachsenes Geflecht von Gesetzgebung und Richterrecht geprägt ist. Nicht selten handelt es sich zudem im Kindschaftsrecht um mehrpolige Rechtsverhältnisse, bei denen die Gewährleistung von Grundrechten in einem Verhältnis die Einschränkung von Grundrechten in einem anderen nach sich zieht.[7] Die zum Teil geäußerten Zweifel an der Qualität der Entscheidungen des Gerichtshofs mangels hinreichender Spezialkenntnisse der Richter in den Rechten von 47 Staaten[8] scheinen jedenfalls auf den ersten Blick nicht ganz unberechtigt und dürften sich gerade bei schwierigen Fragen zu komplexen Rechtsgebieten bemerkbar machen.[9]

---

7 Vgl. auch BVerfGE 111, S. 307, 327: „Die Entscheidungen des Gerichtshofs können auf durch eine differenzierte Kasuistik geformte nationale Teilrechtssysteme treffen. In der deutschen Rechtsordnung kann dies insbesondere im Familien- und Ausländerrecht [...] eintreten [...], in denen widerstreitende Grundrechtspositionen durch die Bildung von Fallgruppen und abgestuften Rechtsfolgen zu einem Ausgleich gebracht werden."

8 Entsprechend der Anzahl der Vertragsstaaten sind am EGMR 47 Richter tätig, die für neun Jahre von der Parlamentarischen Versammlung des Europarats aus den von den einzelnen Vertragsstaaten erstellten Listen gewählt werden (Art. 20, 22, 23 EMRK). Die Richter verteilen sich auf fünf Sektionen des Gerichtshofs, wobei jede Sektion für Beschwerden gegen diejenigen Staaten zuständig ist, denen die Richter angehören (Art. 26 EMRK). Von den 640 Mitarbeitern der Kanzlei, die die Richter unterstützen, sind 270 Juristen. Zuständig für offensichtlich unzulässige Beschwerden ist der Einzelrichter; der Ausschuss mit drei Richtern kann zusätzlich Konventionsverletzungen in Rechtsfragen mit gefestigter Rechtsprechung des EGMR feststellen, wobei eine einstimmige Entscheidung erforderlich ist; die mit sieben Richtern besetzte Kammer kann Unzulässigkeitsentscheidungen und Urteile fällen; die Große Kammer mit 17 Richtern entscheidet, wenn eine Partei einen Antrag auf Verweisung der Sache an die Große Kammer stellt. Entscheidungen der Kammer und der Großen Kammer werden mit einfacher Mehrheit gefällt. Dazu insgesamt CHRISTIANE SCHMALTZ, Menschenrechte auf dem Prüfstand, Abordnung an den Europäischen Gerichtshof für Menschenrechte, DRiZ 2010, S. 120; http://www.echr.coe.int/Pages/home.aspx?p=court/howitworks&c=#newComponent_1346157759256_pointer.

9 Vgl. etwa PIA MARIA SCHULZE, Das deutsche Kindschafts- und Abstammungsrecht und die Rechtsprechung des EGMR, 2012, S. 237 f. (wobei sich die Kritik gerade für Kindschaftssachen auch darauf bezieht, dass dem Gerichtshof „das notwendige ‚sozialwissenschaftliche Rüstzeug' fehlt, um selbst fundierte Einschätzungen zum Kindeswohl abzugeben"). Neben dieses strukturelle Problem tritt aber noch ein weiteres, nämlich das derzeit unbefriedigende Verfahren der Nominierung von Richtern. So hat beispielsweise die Ukraine im Jahr 2007 im Ergebnis erfolgreich eine 33-jährige Juristin vorgeschlagen, die zu diesem Zeitpunkt eine erst zweijährige Berufserfahrung als Rechtsanwältin vorweisen konnte. Dazu SCHULZE, ebd., S. 239; NORBERT PAUL ENGEL, Konsequenzen eines Beitritts der Europäischen Union zur EMRK für die EU selbst, für den Europarat und den EGMR, EuGRZ 2010, S. 259, 260 f.; DERS., Richterwahl beim EGMR und Qualifikation der von den Regierungen nominierten Richter-Kandidaten, EuGRZ 2010, S. 368 f. Kritisch zur Qualifikation der Richter auch RUFFERT (Anm. 2), EuGRZ 2007, S. 254: „In der jüngeren Vergangenheit sind erhebliche Bedenken hinsichtlich der Qualifikation der Richter und ihrer Unabhängigkeit von internationalen (Generalsekretär des Europarates) wie nationalen Instanzen laut geworden, wobei im letzteren Fall Nepotismus und vordemokratische politische Einflussnahme erkennbar waren." Vgl. jetzt aber auch ARMIN VON BOGDANDY/ CHRISTOPH KRENN, Zur demokratischen Legitimation von Europas Richtern, JZ 2014, S. 529, 533 f.

II Der EGMR aus der Perspektive des deutschen Familienrechts

1 Ein Blick zurück

Der (Rück-)Blick auf die Entwicklung der Rechtsprechung des EGMR aus der Perspektive des deutschen Familienrechts ist nicht nur meiner Profession geschuldet, sondern folgt methodisch dem geisteswissenschaftlichen Ansatz der Kulturtransfer-Forschung.[10] Diese geht davon aus, dass nicht nur das Transfergut (d.h. in diesem Fall die vom EGMR auf der Grundlage der EMRK entwickelten Standards) und die Mechanismen auf Seiten der Ausgangskultur zur Weitergabe dieses Guts, sondern auch die Rezeptionskultur und deren Aneignungsprozesse, d.h. das Bedürfnis und die Möglichkeiten, das Transfergut in die eigene Kultur zu integrieren, sowie die Vermittlerpersönlichkeiten in den Blick zu nehmen sind.[11]

Da im Falle der Rechtsprechung des EGMR ein Transfer in 47 Staaten stattfindet, wäre es ausgesprochen reizvoll, die unterschiedlichen Aneignungsprozesse in einzelnen europäischen Staaten einer genaueren Analyse zu unterziehen und diese zu vergleichen. Dass sich diese Prozesse, d.h. die nationalen Mechanismen zur Anwendung der EMRK und zur Umsetzung der Entscheidungen des EGMR, zum Teil deutlich unterscheiden, legt bereits ein Vergleich der drei deutschsprachigen Länder[12] nahe: So macht es auf der Anwendungsebene einen Unterschied, ob die EMRK wie in Österreich Verfassungsrang bzw. wie in der Schweiz eine verfassungsrangähnliche

---

10 Dieser Ansatz geht auf MICHEL ESPAGNE/MICHAEL WERNER, Deutsch-französischer Kulturtransfer im 18. und 19. Jahrhundert, Zu einem neuen interdisziplinären Forschungsprogramm des C.N.R.S., Francia, Forschungen zur westeuropäischen Geschichte 13 (1985), S. 502, 504 ff. zurück. Vgl. weiter STEFAN SCHLELEIN, Chronisten, Räte, Professoren, Zum Einfluß des italienischen Humanismus in Kastilien am Vorabend der spanischen Hegemonie (ca. 1450 bis 1527), 2010, S. 44 ff.; MATTHIAS MIDDELL, Von der Wechselseitigkeit der Kulturen im Austausch, Das Konzept des Kulturtransfers in verschiedenen Forschungskontexten, in: Andrea Langer/Georg Michels (Hrsg.), Metropolen und Kulturtransfer im 15./16. Jahrhundert: Prag – Krakau – Danzig – Wien, 2001, S. 15-51; EVA SCHUMANN, Rechts- und Sprachtransfer am Beispiel der volkssprachigen Praktikerliteratur, in: Andreas Deutsch (Hrsg.), Historische Rechtssprache des Deutschen, Schriftenreihe des Deutschen Rechtswörterbuchs, Akademiekonferenzen 15, 2013, S. 123, 158 ff.

11 Zur Rolle des BVerfG als Vermittler vgl. nur ANDREAS VOßKUHLE, Der Rechtsanwalt und das Bundesverfassungsgericht – Aktuelle Herausforderungen der Verfassungsrechtsprechung, NJW 2013, S. 1329, 1330: „Dem BVerfG kommt die Aufgabe zu, die Entscheidungen des EGMR in das nationale Recht zu ‚übersetzen‘."

12 Zur Wirkung der EMRK in Deutschland, Österreich und der Schweiz auch REBHAHN (Anm. 6), AcP 210 (2010), S. 532 ff., insb. 537: „Die ‚Rezeption' der EMRK in den drei Staaten geht somit recht unterschiedliche Wege, alle drei Rechtssysteme sind aber für das Einwirken der EMRK heute in weiten Bereichen offen. Blickt man allein auf den Stufenbau der Rechtsordnung der drei Staaten, so ist die Stellung der EMRK in Österreich stärker als in der Schweiz und dort wiederum stärker als in Deutschland."

Stellung[13] oder wie in Deutschland „nur" Gesetzesrang hat.[14] Auch bei der Umsetzung der Entscheidungen des EGMR stellt sich die Frage, wie konventionsfreundlich das nationale Recht ausgestaltet ist – beispielsweise ob und unter welchen Voraussetzungen die nationalen Prozessordnungen einen Wiederaufnahmegrund bei einer konventionswidrigen Entscheidung vorsehen.[15]

Auch wenn die EMRK in Deutschland „nur" Gesetzesrang hat, so wurde ihr Stellenwert doch in mehreren Schritten durch das BVerfG aufgewertet. Im Jahr 1987 wies das BVerfG der EMRK zwei grundlegende Funktionen zu, nämlich erstens „eine normative Leitfunktion" für das einfache Recht und zweitens die Funktion einer Auslegungshilfe im Rahmen der Grundrechtsinterpretation.[16] Die Konsequenzen dieser

---

13 Dazu IRENE FAHRENHORST, Familienrecht und Europäische Menschenrechtskonvention, Das Ehe- und Familienrecht der Bundesrepublik Deutschland und seine Vereinbarkeit mit der Europäischen Konvention zum Schutz der Menschenrechte und Grundfreiheiten – dargestellt anhand von ausgewählten Beispielen –, 1994, S. 10 f.; REBHAHN (Anm. 6), AcP 210 (2010), S. 534 f.

14 Durch das Zustimmungsgesetz (gemäß Art. 59 Abs. 2 GG) wurde die EMRK in das deutsche Recht transformiert, und zwar im Range eines Bundesgesetzes; st. Rspr. des BVerfG, etwa BVerfGE 111, S. 307, 316 f.

15 In Deutschland sind die Wiederaufnahmeverfahren in § 359 Nr. 6 StPO (seit 1998) und in § 580 Nr. 8 ZPO (seit 2006) geregelt. Der Wiederaufnahmegrund in Zivilverfahren gilt über § 48 Abs. 2 FamFG auch in Familiensachen. Zur Einführung des Wiederaufnahmegrunds in Zivilverfahren BT-Drucks. 16/3038, S. 38 ff.; die Reform war durch die Empfehlung Nr. R (2000) 2 des Ministerkomitees des Europarats vom 19.01.2000 (694. Sitzung der Ministerdelegierten), Vollstreckung von Urteilen des Europäischen Gerichtshofs für Menschenrechte (EGMR): Restitutio in integrum und Wiedererwägung bzw. Wiederaufnahme von innerstaatlichen Verfahren, EuGRZ 2004, S. 808 f. veranlasst worden. Ende 2006 sahen lediglich die Prozessordnungen von Norwegen, Bulgarien, Kroatien, Litauen, Rumänien, der Slowakischen Republik, der Türkei, der Ukraine und der Schweiz eine Wiederaufnahme vor (BT-Drucks. 16/3038, S. 39). Kritisch zur Wiederaufnahme in Zivilverfahren JOHANN BRAUN, in: Wolfgang Krüger/Thomas Rauscher (Hrsg.), Münchener Kommentar zur Zivilprozessordnung, mit Gerichtsverfassungsgesetz und Nebengesetzen, Bd. 2: §§ 355-1024, 4. Aufl. 2012, § 580, Rn. 75 ff. In der Schweiz ist nach Art. 122 des schweizerischen Bundesgerichtsgesetzes seit 01.01.2007 die Möglichkeit einer Revision der durch die nationalen Gerichte getroffenen konventionswidrigen Entscheidung vorgesehen, wenn die Verletzung nicht durch eine Entschädigung ausgeglichen, sondern nur durch eine Revision beseitigt werden kann. Dazu WOLFGANG HOFFMANN-RIEM, Kontrolldichte und Kontrollfragen beim nationalen und europäischen Schutz von Freiheitsrechten in mehrpoligen Rechtsverhältnissen – Aus der Sicht des Bundesverfassungsgerichts, EuGRZ 2006, S. 492, 498. In Österreich gibt es bei Zivilverfahren keinen Wiederaufnahmegrund, während § 363a StPO die Möglichkeit einer „Erneuerung des Strafverfahrens" bei Feststellung einer Konventionsverletzung vorsieht.

16 BVerfGE 74, S. 358, 370 stellte klar, dass erstens Gesetze „im Einklang mit den völkerrechtlichen Verpflichtungen der Bundesrepublik Deutschland auszulegen und anzuwenden [seien]", und dass zweitens bei „der Auslegung des Grundgesetzes [...] auch Inhalt und Entwicklungsstand der Europäischen Menschenrechtskonvention in Betracht zu ziehen [seien], sofern dies nicht zu einer Einschränkung oder Minderung des Grundrechtsschutzes [führe]. Deshalb dien[e] insoweit auch die Rechtsprechung des Europäischen Gerichtshofs für Menschenrechte als Auslegungshilfe für die Bestimmung von Inhalt und Reichweite von Grundrechten und rechtsstaatlichen Grundsätzen des Grundgesetzes." Bestätigt durch BVerfGE 111, S. 307, 317 f. Zu beiden Aussagen RUFFERT (Anm. 2), EuGRZ 2007, S. 247: „Auf diese Weise erhält die EMRK in der Auslegung des EGMR eine normative Leitfunktion." Und wei-

Entscheidung für das nationale Recht wurden zunächst erfolgreich verdrängt, bis das BVerfG mit der *Görgülü-Entscheidung* von 2004 den deutschen Juristenstand wach gerüttelt hat.[17] In dieser, das Kindschaftsrecht betreffenden Entscheidung hob das BVerfG in aller Deutlichkeit hervor, dass das „Grundgesetz [...] eine weitgehende Völkerrechtsfreundlichkeit" wolle; daher dürfe der Gesetzgeber nur dann ausnahmsweise Völkervertragsrecht nicht beachten, wenn „nur auf diese Weise ein Verstoß gegen tragende Grundsätze der Verfassung abzuwenden" sei.[18] Es hat ferner dargelegt, dass die Entscheidungen des EGMR in Verfahren gegen einen anderen Staat „den nicht beteiligten Staaten [...] Anlass [geben], ihre nationale Rechtsordnung zu überprüfen und sich bei einer möglicherweise erforderlichen Änderung an der einschlägigen Rechtsprechung des Gerichtshofs zu orientieren" (sog. *Orientierungswirkung*).[19] Des Weiteren gehöre zur Bindung der Verwaltung und Justiz an Gesetz und Recht „auch die Berücksichtigung der Gewährleistungen der Europäischen Menschenrechtskonvention und der Entscheidungen des Gerichtshofs im Rahmen methodisch vertretbarer Gesetzesauslegung".[20]

Die im Anschluss an die Görgülü-Entscheidung von 2004 vor allem im Öffentlichen Recht geführte Diskussion[21] kann hier nicht nachgezeichnet werden, vielmehr

---

ter: „Dadurch überwölbt die EMRK die Grundrechtsinterpretation." Zur EMRK als Auslegungshilfe JAN MORITZ SCHILLING, Deutscher Grundrechtsschutz zwischen staatlicher Souveränität und menschenrechtlicher Europäisierung, Zum Verhältnis zwischen Bundesverfassungsgericht und Europäischem Gerichtshof für Menschenrechte, 2010, S. 46 ff. Vgl. auch aus der Rechtsprechung BVerwGE 110, S. 203, 210: „Der Auslegung der Konvention durch den Gerichtshof kann jedoch unter bestimmten Voraussetzungen über den entschiedenen Einzelfall hinaus eine normative Leitfunktion beigemessen werden, an der sich die Vertragsstaaten zu orientieren haben. Läßt sich aufgrund einer gefestigten Rechtsprechung des Gerichtshofs eine verallgemeinerungsfähige und allgemeine Gültigkeit beanspruchende Auslegung einer Konventionsbestimmung feststellen, haben die deutschen (Verwaltungs-)Gerichte dem vorrangig Rechnung zu tragen".

17 Zu diesem Zeitpunkt kam es auch zu einem öffentlich ausgetragenen Disput zwischen den Richtern des BVerfG und des EGMR, vgl. RENATE JAEGER, „Straßburg muss mehr Rücksicht nehmen", taz vom 28.10.2004, S. 12; LUZIUS WILDHABER, „Das tut mir weh", Der Spiegel Nr. 47 vom 15.12.2004, S. 50 ff.; HANS-JÜRGEN PAPIER, „Straßburg ist kein oberstes Rechtsmittelgericht", FAZ Nr. 288 vom 09.12.2004, S. 5. Dazu auch STEFAN MÜCKL, Kooperation oder Konfrontation? – Das Verhältnis zwischen Bundesverfassungsgericht und Europäischem Gerichtshof für Menschenrechte, Der Staat 2005, S. 403, 405; GEORG RIXE, FamRZ 2005, S. 176 f. (Anm. zu BVerfG FamRZ 2005, S. 173).

18 BVerfGE 111, S. 307, 319; bestätigt durch die Entscheidungen des BVerfG zur Sicherungsverwahrung von 2011 und 2012 (BVerfGE 128, S. 326, 366 ff.; BVerfGE 131, S. 268, 295 f.).

19 BVerfGE 111, S. 307, 320; zur Orientierungswirkung der Urteile des EGMR auch JENS MEYER-LADEWIG/HERBERT PETZOLD, Die Bindung deutscher Gerichte an Urteile des EGMR, Neues aus Straßburg und Karlsruhe, NJW 2005, S. 15, 18 f.; MÜCKL (Anm. 17), Der Staat 2005, S. 418 f. Kritisch CHRISTOPH GRABENWARTER, Grundrechtsvielfalt und Grundrechtskonflikte im europäischen Mehrebenensystem – Wirkungen von EGMR-Urteilen und der Beurteilungsspielraum der Mitgliedstaaten, EuGRZ 2011, S. 229, 230 („Nebelbegriff").

20 BVerfGE 111, S. 307, 323. Dazu insgesamt auch SCHILLING (Anm. 16), S. 65 ff.

21 Für eine stärkere Gewichtung der EMRK etwa MEYER-LADEWIG/PETZOLD (Anm. 19), NJW 2005, S. 15 ff. Kritisch zur Entscheidung des BVerfG HANS-JOACHIM CREMER, Zur Bindungswirkung von

soll der Hinweis genügen, dass die Entscheidung des BVerfG von 1987 eine völkerrechtsfreundliche Geste war, deren Preis nicht besonders hoch erschien. Denn damals sicherte die EMRK nach allgemeinem Verständnis nur einen menschenrechtlichen Mindeststandard in Europa, der bei weitem nicht an die Garantien der deutschen Grundrechte heranreichte.[22] Dementsprechend war Deutschland bis zum Jahr 1987, d.h. in einem Zeitraum von fast drei Jahrzehnten, auch nur in sieben Fällen wegen einer Konventionsverletzung verurteilt worden. Zudem zeichnete sich die Rechtsprechung des EGMR in der Anfangszeit durch einen „souveränitätsfreundliche[n] völkerrechtliche[n] Stil" aus.[23]

Diese, der Entscheidung des BVerfG von 1987 zugrundeliegende „Geschäftsgrundlage" änderte sich aber mit Inkrafttreten des 11. Zusatzprotokolls zur EMRK am 1. November 1998, das zu einer Professionalisierung der Arbeit des Gerichtshofs führte und als Ausgangspunkt einer Verbesserung des Schutzes der Menschenrechte und Grundfreiheiten der EMRK verstanden wurde.[24] Mit dieser Erweiterung sei der EGMR – so CHRISTIAN HILLGRUBER – „von den Fesseln einer bloß fakultativen, zeitlich befristeten Unterwerfung der Konventionsstaaten befreit, dazu [übergegangen], die Konventionsgarantien verstärkt dynamisch-evolutiv, das heißt ohne Rücksicht auf den maßgeblichen Willen der Konventionsstaaten auszulegen und anzuwenden".[25]

Begibt man sich auf die Ebene des deutschen Familienrechts und fragt, ob diese Zäsur Ende der 1990er Jahre auch hier eine Rolle gespielt hat, so lässt sich zunächst feststellen, dass die EMRK und die Rechtsprechung des EGMR bis in die 1990er Jahre hinein von der Familienrechtswissenschaft und -praxis so gut wie gar nicht wahr-

---

EGMR-Urteilen, EuGRZ 2004, S. 683 f., 692 ff.; ECKART KLEIN, JZ 2004, S. 1176, 1177 f. (Anm. zu BVerfGE 111, S. 307).

22 So auch CHRISTIAN HILLGRUBER, Ohne rechtes Maß? Eine Kritik der Rechtsprechung des Bundesverfassungsgerichts nach 60 Jahren, JZ 2011, S. 861, 870. Vgl. auch FAHRENHORST (Anm. 13), S. 54, 156 f. m.w.N.; IRENE HOFFMANN, Der Grundsatz der Subsidiarität im Rechtsschutzsystem der Europäischen Menschenrechtskonvention, Rechtliche Fundierung, Besonderheiten und Bedeutung, 2007, S. 34, 219 ff.

23 FAHRENHORST (Anm. 13), S. 19.

24 11. Zusatzprotokoll zur EMRK vom 11.05.1994. Die bisherigen Durchsetzungsorgane (die Europäische Kommission für Menschenrechte, der EGMR und das Ministerkomitee) wurden durch den neuen ständigen Europäischen Gerichtshof für Menschenrechte ersetzt.

25 HILLGRUBER (Anm. 22), JZ 2011, S. 870. Kritisch auch GRABENWARTER (Anm. 19), EuGRZ 2011, S. 231 (die „Einrichtung des ständigen Gerichtshofes seit 1998 ließ jedoch deutliche Uniformierungstendenzen erkennen"). Zu den Veränderungen vgl. auch RUDOLF BERNHARDT, Der Übergang vom „alten" zum „neuen" Europäischen Gerichtshof für Menschenrechte, in: Jürgen Bröhmer/Roland Bieber/Christian Calliess/Christine Langenfeld/Stefan Weber/Joachim Wolf (Hrsg.), Internationale Gemeinschaft und Menschenrechte, Festschrift für Georg Ress, 2005, S. 911 ff.; JULIE VONDUNG, Die Architektur des europäischen Grundrechtsschutzes nach dem Beitritt der EU zur EMRK, 2012, S. 13 f.; JÖRGEN RUBEL, Entscheidungsfreiräume in der Rechtsprechung des Europäischen Gerichtshofes für Menschenrechte und des Europäischen Gerichtshofes, Ein Beitrag zur Beantwortung der Kontrolldichtefrage, 2005, S. 116 f., 150 (Entwicklung vom „ursprünglichen Rechtsprechungsauftrag – die Schaffung von Mindeststandards im europäischen Menschenrechtsschutz – hin zu einem Harmonisierungsauftrag").

genommen wurden.[26] Als Anfang der 1990er Jahre kurz hintereinander die ersten beiden Monographien zur Vereinbarkeit des deutschen Familienrechts mit der EMRK auf den Markt kamen, handelte es sich um zwei völkerrechtliche Dissertationen.[27]

---

26 So auch TOBIAS HELMS, Kindesrecht und Elternkonflikt – Internationale Vorgaben, insbesondere durch Art. 8, 14 EMRK, in: Martin Löhnig/Dieter Schwab/Dieter Henrich/Peter Gottwald (Hrsg.), Kindesrecht und Elternkonflikt, Beiträge zum europäischen Familienrecht 14, 2013, S. 53 f. Eine Ausnahme bilden einige kürzere Beiträge um das Jahr 1980, in denen unter Berufung auf die Feststellung einer Konventionsverletzung im Fall EGMR (13.06.1979 – 6833/74, Marckx ./. Belgien) NJW 1979, S. 2449 darauf hingewiesen wurde, dass das deutsche Nichtehelichenrecht nicht mit der EMRK vereinbar sei: ERIK JAYME, Europäische Menschenrechtskonvention und deutsches Nichtehelichenrecht, NJW 1979, S. 2425, 2427 f.; HANS A. STÖCKER, Der Europäische Gerichtshof für Menschenrechte zur Diskriminierung „nichtehelicher Kinder", DAVorm 1980, Sp. 249 ff. mit dem Hinweis in Sp. 251: „Im übrigen schätzt die Praxis die Bedeutung der durch die Konvention eröffneten zusätzlichen Rechtsschutzmöglichkeit wohl eher zurückhaltend ein." Weiter heißt es zu Art. 8 EMRK in Sp. 253 f.: „Nunmehr erweist sich die Bestimmung als Eingangstor, um weite Bereiche des Familienrechts in den Diskriminierungsschutz des Art. 14 EMRK einzubeziehen. Sieht man auf das deutsche Recht, so ist damit vor allem die Regelung der elterlichen Sorge in Frage gestellt. [...] Bemerkenswert ist ferner, daß der Gerichtshof auch das subjektive Erbrecht zwischen Kindern, Eltern und Großeltern als ‚Teil des durch Art. 8 EMRK geschützten Familienlebens' anerkennt [...]. Damit hat der Gerichtshof die Möglichkeit eröffnet, die Ungleichbehandlung ‚nichtehelicher' Kinder im Erbrecht – und damit sehr fest verwurzelte Diskriminierungspraktiken, die nicht selten auch Reformgesetze zu überdauern vermögen – an der Konvention zu messen." Zu nennen ist weiter FRITZ STURM, Das Straßburger Marckx-Urteil zum Recht des nichtehelichen Kindes und seine Folgen, FamRZ 1982, S. 1150 ff. Die Ausführungen STURMS zeigen jedoch, dass Art. 8 EMRK von Teilen der Literatur gar nicht auf Eltern-Kind-Verhältnisse bezogen wurde; so heißt es auf S. 1155, dass „Art. 8 EMRK nicht einen zivilrechtlichen Status gewährleisten [wolle], ja überhaupt nicht auf die Familie als Rechtsverhältnis abstellen, sondern das Zuhause, das Familienleben als solches gegen staatliche Eingriffe schützen, wie sie in totalitären Staaten – man denke an die faschistische und kommunistische Tyrannei – gang und gäbe sind (Pochen an die Haustür morgens um vier, Anbringen von Abhörgeräten, Überwachen des Fernsprechverkehrs, Ausspionieren durch Kinder, Trennung von Familienangehörigen). Mit vollständiger Gleichstellung des ne. Kindes kann ja [...] diesem auch gar kein Zuhause, kein Aufwachsen in einer Familie garantiert werden. Alles hängt von der Mutter ab: Sie kann das Kind in ein Heim stecken oder zur Adoption freigeben. Die Überdehnung von Art. 8 EMRK bewirkt dann gar nichts, sondern bleibt ein Schlag ins eiskalte Wasser." Schon vor dem Marckx-Urteil: HANS A. STÖCKER, Über die Anwendung der Menschenrechte auf „Nichteheliche", DAVorm 1978, Sp. 481 ff.

27 MARTINA PALM-RISSE, Der völkerrechtliche Schutz von Ehe und Familie, Schriften zum Völkerrecht 94, 1990, 411 S. (= Diss. Bonn 1989/90); ACHIM BRÖTEL, Der Anspruch auf Achtung des Familienlebens, Rechtsgrund und Grenzen staatlicher Einwirkungsmöglichkeiten in familiäre Rechtspositionen nach der Europäischen Konvention zum Schutze der Menschenrechte und Grundfreiheiten, dargestellt an ausgewählten Beispielen des deutschen Familienrechts, 1991, 457 S. (= Diss. Heidelberg 1990/1991). Aus den folgenden Jahren sind die bereits erwähnte Dissertation von IRENE FAHRENHORST (Anm. 13) sowie die Arbeit von CORNELIA KOPPER-REIFENBERG, Kindschaftsrechtsreform und Schutz des Familienlebens nach Art. 8 EMRK, Zur Vereinbarkeit der deutschen Reform des Kindschaftsrechts mit der Europäischen Menschenrechtskonvention – eine kritische Analyse, Schriften des Europa-Instituts der Universität des Saarlandes – Rechtswissenschaft 33, 2001, 651 S. (= Diss. Saarbrücken 2001) zu nennen.

Dies änderte sich ab Mitte der 1990er Jahre[28] mit der Entscheidung des EGMR „Keegan gegen Irland", die die Freigabe eines nichtehelichen Kindes zur Adoption ohne Zustimmung des Vaters betraf. Diese Entscheidung wurde in den familienrechtlichen Zeitschriften ausführlich besprochen,[29] und erstmals wurde 1998 anlässlich der Kindschaftsrechtsreform auch unter Berufung auf diese Entscheidung eine Gesetzesänderung (Erfordernis einer Zustimmung des Vaters zur Adoption seines nichtehelichen Kindes) vorgenommen.[30] Mitte der 1990er Jahre wurden zudem mehrere Individualbeschwerden in Straßburg anhängig, mit denen sich Väter gegen Entscheidungen deutscher Gerichte auf der Grundlage der bis 1998 geltenden Regelung zum Umgang mit dem nichtehelichen Kind (§ 1711 BGB a.F.) richteten. Diese Individualbeschwerden wurden zwar erst in den Jahren 2000 bis 2003 entschieden und damit zu einem Zeitpunkt, als die diskriminierende Umgangsregelung durch die Kindschaftsrechtsreform längst beseitigt war, sie erfuhren aber dennoch Aufmerksamkeit, weil die Bundesrepublik Deutschland in vier Fällen (Elsholz, Hoffmann, Sahin, Sommerfeld)[31] zur

---

28 Im Palandt wurde erstmals in der 53. Auflage von 1994 zur EMRK Stellung genommen (Uwe Diederichsen, in: Otto Palandt (Begr.), Bürgerliches Gesetzbuch, 53. Aufl. 1994, Einl. v. § 1297, Rn. 7) und 1996 erschien der Sammelband von Peter Koeppel (Hrsg.), Kindschaftsrecht und Völkerrecht im europäischen Kontext, 1996 mit mehreren Beiträgen zum Einfluss der EMRK auf das deutsche Kindschaftsrecht. Auch das BVerfG hat in Entscheidungen zum Eltern-Kind-Verhältnis erst seit 1995 auf die Rechtsprechung des EGMR Bezug genommen; dazu Eva Schumann, Die nichteheliche Familie, Reformvorschläge für das Familienrecht mit einer Darstellung der geschichtlichen Entwicklung und unter Berücksichtigung des Völker- und Verfassungsrechts, 1998, S. 149 (Fn. 62) m.w.N.
29 EGMR (26.05.1994 – 16969/90, Keegan ./. Irland) NJW 1995, S. 2153 = FamRZ 1995, S. 110. Dazu Achim Brötel, Adoption nichtehelicher Kinder durch Dritte, Die grundrechtliche Stellung des Vaters bei der Adoption seines nichtehelichen Kindes durch Dritte, FamRZ 1995, S. 72 ff.; Irene Fahrenhorst, Die Rechtsstellung des Vaters bei Inkognito-Adoption seines nichtehelichen Kindes unter dem Blickwinkel der Europäischen Konvention zum Schutze der Menschenrechte und Grundfreiheiten (EMRK), FuR 1995, S. 107 ff. In der NJW 1995 erschienen unmittelbar hintereinander die Entscheidung des EGMR sowie eine Entscheidung des BVerfG (BVerfGE 92, S. 158 = NJW 1995, S. 2155), die die Diskriminierung des Vaters bei der Adoption seines nichtehelichen Kindes im deutschen Recht für verfassungswidrig erklärte. Zudem hat das AG Kamen (FamRZ 1995, S. 1077) als Reaktion auf die Entscheidung des EGMR im Fall Keegan eine Norm (§ 1705 BGB a.F.), die der Richter für konventionswidrig hielt, nicht mehr angewandt und die Lücke durch eigene Rechsschöpfung auf der Grundlage der EMRK geschlossen (und den beiden nicht miteinander verheirateten Eltern die gemeinsame elterliche Sorge erteilt). Zu dieser Entscheidung auch Kopper-Reifenberg (Anm. 27), S. 53 ff.; Schumann (Anm. 28), S. 150 f.
30 BT-Drucks. 13/4899, S. 112 (es handelt sich um die einzige Stelle in der Drucksache, in der auf eine Entscheidung des EGMR eingegangen wird); es wird aber auch die Entscheidung BVerfGE 92, S. 158 = NJW 1995, S. 2155 genannt.
31 Zu § 1711 BGB a.F.: EGMR (13.07.2000 – 25735/94, Elsholz ./. Deutschland) NJW 2001, S. 2315; EGMR (11.10.2001 – 34045/96, Hoffmann ./. Deutschland) BeckRS 2008, 06770; EGMR (11.10.2001 – 30943/96, Sahin ./. Deutschland) EuGRZ 2002, S. 25; EGMR (11.10.2001 – 31871/96, Sommerfeld ./. Deutschland) FamRZ 2002, S. 381; EGMR Große Kammer (08.07.2003 – 30943/96, Sahin ./. Deutschland und 31871/96, Sommerfeld ./. Deutschland) FamRZ 2004, S. 337. Keine Konventionswidrigkeit wurde im Fall EGMR (12.01.2006 – 38282/97, 68891/01, W. P. ./. Deutschland) BeckRS 2008, 06771

Zahlung immaterieller Entschädigungen in Höhe von insgesamt 70.000 Euro verurteilt wurde.[32] Angesichts dieser hohen Entschädigungssummen überrascht es nicht, dass seitdem mehr und mehr Anwälte auch den Gang nach Straßburg wagten.[33]

Als Zwischenergebnis lässt sich festhalten, dass sich ein spürbarer Einfluss der Rechtsprechung des EGMR auf das deutsche Familienrecht erst seit fünfzehn Jahren nachweisen lässt. Dass in Kindschaftssachen seit dem Jahr 2000 in sechsundzwanzig Fällen[34] eine Verletzung der EMRK durch die Bundesrepublik Deutschland bejaht wurde, während in den vierzig Jahren davor nicht in einem einzigen familienrechtlichen Fall eine Konventionswidrigkeit festgestellt wurde, muss angesichts des ursprünglich stark diskriminierenden nichtehelichen Kindschaftsrechts[35] und des deutlichen Abbaus diskriminierender Regelungen durch die Kindschaftsrechtsreform von 1998 überraschen. Andererseits bestätigt dieser Befund aber die Annahme, dass nicht so sehr das nationale Recht als vielmehr die Neuausrichtung des EGMR infolge des 11. Zusatzprotokolls zur EMRK von 1998 zu diesen Veränderungen geführt hat.

2 Innerstaatliche Auswirkungen einer Konventionsverletzung

Bis Ende 2013 wurde die Bundesrepublik Deutschland in 173 Fällen verurteilt, wobei in rund 70 % dieser Fälle die Verfahrensgarantien des Art. 6 EMRK verletzt waren.[36] Bis zum Inkrafttreten des neuen Familienverfahrensgesetzes (FamFG) im Jahr 2009

---

angenommen. Vgl. dazu auch DIETER HENRICH, Der Schutz des „Familienlebens" durch den Europäischen Gerichtshof für Menschenrechte, in: Gerrit Manssen/Monika Jachmann/Christoph Gröpl (Hrsg.), Nach geltendem Verfassungsrecht, Festschrift für Udo Steiner, 2009, S. 294, 300 f. Das BVerfG hatte § 1711 BGB a.F. hingegen für verfassungsgemäß erklärt (BVerfGE 56, S. 363, 390 ff.). Dazu auch HELMS (Anm. 26), S. 62.

32 Die Verfahrenskosten betrugen insgesamt mehr als 14.000 Euro (Elsholz: ca. 12.600 DM; Hoffmann: 2.500 DM; Sommerfeld: 2.500 Euro; Sahin: 4.500 Euro); die immateriellen Entschädigungen setzten sich wie folgt zusammen: 35.000 DM im Fall Elsholz, 25.000 DM im Fall Hoffmann und jeweils 20.000 Euro in den Fällen Sahin und Sommerfeld (insgesamt 70.677 Euro).

33 Wenngleich von den im Anhang abgedruckten Beschwerden rund ein Drittel von einem Anwalt, dem Bielefelder Rechtsanwalt GEORG RIXE, erfolgreich vertreten wurde.

34 Hinzu kommt noch der unter Ziff. II. 3.a) behandelte Fall, der das Erbrecht eines nichtehelichen Kindes betrifft; EGMR (28.05.2009 – 3545/04, Brauer ./. Deutschland) NJW-RR 2009, S. 1603.

35 So stellte beispielsweise die Verweigerung eines gemeinsamen Sorgerechts für nicht miteinander verheiratete Eltern im Jahr 1984 für die Europäische Kommission für Menschenrechte keine Verletzung des Familienlebens dar, weil den Eltern die Möglichkeit einer Eheschließung zur Erlangung des gemeinsamen Sorgerechts offen stand (Kommission, 15.03.1984 – 9639/82, B., R. und J. ./. Deutschland, Decisions and Reports 36, S. 130 ff.). Auch die Stiefkindadoption durch den Ehemann der Mutter eines nichtehelichen Kindes ohne Zustimmung des Vaters stellte 1988 noch keine Verletzung von Art. 8 EMRK dar (Kommission, 13.10.1988 – 13226/87, Edwards ./. Deutschland).

36 Dies ergibt sich aus einer Auswertung von: Overview 1959-2013, Violations by Article and by State (www.echr.coe.int/Documents/Overview_19592013_ENG.pdf). Bei dem Gebot angemessener Verfahrensdauer handelt es sich um eine vom EGMR entwickelte neue Garantie; dazu GRABENWARTER

gehörten hierzu auch *Kindschaftssachen mit überlanger Verfahrensdauer*, vor allem Umgangsrechtsverfahren von Vätern nichtehelicher Kinder (im Anhang unter Ziff. 4).[37] Die vom EGMR entwickelten verfahrensrechtlichen Garantien spielen in Sorge- und Umgangsrechtsverfahren auch deshalb eine große Rolle, weil gerade bei kleinen Kindern die Gefahr besteht, dass die Entscheidung durch Zeitablauf faktisch präjudiziert wird.[38] Aufgrund des seit 2009 in Kindschaftssachen geltenden Beschleunigungsgrundsatzes und weiterer Verbesserungen der verfahrensrechtlichen Stellung der Beteiligten durch das FamFG dürfte dieses Problem nun weitgehend behoben sein.[39]

(Anm. 19), EuGRZ 2011, S. 231. Zur Bedeutung der Garantie des fairen Verfahrens und einer Entscheidung in angemessener Frist auch SCHULZE (Anm. 9), S. 47 f.

37 Eine Verletzung von Art. 6 Abs. 1 EMRK (ohne zusätzliche Verletzung von Art. 8, 14 EMRK) hat der EGMR in folgenden Sorge- oder Umgangsrechtsverfahren von Vätern nichtehelicher Kinder bejaht: EGMR (04.12.2008 – 44036/02, Adam ./. Deutschland) BeckRS 2009, 22678 = FamRZ 2009, S. 1037 (LS) m. Anm. GEORG RIXE; EGMR (24.06.2010 – 39444/08, Afflerbach ./. Deutschland) FamRZ 2010, S. 1721; EGMR (08.07.2010 – 40014/05, Döring ./. Deutschland) NJW 2013, S. 1055; EGMR (21.04.2011 – 41599/09, Kuppinger ./. Deutschland) FamRZ 2011, S. 1283; EGMR (27.03.2003 – 39547/98, Niederböster ./. Deutschland) BeckRS 2008, 06773; EGMR (10.05.2007 – 76680/01, Skugor ./. Deutschland) BeckRS 2008, 06735. Im Fall EGMR (15.05.2008 – 58364/00, Lück ./. Deutschland) BeckRS 2009, 86226 ging es um das Umgangsrecht des nur leiblichen Vaters (Anerkennung der Verletzung ohne Verurteilung). In weiteren fünf Fällen waren Eltern ehelicher Kinder von einer überlangen Verfahrensdauer betroffen, nämlich in den Fällen EGMR (26.11.2009 – 54215/08, Abduvalieva ./. Deutschland) BeckRS 2010, 90117; EGMR (09.04.2009 – 1182/05, Hub ./. Deutschland) BeckRS 2009, 71209; EGMR (20.01.2011 – 21980/06, 26944/07, 36948/08, Kuhlen-Rafsandjani ./. Deutschland) FamRZ 2011, S. 533; EGMR (21.01.2010 – 42402/05, 42403/05, Wildgruber ./. Deutschland) FamRZ 2010, S. 1721; EGMR (24.02.2005 – 60534/00, Wimmer ./. Deutschland) BeckRS 2008, 06638.

38 So auch HELMS (Anm. 26), S. 58 f.; VERA MEYER, Die Rechtsstellung des leiblichen Vaters bei der Adoption seines nichtehelichen Kindes, 2013, S. 156 f.

39 Ähnlich GEORG RIXE, Der EGMR als Motor einer Harmonisierung des Familienrechts in Europa, FPR 2008, S. 222, 227. Vgl. auch EGMR (21.04.2011 – 41599/09, Kuppinger ./. Deutschland) FamRZ 2011, S. 1283, 1284 (Rn. 51): „Der EuGHMR begrüßt, dass der Gesetzgeber mit Wirkung zum 1.9.2009 eine Neuregelung geschaffen hat, die die Gerichte veranlasst, ihre Verpflichtung zur zügigen Bearbeitung von Umgangsverfahren dadurch zu erfüllen, dass diese vorrangig und beschleunigt durchzuführen sind und ein Termin spätestens einen Monat nach Beginn des Verfahrens stattfinden soll (§ 155 FamFG)." Problematisch ist allerdings, dass das FamFG keinen effektiven Rechtsbehelf vorsieht, mit dem bei einer unangemessenen Dauer des Verfahrens Abhilfe geschaffen werden kann. Dies bemängelt der EGMR für alle zivilrechtlichen Verfahren, vgl. EGMR (08.06.2006 – 75529/01, Sürmeli ./. Deutschland) FamRZ 2007, S. 1449 m. Anm. GEORG RIXE; EGMR (02.09.2010 – 46344/06, Rumpf ./. Deutschland) NJW 2010, S. 3355 m. Anm. JENS MEYER-LADEWIG = FamRZ 2010, S. 1965 m. Anm. GEORG RIXE, in besonderem Maße aber für Kindschaftssachen. Hier hat der EGMR in den letzten Jahren bereits dreimal eine Verletzung von Art. 13 EMRK bejaht: EGMR (24.06.2010 – 39444/08, Afflerbach ./. Deutschland) und EGMR (21.01.2010 – 42402/05, 42423/05, Wildgruber ./. Deutschland) beide: FamRZ 2010, S. 1721 sowie EGMR (21.04.2011 – 41599/09, Kuppinger ./. Deutschland) FamRZ 2011, S. 1283, 1284 (Rn. 55): „Der Gerichtshof hat bereits entschieden, dass es im deutschen Recht keinen effektiven Rechtsbehelf gibt, mit dem Abhilfe bei einer unangemessenen Dauer zivilgerichtlicher Verfahren geschaffen werden kann". Das inzwischen in Kraft getretene Gesetz über den Rechtsschutz bei überlangen Gerichtsverfahren und strafrechtlichen Ermittlungsverfahren vom 24.11.2011 (BGBl. I, S. 2302) stellt allerdings nur eine Minimallösung dar.

Auf Platz drei der Konventionsverletzungen durch die Bundesrepublik Deutschland liegen mit rund 8 % aller Verurteilungen Fälle, in denen das Recht auf Achtung des Familienlebens nach Art. 8 EMRK oder Art. 14 i.V.m. Art. 8 EMRK verletzt wurde (vierzehn Fälle).[40] Diese Konventionsverletzungen im Bereich des materiellen Kindschaftsrechts machen die Mehrheit aller Fälle auf dem Gebiet des Zivilrechts aus.[41]

Zu unterscheiden sind dabei zwei Gruppen: In die erste gehören Fälle, in denen die Verletzung in einer *konventionswidrigen Anwendung* deutschen Rechts durch Gerichte oder Behörden lag. Hierzu gehören insbesondere Konflikte nach einer Herausnahme von Kindern aus der Herkunftsfamilie und deren Unterbringung in einer Pflegefamilie (dies betrifft im Anhang die Fälle unter Ziff. 5.: Kutzner, Haase, Nanning sowie B. B. und F. B., aber auch in einer leicht abweichenden Konstellation den Fall Görgülü).[42] In diesen fünf *Pflegekindfällen* sind die zugrundeliegenden Normen konventionsgemäß oder könnten jedenfalls konventionsgemäß ausgelegt werden, in den entschiedenen Fällen war dies aber nicht geschehen. Für das vorliegende Thema sind diese Fälle aber auch deshalb weniger interessant, weil hier die Rechtsprechung des BVerfG und diejenige des EGMR grundsätzlich auf einer Linie liegen.[43]

Die zweite Gruppe betrifft Fälle, bei denen eine konventionsgemäße Anwendung deutschen Rechts daran scheitert, dass die einschlägigen Normen keinen Raum für eine (methodisch noch vertretbare) konventionskonforme Auslegung lassen. Diese Fälle, denen eine *konventionswidrige Rechtslage* zugrundeliegt, sind aus der Perspektive der Rezeptionskultur deutlich spannender als die der ersten Gruppe, denn hier stellt sich nicht nur die Frage, ob – und wenn ja, wie und wie schnell – der Gesetzgeber die konventionswidrige Rechtslage korrigiert,[44] vielmehr ist auch zu klären, welche Handlungsoptionen die nationalen Gerichte im Umgang mit der konventions-

---

40 Hinzu kommen elf Verurteilungen ausschließlich wegen überlanger Verfahrensdauer in Kindschaftssachen (siehe Anm. 37).

41 Die Zahlen stützen sich einerseits auf Overview 1959-2013, Violations by Article and by State (www.echr.coe.int/Documents/Overview_19592013_ENG.pdf) und beruhen andererseits auf einer eigenen Auswertung der Entscheidungen zum Familienrecht.

42 EGMR (26.02.2002 – 46544/99, Kutzner ./. Deutschland) FamRZ 2002, S. 1393; EGMR (08.04.2004 – 11057/02, Haase ./. Deutschland) FamRZ 2005, S. 585; EGMR (26.02.2004 – 74969/01, Görgülü ./. Deutschland) NJW 2004, S. 3397; EGMR (12.07.2007 – 39741/02, Nanning ./. Deutschland) BeckRS 2008, 06727; EGMR (14.03.2013 – 18734/09, 9424/11, B. B. und F. B. ./. Deutschland) FamRZ 2013, S. 845. Dazu auch HENRICH (Anm. 31), S. 301 ff.

43 Etwa BVerfG NJW 2013, S. 1867 (LS 2): „Den strengen Anforderungen des Art. 6 GG an Ausschluss oder Beschränkung des elterlichen Umgangs mit ihrem in Pflege genommenen Kind entspricht der vom EGMR aus Art. 8 EMRK hergeleitete Schutz des elterlichen Umgangs mit ihrem Kind." Siehe auch die Bezugnahme auf die Rechtsprechung des EGMR in den Gründen S. 1868, Rn. 24 f. Dennoch hatte das BVerfG die angegriffenen Entscheidungen der Fachgerichte gebilligt. Dies gilt allerdings für nahezu alle Verurteilungen durch den EGMR in Kindschaftssachen; so auch HELMS (Anm. 26), S. 60.

44 BVerfGE 111, S. 307, 325: „Hat der Gerichtshof eine innerstaatliche Vorschrift für konventionswidrig erklärt, so kann diese Vorschrift entweder in der Rechtsanwendungspraxis völkerrechtskonform ausgelegt werden, oder der Gesetzgeber hat die Möglichkeit, diese mit der Konvention unvereinbare innerstaatliche Vorschrift zu ändern." Die Formulierung „hat die Möglichkeit" umschreibt bei einem

widrigen Rechtslage bis zu einer konventionskonformen Gesetzesänderung haben:[45] Für eine *Richtervorlage an das BVerfG* nach Art. 100 Abs. 1 GG[46] dürfte die Feststellung der Konventionswidrigkeit der Norm allein noch nicht genügen,[47] vielmehr müsste das vorlegende Gericht die entscheidungserhebliche Norm auch für verfassungswidrig halten. Es müsste darlegen, dass unter Berücksichtigung der Rechtsprechung des EGMR die einschlägige Grundrechtsnorm jetzt so zu interpretieren sei, dass sich daraus die Verfassungswidrigkeit des nationalen Rechts ergebe.[48] Hat das BVerfG zu einem früheren Zeitpunkt die Verfassungsmäßigkeit der entscheidungserheblichen Norm bejaht, so müsste weiter vorgetragen werden, dass sich aufgrund der Entscheidung des EGMR die Rechtslage geändert habe und daher eine erneute Vorlage an das BVerfG gerechtfertigt sei.[49] Im Falle des konventionswidrigen Ausschlusses des Vaters

---

nicht konventionsgemäß auslegbaren Gesetz nichts anderes als den Umstand, dass der Gesetzgeber nur mit einer Gesetzesänderung einen konventionsgemäßen Zustand herstellen kann.

45 Zur Problematik ausführlich KRISTIN ROHLEDER, Grundrechtsschutz im europäischen Mehrebenen-System, Unter besonderer Berücksichtigung des Verhältnisses zwischen Bundesverfassungsgericht und Europäischem Gerichtshof für Menschenrechte, 2009, S. 334 ff. Vgl. weiter MEHRDAD PAYANDEH, Konventionswidrige Gesetze vor deutschen Gerichten, DÖV 2011, S. 382, 386 ff.; MÜCKL (Anm. 17), Der Staat 2005, S. 424 ff.; SCHILLING (Anm. 16), S. 164 ff.; sowie auch schon SCHUMANN (Anm. 28), S. 151 f.

46 Die Frage, ob eine Richtervorlage nach Art. 100 Abs. 1 GG im Falle der konventionswidrigen Stichtagsregelung (Ausschluss der vor dem 1. Juli 1949 geborenen nichtehelichen Kinder vom Erbrecht nach dem Vater, siehe unten 3.a) möglich ist, haben die zuständigen Gerichte unterschiedlich beantwortet. So geht das KG FamRZ 2010, S. 2104, 2105 davon aus, dass eine konventionswidrige Norm (hier: Art. 12 § 10 Abs. 2 S. 1 NEhelG) nicht mehr angewandt werden dürfe und daher auch „nicht mehr entscheidungserheblich im Sinne von Art. 100 Abs. 1 Satz 1 GG [sei], was Voraussetzung für eine Richtervorlage an das BVerfG wäre" (wobei aber angenommen wird, dass die Konventionswidrigkeit einen Verstoß gegen europäisches Gemeinschaftsrecht bedeute). Das OLG Stuttgart FamRZ 2010, S. 674, 675 geht hingegen davon aus, dass es aufgrund der Bestätigung der Verfassungsgemäßheit der Norm durch das BVerfG vor der Feststellung der Konventionswidrigkeit „ausschließlich um die Problematik [gehe], ob und gegebenenfalls in welchem Ausmaß und mit welchem Ergebnis die Pflicht der deutschen Gerichte [...] zur konventionsgemäßen Auslegung" der Norm bestehe, während eine Vorlage an das BVerfG gemäß Art. 100 Abs. 1 GG nicht in Betracht komme. Ähnlich auch OLG Köln ZEV 2011, S. 129, 131 sowie BGH NJW 2012, S. 231, 232 (eine Vorlage an das BVerfG komme aufgrund der wiederholten Vereinbarkeitserklärung durch das BVerfG nicht in Frage).

47 BGH NJW 2011, S. 240, 242.

48 Dazu PAYANDEH (Anm. 45), DÖV 2011, S. 388 ff. mit Kritik am BVerfG, das für diese Konstellation keine befriedigende Lösung entwickelt habe. Kritisch auch schon KOPPER-REIFENBERG (Anm. 27), S. 53 ff. Vgl. weiter DIETER LEIPOLD, EGMR contra BVerfG: Die erbrechtliche Diskriminierung der „alten" nichtehelichen Kinder ist nicht länger hinnehmbar, ZEV 2009, S. 488, 492 (zur Stichtagsregelung nach Art. 12 § 10 Abs. 2 S. 1 NEhelG).

49 BVerfGE 128, S. 326, 364 f. (zur Sicherungsverwahrung): „Zwar stellt die Rechtskraft einer Vereinbarkeitserklärung im Tenor der Entscheidung des Bundesverfassungsgerichts im Hinblick auf eine erneute Normenkontrolle grundsätzlich ein Prozesshindernis dar [...]. Das Prozesshindernis entgegenstehender Rechts- und Gesetzeskraft entfällt jedoch nach ständiger Rechtsprechung des Bundesverfassungsgerichts, wenn später rechtserhebliche Änderungen der Sach- und Rechtslage eintreten [...]. Auch wenn Entscheidungen des Europäischen Gerichtshofs für Menschenrechte als feststellende

eines nichtehelichen Kindes vom gemeinsamen Sorgerecht wäre eine solche Richtervorlage im Ergebnis wohl auch erfolgreich gewesen (siehe unten Ziff. 3.b); ob dies aber in allen Fällen, in denen eine konventionskonformen Auslegung nicht möglich ist, gelingen kann, erscheint zumindest fraglich.[50]

Angesichts dieser erheblichen innerstaatlichen Auswirkungen überrascht es, dass der EGMR den Eindruck vermittelt, als seien die innerstaatlichen Folgen sowohl bei Feststellung einer konventionswidrigen Rechtsanwendung durch Behörden oder Gerichte als auch bei Vorliegen einer konventionswidrigen Rechtsnorm mehr oder weniger gleich. Daran ist richtig, dass sich die unmittelbare Wirkung der Urteile des EGMR auf die bloße Feststellung einer Konventionsverletzung[51] und gegebenenfalls auf die Verpflichtung des Vertragsstaats zur Zahlung einer gerechten Entschädigung nach Art. 41 EMRK beschränkt. Ein solches Feststellungsurteil gestaltet den angegriffenen nationalen Rechtsakt nicht um,[52] sondern verpflichtet den Vertragsstaat ledig-

---

Judikate keine unmittelbare Änderung der Rechtslage, zumal auf der Ebene des Verfassungsrechts, herbeiführen, können sie gleichwohl für die Auslegung des Grundgesetzes rechtserhebliche Bedeutung erlangen. Soweit verfassungsrechtlich entsprechende Auslegungsspielräume eröffnet sind, versucht das Bundesverfassungsgericht wegen des Grundsatzes der Völkerrechtsfreundlichkeit des Grundgesetzes, Konventionsverstöße zu vermeiden [...]. Vor diesem Hintergrund können Entscheidungen des Europäischen Gerichtshofs für Menschenrechte einer rechtserheblichen Änderung gleichstehen." So auch PAYANDEH (Anm. 45), DÖV 2011, S. 388; MÜCKL (Anm. 17), Der Staat 2005, S. 424 („[...] die neuerliche Vorlage einer vom BVerfG bereits für verfassungsmäßig erachteten Norm [wäre] zwar grundsätzlich unzulässig, doch läge in einem späteren Urteil des EGMR eine relevante Änderung der Rechtslage, die eine erneute Befassung des BVerfG rechtfertig[e]"); MARTEN BREUER, in: Ulrich Karpenstein/Franz C. Mayer (Hrsg.), EMRK, Konvention zum Schutz der Menschenrechte und Grundfreiheiten, Kommentar, 2012, Art. 46, Rn. 61.
50 Dazu die Darstellung bei PAYANDEH (Anm. 45), DÖV 2011, S. 387 f.
51 Dazu BVerfGE 111, S. 307, 320: „Die Vertragsparteien haben sich durch Art. 46 EMRK verpflichtet, in allen Rechtssachen, in denen sie Partei sind, das endgültige Urteil des Gerichtshofs zu befolgen. Aus dieser Vorschrift folgt, dass die Urteile des Gerichtshofs für die an dem Verfahren beteiligten Parteien verbindlich sind und damit auch begrenzte materielle Rechtskraft haben". Vgl. weiter MÜCKL (Anm. 17), Der Staat 2005, S. 410 f. zur Wirkung der endgültigen Urteile des Art. 46 Abs. 1 EMRK: „[...] die Urteile des EGMR [...] sind [...] damit unanfechtbar und unabänderlich (formelle Rechtskraft). Weiter stellen sie für die Parteien und ihre Rechtsnachfolger mit verbindlicher Wirkung fest, was zwischen ihnen rechtens ist (materielle Rechtskraft)."
52 Vgl. nur BT-Drucks. 16/3038, S. 38 ff. zur Erfüllung der Verpflichtung nach Art. 46 Abs. 1 EMRK durch Einführung des Wiederaufnahmegrundes in § 580 Nr. 8 ZPO: „Der Europäische Gerichtshof für Menschenrechte (EGMR) hat weder die Kompetenz, Rechtsnormen für nichtig zu erklären, noch die Möglichkeit, Urteile der nationalen Gerichte aufzuheben, durch die Rechte der Konvention verletzt werden. [...] Es kann also dazu kommen, dass der EGMR eine Konventionsverletzung feststellt, aber das die Konvention verletzende rechtskräftige Urteil nicht aus der Welt geschafft werden kann. [...] Mit der vorgeschlagenen Ergänzung des § 580 ZPO wird Abhilfe geschaffen, so dass künftig auch die Zivilprozessordnung einen spezifischen Wiederaufnahmegrund für den Fall, dass der EGMR eine Konventionsverletzung festgestellt hat, enthalten wird. [...] Die EMRK und auch das deutsche Verfassungsrecht verpflichten zwar nicht dazu, eine Wiederaufnahme zu ermöglichen. [...] Es sind aber durchaus Fälle denkbar, in denen die Konventionsverletzung nur durch eine Wiederaufnahme beendet bzw. auf befriedigende Weise abgestellt werden kann. Hierauf weist auch die Empfehlung Nr. R (2002)2 des

lich dazu, den konventionswidrigen Zustand zu beseitigen (Art. 46 Abs. 1 EMRK), wobei er einen Gestaltungsspielraum hat, wie er dieser Verpflichtung nachkommt.

In der ersten *Fallgruppe der konventionswidrigen Rechtsanwendung* ist der EGMR allerdings vor etwa zehn Jahren dazu übergegangen, in einzelnen Fällen den Vertragsstaaten im Urteil *konkrete Weisungen* zu erteilen bzw. diese zu konkreten Abhilfemaßnahmen zu verpflichten,[53] mit der Folge, dass sich der Gestaltungsspielraum der nationalen Träger öffentlicher Gewalt auf die Umsetzung der Weisung verengt. So wurde beispielsweise die Bundesrepublik Deutschland im Fall Görgülü verpflichtet, dem Vater als Beschwerdeführer „mindestens de[n] Umgang mit seinem Kind" zu gestatten.[54]

In der zweiten Fallgruppe, d.h. bei *Vorliegen einer konventionswidrigen Rechtsnorm*, die keiner (methodisch vertretbaren) konventionskonformen Auslegung zugänglich ist,[55] reduziert sich der Gestaltungsspielraum des Vertragsstaats faktisch darauf, eine Gesetzesänderung vorzunehmen (sog. Änderungspflicht).[56] Bei den Ent-

---

Ministerkomitees des Europarates vom 19. Januar 2000 hin, in der die Mitgliedstaaten ausdrücklich dazu aufgerufen werden, die Wiederaufnahme des Verfahrens in ihren nationalen Rechtsordnungen vorzusehen. [...] Mit der vorgeschlagenen Ergänzung in § 580 ZPO wird sich Deutschland in die Reihe derjenigen Staaten einreihen, die der Empfehlung des Ministerkomitees des Europarates bereits gefolgt sind und damit in besonderem Maße dem Prinzip einer konventionsfreundlichen Ausgestaltung des innerstaatlichen Rechts entsprochen haben."

53 Rohleder (Anm. 45), S. 457 f. m.w.N. Dies wird von deutscher Seite auch grundsätzlich anerkannt, vgl. nur BT-Drucks. 16/3038, S. 39 („Vorstellbar sind auch Entscheidungen des EGMR, mit denen dieser neben einem Feststellungsanspruch konkrete Weisungen ausspricht").

54 EGMR (26.02.2004 – 74969/01, Görgülü ./. Deutschland) NJW 2004, S. 3397. Die Verpflichtung lautet in der englischen Fassung (Rn. 64 am Ende): „Furthermore, subject to monitoring by the Committee of Ministers, the respondent State remains free to choose the means by which it will discharge its legal obligation under Article 46 of the Convention, provided that such means are compatible with the conclusions set out in the Court's judgment [...]. In the case at hand this means *making it possible for the applicant to at least have access to his child.*" [Hervorhebung durch Verf.]. Kritisch zu dieser Verpflichtung Meyer-Ladewig/Petzold (Anm. 19), NJW 2005, S. 18.

55 Eine konventionskonforme Auslegung des nationalen Rechts muss im Rahmen geltender methodischer Auslegungs- und Abwägungsspielräume möglich sein und darf auch nicht gegen höherrangiges Recht (insbesondere nicht gegen ein Grundrecht einer der am Verfahren beteiligten Parteien) verstoßen (BVerfGE 111, S. 307, 323, 329).

56 Zur Änderungspflicht auch Ruffert (Anm. 2), EuGRZ 2007, S. 251: „Eine konsequente Fortsetzung des rechtsstaatlichen Ansatzes kann nur in eine objektive Pflicht zur Änderung der EMRK-widrigen Regelung münden. Dogmatisch lässt sich der Grund für diese Änderungspflicht in der Kombination von völkerrechtlicher Bindung [...] und dem Rechtsstaatsprinzip – hier als Gebot der Rechtsklarheit – verorten. Rechtsstaatliche Klarheit gebietet, die Völkerrechtskonformität des Gesetzesrechts möglichst durch Gesetzesänderung herzustellen und nicht auf die völkerrechtskonforme Anwendung zu bauen, die zudem Grenzen unterliegt." Vgl. weiter Mückl (Anm. 17), Der Staat 2005, S. 417 f.; Heike Krieger, Positive Verpflichtungen unter der EMRK: Unentbehrliches Element einer gemein-europäischen Grundrechtsdogmatik, leeres Versprechen oder Grenze der Justiziabilität?, ZaöRV 2014, S. 187, 198 f. Ablehnend Martin Löhnig/Mareike Preisner, Zur Reichweite des Einflusses der Rechtsprechung des EuGHMR auf das deutsche Kindschaftsrecht, FamRZ 2012, S. 489, 494 f.

scheidungen zu Art. 8 EMRK (i.V.m. Art. 14 EMRK) lässt sich in den letzten Jahren eine Zunahme von Feststellungen dieser Art beobachten,[57] obwohl der EGMR nicht müde wird, zu betonen, dass es nicht seine Aufgabe sei, innerstaatliche Rechtsvorschriften abstrakt zu prüfen.[58] Seit 2009 hat der EGMR auf diese Weise drei Reformen im deutschen Familien- und Erbrecht veranlasst, wobei in sämtlichen Fällen das BVerfG zuvor entschieden hatte, dass die jeweils einschlägigen Rechtsnormen verfassungsgemäß seien.

3 Drei Beispiele einer konventionswidrigen Ausgestaltung familiärer Rechtsverhältnisse

In den folgenden drei Beispielen unter a) bis c) (im Anhang unter Ziff. 1-3) geht es um das Verhältnis zwischen nichtehelichen Kindern und ihren Vätern sowie um das Verhältnis von außerehelich gezeugten Kindern verheirateter Frauen zu ihren leiblichen Vätern.[59] Diese Kinder werden in Deutschland traditionell sehr schematisch und unter Zurücksetzung oder gar vollständigem Ausschluss der leiblichen Väter den Müttern und gegebenenfalls deren Ehemännern zugeordnet,[60] während viele andere europäische Rechtsordnungen in diesen Konstellationen Einzelfalllösungen zum Wohle des Kindes zulassen. Daher wird für diesen Bereich auch angenommen, dass die vom EGMR erzwungenen Reformen Ausdruck einer Harmonisierung des Kindschaftsrechts in Europa seien.[61]

---

57 Kritisch dazu etwa die Sondervoten der Richter WILDHABER, PALM, LORENZEN, JUNGWIERT, GREVE, LEVITS und MULARONI im Fall EGMR (08.07.2003 – 31871/96, Sommerfeld ./. Deutschland) FamRZ 2004, S. 337, 343: „Nach unserer Auffassung ist [es] nicht Aufgabe des Gerichtshofs, die innerstaatlichen Vorschriften abstrakt zu prüfen, sondern in welcher Weise sie unter den besonderen Umständen des Einzelfalles auf den Bf. angewandt wurden […]. Das bedeutet, dass die formelle Bezugnahme auf eine bestimmte Vorschrift des BGB und einzelne Formulierungen in den innerstaatlichen Urteilen nicht entscheidend sind."

58 Etwa EGMR (12.01.2006 – 38282/97, 68891/01, W. P. ./. Deutschland) BeckRS 2008, 06771; EGMR (20.02.2007 – 16013/04, Kleinert ./. Deutschland) BeckRS 2008, 06507; EGMR (03.12.2009 – 22028/04, Zaunegger ./. Deutschland) NJW 2010, S. 501, 502, Rn. 45. Vgl. auch REBHAHN (Anm. 6), AcP 210 (2010), S. 503: „Der EGMR differenziert aus diesem Grund nicht scharf zwischen der Prüfung von Gerichtsurteilen und von Gesetzen (die er ja als solche nicht prüfen kann)."

59 Auffällig ist, dass von den siebenundzwanzig Fällen, in denen in Bezug auf Eltern-Kind-Verhältnisse eine Verletzung der EMRK festgestellt wurde, nur neun Fälle eheliche Kinder betreffen, während fünfzehn Fälle nichteheliche Kinder und drei Fälle Kinder aus einem Ehebruch betreffen, obwohl im einschlägigen Zeitraum das Verhältnis zwischen ehelich und nichtehelich geborenen Kindern in Deutschland zunächst bei 3 : 1 lag und heute noch immer 2 : 1 beträgt.

60 Die rechtliche Zurücksetzung des Vaters war (in einer anders gelagerten Konstellation) auch die Ursache für den Verlauf der Verfahren im Fall Görgülü.

61 So insbesondere RIXE (Anm. 39), FPR 2008, S. 225 ff., 230. Die Zielsetzung einer Rechtsharmonisierung durch den EGMR wird in der Familienrechtswissenschaft durchaus auch kritisch gesehen; ablehnend etwa HENRICH (Anm. 31), S. 309 f. Vgl. weiter REBHAHN (Anm. 6), AcP 210 (2010), S. 506, 540.

a) Erbrecht nichtehelicher Kinder

BGB 1900	*Keine rechtliche Verwandtschaft* zwischen dem nichtehelichen Kind und seinem Vater nach § 1589 Abs. 2 BGB (keine erbrechtlichen Ansprüche).
Grundgesetz 1949	Art. 6 Abs. 5 GG: Den unehelichen Kindern sind durch die Gesetzgebung die *gleichen Bedingungen* für ihre leibliche und seelische Entwicklung und ihre Stellung in der Gesellschaft zu schaffen wie den ehelichen Kindern.
Nichtehelichengesetz v. 19.08.1969 [01.07.1970-31.03.1998]	*Erbrecht/Erbersatzanspruch* (und Anspruch auf vorzeitigen Erbausgleich) für nichteheliche Kinder, die nach dem 1. Juli 1949 geboren worden sind; Kinder, die vor dem 1. Juli 1949 geboren worden sind, haben keinen Anspruch (*Stichtagsregelung* in Art. 12 § 10 Abs. 2 NEhelG).
ZGB DDR 1976 [01.01.1976-02.10.1990]	*Erbrechtliche Gleichstellung* nichtehelicher Kinder (§§ 365 ff. ZGB DDR; § 15 Abs. 1, 2 Nr. 1, 2, 37 EGZGB DDR).
Einigungsvertrag v. 31.08.1990	Erbrechtliche Gleichstellung nichtehelicher Kinder, die vor dem Beitritt in der ehemaligen DDR geboren wurden; *kein Erbrecht* für nichteheliche Kinder aus dem Beitrittsgebiet, die vor dem 1. Juli 1949 geboren wurden und deren Vater am 2. Oktober 1990 seinen gewöhnlichen Aufenthalt in der BRD hatte (Art. 235 § 1 EGBGB).
Erbrechtsgleich-stellungsgesetz v. 16.12.1997 [01.04.1998-28.05.2009]	Erbrechtliche Gleichstellung nichtehelicher Kinder mit Ausnahme der vor dem 1. Juli 1949 geborenen Kinder.
EGMR Brauer ./. Deutschland (28.05.2009 – 3545/04)	*Stichtagsregelung* ist konventionswidrig (Verletzung von Art. 14 i.V.m. Art. 8 EMRK).
Zweites Erbrechtsgleich-stellungsgesetz v. 12.04.2011	Erbrechtliche Gleichstellung der vor dem 1. Juli 1949 geborenen Kinder, wenn der Erbfall ab dem 29. Mai 2009 eingetreten ist.

Im Fall Brauer[62] ging es um eine Regelung, nach der nichteheliche Kinder, die vor dem 1. Juli 1949 auf dem Gebiet der ehemaligen DDR geboren wurden, kein gesetzliches Erbrecht nach ihrem Vater hatten, wenn dieser zum Zeitpunkt des Beitritts seinen gewöhnlichen Aufenthalt in der BRD hatte. Diese Rechtslage ergab sich aus der im EGBGB anlässlich der Wiedervereinigung vorgenommenen Erstreckung der Stichtagsregelung des Art. 12 § 10 Abs. 2 NEhelG[63] auf nichteheliche Kinder aus dem

---

62 EGMR (28.05.2009 – 3545/04, Brauer ./. Deutschland) NJW-RR 2009, S. 1603.

63 Das Gesetz über die rechtliche Stellung der nichtehelichen Kinder vom 19.08.1969 (BGBl. I, S. 1243) gewährte den nichtehelich geborenen Kindern erstens einen Erbersatzanspruch (Geldanspruch in Höhe des Wertes des gesetzlichen Erbteils nach § 1934a BGB a.F.), wenn auch eheliche Abkömmlinge

Beitrittsgebiet.[64] Das BVerfG hatte diese *Stichtagsregelung* insgesamt dreimal in den Jahren 1976, 1996 und 2003 gebilligt.[65] Der EGMR ging hingegen im Fall Brauer von der Konventionswidrigkeit der Stichtagsregelung aus und begründete die Verletzung von Art. 14 i.V.m. Art. 8 EMRK damit, dass „unter Berücksichtigung des sich verändernden europäischen Umfelds, das er bei seiner notwendigerweise dynamischen Auslegung der Konvention [...] nicht außer Acht lassen [könne], der Gesichtspunkt des Schutzes des ‚Vertrauens' des Erblassers und seiner Familie dem Gebot der Gleichbehandlung nichtehelicher und ehelicher Kinder unterzuordnen" sei.[66] Die der nichtehelichen

---

bzw. der Ehegatte des Erblassers Erben waren (das nichteheliche Kind sollte in diesen Fällen nicht Mitglied der Erbengemeinschaft werden), und zweitens einen Anspruch auf vorzeitigen Erbausgleich (§ 1934d BGB a.F.). Die vor dem 1. Juli 1949 geborenen nichtehelichen Kinder waren jedoch von den ab 1. Juli 1970 geltenden erbrechtlichen Neuregelungen ausgeschlossen.

64 Da in der DDR nichteheliche Kinder seit 1976 vollständig (und nach § 9 des Einführungsgesetzes zum Familiengesetzbuch der DDR von 1966 bereits teilweise) mit ehelichen Kindern gleichgestellt waren, wurde diese Rechtsstellung im Einigungsvertrag erhalten, wenn der Erblasser am 2. Oktober 1990 seinen gewöhnlichen Aufenthalt in der DDR hatte (Art. 235 § 1 Abs. 2 EGBGB i.V.m. Art. 230 EGBGB in der Fassung von 1990); im Übrigen (d.h. bei gewöhnlichem Aufenthalt des Erblassers in der BRD am 2. Oktober 1990) galt die Stichtagsregelung des Nichtehelichengesetzes.

65 Die Stichtagsregelung wurde vom BVerfG 1976 (damals für in Westdeutschland geborene Kinder) für verfassungsgemäß erklärt (BVerfGE 44, S. 1 ff.). Von der Verfassungsmäßigkeit der Erstreckung der Stichtagsregelung auf das Beitrittsgebiet sind das BVerfG in zwei Nichtannahmebeschlüssen vom 03.07.1996 (BeckRS 1996, 12504) und 20.11.2003 (BVerfG FamRZ 2004, S. 433 f.) und der Gesetzgeber (Gesetz zur erbrechtlichen Gleichstellung nichtehelicher Kinder vom 16.12.1997, BGBl. I, S. 2968 und BT-Drucks. 13/4183, S. 12 f.; Kinderrechteverbesserungsgesetz vom 09.04.2002, BGBl. I, S. 1239 und BT-Drucks. 14/2096, S. 11) auch in der Folgezeit ausgegangen (seit 1998 konnte der Vater allerdings mit seinem vor dem 1. Juli 1949 geborenen Kind einen sog. Gleichstellungsvertrag schließen; Art. 14 § 14 Kindschaftsrechtsreformgesetz, BGBl. I 1997, S. 2942, 2965). Zur Kritik des Bundesrates am Festhalten an der Stichtagsregelung: BT-Drucks. 13/4183, S. 15 f. (Stellungnahme des Bundesrates), S. 17 (Gegenäußerung der Bundesregierung); Einspruch des Bundesrats am 28.11.1997, BR-Drucks. 910/97, S. 2 (Beschluss): „Der Bundesrat hält es für dringend geboten, auch die vor dem 1. Juli 1949 geborenen nichtehelichen Kinder in erbrechtlicher Hinsicht [...] gleichzustellen." Vgl. weiter BT-Drucks. 14/2096, S. 8 f. Dazu insgesamt auch HORST BESTELMEYER, Lücken und Tücken des alten und neuen Nichtehelichenerbrechts, RPfleger 2012, S. 361 ff. (mit tabellarischer Übersicht auf S. 372 f.); LEIPOLD (Anm. 48), ZEV 2009, S. 488 ff.; MILES B. BÄSSLER, Die erbrechtliche Stellung vor dem 1.7.1949 geborener nichtehelicher Kinder in Gleichbehandlung mit den ehelichen Halbgeschwistern?, ZErb 2011, S. 92 (Fn. 6); ANSGAR KREGEL-OLFF, Der Einfluss der Europäischen Menschenrechtskonvention und der Rechtsprechung des Europäischen Gerichtshofs für Menschenrechte auf das deutsche Erbrecht, 2011, S. 99 ff., 120 ff.

66 EGMR (28.05.2009 – 3545/04, Brauer ./. Deutschland) NJW-RR 2009, S. 1603, 1605, Rn. 40, 43 (= FamRZ 2009, S. 1293, 1294 m. Anm. DIETER HENRICH). Dazu auch LEIPOLD (Anm. 48), ZEV 2009, S. 489 ff. Im Schrifttum war die Stichtagsregelung vor der Entscheidung des EGMR zwar als „‚brisante' Regelung, die gewissen rechtlichen Bedenken begegnet", angesehen worden, diese sei jedoch „aus Gründen der Rechtssicherheit und des Vertrauensschutzes sowie des dem Gesetzgeber in Übergangs- und Stichtagsregelungen zukommenden Gestaltungsspielraums noch als konventionskonform zu werten"; so KOPPER-REIFENBERG (Anm. 27), S. 475.

Tochter in Folge des Urteils durch die Bundesrepublik Deutschland gewährte Entschädigung betrug 115.000 Euro.[67]

Die Konventionswidrigkeit der Rechtslage konnte die Bundesrepublik Deutschland nur durch eine Gesetzesänderung beseitigen, die mit dem Zweiten Gesetz zur erbrechtlichen Gleichstellung nichtehelicher Kinder vom 12. April 2011 auch erfolgte.[68] Die Neuregelung sieht vor, dass der Stichtag 1. Juli 1949 rückwirkend für Erbfälle ab dem 29. Mai 2009 (also ab dem Tag nach der Verkündung der Entscheidung des EGMR) aufgehoben ist,[69] wobei diese *beschränkte Rückwirkung* der Gesetzesänderung damit begründet wurde, dass der Staat „weitere Konventionsverletzungen möglichst wirksam unterbinden [müsse und im] hier gegebenen Zusammenhang […] eine auf den Zeitpunkt der Entscheidung des EGMR rückwirkende Rechtsänderung die am besten geeignete Möglichkeit [sei], diesen Anforderungen nachzukommen".[70]

---

67 Die Bundesrepublik Deutschland einigte sich am 22. September 2009 mit der Beschwerdeführerin, dass dieser ein Ausgleich in der genannten Höhe für die konventionswidrige Versagung des Erbrechts gewährt wird. Dazu LG Saarbrücken ZEV 2010, S. 526; Dieter Leipold, Gesetzliches Erbrecht und Pflichtteilsrecht nichtehelicher Kinder, die vor dem 1.7.1949 geboren sind, FPR 2011, S. 275, 276; Kregel-Olff (Anm. 65), S. 130.

68 Zweites Gesetz zur erbrechtlichen Gleichstellung nichtehelicher Kinder vom 12.04.2011, BGBl. I, S. 615. Dazu Leipold (Anm. 67), FPR 2011, S. 276 ff. Zum Gesetzgebungsverfahren auch Kregel-Olff (Anm. 65), S. 131 ff.

69 Eine weitergehende Rückwirkung ist nur für Fälle vorgesehen, in denen das Erbrecht des Fiskus nach § 1936 BGB zum Zuge kam; in diesen Fällen wird den Kindern ein Wertersatzanspruch eingeräumt.

70 BT-Drucks. 17/3305, S. 7 f. (mit schwacher Begründung): „Denn nach der Rechtsprechung des Bundesverfassungsgerichts kann die Entscheidung des EGMR nicht unberücksichtigt bleiben […]. Die Bindungswirkung einer Entscheidung des EGMR erstreckt sich auf alle staatlichen Organe und verpflichtet diese grundsätzlich, ohne Verstoß gegen die Bindung an Gesetz und Recht einen fortdauernden Konventionsverstoß zu beenden und einen konventionsgemäßen Zustand herzustellen […]. Seit der Entscheidung des EGMR bestand daher ein Zustand der Rechtsunsicherheit, so dass ein gefestigtes und damit schutzwürdiges Vertrauen in die Beständigkeit des bislang geltenden Rechtszustandes nicht mehr angenommen werden konnte. Gerade diese Rechtsunsicherheit – bewirkt durch eine bestimmte, die geltende Rechtslage in Frage stellende Rechtsprechung – berechtigt den Gesetzgeber, die Rechtslage zur Behebung dieser Rechtsunsicherheit rückwirkend zu ändern […]. Eine solche rückwirkende Gesetzesänderung ist auch im Hinblick auf die Rechtsprechung des EGMR veranlasst. Ab der Verkündung der Entscheidung kann ein Festhalten an der bisherigen Rechtslage ohne Berücksichtigung einschlägiger Rechtsprechung des EGMR einen neuen Konventionsverstoß Deutschlands begründen. […] Der Staat muss vielmehr weitere Konventionsverletzungen möglichst wirksam unterbinden. Im hier gegebenen Zusammenhang ist eine auf den Zeitpunkt der Entscheidung des EGMR rückwirkende Rechtsänderung die am besten geeignete Möglichkeit, diesen Anforderungen nachzukommen." Vgl. auch Beschlussempfehlung des Rechtsausschusses des Deutschen Bundestags, BT-Drucks. 17/4776, S. 7. Inzwischen ist das Gesetz zum Schutz des Erbrechts und der Verfahrensbeteiligungsrechte nichtehelicher und einzeladoptierter Kinder im Nachlassverfahren vom 21.03.2013 am 29.03.2013 in Kraft getreten, mit dessen Hilfe die schlechtere Stellung der nichtehelichen Kinder im Nachlassverfahren ausgeglichen wird (das Gesetz geht auf eine Initiative des Bundesrates zurück); zum Reformbedarf BT-Drucks. 17/9427, S. 7 ff.

Von einer Aufhebung der Stichtagsregelung für Erbfälle vor dem 29. Mai 2009 hat der Gesetzgeber unter Hinweis auf Vertrauensschutzgründe auf Seiten des Erblassers und seiner Familie abgesehen.[71] Die Frage einer weitergehenden Rückwirkung ist damit aber nicht endgültig entschieden, denn im Anschluss an das EGMR-Urteil im Fall Brauer erhoben mehrere vor dem 1. Juli 1949 geborene nichteheliche Kinder, deren Väter vor dem 29. Mai 2009 gestorben waren, Klage auf Beteiligung am väterlichen Nachlass. Mehrere Instanzgerichte[72] hielten jedoch – ebenso wie der BGH 2012[73] – eine weitergehende Rückwirkung nicht für geboten. Zuletzt hat sich am 18. März 2013 das BVerfG[74] mit dieser Frage befasst und die Begrenzung der Rückwirkung der erbrechtlichen Gleichstellung der vor dem 1. Juli 1949 geborenen nichtehelichen Kinder auf Erbfälle ab dem 29. Mai 2009 für verfassungsgemäß erklärt.[75]

Zwischenzeitlich war der Ball jedoch schon längst wieder vom innerstaatlichen auf das völkerrechtliche Feld zurückgespielt worden, denn im Februar 2013 hatte der EGMR in einem im Hinblick auf die Rückwirkungsproblematik ähnlich gelagerten Fall gegen Frankreich nochmals entschieden, dass nichteheliche Kinder im Erbrecht auch rückwirkend gleichzustellen sind.[76] Die Bundesregierung hat sich im Mai 2013 zu dieser neuen Entscheidung des EGMR geäußert und darauf hingewiesen, dass diese

---

71 BT-Drucks. 17/3305, S. 7 f. Dazu WALTER KRUG, Die Umsetzung des EGMR-Urteils zum Nichtehelichenerbrecht in die forensische und rechtsgestalterische Praxis, ZEV 2010, S. 505.

72 KG FamRZ 2010, S. 2104 = FGPrax 2010, S. 294 m. krit. Anm. GABRIELE MÜLLER; OLG Stuttgart FamRZ 2010, S. 674 m. Anm. PAUL GRÖTSCH; OLG Köln ZEV 2011, S. 129 m. krit. Anm. WALTER KRUG. Vgl. weiter KRUG (Anm. 71), ZEV 2010, S. 505 f.; KREGEL-OLFF (Anm. 65), S. 131, 135 ff. m.w.N.

73 BGH NJW 2012, S. 231 = JR 2013, S. 26 m. Anm. MARKUS THIEL; m. krit. Anm. ANNE RÖTHEL, LMK 2012, 327388.

74 BVerfG NJW 2013, S. 2103 = FamRZ 2013, S. 847 m. Anm. WOLFGANG REIMANN; Anm. KNUT WERNER LANGE, ErbR 2013, S. 183 f. Kritisch zu den Entscheidungen des BVerfG und des BGH DIETER LEIPOLD, Auswirkungen der EGMR-Entscheidung Fabris gegen Frankreich auf das deutsche Nichtehelichen-Erbrecht, ZEV 2014, S. 449, 451 ff.

75 Kritisch zu vermerken ist, dass das BVerfG (BVerfGE 112, S. 332, 347 = NJW 2005, S. 1561, 1562) in einem anderen Fall entschieden hat, dass die Erbrechtsgarantie des Art. 14 Abs. 1 GG i.V.m. Art. 6 Abs. 1 GG eine „grundsätzlich unentziehbare und bedarfsunabhängige wirtschaftliche Mindestbeteiligung der Kinder des Erblassers an dessen Nachlass [...] gewährleist[e]". Diese Gewährleistung lässt sich aber kaum mit der völligen Versagung einer Beteiligung nichtehelicher Kinder am väterlichen Nachlass vereinbaren, zumal das BVerfG zum Pflichtteilsrecht nichtehelicher Kinder ausführt (BVerfGE 112, S. 332, 354, Rn. 75): „Dieser einerseits freiheitsbegrenzenden und andererseits familienschützenden Funktion des Pflichtteilsrechts kommt insbesondere dann Bedeutung zu, wenn Kinder des Erblassers aus einer früheren Ehe oder Beziehung vorhanden sind, die ohne ein Pflichtteilsrecht an dem Vermögen des Erblassers oftmals nicht teilhaben würden. Dies gilt im besonderen Maße für nichteheliche Kinder des Vaters. Das Pflichtteilsrecht ist für das nichteheliche Kind eine einfachrechtliche Ausprägung des durch Art. 6 Abs. 5 GG begründeten Schutzauftrags des Gesetzgebers im Bereich des Erbrechts. Diese Verfassungsnorm gebietet es, dem nichtehelichen Kind eine angemessene Beteiligung am väterlichen Nachlass in Form eines Erbrechts oder jedenfalls eines Geldanspruchs zuzuerkennen [...]."

76 EGMR (07.02.2013 – 16574/08, Fabris ./. Frankreich) BeckRS 2013, 07656. Dazu LEIPOLD (Anm. 74), ZEV 2014, S. 449 ff.

in Bezug auf das französische Erbrecht erlassene Entscheidung nicht auf die deutsche Rechtslage übertragbar sei. Zudem habe das BVerfG in der Entscheidung vom 18. März 2013 die Beschränkung der Rückwirkung als verfassungsgemäß eingestuft.[77]

Tatsächlich könnte die Rechtslage jedoch etwas komplizierter sein, denn erstens hat der EGMR im Fall Brauer ja bereits eine Rückwirkung für einen Erbfall aus dem Jahr 1998 anerkannt und dabei den Grundsatz aufgestellt, dass der Vertrauensschutz des Erblassers und seiner Familie in den Fortbestand der Rechtslage dem Gebot der erbrechtlichen Gleichstellung nichtehelicher Kinder unterzuordnen sei.[78] Und genau diesen Grundsatz hat der EGMR in der Entscheidung gegen Frankreich unter Verweis auf die Entscheidung Brauer erneut bestätigt.[79] Somit ist derzeit offen, in welchen Konstellationen der EGMR an diesem Grundsatz festhalten bzw. in welchen „Alterbfällen" er eine Ausnahme von diesem Grundsatz zulassen und den Vertrauensschutz über das Gleichstellungsgebot stellen würde.[80] Zweitens steht zu erwarten, dass der EGMR jedenfalls vergleichbare Fälle genauso wie den Fall Brauer entscheiden wird, auch wenn der Erbfall bereits vor dem 29. Mai 2009 eingetreten ist. Davon scheint auch das BVerfG auszugehen; zumindest hat es offengelassen, ob eine über die Reform hinausgehende Rückwirkung in Betracht zu ziehen sei, wenn die Fälle „in tatsächlicher Hinsicht dem durch den EGMR im Urteil vom 28.5.2009 entschiedenen [Fall] vergleichbar" seien.[81]

Die Problematik lässt sich anhand der bereits entschiedenen Fälle veranschaulichen, bei denen deutsche Gerichte in den letzten drei Jahren eine erbrechtliche Beteiligung von nichtehelichen Kindern, die jeweils vor dem 1. Juli 1949 geboren worden waren und deren Vater vor dem 29. Mai 2009 verstorben war, ablehnten:

---

77 BT-Drucks. 17/13579, S. 20 (Erklärung der Bundesregierung, warum kein gesetzgeberischer Handlungsbedarf bestehe).

78 EGMR (28.05.2009 – 3545/04, Brauer ./. Deutschland) NJW-RR 2009, S. 1603, 1605, Rn. 43. Zustimmend RUTH KÖNIG, Gleichstellung aller ehelichen und nichtehelichen Kinder im Erbrecht, FPR 2010, S. 396 ff. Vgl. auch LEIPOLD (Anm. 74), ZEV 2014, S. 451 ff.

79 EGMR BeckRS 2013, 07656 (Rn. 68): „[...] "protecting the 'legitimate expectation' of the deceased and their families must be subordinate to the imperative of equal treatment between children born outside and children born within marriage" (see Brauer, cited above, § 43)."

80 Die beschränkte Rückwirkung auf den 29. Mai 2009 wird daher von Teilen der Literatur für problematisch gehalten; etwa WOLFGANG REIMANN, Auch künftig keine Gleichstellung nichtehelicher Kinder bei Alterbfällen?, FamRZ 2012, S. 604, 606; DANIEL LEHMANN/REBECCA HAHN, ZEV-Report Zivilrecht, ZEV 2013, S. 192; KRUG (Anm. 71), ZEV 2010, S. 507; KREGEL-OLFF (Anm. 65), S. 138.

81 BVerfG NJW 2013, S. 2103, 2106. So auch LEIPOLD (Anm. 67), FPR 2011, S. 279; WOLFGANG REIMANN, FamRZ 2013, S. 851 (Anm. zu BVerfG NJW 2013, S. 2103 = FamRZ 2013, S. 847). Zur Rückwirkungsproblematik auch ANGELIKA NUßBERGER, Die Europäische Menschenrechtskonvention und das Erbrecht, ErbR 2014, S. 468, 470 f.

Datum der Entscheidung	Tod des Vaters
EGMR 28.05.2009 (Brauer)	03.07.1998
KG 29.06.2010 (FamRZ 2010, S. 2104)	01.05.2009
Zweites Gesetz zur erbrechtlichen Gleichstellung nichtehelicher Kinder vom 12.04.2011 (BGBl. I, S. 615): Erbrechtliche Gleichstellung für alle Erbfälle ab dem 29.05.2009	
BGH 26.10.2011 (NJW 2012, S. 231) [siehe auch BVerfG]	26.06.2006
BVerfG 18.03.2013 (NJW 2013, S. 2103) [zwei Beschwerden, u.a. Fall des BGH]	23.10.2007

Sollte in einem dieser Fälle eine Individualbeschwerde zum EGMR erhoben werden, so stellt sich die Frage, ob der EGMR diese Erbfälle, die sich acht bis elf Jahre nach dem Erbfall in der Sache Brauer ereigneten, anders beurteilen würde. Der Fall des Kammergerichts aus dem Jahr 2010 ist zudem nahezu identisch mit dem Fall Brauer; auch hier ging es um ein 1948 in der DDR geborenes Mädchen, bei dem der Vater zum Zeitpunkt der Wiedervereinigung seinen gewöhnlichen Aufenthalt in der BRD hatte. Zwischen der Klägerin und ihrem Vater hatte es von Anfang an eine familiäre Beziehung gegeben: Der Vater hatte mit Mutter und Tochter nach der Geburt drei Jahre lang zusammengelebt. Nach der Trennung der Eltern gab es regelmäßig Kontakte (auch nach dem Mauerbau) und nach der Wiedervereinigung Besuche unter Einbeziehung der Familie der Tochter, einschließlich eines gemeinsamen Urlaubs, an dem auch die Ehefrau des Erblassers teilnahm. Die Beziehung der nichtehelichen Tochter zu ihrem Vater war daher noch enger als im Fall Brauer. Der einzige Unterschied zum Fall Brauer besteht darin, dass dort nur Erben der dritten Ordnung vorhanden waren, während im vorliegenden Fall die Ehefrau des Erblassers zusammen mit einer Erbin zweiter Ordnung das Erbe antrat. Aufgrund dieser Abweichung verneinte das Kammergericht eine Konventionsverletzung bei Anwendung der Stichtagsregelung.[82]

Die Frage, für welche Konstellationen und ab welchem Zeitpunkt der EGMR die Stichtagsregelung für konventionswidrig ansehen dürfte, lässt sich in der Tat nicht sicher beantworten,[83] aber immerhin gibt es in der Entscheidung Anhaltspunkte für eine Antwort. Denn der EGMR hat die Konventionsverletzung im Mai 2009 nicht nur mit der Rechtsentwicklung in Europa begründet, sondern explizit darauf hingewiesen, dass die Stichtagsregelung zwar bei ihrer Einführung 1970 auf objektiven Gründen beruhte, jedoch „durch die deutsche Wiedervereinigung und die rechtliche Gleichstellung nichtehelicher Kinder mit ehelichen in weiten Teilen des Bundesgebiets eine neue Situation entstanden" sei.[84]

---

82 KG FamRZ 2010, S. 2104, 2105. Kritisch dazu KRUG (Anm. 71), ZEV 2010, S. 506.
83 So auch GABRIELE MÜLLER, FGPrax 2010, S. 296 (Anm. zu KG FamRZ 2010, S. 2104): „die Bedeutung und Reichweite der EGMR-Entscheidung [sei] weitgehend unklar".
84 EGMR NJW-RR 2009, S. 1603, 1605.

Da die Europäische Kommission für Menschenrechte im Jahr 1992 die Stichtagsregelung noch gebilligt hatte,[85] dürfte die Konventionswidrigkeit zwischen 1992 und 1998, spätestens aber mit Inkrafttreten des (ersten) Erbrechtsgleichstellungsgesetzes im April 1998[86] eingetreten sein. Dies dürfte jedenfalls dann gelten, wenn beim Erbfall weder eine Ehefrau noch eheliche Kinder vorhanden waren und der Erblasser zu seinem nichtehelichen Kind eine familiäre Beziehung hatte (auf beide Kriterien stellt der EGMR zentral ab).[87] In diesen Fällen besteht dann ein wechselseitiges gesetzliches Erbrecht im Verhältnis des nichtehelichen Kindes zum Vater und den väterlichen Verwandten.[88] Allerdings mag man sich gar nicht vorstellen, wie die „Rückabwicklung" von möglicherweise zigtausenden von Erbfällen seit 1998 bewältigt werden sollte.[89] Andererseits wird man auch nicht hinnehmen können, dass in einer Vielzahl von Fällen die Bundesrepublik Deutschland nach einer Verurteilung durch den EGMR Entschädigungssummen in Höhe der entgangenen fiktiven Erbquoten nach Art. 41 EMRK aufzubringen hat, denn dies hätte zur Folge, dass der Schutz des Vertrauens der Familie des Erblassers von der Allgemeinheit finanziert würde.[90]

---

85 Kommission (30.06.1992 – 17750/91, H. R. ./. Deutschland).

86 Auch Leipold (Anm. 48), ZEV 2009, S. 492 will auf den Zeitpunkt des (ersten) Erbrechtsgleichstellungsgesetzes (also auf den 1. April 1998) abstellen.

87 EGMR NJW-RR 2009, S. 1603, 1605. Nach Leipold (Anm. 67), FPR 2011, S. 279 f. soll es genügen, wenn zwischen dem Erblasser und dem nichtehelichen Kind eine familiäre Beziehung bestand.

88 Zudem haben die Kinder ein Pflichtteilsrecht am Nachlass des Vaters und der Vater hat ein Pflichtteilsrecht am Nachlass des Kindes; dazu Reimann (Anm. 80), FamRZ 2012, S. 606. Bestelmeyer (Anm. 65), RPfleger 2012, S. 370 weist darauf hin, dass die wechselseitigen Erbansprüche auch entfernter Verwandter jedenfalls für alle Erbfälle ab dem 29. Mai 2009 gelten, und zwar auch dann, wenn der Vater und/oder das Kind, die die Verwandtschaft zum jeweiligen Erblasser vermitteln, bereits vor dem 29. Mai 2009 verstorben sind.

89 Der Anspruch des erbrechtlich gleichgestellten nichtehelichen Kindes aus § 2018 BGB verjährt in 30 Jahren ab Entstehung des Anspruchs, § 197 Abs. 1 Nr. 2, § 200 S. 1 BGB. Bei den in drei Jahren verjährenden Pflichtteilsansprüchen stellt sich die Frage, ab wann die Verjährungsfrist zu laufen beginnt, wenn es zu einer rückwirkenden Änderung der Rechtslage kommt. Dazu auch Krug (Anm. 71), ZEV 2010, S. 507; Reimann (Anm. 80), FamRZ 2012, S. 606.

90 Kritisch dazu Bässler (Anm. 65), ZErb 2011, S. 93 f., 97.

b) Elterliche Sorge eines nicht mit der Mutter verheirateten Vaters

Kindschaftsrechtsreformgesetz v. 16.12.1997 [01.07.1998-20.07.2010]	Beteiligung des Vaters an der Sorge mit Einverständnis der Mutter (§ 1626a Abs. 1 Nr. 1 BGB) / Übertragung der Sorge auf den Vater nur mit Zustimmung der Mutter (§ 1672 Abs. 1 S. 1 BGB) → „Vetorecht" der Mutter
BVerfGE 107, S. 150 (29.01.2003)	§ 1626a Abs. 1 Nr. 1 BGB ist verfassungsgemäß; Pflicht des Gesetzgebers zur Beobachtung der tatsächlichen Entwicklung
BVerfG FamRZ 2003, S. 1447 (23.04.2003)	§ 1672 Abs. 1 S. 1 BGB ist verfassungsgemäß
EGMR Zaunegger ./. Deutschland (03.12.2009 – 22028/04)	§ 1626a Abs. 1 Nr. 1 BGB ist konventionswidrig (Verstoß gegen Art. 8 i.V.m. Art. 14 EMRK)
BVerfGE 127, S. 132 (21.07.2010) [21.07.2010-18.05.2013]	§ 1626a Abs. 1 Nr. 1 und § 1672 Abs. 1 BGB sind verfassungswidrig; **Übergangslösung** „zur vorübergehenden Sicherstellung eines verfassungs- und konventionsgemäßen Zustandes"
Gesetz zur Reform der elterlichen Sorge nicht miteinander verheirateter Eltern v. 16.04.2013 [seit 19.05.2013]	Neuregelung des § 1626a Abs. 1 Nr. 3 i.V.m. Abs. 3 BGB (gemeinsame elterliche Sorge) und des § 1671 Abs. 2 BGB (Übertragung der elterlichen Sorge allein auf den Vater)

Auch in diesem zweiten Beispiel liegen die divergierenden Entscheidungen des BVerfG und des EGMR in einem zeitlichen Abstand von sechs Jahren: 2003 entschied das BVerfG, dass das in § 1626a BGB vorgesehene „Vetorecht" der Mutter bei einer Beteiligung des Vaters an der gemeinsamen elterlichen Sorge verfassungsgemäß sei.[91] Es gab allerdings dem Gesetzgeber auf, die tatsächliche Entwicklung zu beobachten und zu prüfen, ob die der Norm zugrundeliegenden Prämissen vor der Wirklichkeit Bestand hätten.[92] Diesem Auftrag kam der Gesetzgeber jedoch so schleppend nach,[93] dass der EGMR der Erfüllung dieses Auftrags zuvorkam und am 3. Dezember

---

91 BVerfGE 107, S. 150, 177 (= NJW 2003, S. 955 = FamRZ 2003, S. 285): „Der Gesetzgeber durfte davon ausgehen, dass eine Mutter, gerade wenn sie mit dem Vater und dem Kind zusammenlebt, sich nur ausnahmsweise und nur dann dem Wunsch des Vaters nach einer gemeinsamen Sorge verweigert, wenn sie dafür schwerwiegende Gründe hat, die von der Wahrung des Kindeswohls getragen werden, dass sie also die Möglichkeit der Verweigerung einer Sorgeerklärung nicht etwa als Machtposition gegenüber dem Vater missbraucht." Kritisch dazu SIEGFRIED WILLUTZKI, Elterliche Sorge nicht miteinander verheirateter Eltern, Das Urteil des EuGHMR und seine Konsequenzen für den deutschen Gesetzgeber, ZKJ 2010, S. 86, 87; JENS M. SCHERPE, FamRZ 2010, S. 108 (Anm. zu EGMR NJW 2010, S. 501 = FamRZ 2010, S. 103).
92 BVerfGE 107, S. 150, 179 f. Außerdem wurde der Gesetzgeber verpflichtet, für sog. Altfälle eine Übergangsregelung vorzusehen (diese wurde mit Art. 224 § 2 Abs. 3-5 EGBGB a.F. geschaffen). Vgl. weiter BVerfG FamRZ 2003, S. 1447 (zur Verfassungsmäßigkeit des § 1672 Abs. 1 S. 1 BGB) m. krit. Anm. MICHAEL COESTER, FamRZ 2004, S. 87 f.
93 Zu ersten Bemühungen BT-Drucks. 16/10047, S. 8 ff. („Umfrage des Bundesministeriums der Justiz bei Jugendämtern und Rechtsanwälten zur gemeinsamen Sorge nicht miteinander verheirateter El-

2009 im Fall Zaunegger[94] entschied, dass der im deutschen Kindschaftsrecht vorgesehene „allgemeine Ausschluss einer gerichtlichen Überprüfung der ursprünglichen Übertragung der Sorge allein auf die Mutter" Art. 14 i.V.m. Art. 8 EMRK verletze.[95] In der deutschen Familienrechtswissenschaft stieß die Entscheidung auf breite Zustimmung und der EGMR wurde für die nunmehr erforderliche Korrektur im nichtehelichen Kindschaftsrecht geradezu gefeiert.[96]

Ebenso wie bei der erbrechtlichen Stichtagsregelung hatte der EGMR auch im Fall Zaunegger mit der Rechtslage in der Mehrheit der Vertragsstaaten argumentiert: „Die Konvention [sei] ein lebendes Instrument und [müsse] unter Berücksichtigung der heutigen Umstände ausgelegt werden." Auch wenn es keinen europäischen Konsens darüber gebe, „ob Väter nichtehelicher Kinder ein Recht haben, die gemeinsame Sorge auch ohne Zustimmung der Mutter zu beantragen", sei es „der gemeinsame Ausgangspunkt in der Mehrheit der Mitgliedsstaaten [...], dass Entscheidungen über das Sorgerecht auf das Kindeswohl gestützt sein [müssten] und dass bei Streit zwischen den Eltern die Gerichte entsch[ie]den".[97] Vor allem hob der EGMR aber hervor, dass das deutsche Recht Elternkonflikte in Abhängigkeit vom *Status der Eltern* unterschiedlich behandle und dies jedenfalls bei Vätern nichtehelicher Kinder, die nach der Geburt des Kindes mit der Mutter jahrelang zusammengelebt und tatsächlich Verantwortung für das Kind übernommen hätten, jedoch mangels Mitwirkung der Mutter kein gemeinsames Sorgerecht erhalten könnten, gegen das Diskriminierungsverbot des Art. 14 EMRK verstoße.[98]

---

tern – Zusammenfassung").

94 Dem Fall Zaunegger lag folgender Sachverhalt zugrunde: Die nicht miteinander verheirateten Eltern lebten seit 1993 zusammen, 1995 wurde die gemeinsame Tochter geboren; 1998 trennten sich die Eltern und die Tochter wurde bis 2001 vom Vater betreut. 2001 zog die Tochter in den Haushalt der Mutter, wobei dem Vater ein sehr umfangreiches Umgangsrecht zugebilligt wurde, so dass die Tochter jährlich etwa vier Monate beim Vater lebte.

95 EGMR (03.12.2009 – 22028/04, Zaunegger ./. Deutschland) NJW 2010, S. 501 = FamRZ 2010, S. 103 m. abweichendem Sondervotum SCHMITT (das Urteil erging mit 6 : 1 Stimmen) und m. Anm. DIETER HENRICH, JENS M. SCHERPE; Anm. STEPHAN HAMMER, FamRZ 2010, S. 623 f. Das BVerfG hatte die Verfassungsbeschwerde im Fall Zaunegger durch Kammerbeschluss vom 15. Dezember 2003 ohne Begründung nicht zur Entscheidung angenommen. Zu nennen sind in diesem Zusammenhang noch zwei weitere Entscheidungen: Im Fall EGMR (07.12.2010 – 38102/04, Sude ./. Deutschland) hat die Bundesrepublik Deutschland die Verletzung von Art. 14 i.V.m. 8 EMRK anerkannt und an den Vater eine Entschädigung i.H.v. 8.000 Euro gegen Streichung des Individualbeschwerdeverfahrens aus dem Register des EGMR geleistet. Zum Fall Döring siehe unten Anm. 100.

96 Dazu HELMS (Anm. 26), S. 55 m.w.N.; MICHAEL COESTER, Sorgerechtliche Impulse aus Straßburg, NJW 2010, S. 482, 485 („Dafür, dass das ‚Ob' einer Reform für nicht miteinander verheiratete Eltern nunmehr außer Streit steht, sollten wir dem EGMR dankbar sein.").

97 EGMR NJW 2010, S. 501, 504.

98 EGMR NJW 2010, S. 501, 504. Zu beiden Argumenten auch HELMS (Anm. 26), S. 63 f.; CHRISTINE HOHMANN-DENNHARDT, Eltern-Recht(s)-Ansichten, FF 2011, S. 181, 187; der Beitrag ist unter dem Titel „Eltern-Recht(s)-Ansichten, Die Entscheidungen des BVerfG und des EGMR zur gemeinsamen Sorge nicht miteinander verheirateter Eltern für ihr Kind" auch veröffentlicht in: Christine Hohmann-Denn-

Da das deutsche Kindschaftsrecht den Familiengerichten keine Möglichkeit eröffnete, § 1626a BGB (methodisch vertretbar) konventionskonform dahingehend auszulegen, das „Veto" der Mutter einer gerichtlichen Überprüfung zu unterziehen,[99] konnte ein konventionsgemäßer Zustand auch hier nur mittels einer Gesetzesänderung erreicht werden.[100] Doch noch vor einem Tätigwerden des Gesetzgebers kam ein halbes Jahr nach der Entscheidung des EGMR das BVerfG erneut zum Zuge.[101] Unter Aufgabe der eigenen Rechtsprechung aus dem Jahr 2003 entschied es im Sommer 2010, dass der Ausschluss einer gerichtlichen Überprüfung des „Vetorechts" der Mutter bei der Begründung einer gemeinsamen Sorge sowie bei der Übertragung der Sorge auf den Vater Art. 6 Abs. 2 GG verletze. Zur „Sicherstellung eines verfassungs- und konventionsgemäßen Zustandes" entwickelte das BVerfG eine Übergangslösung,[102] die

---

hardt/Peter Masuch/Mark Villiger (Hrsg.), Grundrechte und Solidarität, Durchsetzung und Verfahren, Festschrift für Renate Jaeger, 2011, S. 653-673.

99 So auch NINA DETHLOFF, Kindeswohl und Väterrechte, Die neue Rechtsprechung des Europäischen Gerichtshofs für Menschenrechte, Bonner Rechtsjournal 2010, S. 38, 42.

100 Die Konventionswidrigkeit des § 1626a BGB wird in der Entscheidung des EGMR klar benannt (NJW 2010, S. 501, 503, Rn. 48, 57): „Die Gerichtsentscheidungen und die ihnen zugrundeliegende Gesetzgebung zeigen, dass der Bf. als Vater eines nichtehelichen Kindes bei der Übertragung der Sorge im Vergleich zu der Mutter und zu verheirateten Vätern ungleich behandelt worden ist. [...] Trotzdem war ihm kraft Gesetzes von Anfang an verwehrt, eine gerichtliche Prüfung herbeizuführen, ob die Übertragung der gemeinsamen Sorge dem Kindeswohl am besten entspricht, und eine möglicherweise willkürliche Weigerung der Mutter, einer Sorgeerklärung zuzustimmen, durch eine gerichtliche Entscheidung ersetzen zu lassen." Gleichzeitig betont der EGMR aber auch in dieser Entscheidung, dass es nicht seine Aufgabe sei, „auf eine Individualbeschwerde die staatliche Gesetzgebung abstrakt zu prüfen" (NJW 2010, S. 502, Rn. 45). In der Entscheidung EGMR (21.02.2012 – 50216/09, Döring ./. Deutschland) NJW 2013, S. 1055, 1056 weist der Gerichtshof erneut darauf hin, „dass er bereits geprüft [habe], ob die Vorschriften des BGB, nach denen die alleinige Sorge für ein Kind nicht verheirateter Eltern der Mutter zusteht und eine Übertragung des Sorgerechts oder eines Teilbereichs davon auf den Vater ihrer Zustimmung bedarf, [...] mit Art. 8 i.V. mit Art. 14 EMRK vereinbar [seien]. Der Gerichtshof [habe] festgestellt, dass der grundsätzliche Ausschluss einer gerichtlichen Überprüfung der ursprünglichen Zuweisung des alleinigen Sorgerechts an die Mutter [...] Art. 14 i.V. mit Art. 8 EMRK verletz[e]".

101 BVerfGE 127, S. 132 (= NJW 2010, S. 3008 = FamRZ 2010, S. 1403 m. Anm. HORST LUTHIN = JZ 2010, S. 1004 m. krit. Anm. THOMAS RAUSCHER).

102 BVerfGE 127, S. 132, 164 f. (= FamRZ 2010, S. 1403, 1410 = NJW 2010, S. 3008, 3015) zur Übergangslösung: (1) In Ergänzung zu § 1626a Abs. 1 Nr. 1 hat „das Familiengericht den Eltern auf Antrag eines Elternteils die elterliche Sorge oder einen Teil der elterlichen Sorge gemeinsam" zu übertragen, sofern „dies dem Kindeswohl entspricht". (2) In Ergänzung zu § 1672 Abs. 1 hat „das Familiengericht dem Vater auf Antrag eines Elternteils die elterliche Sorge oder einen Teil der elterlichen Sorge" zu übertragen, „soweit eine gemeinsame elterliche Sorge nicht in Betracht kommt und zu erwarten ist, dass dies dem Kindeswohl am besten entspricht". Das BVerfG leitet aus § 35 BVerfGG (wonach das BVerfG in seiner Entscheidung die Art und Weise der Vollstreckung regeln kann) die Befugnis ab, auch Übergangsregelungen (an Stelle des Gesetzgebers) anzuordnen. Dazu KLAUS SCHLAICH/STEFAN KORIOTH, Das Bundesverfassungsgericht, 9. Aufl. 2012, Rn. 473 f.

dann fast drei Jahre lang bis zum Inkrafttreten des Gesetzes zur Reform der elterlichen Sorge nicht miteinander verheirateter Eltern galt.[103]

In den Gründen der Entscheidung des BVerfG wird zwar auf das Urteil des EGMR im Fall Zaunegger hingewiesen,[104] als tragender Grund für die Entscheidung wird jedoch angeführt, dass sich inzwischen herausgestellt habe, dass sich „die dem geltenden Recht zugrunde liegende Annahme des Gesetzgebers, dass die Zustimmungsverweigerung von Müttern in aller Regel auf einem sich nachteilig auf das Kind auswirkenden elterlichen Konflikt basier[e] und von Gründen getragen [sei], die nicht Eigeninteressen der Mutter verfolg[ten], sondern der Wahrung des Kindeswohls dien[ten], [...] nicht bestätigt" habe.[105] In diesem Sinne kommentierte auch die an der Entscheidung beteiligte Richterin am Bundesverfassungsgericht CHRISTINE HOHMANN-DENNHARDT die Ausführungen: Dem BVerfG hätten 2010 „dank des Prüfungsauftrags, den das BVerfG dem Gesetzgeber" 2003 erteilt habe, neue empirische Erkenntnisse vorgelegen, aufgrund derer sich die Prognoseentscheidung des Gesetzgebers in der Praxis zwischenzeitlich als unrichtig herausgestellt habe.[106] Freilich standen dem EGMR diese Erkenntnisse überhaupt nicht zur Verfügung, weswegen er seine Entscheidung auf die bereits genannten Gründe, nämlich auf die Ungleichbehandlung von Elternkonflikten in Abhängigkeit vom Status der Eltern im deutschen Recht sowie auf die Rechtslage in der Mehrheit der Vertragsstaaten gestützt hatte.

Vor allem das zweite Argument wollte HOHMANN-DENNHARDT jedoch nicht gelten lassen: Ein „vom Gerichtshof erkannter Staatenkonsens [sei] für sich genommen gewiss kein schlagkräftiges Argument, das gegen die deutsche Regelung zu Felde geführt werden" könne.[107] Weiter heißt es dort:

---

103 Gesetz zur Reform der elterlichen Sorge nicht miteinander verheirateter Eltern vom 16.04.2013, BGBl. I, S. 795 (das Gesetz trat am 19.05.2013 in Kraft). Der Gesetzgeber begründete die Reform mit den Entscheidungen des EGMR im Fall Zaunegger und der Entscheidung des BVerfG vom 21.07.2010; BT-Drucks. 17/11048, S. 11. Zur Neuregelung des § 1626a Abs. 1 Nr. 3 und Abs. 2 BGB sowie zum vereinfachten Verfahren nach § 155a FamFG umfassend EVA SCHUMANN, in: BeckOGK BGB, Familienrecht, Edition 1, 2015, § 1626a BGB, Rn. 69 ff., 86 ff.; DIES., in: Thomas Rauscher (Hrsg.), Münchener Kommentar zum FamFG, 2. Aufl. 2013, § 155a FamFG, Rn. 5 ff.

104 BVerfGE 127, S. 132, 137 f., 156, 164. Unter Teil A. der Gründe wird auch erwähnt, dass Deutschland innerhalb der 27 EU-Mitgliedsstaaten eine Sonderrolle einnehme, weil in achtzehn EU-Ländern das Sorgerecht für eheliche und nichteheliche Kinder (weitgehend) gleich ausgestaltet sei und in weiteren sieben EU-Staaten zwar unterschiedliche Regelungen im Bereich des Sorgerechts für eheliche und nichteheliche Kinder bestünden, aber auch in diesen Ländern ein gemeinsames Sorgerecht kraft richterlicher Entscheidung begründet werden könne (S. 139 f.).

105 BVerfGE 127, S. 132, 146 (nochmals auf S. 157).

106 HOHMANN-DENNHARDT (Anm. 98), FF 2011, S. 187: „Allerdings hat der EGMR seine Entscheidung zu einem Zeitpunkt getroffen, bis zu dem seit dem Inkrafttreten der deutschen Sorgerechtsregelungen mehr als zehn Jahre lang Erfahrungen darüber gesammelt werden konnten, wie sich diese in der Praxis auswirken; Erfahrungen, die bei der Entscheidung des BVerfG noch nicht vorhanden waren."

107 HOHMANN-DENNHARDT (Anm. 98), FF 2011, S. 187.

> Der Wunsch nach mehr Vereinheitlichung des Familienrechts in Europa hat dabei draußen vor zu bleiben. Er darf für die Rechtsprechungsorgane kein Beweggrund ihrer Entscheidungen sein. Dies gilt letztlich auch für den EGMR. *Dessen Aufgabe ist nicht, Rechtsangleichung zu betreiben.* Er hat vielmehr nur gleiches Maß an die unterschiedlichen Regelungen der nationalen Familienrechte anzulegen, wenn er deren Menschenrechtskonformität überprüft. [...] So bleibt die *Verschiedenartigkeit der nationalen Regelungen des Familienrechts* Fakt, auf deren jeweilige Besonderheiten sich die nationalen Gerichte wie der EGMR einzulassen haben.[108]

Tatsächlich handelte es sich im vorliegenden Beispiel eher um ein spezifisch innerdeutsches Problem, nämlich um eine Ausblendung der familiären Lebensbedingungen in Ostdeutschland durch eine westdeutsch dominierte Bundespolitik. Zwar musste der bundesdeutsche Gesetzgeber auch schon vor der Wiedervereinigung zu nahezu jeder Reform im Nichtehelichenrecht vom BVerfG gezwungen werden,[109] betrachtet man jedoch die Entwicklung seit 1990, dann ist sein Handeln nicht mehr erklärbar.

In der ehemaligen DDR waren nichteheliche Kinder seit 1966 weitgehend und seit 1976 nahezu vollständig den ehelichen Kindern gleichgestellt; eine Übertragung des sog. Erziehungsrechts auf den Vater war möglich.[110] Mit dem Einigungsvertrag traten jedoch in weitem Umfang die BGB-Regelungen in Kraft, wobei dies zu einer Verschlechterung der Rechtslage für nichteheliche Kinder und ihre Väter führte. So sah Art. 234 § 11 Abs. 1 S. 2 EGBGB (in der Fassung vom 29. September 1990) vor, dass das Vätern nichtehelicher Kinder zustehende Erziehungsrecht mit dem Tage des Beitritts erlosch und stattdessen den Vätern die Rechtsstellung eines Vormundes zugewiesen wurde. Lediglich die Amtspflegschaft für Mütter nichtehelicher Kinder (die in der ehemaligen DDR schon 1950 abgeschafft worden war) wurde im Beitrittsgebiet nicht eingeführt, wobei dieser Umstand zum Anlass genommen wurde, in den Erläuterungen zum Einigungsvertrag auf die Notwendigkeit einer Reform des Nichtehelichenrechts hinzuweisen.[111]

---

108 HOHMANN-DENNHARDT (Anm. 98), FF 2011, S. 183 f. [Hervorhebung durch Verf.].

109 Die Liste der einschlägigen Entscheidungen des BVerfG mit anschließenden Reformen ist inzwischen lang und wird seit einigen Jahren zudem durch Entscheidungen des EGMR ergänzt: Die erste Mahnung des BVerfG (BVerfGE 8, S. 210) an den Gesetzgeber im Jahr 1958, den Auftrag aus Art. 6 V GG umzusetzen, blieb ohne Erfolg. Auf die zweite Mahnung 1969 (BVerfGE 25, S. 167) und die Setzung einer kurzen Frist reagierte der Gesetzgeber mit dem Nichtehelichengesetz, das am 01.07.1970 in Kraft trat. Dazu und zur weiteren Entwicklung SCHUMANN (Anm. 28), S. 126 ff.; ILONA OSTNER/EVA SCHUMANN, Steuerung der Familie durch Recht?, in: Dieter Schwab/Laszlo A. Vaskovics (Hrsg.), Pluralisierung von Elternschaft und Kindschaft, Familienrecht, -soziologie und -psychologie im Dialog, Sonderheft 8/2011 der Zeitschrift für Familienforschung, 2011, S. 289, 306 ff. m.w.N.

110 Das am 1. Oktober 1990 in Kraft getretene, noch von der Volkskammer verabschiedete Erste Familienrechtsänderungsgesetz sah sogar noch für zwei Tage bis zum Inkrafttreten des BGB am 3. Oktober 1990 ein gemeinsames Erziehungsrecht auf Antrag der nicht miteinander verheirateten Eltern vor. Dazu SCHUMANN (Anm. 28), S. 134 f.

111 BT-Drucks. 11/7817, S. 36. Mit dieser Reform ließ sich der Gesetzgeber so viel Zeit, dass das BVerfG bis Mitte der 1990er Jahren in zwei Entscheidungen zum nichtehelichen Kindschaftsrecht erneut Re-

Nichtehelichenquote für West- und Ostdeutschland, 1946 bis 2012

* ab 1990 einschließlich Berlin
** ab 1990 ohne Berlin

Datenquelle: Statistisches Bundesamt, Berechnungen: BiB   © BiB 2014

Grafik 1 (Quelle: Bundesinstitut für Bevölkerungsforschung, http://www.bib-demografie.de/DE/Zahlen-undFakten/06/Abbildungen/a_06_04_nichtehelichenquote_w_o_ab1946.html)

Von Anfang an fiel auch die Verteilung nichtehelicher Geburten in Ost- und Westdeutschland stark auseinander (siehe Grafik 1); der Anteil nichtehelicher Geburten lag zum Zeitpunkt der Wiedervereinigung in den neuen Bundesländern bereits bei rund 35 % und in den alten Bundesländern bei nur 10 %. In den neuen Bundesländern stieg die Zahl der nichtehelichen Geburten in der Folge rapide an und lag bei Inkrafttreten der Kindschaftsrechtsreform 1998 bereits bei fast 50 %.[112] Die Motive des

---

formbedarf anmahnte: Gemeint ist die bereits erwähnte Entscheidung vom 07.03.1995 zur Rechtsstellung des Vaters bei der Adoption seines nichtehelichen Kindes (BVerfGE 92, S. 158 = NJW 1995, S. 2155) sowie die Entscheidung vom 07.05.1991 zum Ausschluss der nicht miteinander verheirateten Eltern vom gemeinsamen Sorgerecht (BVerfGE 84, S. 168 = NJW 1991, S. 1944). Die Kindschaftsrechtsreform von 1998 beseitigte zwar die verfassungswidrige Rechtslage in diesen beiden Bereichen, führte aber keineswegs zu der angekündigten Gleichstellung nichtehelicher Kinder.

112 Die erheblichen Unterschiede zwischen Ost- und Westdeutschland beruhen auf vielfältigen Ursachen, insbesondere auf einer stärker katholisch geprägten Bevölkerung verbunden mit einem stärkeren Festhalten an traditionellen Familienbildern in Westdeutschland sowie einer höheren sozialen Akzeptanz nichtehelicher Kinder und einer auf besseren Kinderbetreuungsmöglichkeiten beruhenden höheren Frauenerwerbstätigkeit in Ostdeutschland (so dass versorgungsorientierte Eheschließungen weniger attraktiv waren und sind). Dazu MARTIN BUJARD U.A., (Keine) Lust auf Kinder?, Geburtenentwicklung in Deutschland, hrsg. vom Bundesinstitut für Bevölkerungsforschung, 2012,

Gesetzgebers bei der Kindschaftsrechtsreform (Schutz der Mutter-Kind-Beziehung vor Beeinträchtigungen durch den Vater)[113] stellten daher schon damals für die Hälfte aller in Ostdeutschland geborenen Kinder eine in keinster Weise zu rechtfertigende Diskriminierung dar. In ganz Deutschland wurden zwischen dem Inkrafttreten der Kindschaftsrechtsreform 1998 und der Entscheidung des EGMR 2009 rund 2,3 Mio. nichteheliche Kinder geboren, bei denen die Beteiligung des Vaters an der elterlichen Sorge allein vom Willen der Mutter abhängig war.[114]

Inzwischen wissen wir auch, dass fast 80 % aller nichtehelichen Kinder in eine nichteheliche Lebensgemeinschaft hineingeboren werden und bei weiteren rund 10 % die Eltern eine Beziehung ohne Haushaltsgemeinschaft führen. Da allerdings vor der Reform 2013 nur etwa die Hälfte aller nicht miteinander verheirateten Eltern

---

S. 18, 55 f.; JOHANNES HUININK/MICHAELA KREYENFELD/HEIKE TRAPPE, Familie und Partnerschaft in Ost- und Westdeutschland. Eine Bilanz, in: dies. (Hrsg.), Familie und Partnerschaft in Ost- und Westdeutschland, Ähnlich und doch immer noch anders, Sonderheft 9/2012 der Zeitschrift für Familienforschung, 2012, S. 9, 16 ff.; ANJA VATTERROTT, Selektion, Adaption oder Sozialisation?, Eine Analyse nichtehelicher Geburten von Ost-West-Migrantinnen innerhalb Deutschlands, ebd., S. 147, 149 f. Vgl. weiter JÜRGEN DORBRITZ/NORBERT F. SCHNEIDER, Wo bleiben die Kinder? Der niedrigen Geburtenrate auf der Spur, APuZ 10-11/2011, S. 26, 30 ff.

113 BT-Drucks. 13/4899, S. 59 f.: „Dies würde aber bedeuten, daß die Alleinsorge der Mutter eines nichtehelichen Kindes bis zu dessen Volljährigkeit unter dem jederzeitigen Vorbehalt stünde, ohne Vorliegen einer Kindeswohlgefährdung auf den Vater überzugehen, sobald dieser nur als der für das Kind „bessere" Elternteil erscheint. Krankheiten oder andere vorübergehende Probleme der Mutter, die ihre Erziehungsfähigkeit vorübergehend beeinträchtigen könnten, würden dadurch eine neue, für die Mutter gefährliche Dimension erhalten; sie müßte mit einem Sorgewechsel rechnen, obwohl der Fortbestand ihrer elterlichen Sorge das Kindeswohl nicht in einschneidender Weise beeinträchtigen würde." Dazu kritisch SCHUMANN (Anm. 28), S. 331 f.

114 Nach einer vom Bundesjustizministerium durchgeführten Befragung von 440 Jugendämtern und 109 Rechtsanwälten war bereits im Jahr 2006 bekannt, dass zwischen 25 und 75 % aller zusammenlebenden Eltern nichtehelicher Kinder kein gemeinsames Sorgerecht begründen (BT-Drucks. 16/10047, S. 8 ff.). 80 % der Jugendämter gaben an, dass sich die Motive der Mutter bei der Ablehnung der gemeinsamen Sorge vorrangig an emotionalen Befindlichkeiten der Mutter orientierten und überwiegend als kindeswohlferne Gründe einzuordnen seien (S. 12). Obwohl die Prämissen für das „Vetorecht" der Mutter in § 1626a BGB durch die Befragung gerade nicht bestätigt wurden, vielmehr alles dafür sprach, dass die Prämissen falsch waren, sollte die Befragung noch durch eine wissenschaftliche Studie abgesichert werden (S. 14). Die Ergebnisse dieser vom Bundesjustizministerium erst 2008 in Auftrag gegebenen wissenschaftlichen Studie lagen erst nach den Entscheidungen des EGMR von 2009 und des BVerfG von 2010 vor (der vorgezogene Endbericht für das Projekt „Gemeinsames Sorgerecht nicht miteinander verheirateter Eltern" von KARIN JURCZYK und SABINE WALPER wurde erst am 30. November 2010 veröffentlicht: http://www.bmj.de/SharedDocs/Downloads/DE/pdfs/ Endbericht_Sorgerecht_final.pdf). Auch rechtsvergleichende Argumente wurden ignoriert, denn die Erfahrungen in England (bei vergleichbarer Rechtslage) widersprachen klar den Prämissen des deutschen Gesetzgebers: In England wurden 2006 von fast 10.000 Anträgen von Vätern auf gerichtliche Beteiligung an der elterlichen Sorge (*parental responsibility*) nur 1,5 % abschlägig beschieden. Dazu JENS M. SCHERPE, Nichteheliche Kinder, elterliche Sorge und die Europäische Menschenrechtskonvention, RabelsZ 73 (2009), S. 935, 940; DERS., FamRZ 2010, S. 108 (Anm. zu EGMR NJW 2010, S. 501 = FamRZ 2010, S. 103) jeweils mit Hinweis auf die Judicial and Court Statistics 2006.

ein gemeinsames Sorgerecht begründet haben,[115] ist davon auszugehen, dass seit der Kindschaftsrechtsreform 1998 bei insgesamt fast einer Million nichtehelicher Kinder zwar von Seiten der Väter tatsächlich Verantwortung getragen wurde, dies jedoch ohne rechtliche Absicherung geschah, was für die Kinder dramatische Folgen im Falle einer Trennung der Eltern haben konnte.[116]

Die im Sommer 2013 in Kraft getretene Reform zum gemeinsamen Sorgerecht nicht miteinander verheirateter Eltern war somit überfällig. Dass sie letztlich vom EGMR „erzwungen" werden musste, mag man auch als Ausdruck einer Rechtsangleichung an europäische Standards werten. Vor allem aber steht dieses Kapitel des deutschen Kindschaftsrechts für eine längst fällige innerdeutsche Harmonisierung der Lebensbedingungen von Kindern in Ost- und Westdeutschland, zu der auch die rechtliche Absicherung der Beziehung zum Vater gehört. Denn inzwischen beträgt das Verhältnis von nichtehelichen zu ehelichen Kindern in Ostdeutschland fast 2 : 1, womit die neuen Bundesländer im europäischen Vergleich zu den Spitzenreitern gehören, während die alten Bundesländer nach wie vor eine sehr niedrige Nichtehelichenquote haben (siehe Grafiken 2 und 3).

---

115 SABINE WALPER/ALEXANDRA LANGMEYER, Sorge nicht miteinander verheirateter Eltern aus interdisziplinärer Perspektive, in: Dagmar Coester-Waltjen/Volker Lipp/Eva Schumann/Barbara Veit (Hrsg.), Reformbedarf im nichtehelichen Eltern-Kind-Verhältnis, Göttinger Juristische Schriften 13, 2012, S. 37, 41 f., 46. Bereits in den ersten Jahren nach Inkrafttreten der Kindschaftsrechtsreform 1998 haben rund 40 % aller nicht miteinander verheirateten Eltern Sorgeerklärungen abgegeben; dazu SANDRA FINK, Die Verwirklichung des Kindeswohls im Sorgerecht für nichtverheiratete Eltern, 2004, S. 141 ff.
116 So hatte beispielsweise die Mutter eines nichtehelichen Kindes die Zustimmung zur Übertragung der Sorge auf den Vater verweigert, obwohl das gemeinsame Kind seit zwei Jahren im Haushalt des Vaters lebte und von diesem erzogen wurde, weil sie verhindern wollte, nach Übertragung der elterlichen Sorge auf Zahlung von Kindesunterhalt in Anspruch genommen zu werden; AG Potsdam FamRZ 2006, S. 500 f.

Anteil der nichtehelich geborenen Kinder an allen Lebendgeborenen im europäischen Vergleich (2011)

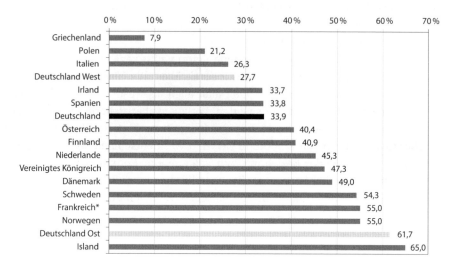

Grafik 2 (Quelle: Bundesministerium für Familie, Senioren, Frauen und Jugend, Familienreport 2012, S. 23, Abbildung 14)

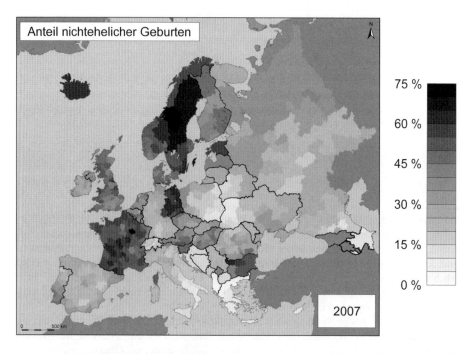

Grafik 3 (Quelle: Max-Planck-Institut für demografische Forschung, http://www.demogr.mpg.de/de/ ausbildungkarriere/was_ist_demografie_1908/kinder_ja_ehe_nein_daten_3010/default.htm)

c) Rechtsstellung des nur leiblichen, nicht rechtlichen Vaters

Dem dritten und letzten Beispiel liegt folgende Familienkonstellation zugrunde: Dem leiblichen Vater ist die Herstellung eines Rechtsverhältnisses und damit auch einer Beziehung zu seinem Kind dadurch verwehrt, dass ein anderer Mann rechtlicher Vater des Kindes ist, weil dieser entweder mit der Mutter des Kindes zum Zeitpunkt der Geburt verheiratet war oder mit Zustimmung der Mutter die Vaterschaft anerkannt hat. Im Hinblick auf die Rechtsstellung des nur leiblichen Vaters hatten zunächst das BVerfG und dann der EGMR über zwei Fragen zu befinden: (1) Unter welchen Voraussetzungen soll der nur leibliche Vater ein Recht auf Anfechtung der rechtlichen Vaterschaft haben, damit er anschließend selbst die Stellung als rechtlicher Vater einnehmen kann? (2) Unter welchen Voraussetzungen soll dem nur leiblichen Vater ein Recht auf Umgang mit seinem Kind gewährt werden?[117]

Das BVerfG hat sich in einer grundlegenden Entscheidung vom 9. April 2003 zu diesen Fragen geäußert und zwei geschützte Rechtspositionen des leiblichen Vaters anerkannt: So schütze Art. 6 Abs. 2 S. 1 GG „den leiblichen, aber nicht rechtlichen Vater [...] in seinem Interesse, die rechtliche Stellung als Vater einzunehmen. Ihm [sei daher] verfahrensrechtlich die Möglichkeit zu eröffnen, die rechtliche Vaterposition zu erlangen, wenn dem der Schutz einer familiären Beziehung zwischen dem Kind und seinen rechtlichen Eltern nicht entgegensteh[e]". Des Weiteren bilde der nur leibliche Vater „mit seinem Kind eine von Art. 6 Abs. 1 GG geschützte Familie, wenn zwischen ihm und dem Kind eine sozial-familiäre Beziehung besteh[e]", wobei „der Grundrechtsschutz [...] auch das Interesse am Erhalt dieser Beziehung" umfasse. Daher verstoße es „gegen Art. 6 Abs. 1 GG, den so mit seinem Kind verbundenen biologischen Vater auch dann vom Umgang mit dem Kind auszuschließen, wenn dieser dem Wohl des Kindes dient".[118] Dem Gesetzgeber wurde vom BVerfG aufgegeben, die Rechtslage in beiden Punkten binnen Jahresfrist mit der Verfassung in Einklang zu bringen,[119] was dann auch mit dem Gesetz zur Änderung der Vorschriften über die Anfechtung der Vaterschaft und das Umgangsrecht von Bezugspersonen des Kindes

---

[117] Außerdem mussten das BVerfG und der EGMR darüber entscheiden, ob der nur leibliche Vater ein Recht hat, seine Vaterschaft ohne statusrechtliche Wirkung klären zu lassen. Das BVerfG (NJW 2009, S. 423, 424 = FamRZ 2008, 2257, 2258) hat es abgelehnt, aus dem allgemeinen Persönlichkeitsrecht (Art. 2 Abs. 1 i.V.m. Art. 1 Abs. 1 GG) einen Anspruch des nur leiblichen Vaters auf Klärung der Vaterschaft ohne statusrechtliche Wirkung abzuleiten: „Der Gesetzgeber hat bei der Ausgestaltung des Verfahrens, in dem die tatsächliche Abstammung eines Kindes geklärt werden kann, sowohl das Interesse des Kindes an der Stabilität seiner rechtlichen und sozial-familiären Zuordnung als auch das Interesse von Mutter und Kind vor Preisgabe persönlicher Daten und Offenlegung intimer Begebenheiten zu schützen [...]. Von seinem insofern ihm verfassungsrechtlich eingeräumten Gestaltungsspielraum hat der Gesetzgeber mit § 1598a BGB Gebrauch gemacht." Auch der EGMR (22.03.2012 – 23338/09, Kautzor ./. Deutschland) NJW 2013, S. 1937, 1940 geht davon aus, dass einem nur leiblichen Vater nicht das Recht eingeräumt werden muss, seine Vaterschaft ohne statusrechtliche Folgen klären zu lassen.

[118] BVerfGE 108, S. 82 f. = NJW 2003, S. 2151 (Leitsätze).

[119] BVerfGE 108, S. 82, 121 = NJW 2003, S. 2151, 2158.

vom 23. April 2004 geschah.[120] Der nur leibliche Vater ist seitdem unter engen Voraussetzungen (§ 1600 Abs. 1 Nr. 2, Abs. 2 und 4 BGB) berechtigt, die Vaterschaft des rechtlichen Vaters anzufechten,[121] um den Weg zur Anerkennung seines Kindes frei zu machen. Besteht hingegen die rechtliche Vaterschaft fort, so hat der leibliche Vater nach § 1685 Abs. 2 BGB nur dann ein Umgangsrecht mit seinem Kind, wenn er zu diesem bereits eine sozial-familiäre Beziehung aufgebaut hat und der Umgang dem Kindeswohl dient.

Zwischen 2008 und 2013 hatte der EGMR über acht Individualbeschwerden von nur leiblichen Vätern aus Deutschland zu entscheiden, wobei die vier jüngsten Entscheidungen aus den Jahren 2012 und 2013 (Kautzor, Ahrens, Koppikar und Hülsmann) die Frage betrafen, ob die engen Voraussetzungen zur Anfechtung der Vaterschaft durch den nur leiblichen Vater mit Art. 8 EMRK vereinbar sind, was der EGMR in den konkreten Fällen bejahte.[122] Hingegen vertrat der EGMR eine andere Auffassung als das BVerfG in den Fällen Anayo und Schneider,[123] in denen es um die Frage ging, unter welchen Voraussetzungen dem nur leiblichen Vater ein Umgangsrecht einzuräumen ist.[124] In beiden Fällen stammten die Kinder aus außerehelichen Bezie-

---

120 Gesetz zur Änderung der Vorschriften über die Anfechtung der Vaterschaft und das Umgangsrecht von Bezugspersonen des Kindes [...] vom 23.04.2004, BGBl. I, S. 598. Der Gesetzgeber hat die Rechtslage in enger Anlehnung an die Entscheidung des BVerfG geändert; dazu BT-Drucks. 15/2253, S. 7 ff.

121 Voraussetzung ist u.a., dass zwischen dem Kind und dem rechtlichen Vater keine sozial-familiäre Beziehung besteht oder im Zeitpunkt des Todes des Vaters bestand und die leibliche Vaterschaft des Anfechtenden festgestellt wird (§ 1600 Abs. 2 BGB).

122 EGMR (22.03.2012 – 23338/09, Kautzor ./. Deutschland) NJW 2013, S. 1937, 1940; EGMR (22.03.2012 – 45071/09, Ahrens ./. Deutschland) BeckRS 2012, 09754; EGMR (11.12.2012 – 11858/10, Koppikar ./. Deutschland); EGMR (05.11.2013 – 26610/09, Hülsmann ./. Deutschland) NJW 2014, S. 3083. Zuletzt dazu auch wieder BVerfG (Nichtannahmebeschluss vom 04.12.2013) FamRZ 2014, S. 191. Dies bedeutet freilich nicht, dass die Anfechtungsmöglichkeiten für den nur leiblichen Vater in allen Fällen ausreichend sind. Es ist durchaus denkbar, dass der EGMR in einer anderen Konstellation die Konventionswidrigkeit bejahen könnte. Zu denken ist insbesondere an Fälle, in denen der rechtliche Vater, zu dem das Kind eine sozial-familiäre Beziehung hatte, inzwischen verstorben ist (zu dieser Konstellation EGMR FamRZ 2014, S. 1257, 1258, wobei im konkreten Fall eine Konventionsverletzung abgelehnt wurde). Vgl. auch Georg Rixe, FamRZ 2011, S. 1363, 1366 (Anm. zu EGMR NJW 2011, S. 3565 = FamRZ 2011, S. 269); ders. (Anm. 39), FPR 2008, S. 225; Marina Wellenhofer, Der Europäische Gerichtshof für Menschenrechte und das Vaterschaftsanfechtungsrecht des leiblichen Vaters, FamRZ 2012, S. 828, 831 f.; Tobias Helms, Die Stellung des potenziellen biologischen Vaters im Abstammungsrecht, FamRZ 2010, S. 1, 5 f. Vgl. aber auch die Entscheidung *contra legem* durch das AG Herford FamRZ 2008, S. 1270 f.

123 In den Fällen Anayo und Schneider hatte das BVerfG die eingelegten Verfassungsbeschwerden nicht zur Entscheidung angenommen; zum Fall Schneider BVerfG FamRZ 2006, S. 1661 f. (die Entscheidung des BVerfG im Fall Anayo ist nicht veröffentlicht). Im Fall Schneider hatte der nur leibliche Vater zwischenzeitlich ein Wiederaufnahmeverfahren nach § 580 Nr. 8 ZPO i.V.m. § 48 Abs. 2 FamFG angestrengt; der Restitutionsantrag wurde in letzter Instanz vom BGH (FamRZ 2014, S. 927) zurückgewiesen, weil das Umgangsrechtsverfahren vor Einführung des § 580 Nr. 8 ZPO abgeschlossen worden war.

124 Im ähnlich gelagerten Fall Hülsmann hatte der EGMR (18.03.2008 – 33375/03, Hülsmann ./. Deutschland) NJW-RR 2009, S. 1585 eine Konventionsverletzung verneint, weil die deutschen Gerichte dazu Stellung genommen hatten, dass das Umgangsrecht mit dem Vater aufgrund der konkreten

hungen der verheirateten Mütter; die Ehemänner der Mütter übernahmen die Vaterrolle und die leiblichen Väter hatten bis zur Entscheidung des EGMR keine Kontakte zu ihren Kindern, wenngleich sie sich schon bald nach der Geburt der Kinder darum bemüht hatten, im Wege einer gerichtlichen Entscheidung Umgang mit ihren Kindern zu erhalten. Der einzige Unterschied zwischen den beiden Fällen besteht darin, dass im Fall Anayo die Vaterschaft unter den Beteiligten nicht streitig war, während im Fall Schneider nach Aussage der Mutter auch der Ehemann als Vater in Frage kam.

Der EGMR geht in beiden Entscheidungen davon aus, dass erstens allein die biologische Verwandtschaft zwischen einem Elternteil und seinem Kind nicht ausreicht, um ein Familienleben im Sinne des Art. 8 EMRK zu begründen; vielmehr müssten weitere Umstände hinzukommen, aus denen sich eine persönliche Beziehung ergebe. Jedoch soll zweitens ein von Seiten des leiblichen Vaters *beabsichtigtes Familienleben* (*intended family life*) vom Schutz des Art. 8 EMRK dann umfasst sein, wenn der Vater sich um eine persönliche Beziehung zum Kind bemüht hat, diese jedoch aus Gründen scheitert, die dem Vater nicht zugerechnet werden können. Schließlich sollen drittens persönliche Beziehungen, die nicht vom Schutz des Familienlebens erfasst werden, grundsätzlich unter den Begriff des Privatlebens nach Art. 8 EMRK fallen.[125]

Eine dogmatisch saubere Abgrenzung zwischen der zweiten und der dritten Fallgruppe nimmt der EGMR indessen nicht vor. Aufgrund des bekundeten Interesses des leiblichen Vaters an seinem Kind sei „nicht auszuschließen, dass die [...] beabsichtigte Beziehung [...] unter den Begriff des ‚Familienlebens' i.S. von Art. 8 EMRK [falle]. Jedenfalls [betreffe] die Feststellung der rechtlichen Beziehung zwischen dem [Vater und seinem Kind] – d.h. die Frage, ob der [Vater] ein Recht auf Umgang mit [seinem Kind] und auf Auskünfte über seine persönlichen Verhältnisse [habe] – *einen wichtigen Teil der Identität* [...] und damit sein ‚Privatleben' i.S. von Art. 8 I EMRK, falls es sich dabei nicht um Familienleben hande[le]. Die Entscheidung der deutschen Gerichte, ihm den Umgang und Auskünfte zu versagen, [sei] deswegen ein Eingriff in sein Recht auf Achtung *jedenfalls seines Privatlebens*".[126]

Man muss diese Ausführungen wohl so verstehen, dass sich der EGMR noch nicht festlegen wollte, ob bereits die Einleitung eines Umgangsrechtsverfahrens genügt, um eine „beabsichtigte Beziehung" und damit ein Familienleben im Sinne des Art. 8 EMRK zu bejahen. Akzeptiert man indessen die Konstruktion eines „beabsichtigten

---

Umstände auch nicht dem Wohl des Kindes entsprach. Im Fall Lück hatte der EGMR (15.05.2008 – 58364/00, Lück ./. Deutschland) NJOZ 2009, S. 5003, 5005 f. (Rn. 22) die Entscheidung BVerfGE 108, S. 82 als eine die Konventionsverletzung ausgleichende Wiedergutmachung angesehen.

125 EGMR (21.12.2010 – 20578/07, Anayo ./. Deutschland) NJW 2011, S. 3565 = FamRZ 2011, S. 269 m. Anm. Georg Rixe, FamRZ 2011, S. 1363; EGMR (15.09.2011 – 17080/07, Schneider ./. Deutschland) NJW 2012, S. 2781 = FamRZ 2011, S. 1715 m. Anm. Tobias Helms.

126 EGMR NJW 2012, S. 2781, 2785 [Hervorhebung durch Verf.]. Nach der Rechtsprechung des EGMR scheint die „Achtung des Privatlebens" als Auffangtatbestand zu dienen, wenn das genetische Eltern-Kind-Verhältnis ausnahmsweise nicht unter den Schutz des Familienlebens fällt; vgl. jüngst wieder EGMR (05.06.2014 – 31021/08, I. S. ./. Deutschland) FamRZ 2014, S. 1351 m. Anm. Andreas Botthoff.

Familienlebens", so stellt sich die Frage, was dem leiblichen Vater außer dem Gang vor die Gerichte noch abverlangt werden soll, um ein solches anzuerkennen. Im Ergebnis ist jedoch festzuhalten, dass sich der Schutzbereich des Art. 8 Abs. 1 EMRK nach der Rechtsprechung des EGMR auf (mutmaßliche) nur leibliche Väter, die ein Familienleben mit ihrem (mutmaßlichen) Kind beabsichtigen, erstreckt,[127] wobei jedenfalls das Recht auf Achtung des Privatlebens betroffen ist. Die Argumentation der Bundesregierung, dass die deutsche Rechtslage bereits das Ergebnis einer Abwägung zwischen den *Interessen des leiblichen Vaters*, dem *Schutz der rechtlich-sozialen Familie* und dem *Kindeswohl* sei, wobei typisierend davon auszugehen sei, dass ein dem Kindeswohl dienendes Umgangsrecht des nur leiblichen Vaters eine bereits vorhandene soziale Beziehung zu diesem voraussetze, hat der EGMR mit eher schwachen Argumenten abgelehnt.[128]

---

127 Der EGMR (NJW 2012, S. 2781, 2786) ist der Auffassung, dass dem Umgangsrechtsverfahren kein gesondertes Anfechtungsverfahren oder die Feststellung, dass der Antragsteller der leibliche Vater des Kindes ist, vorausgehen müsse. Vielmehr soll nach Vorstellung des EGMR im Umgangsrechtsverfahren zunächst geprüft werden, ob der Kontakt zwischen Antragsteller und Kind dessen Wohl dient; falls dies bejaht wird, ist dann die Vaterschaft zu klären („Die Frage der Feststellung der leiblichen – im Gegensatz zur rechtlichen – Vaterschaft in einem Umgangsverfahren wird sich nur stellen, wenn man unter den besonderen Umständen des Falls davon ausgeht, dass ein Umgang zwischen dem mutmaßlichen leiblichen Vater – unter der Annahme, er ist es tatsächlich – und dem Kind dem Kindeswohl dient."). Die u.U. schwierige und mit Hilfe eines Sachverständigengutachtens zu entscheidende Frage, ob der Umgang dem Kindeswohl dient, sollte aber sinnvollerweise erst nach der Klärung der Vaterschaft angegangen werden, zumal die Begutachtung des Kindes und seiner Familie zu erheblichen Konflikten und Belastungen führen kann, die – sollte sich später herausstellen, dass der Antragsteller nicht Vater ist – unnötigerweise herbeigeführt würden (kritisch auch Tobias Helms, FamRZ 2011, S. 1717 [Anm. zu NJW 2012, S. 2781 = FamRZ 2011, S. 1715]). Der deutsche Gesetzgeber hat die Vorgaben des EGMR sehr eng umgesetzt: Nach dem Gesetz zur Stärkung der Rechte des leiblichen, nicht rechtlichen Vaters (s. Anm. 131) steht es im Ermessen des Gerichts, ob es zunächst die biologische Vaterschaft oder das Kindeswohl prüft (BT-Drucks. 17/12163, S. 13).

128 In der Entscheidung Anayo heißt es dazu (EGMR NJW 2011, S. 3565, 3567, Rn. 68): „Eine rechtsvergleichende Studie zeig[e], dass es unter den Mitgliedsstaaten des Europarats keine Übereinstimmung [gebe], ob und gegebenenfalls unter welchen Umständen ein leiblicher Vater ein Umgangsrecht mit seinem Kind [habe], wenn es zugleich einen rechtlichen Vater [gebe]. Doch könn[t]en die Gerichte in einer Reihe von europäischen Staaten prüfen, ob der Umgang eines leiblichen Vaters [...] mit seinem Kind dessen Wohl dienen würde, und sie könn[t]en in dem Fall dem Vater Umgang gewähren". Da es in dieser Frage gerade keinen europäischen Konsens gibt, hätte an sich der nationale Beurteilungsspielraum weit ausfallen müssen. Da der EGMR (NJW 2012, S. 2781, 2786, Rn. 100) zudem darauf hinweist, dass „im Hinblick auf die große Vielfalt möglicher familiärer Konstellationen [...] eine Prüfung der besonderen Umstände des Einzelfalls für eine faire Abwägung der Rechte aller Beteiligten erforderlich" sei, könnte man die beiden Urteile auch als Befürwortung einer „Enttypisierung" des Gesetzesrechts verstehen und den Schluss ziehen, dass sich der EGMR von einem *case-law*-System mit weiten Beurteilungsspielräumen der Gerichte eine bessere Verwirklichung des Kindeswohls im Einzelfall verspricht. So auch Thomas Rauscher, in: Julius von Staudinger (Begr.), Kommentar zum Bürgerlichen Gesetzbuch mit Einführungsgesetz und Nebengesetzen, Buch 4: Familienrecht, §§ 1684-1717 (Elterliche Sorge 3 - Umgangsrecht), Neubearbeitung 2014, § 1684 BGB, Rn. 16d. Vgl. auch Helms (Anm. 26), S. 66 f. (dies sei eine „Methode, die eher typisch für den durch das case law geprägten an-

Allerdings betont der EGMR (wie auch in vielen anderen Entscheidungen), dass es nicht seine Aufgabe sei, „die staatliche Gesetzgebung abstrakt zu prüfen", und räumt gleichzeitig ein, ihm sei bewusst, dass die deutschen Richter gar nicht anders hätten entscheiden können.[129] Tatsächlich konnte auch in diesem dritten Beispiel ein konventionsgemäßer Zustand nur mit Hilfe einer Gesetzesänderung hergestellt werden.[130] Dies geschah im Sommer 2013 mit der Einführung von zwei neuen Regelungen durch das Gesetz zur Stärkung der Rechte des leiblichen, nicht rechtlichen Vaters vom 4. Juli 2013.[131] Die Neuregelung des § 1686a Abs. 1 Nr. 1 BGB sieht vor, dass ein leiblicher Vater, der ein *ernsthaftes Interesse* an dem Kind gezeigt hat (so dass ein beabsichtigtes Familienleben im Sinne des Art. 8 Abs. 1 EMRK anzunehmen ist), ein Recht auf Umgang hat, wenn der Umgang dem Kindeswohl dient, wobei die Einräumung des Umgangs voraussetzt, dass innerhalb des Umgangsrechtsverfahrens eine Inzidentprüfung der leiblichen Vaterschaft vorgenommen wird (die Voraussetzungen für die Duldung der dazu notwendigen Untersuchungen sind in § 167a Abs. 2 FamFG geregelt).[132] Dass auch diese Reform allein durch die Entscheidungen des EGMR veranlasst ist, ergibt sich in aller Deutlichkeit aus der Begründung des Regierungsentwurfs. Dort heißt es unter der Überschrift „Zielsetzung und Notwendigkeit des Gesetzesentwurfs":

> Die Änderungen beseitigen den mit Artikel 8 EMRK nicht zu vereinbarenden Zustand, dass der biologische Vater, der keine enge Bezugsperson des Kindes ist, auch dann kategorisch und ohne Prüfung des Kindeswohls vom Umgang mit seinem Kind ausgeschlossen ist, wenn ihm der Umstand, dass eine sozial-familiäre Beziehung nicht aufgebaut wurde, nicht zuzurechnen ist. [...] *Die Gesetzesänderung ist durch die Urteile des EGMR vom 21. Dezember 2010 (A. ./. Bundesrepublik Deutschland) und vom 15. September 2011 (S. ./. Bundesrepublik Deutschland) veranlasst.* Der darin vom EGMR geäußerten Kritik an der derzeitigen gesetzlichen Ausgestaltung des Umgangs- und Auskunftsrechts biologischer Väter kann nur durch eine Gesetzesänderung Rechnung getragen werden. *Eine überzeugende Möglichkeit, im Wege der Auslegung der bestehenden Vorschriften zu einem konventionsgemäßen Zustand zu gelangen, ist nicht ersichtlich.* [...] Durch die Neuregelung des Umgangs- und Auskunftsrechts des biologischen Vaters wird entsprechend dem Ziel des Gesetzes ein mit der EMRK konformer Zustand hergestellt.[133]

---

gloamerikanischen Rechtskreis" sei). Einigen Familienrechtlern dient die Entscheidung schließlich als Beleg dafür, dass der EGMR dem sozial fundierten Kindeswohlbegriff des deutschen Rechts einen eigenen genetisch fundierten Kindeswohlbegriff gegenüberstelle; so LÖHNIG/PREISNER (Anm. 56), FamRZ 2012, S. 491 f. Auch der Görgülü-Entscheidung liegt schon ein genetisch fundierter Kindeswohlbegriff zugrunde.

129 EGMR NJW 2011, S. 3565, 3567 (Rn. 69, 70).

130 So auch HELMS (Anm. 26), S. 69.

131 Gesetz zur Stärkung der Rechte des leiblichen, nicht rechtlichen Vaters vom 04.07.2013, BGBl. I, S. 2176. Dazu DORIS KLOSTER-HARZ, Gesetz zur Stärkung der Rechte des leiblichen, nicht rechtlichen Vaters auf Umgang und Auskunft – Umsetzung der Rechtsprechung des EGMR durch den deutschen Gesetzgeber, FamFR 2013, S. 337 ff.

132 Dazu auch HELMS (Anm. 26), S. 65 f.

133 BT-Drucks. 17/12163, S. 9, 11 [Hervorhebungen durch Verf.].

III Kritische Analyse der Rechtsprechung des EGMR: Auslegungsmethoden und Vorhersehbarkeit nationaler Beurteilungsspielräume

Da in den unter Ziff. II 3 angeführten drei Beispielen die konventionswidrigen Rechtsnormen vom BVerfG jeweils für verfassungskonform befunden worden waren, stellt sich die Frage, warum das BVerfG bei der Bestimmung von Inhalt und Umfang der jeweils einschlägigen Grundrechte die EMRK offensichtlich nicht hinreichend berücksichtigt hat. Es liegt nahe, dass dies nicht an einer völkerrechtsunfreundlichen Haltung des BVerfG liegt, sondern daran, dass die nationalen Beurteilungsspielräume auf der Grundlage der Rechtsprechung des EGMR in vielen Fällen kaum prognostizierbar sind.

Nach einer Durchsicht von mehr als 50 familienrechtlichen Entscheidungen des EGMR aus den letzten fünfzehn Jahren lässt sich zunächst mit dem ehemaligen Präsidenten des EGMR, LUZIUS WILDHABER, festhalten: „Der EGMR hat keine ausgefeilte Theorie über Kerngehalte von Menschenrechten herausgebildet.“[134] Tatsächlich ist die Feststellung einer Konventionsverletzung nur selten das Ergebnis einer Schritt für Schritt entwickelten Auslegung des Schutzumfangs der einschlägigen Menschenrechte, vielmehr erwecken die Ausführungen häufig den Eindruck, dass einer ergebnisorientierten Einzelfallentscheidung eine irgendwie geartete Begründung nachgeschoben ist. Damit kann man sicherlich besser umgehen, wenn die Entscheidung tatsächlich nur einen Einzelfall betrifft oder wie im Fall Görgülü sogar einen extremen Sonderfall. Schwieriger wird es aber, wenn es – wie in den genannten drei Beispielen – um die Konventionswidrigkeit von Rechtsnormen geht.

Auch wenn in diesem Rahmen keine umfassende Analyse der Auslegungsmethoden des EGMR erbracht werden kann, soll anhand eines letzten Beispiels gezeigt werden, dass sich der EGMR an seine eigenen Vorgaben nur sehr begrenzt hält. Wie bereits erwähnt legt der EGMR die Garantien der Konvention unter Berücksichtigung der sich verändernden gesellschaftlichen Verhältnisse *evolutiv-dynamisch* aus. Die Anpassung der Konventionsgarantien an den gesellschaftlichen Wandel bedingt zwangsläufig eine rechtsgestalterische Tätigkeit des EGMR, wobei diese im Einklang mit den den nationalen Rechtsordnungen der Vertragsstaaten zugrundeliegenden Wertvorstellungen erfolgen muss.[135] Um diesen Spagat zu bewältigen, prüft der EGMR, ob sich zu der konkreten Rechtsfrage bereits ein *europäischer Standard* herausgebildet hat oder ob *einschlägige völkerrechtliche Übereinkommen* zu dieser Frage Stellung nehmen. Ist dies der Fall, so wird dies nicht nur bei der Auslegung der Reichweite der Garantien (Schutzbereich) berücksichtigt, vielmehr gilt auch die Formel,

---

134 LUZIUS WILDHABER, Ein Überdenken des Zustands und der Zukunft des Europäischen Gerichtshofs für Menschenrechte, EuGRZ 2009, S. 541, 544.
135 So SCHULZE (Anm. 9), S. 30.

dass der *nationale Beurteilungsspielraum* (*margin of appreciation*) in der betreffenden Rechtsfrage umso kleiner ist, je klarer sich ein bestimmter europäischer Standard abzeichnet oder konkrete Vorgaben in völkerrechtlichen Übereinkommen enthalten sind. Umgekehrt vergrößert sich der Beurteilungsspielraum, je weniger klar eine einheitliche Richtung in den Vertragsstaaten erkennbar ist.[136]

Abgesehen davon, dass sich der EGMR nicht immer an seine eigenen Vorgaben hält, wird die eben beschriebene Formel durch die Rechtsprechung zum Diskriminierungsverbot des Art. 14 EMRK überlagert, denn diese führt nicht selten dazu, dass nationale Sonderwege fortgeschrieben werden. Ich möchte dies im Folgenden anhand von drei, die *Stiefkindadoption* betreffenden Entscheidungen gegen die Schweiz, Frankreich und Österreich darlegen:

Im ersten Fall aus dem Jahr 2007 adoptierte ein Schweizer die volljährige pflegebedürftige Tochter seiner Lebensgefährtin. Für diesen Fall sieht Art. 267 Abs. 2 ZGB (ebenso wie das deutsche Adoptionsrecht in §§ 1741 Abs. 2, 1754 Abs. 2, 1755 BGB) das Erlöschen der verwandtschaftlichen Beziehung zur Mutter vor. Die Mutter erhob Individualbeschwerde und der EGMR stellte daraufhin fest, dass die gesetzlich vorgesehene Rechtsfolge, nämlich das Erlöschen der rechtlichen Verwandtschaft zwischen Mutter und Kind, Art. 8 Abs. 1 EMRK verletze.[137] Seine Entscheidung begründete er wie folgt: Der Gerichtshof „erkenn[e] an, dass die Logik dieser Konzeption der Adoption […] der von der großen Mehrheit der Mitgliedsstaaten des Europarats vertretenen Auffassung entspricht." Es sei weiter „richtig, dass Art. 10 II des Europäischen Übereinkommens über die Adoption von Kindern klar vorschreibt, dass die Rechte und Pflichten der leiblichen Eltern eines Kindes mit dessen Adoption erlöschen." Allerdings solle „nach dem Entwurf einer Neufassung des Übereinkommens der nationale Gesetzgeber vorsehen können, dass der Ehegatte oder registrierte Partner des Adoptierenden seine Rechte und Pflichten gegenüber dem adoptierten Kind behält, wenn dieses sein leibliches Kind ist".[138]

Obwohl das neue *Adoptionsübereinkommen von 2008* den nationalen Gesetzgebern gerade keine verpflichtenden Vorgaben macht,[139] betrachtet der Gerichtshof dieses Übereinkommen „als ein Indiz für eine wachsende Anerkennung des Fortbestehens der Rechtsbeziehungen zwischen dem leiblichen Elternteil und seinem Kind

---

136 Zum Beurteilungsspielraum auch Urska Prepeluh, Die Entwicklung der Margin of Appreciation-Doktrin im Hinblick auf die Pressefreiheit, ZaöRV 61 (2001), S. 771, 772 ff.; Krieger (Anm. 56), ZaöRV 2014, S. 204 ff., 208 f.; Mayer (Anm. 3), Einleitung, Rn. 60 ff.; Christoph Grabenwarter/ Katharina Pabel, Europäische Menschenrechtskonvention, Ein Studienbuch, 5. Aufl. 2012, S. 131 ff. (§ 18, Rn. 20 ff.); Grabenwarter (Anm. 19), EuGRZ 2011, S. 231; Helms (Anm. 26), S. 64; Fahrenhorst (Anm. 13), S. 124 ff.
137 EGMR (13.12.2007 – 39051/03, Emonet u.a. ./. Schweiz) FamRZ 2008, S. 377 m. Anm. Dieter Henrich. Zur Entscheidung auch Felix Schöbi, Stiefkindadoption und Konkubinat, recht 2008, S. 99, 104 ff.
138 EGMR FamRZ 2008, S. 377, 378 f., Rn. 80, 84.
139 Zu Art. 7 des Europäischen Adoptionsübereinkommens von 2008 siehe unten Anm. 151.

auch in Fällen der hier in Rede stehenden Adoption".[140] Da die Rechtslage in der Schweiz derjenigen in nahezu allen Vertragsstaaten sowie dem damals einschlägigen Europäischen Adoptionsübereinkommen entsprach und selbst dem bereits vorliegenden Entwurf des neuen Übereinkommens nicht widersprach, gab es einen der Entscheidung gerade entgegenstehenden europäischen Konsens, den der EGMR mit seiner Lösung vollständig ignorierte.[141] Zu der dem europäischen Standard entsprechenden unterschiedlichen Behandlung verheirateter und nicht verheirateter Paare bei der Stiefkindadoption heißt es nur: „Zum Argument der Regierung, die Mutter und ihr Lebensgefährte hätten das gewünschte Ziel durch eine Heirat erreichen können, ist der Gerichtshof der Meinung, dass es nicht Sache der nationalen Behörden ist, den bet[eiligten] Personen Ratschläge zu erteilen, wie sie ihr Zusammenleben gestalten sollen."[142]

In der zweiten Entscheidung aus dem Jahr 2012 sah der EGMR in der Beschränkung der Stiefkindadoption auf Ehegatten im französischen Recht und in dem damit verbundenen Ausschluss registrierter gleichgeschlechtlicher Paare von dieser Möglichkeit keinen Verstoß gegen Art. 14 i.V.m. 8 EMRK. Eine mit einem verheirateten Paar vergleichbare Rechtslage liege nicht vor; stattdessen müsse die Lage der Beschwerdeführer im Vergleich mit heterosexuellen unverheirateten Paaren gesehen werden. Hier gebe es aber keine unterschiedliche Behandlung wegen der sexuellen Orientierung, weil nach französischem Recht verschieden- und gleichgeschlechtliche Paare eine registrierte Partnerschaft (*Pacte civil de solidarité*) eingehen könnten und alle registrierten Paare von einer Stiefkindadoption ausgeschlossen seien. Dem Argument der Beschwerdeführer, dass sie keine Ehe eingehen könnten, hält der EGMR entgegen, dass die Vertragsstaaten nicht verpflichtet seien, gleichgeschlechtlichen Paaren die Ehe zu ermöglichen, vielmehr genüge es, wenn den Paaren ein anderes Rechtsinstitut zur Anerkennung ihrer Paargemeinschaft zur Verfügung gestellt werde, wobei die Staaten bei der Ausgestaltung dieses Instituts einen gewissen Beurteilungsspielraum hätten.[143] Dabei ignoriert der Gerichtshof, dass homosexuelle Paare gegenüber heterosexuellen Paaren dadurch benachteiligt werden, dass letztere frei entscheiden können, ob sie eine Ehe mit sämtlichen Rechten und Pflichten eingehen oder eine

---

140 EGMR FamRZ 2008, S. 377, 379, Rn. 84.

141 So wenig überzeugend die Begründung der Entscheidung ist, so weitreichend könnten aber ihre Folgen sein – jedenfalls, wenn man die vom BVerfG anerkannte Orientierungswirkung der Entscheidungen des EGMR ernst nimmt. Zur Orientierungswirkung oben Anm. 19. Vgl. weiter zum konkreten Fall Dieter Henrich, FamRZ 2008, S. 379 (Anm. zu EGMR FamRZ 2008, S. 377).

142 EGMR FamRZ 2008, S. 377, 378, Rn. 82.

143 EGMR (15.03.2012 – 25951/07, Gas u. Dubois ./. Frankreich) NJW 2013, S. 2171, 2172 f. Dass nach Auffassung des EGMR homosexuellen Paaren nicht die Möglichkeit, eine Ehe zu schließen, gewährt werden muss, hängt mit der Formulierung in Art. 12 EMRK zusammen, der von einer Eheschließung zwischen Mann und Frau spricht. Dazu auch Christian Maierhöfer, Homosexualität, Ehe und Gleichheit: Ein Missverständnis im Dialog der Gerichte, Die Urteile des BVerfG und des EGMR vom 19. Februar 2013, EuGRZ 2013, S. 105, 111 f.

registrierte Partnerschaft mit weniger Rechten und Pflichten wählen, während gleichgeschlechtliche Paare diese Wahl nicht haben, so dass ihnen die Möglichkeit einer Stiefkindadoption in jedem Fall genommen ist.[144]

Die dritte Entscheidung betrifft den Ausschluss einer Stiefkindadoption bei gleichgeschlechtlichen (nicht registrierten) Paaren in Österreich,[145] die zufälligerweise am selben Tag (19. Februar 2013) wie die Entscheidung des BVerfG zum Verbot der sog. Sukzessivadoption in einer eingetragenen Lebenspartnerschaft erging.[146] Das österreichische Kindschaftsrecht ermöglicht auch die Stiefkindadoption in nichtehelichen Lebensgemeinschaften, denn eine Einzeladoption durch eine unverheiratete Person (§ 179 Abs. 1 ABGB a.F. = § 191 Abs. 1 ABGB) führt nur zum Erlöschen der rechtlichen Beziehungen zu einem Elternteil: In Anlehnung an die Lebensumstände einer „natürlichen" Familie beendete die Einzeladoption durch einen Mann nur die rechtliche Beziehung zum leiblichen Vater und die Einzeladoption durch eine Frau diejenige zur leiblichen Mutter (§ 182 Abs. 2 S. 2 ABGB a.F.) – mit der Folge, dass gleichgeschlechtliche Paare von dieser Option ausgeschlossen waren. Während der EGMR keine Verletzung von Art. 14 i.V.m. 8 EMRK im Vergleich zur Rechtslage bei Ehegatten, denen auch in Österreich die Stiefkindadoption erlaubt ist, annahm,[147] bejahte er einen Verstoß gegen das Diskriminierungsverbot im Verhältnis zur Rechtslage bei unverheirateten heterosexuellen Paaren.[148]

Interessant sind aber auch hier die Aussagen des EGMR zum Europäischen Übereinkommen über die Adoption von Kindern von 2008, das in dem einschlägigen Art. 7 Abs. 2 den Vertragsstaaten völlige Freiheit in dieser Frage lässt: Nach Ansicht des EGMR könnten die Wertungen dieses Übereinkommens nicht herangezogen werden,

---

144 Insgesamt legen die Entscheidungsgründe nahe, dass der Unterschied zum erstgenannten Fall vor allem darin lag, dass das Schweizer Paar die Stiefkindadoption bereits vollzogen und damit Fakten im Hinblick auf das Erlöschen des Rechtsverhältnisses zum leiblichen Elternteil geschaffen hatte, so dass es um eine bestehende Beeinträchtigung des Familienlebens ging, während es bei dem lesbischen Paar aus Frankreich, das für eine Stiefkindadoption des mittels künstlicher Befruchtung in die Partnerschaft hineingeborenen Kindes kämpfte, nur um die Verwehrung einer rechtlichen Gestaltungsmöglichkeit ging und Art. 8 EMRK nach der Rechtsprechung des EGMR keinen Anspruch auf Adoption begründet, EGMR (22.01.2008 – 43546/02, E. B. ./. Frankreich) NJW 2009, S. 3637, 3638.
145 EGMR (19.02.2013 – 19010/07, X u.a. ./. Österreich) NJW 2013, S. 2173.
146 BVerfG NJW 2013, S. 847; dazu Inge Kroppenberg, Unvereinbarkeit des Verbots der sukzessiven Stiefkindadoption durch eingetragene Lebenspartner mit dem Grundgesetz, NJW 2013, S. 2161. Beide Gerichte kamen zum Ergebnis, dass der gesetzlich vorgesehene Ausschluss der Adoption den allgemeinen Gleichheitssatz bzw. das Diskriminierungsverbot verletzte, wobei das BVerfG die Situation bei der Sukzessivadoption mit der Rechtslage bei Ehegatten sowie mit der Rechtslage bei der Adoption des leiblichen Stiefkindes innerhalb einer eingetragenen Lebenspartnerschaft verglich. Vgl. zu beiden Entscheidungen auch Maierhöfer (Anm. 143), EuGRZ 2013, S. 105 ff.; Hans-Ulrich Maurer, Zum Recht gleichgeschlechtlicher Partner auf Adoption, FamRZ 2013, S. 752 ff.
147 Dazu auch Maierhöfer (Anm. 143), EuGRZ 2013, S. 110.
148 EGMR NJW 2013, S. 2173, 2179, Rn. 153. Kritisch zu dieser Entscheidung (insbesondere zur fehlenden Berücksichtigung des Kindeswohls) Beatrix Krauskopf-Mayerhöfer, (K)ein Recht auf Adoption?, Eine Analyse der Judikatur des EGMR, iFamZ 2014, S. 156, 162 ff.

weil es von Österreich noch nicht ratifiziert sei und angesichts der bislang geringen Zahl von Ratifizierungen auch zweifelhaft sei, ob das Übereinkommen überhaupt eine gemeinsame Haltung der europäischen Staaten wiedergebe.[149] Richtig ist, dass Art. 7 des revidierten Europäischen Übereinkommens über die Adoption von Kindern höchst umstritten war: Die Parlamentarische Versammlung des Europarats hatte Ende 2007 empfohlen, die Adoption durch nichteheliche Lebensgefährten derjenigen durch Ehegatten gleichzustellen, was das Ministerkomitee des Europarates jedoch abgelehnt hatte.[150] Das 2008 verabschiedete Adoptionsübereinkommen stellt daher den Staaten ausdrücklich frei, ob sie die Adoption auf registrierte Partnerschaften und nichteheliche Lebensgemeinschaften erstrecken wollen.[151] Da es – wie auch der Gerichtshof einräumt – in dieser Frage jedoch gerade keinen europäischen Konsens gibt, hätte man erwarten dürfen, dass der nationale Beurteilungsspielraum eher weit

---

149 EGMR NJW 2013, S. 2173, 2179, Rn. 149 f.: „Schließlich, und um auf den Vortrag der Regierung zu erwidern, dass es keinen europäischen Konsens gibt, ist zu berücksichtigen, dass die vom Gerichtshof zu entscheidende Frage nicht ist, ob gleichgeschlechtliche Paare allgemein die Möglichkeit einer Stiefkindadoption haben sollen, sondern die unterschiedliche Behandlung von unverheirateten verschiedengeschlechtlichen und gleichgeschlechtlichen Paaren wegen dieser Form der Adoption [...]. Deswegen können nur die zehn Mitgliedsstaaten des Europarats für einen Vergleich herangezogen werden, welche die Stiefkindadoption unverheirateten Paaren erlauben. Von diesen behandeln sechs Staaten verschiedengeschlechtliche und gleichgeschlechtliche Paare gleich, während vier dieselbe Regelung haben wie Österreich. Diese Vergleichsgrundlage ist so begrenzt, dass daraus kein Schluss über einen Konsens zwischen den Mitgliedsstaaten des Europarats gezogen werden kann. Das gilt auch für das Europäische Übereinkommen über die Adoption von Kindern von 2008. Es ist von Österreich nicht ratifiziert worden. Außerdem ist angesichts der geringen Zahl von Ratifikationen zweifelhaft, ob das Übereinkommen eine gemeinsame Haltung der Europaratsstaaten wiedergibt." Davor (Rn. 148) heißt es: „Wie weit der den Staaten zustehende Ermessensspielraum bei Art. 8 EMRK ist, auf den sich die Regierung beruft, hängt von einer Reihe von Umständen ab. Wenn es sich um einen besonders wichtigen Aspekt der Existenz oder der Identität einer Person handelt, ist er grundsätzlich eng. Wenn es keinen Konsens unter den Mitgliedsstaaten des Europarats über die Bedeutung des betroffenen Interesses gibt oder die beste Art und Weise, es zu schützen, insbesondere in Fällen heikler moralischer oder ethischer Fragen, ist der Spielraum weiter [...]." In der englischen Fassung wird noch darauf hingewiesen, dass Art. 7 Abs. 2 des Adoptionsübereinkommens jedenfalls so zu verstehen sei, dass die Staaten nicht frei seien, gleichgeschlechtliche und verschiedengeschlechtliche Paare in stabiler Partnerschaft unterschiedlich zu behandeln.

150 Dazu Schöbi (Anm. 137), recht 2008, S. 105; Henrich (Anm. 31), S. 307 f.

151 European Convention on the Adoption of Children (Revised) vom 27.11.2008, Art. 7 Conditions for adoption: „1. The law shall permit a child to be adopted: a) by two persons of different sex (1) who are married to each other, or (2) where such an institution exists, have entered into a registered partnership together; b) by one person. 2. States are free to extend the scope of this Convention to same-sex couples who are married to each other or who have entered into a registered partnership together. They are also free to extend the scope of this Convention to different-sex couples and same-sex couples who are living together in a stable relationship." Art. 7 des Übereinkommens wird durch Art. 11 Abs. 2 ergänzt, wonach der Ehegatte oder der Partner des Annehmenden seine Rechte und Pflichten gegenüber dem Adoptivkind behält, wenn dieses sein Kind ist. Das Übereinkommen haben im November 2014 siebzehn Staaten gezeichnet, wobei davon sieben das Übereinkommen auch ratifiziert haben.

ausfällt, wobei dies offenbar auch die Meinung einer relativ großen Minderheit der an der Entscheidung beteiligten Richter war, denn diese erging mit 10 zu 7 Stimmen. Der österreichische Gesetzgeber hat zur Vermeidung weiterer Verurteilungen innerhalb von sechs Monaten die Konventionswidrigkeit durch Einführung der Stiefkindadoption für gleichgeschlechtliche (registrierte und nichtregistrierte) Paare beseitigt (§ 197 Abs. 4 ABGB; die Sukzessivadoption und die gemeinsame Fremdkindadoption sind jedoch weiterhin Ehegatten vorbehalten).[152]

Waren diese drei Entscheidungen des EGMR zur Stiefkindadoption vorhersehbar? Und auf welche Weise sollten sie Orientierungswirkung für andere Staaten entfalten? Wäre es nicht vielmehr Aufgabe des EGMR, am Kindeswohl ausgerichtete Mindeststandards zu entwickeln und anhand dieser den nationalen Gesetzgebern einen Orientierungsrahmen vorzugeben? So stellen sich im Zusammenhang mit der Stiefkindadoption Grundsatzfragen, zu denen sich der EGMR durchaus hätte positionieren können, weil die Beziehung zwischen Kind und Stiefelternteil unter den Schutz des Art. 8 EMRK fällt, wenn eine enge persönliche Bindung zwischen beiden besteht. Des Weiteren hat der Gerichtshof mehrfach betont, dass *de-facto*-Familien rechtlich anzuerkennen sind.[153] Daran anknüpfend wäre die Frage zu beantworten, unter welchen Voraussetzungen die Vertragsstaaten eine von allen Beteiligten gewünschte und dem Kindeswohl dienende Verrechtlichung einer bereits vorhandenen sozial-familiären Beziehung zwischen Kind und Stiefelternteil verhindern dürfen und welche Bedeutung in diesem Zusammenhang dem Status der Eltern oder deren sexueller Orientierung zuzumessen ist.[154]

---

152 Im Ministerialentwurf zum Adoptionsrechts-Änderungsgesetz 2013 (528/ME) heißt es unter „Ziele": „Keine weitere Verurteilung Österreichs durch den EGMR im Hinblick auf die Möglichkeiten der Stiefkindadoption für gleichgeschlechtliche Paare." Die Änderung erfolgte mit dem 179. Bundesgesetz, mit dem das Allgemeine bürgerliche Gesetzbuch und das Eingetragene Partnerschaft-Gesetz geändert werden (Adoptionsrechts-Änderungsgesetz 2013) vom 06.08.2013 (die Änderungen traten zum 01.08.2013 in Kraft).

153 EGMR (12.07.2001 – 25702/94, K. u. T. ./. Finnland) NJW 2003, S. 809, 810 (Rn. 150); EGMR (28.06.2007 – 76240/01, Wagner und J. M. W. L. ./. Luxemburg) FamRZ 2007, S. 1529, 1530 m. Anm. DIETER HENRICH; im Zusammenhang mit einer Stiefkindadoption: EGMR (13.12.2007 – 39051/03, Emonet u.a. ./. Schweiz) FamRZ 2008, S. 377, 378; EGMR (09.02.2013 – 19010/07, X u.a. ./. Österreich) NJW 2013, S. 2173, 2179, Rn. 145: „Im Gegensatz zur Einzeladoption oder gemeinsamen Adoption, die normalerweise eine Beziehung zu einem Kind herstellen sollen, das mit dem Annehmenden nicht verwandt ist, überträgt die Stiefkindadoption Rechte wegen des Kindes auf den Partner eines Elternteils. Der *Gerichtshof* hat wiederholt betont, dass es wichtig ist, de-facto-Familienleben rechtlich anzuerkennen."

154 Warum sollte etwa bei Kindern ohne zweiten leiblichen Elternteil (also bei Kindern aus einer Samenspende oder bei Kindern, bei denen der zweite Elternteil unbekannt oder verstorben ist) der Status der Eltern oder deren sexuelle Orientierung überhaupt eine Rolle für die Stiefkindadoption spielen, wenn es nur um die Verrechtlichung einer bestehenden sozial-familiären Beziehung geht?

IV Fazit und Ausblick

Sämtliche der hier vorgestellten und durch den EGMR veranlassten Reformen stehen mit dem Grundgesetz in Einklang; die Frage, ob nationale Organe ausnahmsweise die Rechtsprechung des EGMR nicht hätten beachten sollen, weil „nur auf diese Weise ein Verstoß gegen tragende Grundsätze der Verfassung abzuwenden ist",[155] ist somit klar zu verneinen. Im Gegenteil ist anzuerkennen, dass wir dem EGMR auch längst überfällige Reformen im deutschen Nichtehelichenrecht verdanken. Zudem hat der EGMR im Hinblick auf die verfahrensrechtliche Beschleunigung in Kindschaftssachen wichtige Impulse gesetzt. Dennoch ist nicht zu verkennen, dass das deutsche Recht mit den meist eng an die Vorgaben des EGMR angelehnten Reformen einen *case-law-Touch* erhält, und auch die „Kommerzialisierung" von Grundrechten (durch die Gewährung von teilweise hohen Entschädigungen) hat einen anglo-amerikanischen Beigeschmack, an den man sich erst noch gewöhnen muss.[156]

Vor allem ist aber kritisch zu vermerken, dass es sich bei der Rechtsprechung des EGMR häufig um *ergebnisorientiertes Fallrecht* handelt, das nicht durch eine „belastbare" Rechtsdogmatik unterfüttert ist, kaum vorhersehbar ist[157] und (wie die Entscheidung zum Erbrecht nichtehelicher Kinder zeigt) erhebliche Rechtsunsicherheiten erzeugen kann. Vor einigen Jahren hat ein französischer Autor die Vorgehensweise des EGMR sogar als „méthode tyrannique" bezeichnet, weil die Entscheidungen nicht vorhersehbar, zufällig und launenhaft („capricieuse") ausfielen und damit zentrale Merkmale wie die Gewährleistung von Rechtssicherheit missachteten.[158] Auch ein *case law* kann systematisch sein, d.h. mit einer Summe sachlich begründeter Entscheidungen das Recht so rahmen und fortentwickeln, dass ein System erkennbar ist.[159] Dass dem EGMR dies nur begrenzt gelingt, dürfte auch damit zusammenhängen, dass sich die Rechtsprechung nicht auf *eine* Rechtsordnung, sondern auf die Rechte von 47 Staaten bezieht. So erscheint es nahezu ausgeschlossen, dass die Richter des EGMR sämtliche Rechtsgebiete der 47 Vertragsstaaten und deren politische und soziale Rahmenbedingungen so durchdringen, dass sie auf diesem Fundament ein eigenes System aufbauen könnten. Dies gilt umso mehr, wenn es um hochkomplexe Rechtsgebiete wie etwa das deutsche Familienrecht geht. Denn dessen

---

155 BVerfGE 111, S. 307, 319.
156 Kritisch dazu auch Schöbi (Anm. 137), recht 2008, S. 107.
157 Rebhahn (Anm. 6), AcP 210 (2010), S. 493; und weiter (S. 551 f.): „Im Spannungsfeld von (Einzel-) Fallrecht und systematischem Rechtsdenken steht der EGMR (m.E. leider) auf der Seite des (Einzel-) Fallrechts. [...] Man kann immer weniger vorhersehen, wie das/ein Gericht entscheiden wird."
158 Bernard Edelman, La Cour européenne des droits de l'homme: une juridiction tyrannique?, Recueil Dalloz 2008, S. 1946. Dazu auch Henrich (Anm. 31), S. 309.
159 Auch Rebhahn (Anm. 6), AcP 210 (2010), S. 552 (Fn. 330) weist darauf hin, dass „ein Case-law System [...] systematisch orientiert sein [kann]. Voraussetzung dafür ist allerdings unter anderem, dass Gerichte klare Begründungen geben und sich an *precedent rulings* orientieren (diese also auch herauszuarbeiten versuchen)".

Dogmatik ist durch ein über Jahrzehnte gewachsenes Geflecht von Gesetzgebung und Richterrecht sowie durch ein Zusammenspiel mit anderen Materien wie dem Erbrecht, aber auch öffentlich-rechtlichen Materien wie dem Kinder- und Jugendhilferecht und dem Familiensozialrecht geprägt.

Ob sich die hier für das deutsche Familien- und Erbrecht erbrachte Analyse auch auf andere Rechtsgebiete und andere Staaten übertragen lässt, muss offen bleiben. Festhalten lässt sich aber, dass die Rechtsprechung des EGMR zu Art. 8 EMRK (i.V.m. 14 EMRK) eher Rätsel auf- als Orientierung vorgibt. Sollte man etwa den Stiefkind-Entscheidungen des EGMR entnehmen, dass der Ausschluss einer Stiefkindadoption in einer nichtehelichen Lebensgemeinschaft bei konventionskonformer Auslegung des Grundgesetzes gegen Art. 6 Abs. 1 i.V.m. Art. 3 Abs. 1 GG verstößt? Man könnte die Entscheidung des EGMR gegen die Schweiz dahingehend interpretieren, dass eheliche und nichteheliche Stieffamilien bei der Stiefkindadoption gleichzubehandeln sind, zumal aufgrund der Rechtslage in elf Vertragsstaaten, die eine Stiefkindadoption in nichtehelichen Lebensgemeinschaften zulassen, auch schon ein entsprechender europäischer Trend erkennbar ist. Sicher prognostizierbar ist aber eine solche Linie des EGMR nicht.

Des Weiteren ist festzuhalten, dass die für Deutschland geltende dualistische Konzeption zweier unterschiedlicher, nicht immer deckungsgleicher Rechtskreise des Völkerrechts einerseits und des nationalen Rechts andererseits notwendigerweise dazu führt, dass bestehende Diskrepanzen aufgelöst werden müssen. Dies könnte und sollte – wie das BVerfG vor einigen Jahren formulierte – im Dialog geschehen;[160] derzeit werden die Diskrepanzen aber eher im Nachgang zu den Entscheidungen des EGMR durch konfliktvermeidende Strategien des BVerfG[161] und des deutschen Gesetzgebers beseitigt.[162] Dieses Vorgehen erzeugt den Schein eines Gleichlaufs nationaler und supranationaler Interessen, verdeckt aber gleichzeitig die Ursachen der Divergenzen, die nicht nur in der Methodik der Rechtsprechung des EGMR liegen, sondern auch darin, dass sich der Gerichtshof nicht mehr auf seine originäre Aufgabe, die Sicherung von (materiellen) Mindestanforderungen der Menschenrechtsgewährleistungen, beschränkt:

---

160 BVerfGE 128, S. 326, 369; Ferdinand Kirchhof, Grundrechtsschutz durch europäische und nationale Gerichte, NJW 2011, S. 3681, 3682 f.
161 Dies als „Bereitschaft des Aufeinanderzugehens" zu bezeichnen, zeichnet ein geschöntes Bild der Realität; so aber Hohmann-Dennhardt (Anm. 98), FF 2011, S. 182 im Zusammenhang mit dem Fall Zaunegger.
162 Kritisch dazu Löhnig/Preisner (Anm. 56), FamRZ 2012, S. 492 ff.; Hillgruber (Anm. 22), JZ 2011, S. 871. Zudem fehlen Foren, in denen sich – wie dies im deutschen Familienrecht der Fall ist – Vertreter der verantwortlichen Ministerien, der Rechtspraxis und der Rechtswissenschaft, aber auch Richter des BVerfG regelmäßig austauschen und damit im Vorfeld von Reformen zu deren Ausgestaltung und nach Inkrafttreten zu deren Akzeptanz beitragen. Kritisch dazu Rebhahn (Anm. 6), AcP 210 (2010), S. 553.

(1) So hat der EGMR bislang kein befriedigendes Konzept zur *Konfliktlösung in Dreieckskonstellationen* entwickelt, wie sie typischerweise (aber nicht nur) in Kindschaftssachen vorliegen. Dabei könnte er auf Lösungen aus den Vertragsstaaten zurückgreifen, wie Grundrechte in mehrpoligen Rechtsverhältnissen, bei denen die Gewährleistung von Rechten in einem Verhältnis häufig die Einschränkung von Rechten in einem anderen nach sich zieht, interessengerecht gewährleistet werden können.[163]

(2) Ein zweites methodisches Problem liegt darin, dass die strikte Anwendung des Diskriminierungsverbots und die Vergleichsgruppenbildung bezogen auf die Rechtsordnung nur eines Staates dazu führen, dass nationale Sonderwege fortgeschrieben werden. Dabei unterbleiben nicht nur Aussagen zur materiellen Schutzgewährleistung der einzelnen Menschenrechte,[164] vielmehr besteht auch die Gefahr, dass trotz ähnlicher Lebenssachverhalte die Gleichheits-Rechtsprechung des EGMR zu ganz unterschiedlichen Ergebnissen führt (wie am Beispiel der Entscheidungen zur Stiefkindadoption gezeigt werden konnte).[165] Eine Orientierungswirkung können die

---

163 Zu nennen ist etwa das vom BVerfG angewandte Prinzip der praktischen Konkordanz. Der Begriff stammt von Konrad Hesse, Grundzüge des Verfassungsrechts der Bundesrepublik Deutschland, 20. Aufl. 1995, S. 142 f. (Rn. 317 ff.); aus der st. Rspr. des BVerfG vgl. etwa BVerfGE 41, S. 29, 51; BVerfGE 77, S. 240, 255; BVerfGE 83, S. 130, 143. Vgl. weiter die von Gertrude Lübbe-Wolff, Der Grundrechtsschutz nach der Europäischen Menschenrechtskonvention bei konfligierenden Individualrechten – Plädoyer für eine Korridor-Lösung, in: Martin Hochhuth (Hrsg.), Nachdenken über Staat und Recht, Kolloquium zum 60. Geburtstag von Dietrich Murswiek, 2010, S. 193 ff. vorgeschlagene Lösung, die auch schon bei Hoffmann-Riem (Anm. 15), EuGRZ 2006, S. 497 anklingt.

164 EGMR (09.02.2013 – 19010/07, X u.a. ./. Österreich) NJW 2013, S. 2173, 2178, Rn. 134: „Der vorliegende Fall kann zwar vor dem Hintergrund der grundsätzlichen Diskussion über Elternrechte von gleichgeschlechtlichen Paaren gesehen werden. Der Gerichtshof muss aber nicht über die Stiefkindadoption bei einem gleichgeschlechtlichen Paar entscheiden, und schon gar nicht über die Adoption bei gleichgeschlechtlichen Paaren im Allgemeinen. Er muss vielmehr über die eng umrissene Frage der behaupteten Diskriminierung zwischen unverheirateten verschiedengeschlechtlichen Paaren und gleichgeschlechtlichen Paaren bei der Stiefkindadoption entscheiden." Vgl. auch EGMR (07.11.2013 – 29381/09, 32684/09, Vallianatos u.a. ./. Griechenland) FamRZ 2014, S. 189. Kritik üben auch Katharina Weilert, Heterologe In-vitro-Fertilisation als europäisches Menschenrecht?, MedR 2012, S. 355, 356 ff. (vor allem S. 358) und Ferdinand Wollenschläger, Das Verbot der heterologen In-vitro-Fertilisation und der Eizellspende auf dem Prüfstand der EMRK, MedR 2011, S. 21, 24 f.

165 Zudem kann eine von materiellen Schutzgewährleistungen weitgehend abgekoppelte Gleichheits-Rechtsprechung auch dazu führen, dass radikale Lösungen gegenüber vermittelnden bevorzugt werden. Dies zeigt sich etwa bei einem Vergleich der Entscheidungen EGMR (15.03.2012 – 25951/07, Gas u. Dubois ./. Frankreich) und EGMR (19.02.2013 – 19010/07, X u.a. ./. Österreich). Zur dieser Problematik vgl. auch im Zusammenhang mit der Rauchverbotsentscheidung des BVerfG (BVerfGE 121, S. 317, in der ein striktes Rauchverbot für zulässig erachtet, während ein gewisse Ausnahmen verfolgendes Konzept als verfassungswidrig eingestuft wurde) die Sondervoten von Bryde (S. 378 ff.) und Masing (S. 381 ff.) sowie aus der Literatur Matthias Bäcker, Anmerkung zum Urteil des BVerfG in Sachen Rauchverbot, DVBl. 2008, S. 1180, 1182 ff. Kritisch zur „gleichheitsrechtliche[n] Hintertür" auch Maierhöfer (Anm. 143), EuGRZ 2013, S. 112.

EGMR-Entscheidungen aber nur dann sinnvoll entfalten, wenn die Rechtsprechung in sich kohärent ist.[166]

(3) Des Weiteren wirken nicht wenige Entscheidungen des EGMR entgegen den Beteuerungen des Gerichtshofs, nur den Einzelfall zu entscheiden und nicht abstrakt Normen des nationalen Rechts zu prüfen, weit über den konkreten Fall hinaus oder beinhalten sogar die Feststellung der Konventionswidrigkeit einzelner Rechtsnormen. Die Bundesrepublik Deutschland nimmt insoweit das Prinzip einer „weitgehende[n] Völkerrechtsfreundlichkeit"[167] ernst und passt im Anschluss an die Feststellung der Konventionswidrigkeit einzelner Normen die innerstaatliche Rechtslage entsprechend den Vorgaben des EGMR zeitnah an.[168] Dass die Vorgaben der EMRK nicht bereits deutlich früher, d.h. im Rahmen der Gesetzgebungsverfahren, Berücksichtigung finden, dürfte auch daran liegen, dass Inhalt und Umfang einzelner Konventionsrechte nicht klar erkennbar sind (woran nicht selten auch eine die Rechtsprechung des EGMR einbeziehende Auslegung des nationalen Rechts scheitert). Klarheit und Konsistenz der Rechtsprechung wären aber zwingende Voraussetzungen dafür, den nationalen Gesetzgeber in die Lage zu versetzen, Reformvorhaben systematisch daraufhin abzugleichen, ob sie mit den Garantien der EMRK vereinbar sind.[169]

(4) Vor allem besteht aber aufgrund der immer stärker in die nationalen Beurteilungsspielräume eingreifenden Rechtsprechung des EGMR die Gefahr einer Aushöhlung des Demokratieprinzips, weil mit den meist eng an die Vorgaben des EGMR angelehnten Reformen letztlich dessen Judikatur zur nationalen Rechtsquelle umgeformt wird und der EGMR an die Stelle des demokratisch legitimierten Gesetzgebers tritt.[170] Zwei Effekte verstärken diese Entwicklung, nämlich zum einen die Einschränkung des nationalen Beurteilungsspielraums unter Hinweis auf einen europäischen Trend und zum anderen die Orientierungswirkung der Entscheidungen für andere

---

166 Massive Kritik an der Rechtsprechung des EGMR übt daher Antje von Ungern-Sternberg, Die Konsensmethode des EGMR, Eine kritische Bewertung mit Blick auf das völkerrechtliche Konsens- und das innerstaatliche Demokratieprinzip, Archiv des Völkerrechts 51 (2013), S. 312, 329 ff., 337.

167 BVerfGE 111, S. 307, 319.

168 Zwischen der Entscheidung des EGMR im Fall Brauer (Mai 2009) und dem Zweiten Erbrechtsgleichstellungsgesetz (April 2011) lagen nicht ganz zwei Jahre. Im Fall Zaunegger (Entscheidung des EGMR im Dezember 2009) wurde durch die Übergangsregelung des BVerfG vom Juli 2010 nach sieben Monaten eine konventionsgemäße Rechtslage hergestellt. Bei der Umsetzung der Entscheidung im Fall Anayo (Dezember 2010) ließ sich der Gesetzgeber hingegen 2 ½ Jahre (bis Juli 2013) Zeit.

169 Anderenfalls wird der Gesetzgeber in die Rolle, erst im Anschluss an die Feststellung einer Konventionsverletzung zu agieren, geradezu hineingedrängt.

170 So auch Rebhahn (Anm. 6), AcP 210 (2010), S. 491. Rebhahn (S. 539) sieht diese Verschiebung der Kompetenzen vom nationalen Gesetzgeber zum europäischen Richter kritisch: Sie entziehe in „Einzelfragen die wesentliche Wertung dem demokratischen politischen Prozess, auch wenn die Vorgaben von Parlamenten gebilligt" würden, und führe zu einer „Entlastung der Parlamente von Verantwortung, aber auch zu deren Machtverlust". Kritik üben auch von Ungern-Sternberg (Anm. 166), Archiv des Völkerrechts 51 (2013), S. 321 f., 323 ff.; Löhnig/Preisner (Anm. 56), FamRZ 2012, S. 494 f. Vgl. weiter Krieger (Anm. 56), ZaöRV 2014, S. 187 ff., 209 ff.; Fahrenhorst (Anm. 13), S. 151 ff.

Staaten, die – wenn sie ernst genommen wird – den Trend weiter verstärken. Gerade im Bereich des Familienrechts sollte aber die Grundsatzfrage, ob die kulturelle Vielfalt in den europäischen Familienrechten einer zunehmenden Vereinheitlichung geopfert werden soll, politisch entschieden werden.[171]

---

171 Allerdings ist ein politisches Signal bereits darin zu sehen, dass die Mitgliedsstaaten der Europäischen Union gerade keine Kompetenz zur Angleichung im Familienrecht zugewiesen haben und selbst Maßnahmen zur Harmonisierung des internationalen Familienrechts unter den Vorbehalt eines einstimmigen Beschlusses des Rates gestellt haben (Art. 81 Abs. 3 AEUV). Dazu HENRICH (Anm. 31), S. 309 f.; CHRISTIAN KOHLER, Zur Gestaltung des europäischen Kollisionsrechts für Ehesachen: Der steinige Weg zu einheitlichen Vorschriften über das anwendbare Recht für Scheidung und Trennung, FamRZ 2008, S. 1673, 1680. Kritisch auch bezogen auf die Rechtsprechung des EGMR zur Fortpflanzungsmedizin WEILERT (Anm. 164), MedR 2012, S. 356 ff.

Anhang: Konventionsverletzungen Deutschlands in den im Text behandelten Fällen

1. Erbrecht nichtehelicher Kinder (Stichtagsregelung)

BRAUER	28.05.2009	Art. 14 i.V.m. 8 EMRK
3545/04		Entschädigung i.H.v. 115.000 Euro

2. Elterliche Sorge des Vaters eines nichtehelichen Kindes

SUDE	07.12.2010	Art. 14 i.V.m. 8 EMRK (Übertragung der Sorge auf den Vater)
38102/04		Entschädigung i.H.v. 8.000 Euro[1]
DÖRING	08.07.2010	Art. 6 Abs. 1 EMRK (Verfahrensdauer)
40014/05		Entschädigung i.H.v. 4.000 Euro
ZAUNEGGER	03.12.2009	Art. 14 i.V.m. 8 EMRK (Beteiligung des Vaters an der Sorge) keine Entschädigung
22028/04		

3. Umgangsrecht des nur leiblichen Vaters

SCHNEIDER	15.09.2011	Art. 8 Abs. 1 EMRK
17080/07		Entschädigung i.H.v. 5.000 Euro
ANAYO	21.12.2010	Art. 8 Abs. 1 EMRK
20578/07		Entschädigung i.H.v. 5.000 Euro
LÜCK	15.05.2008	Art. 6 Abs. 1 EMRK (Verfahrensdauer)
58364/00		Entschädigung i.H.v. 10.800 Euro[2]

4. Umgang des Vaters mit seinem nichtehelichen Kind

KUPPINGER	21.04.2011	Art. 6 Abs. 1; Art. 13 EMRK (Verfahrensdauer; fehlender effektiver Rechtsbehelf)
41599/09		Entschädigung i.H.v. 5.200 Euro
TSIKAKIS	10.02.2011	Art. 6 Abs. 1; Art. 8 Abs. 1 EMRK (Verfahrensdauer; Umgangsausschluss)
1521/06		Entschädigung i.H.v. 7.000 Euro
AFFLERBACH	24.06.2010	Art. 6 Abs. 1; Art. 13 EMRK (Verfahrensdauer; fehlender effektiver Rechtsbehelf)
39444/08		Entschädigung i.H.v. 7.000 Euro

---

[1] Die Bundesregierung hat die Verletzung durch einseitige Erklärung anerkannt.

[2] Die Bundesregierung hat die Verletzung durch einseitige Erklärung anerkannt; die Verletzung hinsichtlich Art. 8 Abs. 1 EMRK wurde durch Urteil des BVerfG beendet.

ADAM 44036/02	04.12.2008	Art. 6 Abs. 1 EMRK (Verfahrensdauer) Entschädigung i.H.v. 4.500 Euro
SKUGOR 76680/01	10.05.2007	Art. 6 Abs. 1 EMRK (Verfahrensdauer) Entschädigung i.H.v. 1.000 Euro
[SIEBERT 59008/00	23.03.2006	Art. 6 Abs. 1 EMRK (Verfahrensdauer)][3]
NIEDERBÖSTER 39547/98	27.02.2003	Art. 6 Abs. 1 EMRK (Verfahrensdauer) keine Entschädigung
SOMMERFELD 31871/96	11.10.2001; 08.07.2003	Art. 14 i.V.m. 8 EMRK (Umgang nach § 1711 BGB a.F.) Entschädigung i.H.v. 20.000 Euro
SAHIN 30943/96	11.10.2001; 08.07.2003	Art. 14 i.V.m. 8 EMRK (Umgang nach § 1711 BGB a.F.) Entschädigung i.H.v. 20.000 Euro
HOFFMANN 34045/96	11.10.2001	Art. 6 Abs. 1; Art. 14 i.V.m. 8 EMRK (Umgang nach § 1711 BGB a.F.) Entschädigung i.H.v. 25.000 DM
ELSHOLZ 25735/94	13.07.2000	Art. 6 Abs. 1; Art. 8 Abs. 1; Art. 14 i.V.m. 8 EMRK (Umgang nach § 1711 BGB a.F.) Entschädigung i.H.v. 35.000 DM

5. Elternrechte bei Fremdunterbringung der Kinder

B.B. und F.B. 18734/09; 9424/11	14.03.2013	Art. 8 Abs. 1 EMRK (Sorgerechtsentzug) Entschädigung i.H.v. 50.000 Euro
NANNING 39741/02	12.07.2007	Art. 6 Abs. 1; Art. 8 Abs. 1 EMRK (Verfahrensdauer; Ausschluss des Umgangs) Entschädigung i.H.v. 8.000 Euro
HAASE 11057/02	08.04.2004	Art. 8 Abs. 1 EMRK (Sorgerechtsentzug) Entschädigung i.H.v. 45.000 Euro
GÖRGÜLÜ 74969/01	26.02.2004	Art. 8 Abs. 1 EMRK (Nichterteilung der Sorge; Ausschluss des Umgangs) Entschädigung i.H.v. 15.000 Euro
KUTZNER 46544/99	26.02.2002	Art. 8 Abs. 1 EMRK (Sorgerechtsentzug; eingeschränkter Umgang) Entschädigung i.H.v. 15.000 Euro

---

3 Vergleich *ohne* Anerkennung einer Verletzung; Entschädigung i.H.v. 9.000 Euro.

Diskussion zum Vortrag von Eva Schumann

Leitung: Eberhard Eichenhofer

Eichenhofer:

Sehr verehrte Frau Schumann, herzlichen Dank für diesen sehr klaren und tiefgehenden Vortrag, der uns nicht allein in das Familienrecht hineingeführt hat, sondern auch die Bedeutung internationaler Gerichte sehr plastisch und drastisch vor Augen geführt hat. Die Zeit ist weit vorangeschritten; ich bitte um Konzentration. Herr Stürner, Herr Paulus, Herr Oestmann, Herr Grabenwarter.

Stürner:

Frau Schumann, ganz herzlichen Dank für dieses beeindruckende Referat. Sie haben ja durchaus kritisch die Rechtsprechung des EGMR beleuchtet, aber auf der anderen Seite auch gesagt, dass sie wesentliche Impulse für das deutsche Recht gegeben hat. Daran will ich anknüpfen. Sie haben betont, dass die Umsetzung dieser Vorgaben meist durch den Gesetzgeber oder durch das BVerfG erfolgt. Meine Frage geht dahin, inwieweit die einfachen Gerichte hier ins Spiel kommen können, Stichwort „konventionskonforme Auslegung". Im Fall Zaunegger hatten wir diese lange Zeit zwischen dem Erlass des Urteils 2009 und der Gesetzesänderung 2013, in der letztlich nur die Übergangsregelung des BVerfG geholfen hat. Ist es möglich – und da würde ich gerne eine Parallele zur richtlinienkonformen Rechtsfortbildung im Nachgang zu Entscheidungen des EuGH ziehen und Sie fragen, ob Sie dies mittragen würden –, dass man das nationale Recht konventionskonform fortbildet, mit allen Konsequenzen, so dass beispielsweise bei § 1626a BGB ein einfaches Gericht sagen könnte: „Durch teleologische Auslegung oder Rechtsfortbildung kommen wir ohne das BVerfG und ohne den Gesetzgeber bereits dazu, dass wir dem nichtehelichen Vater das Sorgerecht zubilligen können"? Ich sehe schon, dass der Unterschied zum EU-Recht ein massiver ist, dennoch: Wenn man die Tendenz ansieht, dass die EMRK immer weiter an Bedeutung gewinnt, dann könnte das auch Anlass sein, darüber nachzudenken, ob die Gerichte nicht in diese Richtung weiterdenken sollten.

Eichenhofer:

Danke, Herr Stürner. Herr Paulus und Herr Oestmann und dann Frau Schumann.

Paulus:

Zunächst einmal vielen Dank für dieses wirklich erschöpfende Referat. Es zeigt sich doch, dass das BVerfG gar nicht so respektlos gegenüber dem Gesetzgeber ist wie offenbar der EGMR. Aber das ist nur eine ironische Vorbemerkung. Zwei kleine Anmerkungen zu den Fällen und dann noch etwas Generelles: Zum Fall Brauer – ich halte mich zurück, weil ich Berichterstatter in dem letzten Kammerverfahren des BVerfG zu dieser Sache war: Sie haben zu Recht dargestellt, dass es sich um Einzelfälle handelt und dass das BVerfG eine Klausel offengelassen hat, ob man weitergeht als der Gesetzgeber es jetzt getan hat. Darunter ist ein Präklusionsfall, da wurden die Nähebeziehung des nichtehelichen Kindes zum Vater und die Ferne zu den wirklichen Erben erst zu spät dargestellt. Die Frage ist, ob die Bundesregierung das gegebenenfalls rechtzeitig vor dem EGMR vorbringen wird. Ich darf noch auf eine Differenz hinweisen zum französischen Recht: Im französischen Recht gibt es die Sonderkategorie der „Ehebruchskinder". Das ist natürlich noch etwas anderes als nichteheliche Kinder und deswegen war das BVerfG vielleicht doch nicht ganz so schlecht beraten, den Fabris-Fall nicht zu erwähnen und auch den Gesetzgeber darauf hinzuweisen, dass es um unterschiedliche Sachverhalte geht. Dennoch ist es natürlich bedenklich, wenn man sieht, dass der Gesetzgeber ja auch abwägt – die Rechte der Erben und die Rechte der nichtehelichen Kinder, die nach der Stichtagsregelung nicht voll erben durften – und dass man, wenn man einen *margin* schon anerkennt, dann auch dem Gesetzgeber einen gewissen Spielraum lassen muss. Deswegen tut sich das BVerfG schwer, dem Gesetzgeber zu sagen: „Du musst anders abwägen." Wir sind ja schon froh, wenn er abwägt – das ist ja das, was wir immer fordern. Aber auch die neue Tendenz des EGMR im Fall Fabris, rückwirkend Umsetzung zu verlangen – also nicht nur für die Fälle, in denen Individualbeschwerde eingelegt worden ist, sondern auch für alle anderen Fälle, wo dies gerade nicht passiert ist –, das halte ich für sehr bedenklich und dem sollte man doch einen gewissen Widerstand entgegensetzen. Zum Fall Zaunegger darf ich nur sagen: Hat der EGMR das BVerfG gezwungen? Die Tendenz, die es schon in der ersten Entscheidung gezeigt hat, dann aber auch noch empirisch untermauern wollte, hat der EGMR lediglich ein Jahr früher vollzogen. Ich möchte aber doch anhand dieser Fälle noch einmal deutlich machen: Der EGMR ist ein Einzelfallgericht und nicht jeder Einzelfall muss gleich zu einer gesetzgeberischen Aktion führen. Es gibt ja auch den Notnagel der Entschädigung. Das sollte nicht einreißen – wir sind nicht Russland, das immer nur entschädigt und nie befolgt –, aber wir sollten auch nicht nur vorauseilenden Gehorsam walten lassen. Die Entscheidungen der Kammern sind auch anders zu behandeln als Entscheidungen der Großen Kammer, das sollte man noch einmal betonen. Und es sind nicht immer die Gerichte, es ist auch der Gesetzgeber, wie Sie zu Recht betont haben, der umsetzen muss. Gelegentlich müssen wir den Gesetzgeber auch mehr respektieren. Am Ende ist es so, dass die Entschädigung nur selten die Lösung sein wird und wir weiterhin den EGMR beachten müssen – das haben Sie ja sehr schön dargestellt.

EICHENHOFER:
Herzlichen Dank. Herr Oestmann.

OESTMANN:
Ich habe zwei kurze Punkte. Das erste ist: Ganz am Anfang Ihres Vortrags haben Sie sich auf die kulturwissenschaftliche Transfertheorie berufen und da muss ich jetzt kritisch sagen: Das machen immer ganz viele und hinterher weiß ich gar nicht, welche Relevanz das für die Methode und das Ergebnis hat. Kommt es wirklich darauf an, ob man von Transfer redet oder von irgendetwas anderem? Also dieser Unterschied zwi-

schen Transplantation, Rezeption und Transfer, was er wirklich in der Sache bringt, ist mir eigentlich nicht ganz klar.

Und das zweite ist eine Frage: Sie haben zweimal die dynamische Auslegung angesprochen. Ist das nicht ein relativ allgemeines Problem, wenn es vergleichsweise alte Gesetze und sich relativ schnell verändernde Moral- und Rechtsvorstellungen gibt? Das muss man irgendwie auf den Punkt bringen und ist das Familienrecht eigentlich der typische Fall dafür? Wo gibt es das noch? Das ist eine allgemeine Frage und dann kommt – würde ich jetzt kritisch sagen – wahrscheinlich auch ein bisschen Fortschrittsgeschichte dazu. Das ist längst überfällig. Immer wenn es diese Spannungslage gibt, gibt es Gewinner und Verlierer und der Gute ist immer der Gewinner. Deswegen kommt man mit diesem vorauseilenden Gehorsam, denn man weiß ja sowieso: In fünf Jahren wird man wieder überrollt. Das ist doch eine ganz schwierige Situation, wenn man praktisch das Gefühl hat, man kann die Zukunft voraussagen.

EICHENHOFER:
Herzlichen Dank. Frau Schumann.

SCHUMANN:
Zur ersten Frage: Was sollen die Gerichte machen? Es war in den geschilderten Erbrechtsfällen so, dass sich die Gerichte überlegt haben: Können wir mit Art. 100 GG operieren? Können wir direkt zum BVerfG vorlegen? Und mich hat überrascht, mit welchen unterschiedlichen Begründungen dies abgelehnt wurde. Da wäre es sicherlich hilfreich, wenn man eine klare Rechtslage zu der Frage hätte: Wie soll man mit einer konventionswidrigen Rechtsnorm umgehen, die nicht auslegungsfähig ist, bis ein neues Gesetz da ist? Denn man muss dem Gesetzgeber auch zubilligen, dass er eine gewisse Zeit benötigt, um etwas Neues zu schaffen. Diese Schwierigkeit sehe ich und das BVerfG hat sich auch noch nicht klar positioniert, ob Art. 100 GG in der Frage greifen soll. Hier wäre es vielleicht für die Gerichte eine Hilfe, wenn man dazu eine klare Aussage des BVerfG hätte.

PAULUS:
Wo soll das Problem sein? Wenn das Gesetz verfassungswidrig ist und von außen Einfluss auf die Fallentscheidung hat, dann ist Art. 100 Abs. 1 GG einschlägig.

SCHUMANN:
Das Problem liegt darin, dass die Gerichte nicht wissen, was sie tun sollen, wenn ein Gesetz konventionswidrig ist, aber das BVerfG dieses Gesetz zuvor für verfassungsgemäß erklärt hat.

Zur Frage von Herrn Stürner, ob wir eine Entwicklung wie beim EU-Recht bekommen könnten, möchte ich sagen, dass ich nicht wüsste, wie man das von unten bewerkstelligen sollte.

STÜRNER:

Durch Rechtsfortbildung: § 1626a BGB wird teleologisch über § 242 BGB oder über das Kindeswohlprinzip oder wie auch immer dahingehend erweitert, dass man ungeschrieben die neue Nummer 3 schon drin hat. Methodisch ist das denkbar. Aber vielleicht nicht gewollt. Es käme darauf an, ob – analog zu dem vom BGH bezüglich der EU-Richtlinien postulierten generellen Umsetzungswillen des Gesetzgebers – eine Art genereller Konventionsumsetzungswille besteht, der auch eine Rechtsfortbildung *contra legem* ermöglicht.

SCHUMANN:

Da findet jedenfalls im Familienrecht noch keine Diskussion in diese Richtung statt. So sehr ich Ihr Anliegen nachvollziehen kann, halte ich es doch methodisch nur für vertretbar, wenn die jeweilige Norm auch entsprechend auslegungsfähig ist.

Ja, dann zu Herrn Paulus: Ich habe die Fabris-Entscheidung gegen Frankreich deswegen zitiert, weil ich denke, dass es bei der *Rückwirkung* eine vergleichbare Rechtslage gibt. In der Tat geht es einmal um „Ehebruchskinder", die in Frankreich noch schlechter gestellt waren als nichteheliche Kinder, aber der EGMR zitiert genau an der Stelle, an der es um die Rückwirkung geht, den Fall Brauer, nämlich sinngemäß: „Wie wir schon im Fall Brauer entschieden haben, hat Vertrauensschutz hinter der Gleichstellung zurückzutreten", und insofern meine ich, dass man *diese* Wertung aus dem EGMR-Urteil herauslesen kann. Ich halte dies im Ergebnis auch für sehr problematisch, vor allem wenn man sich überlegt, wie eine „Rückabwicklung" unzähliger Erbfälle praktisch durchgeführt werden soll. Man mag sich gar nicht vorstellen, was das für Konsequenzen haben kann, je nachdem, wie weit man zurückgeht. Und das würde ich auch ein bisschen anders sehen als Sie: Natürlich sind das Einzelfälle, aber was soll denn der Gesetzgeber mit so einem Einzelfall machen? Er weiß ja nicht: Würde denn der EGMR schon bei der zweiten Ordnung genauso entscheiden? Muss eine eheliche Familie vorhanden sein? Wie weit reicht die Rückwirkung nach Ansicht des EGMR denn nun genau zurück? Die Schwierigkeit liegt darin, dass einerseits nur der Einzelfall entschieden wird und andererseits eine konventionsrechtswidrige Rechtslage besteht, die geändert werden muss.

PAULUS:

Ja, jedenfalls zur Großen Kammer sollte man gehen, wenn das Gesetz aufgehoben wird, denn mit einer Kammer-Entscheidung sollte man sich in solchen Fällen nicht zufrieden geben.

SCHUMANN:

Und dann noch zu Herrn Oestmann. Die Kulturtransferdebatte finde ich zum Beispiel hilfreich, wenn man sich mit der Rezeption des römischen Rechts beschäftigt, weil es in der Römischen Rechtsgeschichte immer noch die Auffassung gibt, dass die praktische Rezeption eine Verfälschung oder Verflachung des römischen Rechts darstellt. Wenn man sich hingegen auf die Ebene der Rezeptionskultur begibt und fragt:

„Was braucht diese denn?", dann kommt man zu einer ganz anderen Sichtweise. Und bei meinem heutigen Thema sehe ich das auch so: Wenn wir uns die Beiträge des öffentlichen Rechts zu diesem Thema ansehen, dann sind diese doch sehr stark auf eine Analyse der Rechtsprechung des EGMR ausgerichtet, es wird aber nicht gesehen, welche Probleme wir mit der konkreten Umsetzung im einfachen Recht haben. Ein weiteres interessantes Thema, das ich hier nicht behandeln konnte, ist die Beschäftigung mit den Vermittlerpersönlichkeiten – in unserem Fall das BVerfG. Voßkuhle hat einmal gesagt: „Wir müssen die Rechtsprechung des EGMR übersetzen". Und in der Tat stellt sich die Frage: Wie wird das in den einzelnen Ländern gemacht und welche Vermittlerpersönlichkeiten gibt es dort? Das finde ich eine sehr interessante Perspektive und wir nehmen diese viel zu selten ein. Deswegen meine ich, dass sich der Ansatz der Kulturtransferdebatte für dieses Thema eignen könnte.

Und dann zum Punkt „Fortschrittsgeschichte schreiben": Das ist eine rein historische Perspektive, die ich auch in gewisser Weise teilen kann, aber ich sehe auf der anderen Seite auch die Fälle, in denen Kinder, nachdem sich die Eltern getrennt haben, jahrelang bei Vätern leben, die kein Sorgerecht haben und auch keines bekommen können. Also einerseits ja, wenn wir diesen Punkt rein historisch betrachten, und andererseits nein, wenn man sich die Situation in den konkreten Fällen vor Augen führt.

Eichenhofer:
Vielen Dank. Herr Grabenwarter hat sich noch gemeldet.

Grabenwarter:
Frau Schumann, Ihr Referat war in jeder Hinsicht beeindruckend und ich glaube, es hat auch bewiesen, dass das Familienrecht aus verschiedenen Gründen ein besonders gutes Referenzgebiet ist, um die Qualität der Rechtsprechung des EGMR zu diskutieren. Das betrifft vor allem das mehrpolige Grundrechtsverhältnis, aber insbesondere Ihre Europakarte hat gezeigt: Zwischen Island und Süditalien liegen, was nichteheliche Kinder angeht, glaube ich 58 % – das zeigt die Problematik, wenn man gemeineuropäische Standards zur Auslegung heranzieht. Eine Ihrer Aussagen war, dass – und das würde ich hundertprozentig unterschreiben – der Hinweis auf den europäischen Standard bzw. dessen Nichtvorliegen, das einen Beurteilungsspielraum eröffnet, häufig nur ein Lippenbekenntnis ist. Das können Sie an vielen Bereichen durchspielen. Das war im Grunde auch schon bei der Caroline-Entscheidung so. Denn was hat der EGMR dort gemacht? Er hat letztlich die französische Rechtslage, die Caroline von Monaco gewohnt war, zugrundegelegt. Aber wenn sie nach Großbritannien gegangen wäre, hätte sie schon gesehen, dass Deutschland dazwischen liegt und keine Extremposition einnimmt. Und im Familienrecht kommt hinzu, dass wir uns in einem Feld befinden – Sie haben das angedeutet –, in dem in besonderem Maße eine gesellschaftliche Entwicklung stattfindet. Ich habe den Eindruck, der EGMR versteht sich stärker als jedes Verfassungsgericht als Motor der gesellschaftlichen Entwicklung – das haben Sie auch herausgearbeitet. Ihre Kritik an der Grund-

rechtsdogmatik kann man nur unterstreichen. Ein Problem – und da komme ich jetzt zu der Transferfrage zurück – ist: Ein *bestimmter* Wissenstransfer findet nämlich *nicht* statt: Der EGMR nimmt wissenschaftliche Diskussionen praktisch nicht wahr. Es gibt nicht wie bei dem nationalen Verfassungsgericht einen Diskurs. Dass die Richter aus sprachlichen Gründen – häufig aber auch schlicht wegen der Arbeitslast oder der Distanz – zumeist nicht die Kritik an den eigenen Entscheidungen wahrnehmen, das ist eine große Schwäche.

Ich möchte noch zwei Bemerkungen anfügen. Die eine: Sie haben dieses Lavieren beim Schutzbereich schön an die Wand geworfen. Ich meine, wir haben da einen Begriff des Familienlebens – und viel mehr, als dass die Voraussetzungen für biologische Vaterschaft erfüllt sind und man zum Gericht geht, viel mehr kann man sich ja nicht vorstellen. Es ist natürlich am Ende egal, warum Art. 8 EMRK anwendbar ist, aber Vaterschaft auf „Privatleben" zu reduzieren – wenn man bedenkt, was noch alles unter das „Privatleben" fällt –, das scheint mir einigermaßen problematisch. Zweitens: Sie haben in zwei Seitenbemerkungen und auch mit Ihrer Statistik auf die Kommerzialisierung von Menschenrechten hingewiesen. Ich möchte da nur ergänzen: Das, was wir hier an Fällen sehen, ist nur die Spitze eines Eisbergs. Die EMRK sieht die gütliche Einigung vor und es gibt nicht wenige Fälle von Konventionswidrigkeiten, in denen die Bundesregierung mit Erfolg das Aufscheinen in der Verurteilungsstatistik vermeidet, indem sie durch die Zahlung von Geld eine gütliche Einigung erreicht und damit eine Verurteilung verhindert.

SCHUMANN:

Vielleicht kurz zum letzten Punkt: Unter den in dem von mir ausgegebenen Papier aufgelisteten Entscheidungen sind auch zwei dabei, die aus dem Register gestrichen wurden, nachdem eine Verletzung anerkannt worden war.

Zur Rechtswissenschaft: Ich hatte ursprünglich dazu noch einen Absatz in meinem Vortrag vorgesehen, den ich aus Zeitgründen gestrichen habe. Das sehe ich natürlich auch als ein großes Problem. Wir haben im nationalen Recht – gerade im Familienrecht seit Jahrzehnten – einen Austausch zwischen Vertretern der Ministerien, der Rechtspraxis und Rechtswissenschaft sowie den Richtern des BVerfG, und das führt dazu, dass – auch im Vorfeld von Reformen – viele Fragen ausgiebig diskutiert werden. Dann wird, wenn die Reform da ist, die Frage „Wie kann man das in der Praxis umsetzen?" auch in alle Richtungen kommuniziert. Da sehe ich einen großen Vorteil im Umgang mit dem BVerfG, weil wir Foren haben, in denen man solche Dinge diskutieren kann. Allerdings stellt sich bei der Rechtsprechung des EGMR das Problem, wie man diesen Austausch bei 47 unterschiedlichen Rechten der Konventionsstaaten bewältigen soll. Soll man sich dann Großkonferenzen vorstellen, bei denen Wissenschaftler aus allen Ländern anwesend sind? Daher glaube ich, dass der EGMR ein Stück weit überfordert ist mit dem, was er mit der Orientierung an europäischen Standards erreichen will, weil er diese gar nicht erfassen kann. Ich sehe erhebliche Schwierigkeiten, wenn man über einen relativ niedrigen Menschenrechtsstandard, den der EGMR ursprünglich angesetzt hat, hinauswill und gesellschaftliche Veränderungen in einer dogmatisch überzeugenden Art und Weise bewirken will. Und dann kommt noch die Problematik mit Art. 14 EMRK hinzu, die dazu führt, dass Sonderwege einzelner Länder, die in das europäische Gesamtsystem nicht hineinpassen, fortgeschrieben werden. Sicher gäbe es kleine Punkte, die man besser machen könnte, ich sehe aber derzeit nicht das große Konzept, mit dem man eine Lösung zur Verbesserung der Grundrechtsdogmatik des EGMR herbeizaubern könnte.

Eichenhofer:
Dies verschieben wir auf die Abschlussdiskussion und beenden die Diskussion an dieser Stelle.

Eva-Maria Kieninger

Rechtstechniken zur Etablierung eines Europäischen Privatrechts

I Vorbemerkung: „Europäisches Privatrecht" als Ziel

Der von der Akademiekommission vorgegebene Titel des Beitrags könnte bei unbefangener Lektüre zu dem Schluss verleiten, das Europäische Privatrecht sei als Ziel gesetzgeberischer Aktivitäten einigermaßen klar definiert, und es ginge nur noch darum, auf welchem rechtstechnischen Wege man dieses Ziel am besten, schnellsten oder effizientesten erreichen könne. Tatsächlich aber liegt die Hauptschwierigkeit darin, einen Konsens über das herzustellen, was mit dem Ziel „Europäisches Privatrecht" gemeint ist oder sein sollte. Wem es vorrangig darum geht, die gewachsenen nationalen Privatrechtsordnungen, insbesondere die Eigenarten des *Common Law* als Ausdruck der kulturellen Vielfalt Europas zu erhalten,[1] wird unter Europäischem Privatrecht etwas fundamental anderes verstehen als derjenige, der die Unterschiede zwischen den Vertrags-, Delikts- oder Sachenrechten der Mitgliedstaaten als Hemmnisse für die Verwirklichung des Binnenmarktes begreift.[2] Dieses Spannungsverhältnis hat seine Ursache im EU-Primärrecht selbst, denn einerseits verpflichtet sich die Union dazu, die jeweilige nationale Identität der Mitgliedstaaten zu achten, Art. 4 Abs. 2 EUV, und den Reichtum der kulturellen Vielfalt zu wahren, Art. 3 Abs. 3 EUV. Andererseits will sie ihren Bürgern einen Raum der Freiheit, der Sicherheit und des Rechts ohne Binnengrenzen bieten, Art. 3 Abs. 2 EUV, und einen Binnenmarkt errich-

---

1 Vgl. PIERRE LEGRAND, Antivonbar, Journal of Comparative Law 1 (2006), S. 13.

2 Vgl. JÜRGEN BASEDOW, Über Privatrechtsvereinheitlichung und Marktintegration, in: Ulrich Immenga/Wernhard Möschel/Dieter Reuter (Hrsg.), Festschrift für Ernst-Joachim Mestmäcker zum 70. Geburtstag, 1996, S. 347; CHRISTIAN VON BAR/ULRICH DROBNIG, The Interaction of Contract Law and Tort and Property Law in Europe, 2004, *passim*.

ten, Art. 3 Abs. 3 EUV. Ein Beispiel, an dem dieses Spannungsverhältnis besonders deutlich wird, ist das Namensrecht, das in der Tat als Ausdruck kultureller Vielfalt begriffen werden kann, jedenfalls eher als manches Detail des Schuld- oder Sachenrechts. Einem berühmten Rechtsstreit, der zweimal den EuGH beschäftigte,[3] lag folgender Sachverhalt zugrunde: LEONHARD-MATTHIAS war das Kind von STEFAN GRUNKIN und DOROTHEA PAUL, beide deutsche Staatsangehörige, und lebte bei der Mutter in Dänemark. Dänisches Internationales Privatrecht (IPR) knüpft für das Namensrecht an den Wohnsitz des Namensträgers an, berief *in casu* also dänisches Recht zur Anwendung. Danach trug das Kind als Nachnamen den aus den Nachnamen der Eltern gebildeten Doppelnamen „GRUNKIN-PAUL"; dieser Name wurde auch in das dänische Geburtenregister eingetragen. Allerdings besuchte LEONHARD-MATTHIAS auch regelmäßig seinen in Deutschland wohnhaften und von der Mutter getrennt lebenden Vater und besaß aufgrund des *ius-sanguinis*-Prinzips (§ 4 Abs. 1 S. 1 StAG) die deutsche Staatsangehörigkeit, die wiederum nach Art. 5 Abs. 1 S. 2 EGBGB aus unserer Sicht allein entscheidend ist, selbst bei Doppelstaatern. Nach deutschem Recht, das durch Art. 10 Abs. 1 EGBGB zur Anwendung berufen wird, hätte das Kind den Ehenamen der Eltern erhalten können; bei fehlendem Ehenamen den Namen der Mutter oder des Vaters, nicht aber – wie nach dänischem Recht – den Namen beider Eltern als Doppelnamen (vgl. §§ 1616 ff. BGB). Dennoch: Der EuGH verpflichtete die deutschen Behörden, etwa bei der Erteilung eines Kinderpasses, entgegen den deutschen Vorschriften den in Dänemark registrierten Namen anzuerkennen. Es sei eine ungerechtfertigte Einschränkung der Freizügigkeit eines Unionsbürgers, wenn er in seinem Aufenthaltsstaat, hier Dänemark, einen anderen Namen führen müsste als in dem Staat, dem er angehöre (Deutschland), da der Bürger im Umgang mit Behörden sonst stets erklären müsse, warum in seinem deutschen Ausweisdokument ein anderer Nachname verzeichnet sei als der, unter dem er im dänischen Geburtenregister eingetragen sei und den er tatsächlich führe. An diesem Fall wird das Spannungsverhältnis zwischen unterschiedlichen zivilrechtlichen Normen als Ausdruck unterschiedlicher Rechtskulturen (hier: Namensrecht) und der Personenfreizügigkeit bzw. der Unionsbürgerschaft als Teil des Binnenmarktes bzw. des Raums der Freiheit und des Rechts deutlich.

Bei dem Versuch, die Frage zu beantworten, welches Europäische Privatrecht mit welchen Rechtstechniken zu erreichen ist, muss neben den gerade skizzierten Unsicherheiten darüber, worin überhaupt das Ziel bestehen sollte, weiterhin beachtet werden, dass eine starke Interdependenz zwischen den eingesetzten Mitteln und den zu erreichenden Zielen besteht. Das lässt sich beispielhaft an der von MÜLLER-GRAFF geprägten Unterscheidung zwischen „Gemeinschaftsprivatrecht" und „gemeineu-

---

3 EuGH vom 27.04.2006, Rs. C-96/04 (Standesamt Niebüll), Slg. 2006, I-3561; EuGH vom 14.10.2008, Rs. C-353/06 (Grunkin Paul II), Slg. 2008, I-7639.

ropäischem Privatrecht"[4] erläutern: Versteht man unter Europäischem Privatrecht das Gemeinschaftsprivatrecht als supranationales, in den bzw. für die Mitgliedstaaten bindendes und der Rechtsprechung des EuGH unterworfenes Privatrecht,[5] dann kommen als „Rechtstechniken" zu seiner Herbeiführung nur Richtlinien und Verordnungen, unter bestimmten Voraussetzungen (Übertragung der Auslegungskompetenz durch gesondertes Protokoll auf den EuGH; Ratifizierung durch alle Mitgliedstaaten) eventuell noch Staatsverträge in Frage.

Greift man dagegen weiter aus und fasst unter Europäisches Privatrecht auch „gemeineuropäisches Privatrecht",[6] verstanden als Privatrechtsregeln, die sich mittels der Rechtsvergleichung als gemeinsamer Kern europäischer Privatrechtstradition herausdestillieren lassen, so kommen als Rechtstechniken zur Identifizierung dieses Bestandes auch und vor allem wissenschaftliche Projekte und hierauf fußendes *soft law* wie beispielsweise die Principles of European Contract Law in Betracht.

Da das Europäische Privatrecht mithin ein *moving target* ist, sollen im Folgenden – dem zugedachten Thema treu – zwar die verschiedenen „Rechtstechniken" die Oberpunkte der Gliederung bilden, bei der Beleuchtung der verschiedenen Methoden soll jedoch die Frage, was jeweils mit dieser oder jener Maßnahme erreicht werden kann, das Zentrum der Betrachtung bilden. Der Illustration dienen neben dem bereits erwähnten GRUNKIN-PAUL-Fall drei weitere, fiktive Beispiele aus unterschiedlichen Bereichen des Zivilrechts, anhand derer gezeigt werden soll, welchen Beitrag die verschiedenen Rechtstechniken zur Lösung alltäglicher Problemfälle leisten können:

Fall 1: Ein Unternehmen mit Sitz in Deutschland möchte seine Produkte im Wege des Direktmarketing an Verbraucher in der ganzen EU vertreiben und dabei eine einheitliche Widerrufsbelehrung und einheitliche AGB verwenden.

Fall 2: Eine Gesellschaft niederländischen Rechts verlegt ihren Verwaltungssitz aus den Niederlanden nach Deutschland.

Fall 3: Ein deutsch-französisches Ehepaar nimmt seinen ersten gemeinsamen Wohnsitz in Rom und zieht anschließend nach London um. Es will wissen, welche güterrechtlichen Konsequenzen eine Trennung oder Scheidung hätte.

Gemeinsam ist diesen Beispielen, dass die handelnden Personen genau das zu tun beabsichtigen, was ihnen nach dem EU-Primärrecht garantiert ist: Sie wollen über Binnengrenzen hinweg Waren austauschen oder von der Freizügigkeit Gebrauch machen. Idealerweise sollte das in Europa geltende Privatrecht so beschaffen sein,

---

4 Vgl. PETER-CHRISTIAN MÜLLER-GRAFF, Privatrecht und europäisches Gemeinschaftsrecht, in: ders./ Manfred Zuleeg (Hrsg.), Staat und Wirtschaft in der EG, Kolloquium zum 65. Geburtstag von Bodo Börner, 1987, S. 17.

5 Vgl. PETER-CHRISTIAN MÜLLER-GRAFF, Das Gemeinschaftsprivatrecht der Europäischen Union, GPR 2011, S. 274, 276.

6 Vgl. HEIN KÖTZ, Gemeineuropäisches Zivilrecht, in: Herbert Bernstein/Ulrich Drobnig/Hein Kötz (Hrsg.), Festschrift für Konrad Zweigert zum 70. Geburtstag, 1981, S. 481.

dass den betroffenen Personen bei diesen Aktivitäten keine (unnötigen) Steine in den Weg gelegt werden, ohne dass deshalb die Eigenständigkeit der nationalen Privatrechtsordnungen über Gebühr angetastet wird. Eine provisorische, funktionale Definition von Europäischem Privatrecht, die den weiteren Überlegungen zugrunde gelegt werden soll, lautet damit: Das in der EU geltende Privatrecht, gleich ob Unionsprivatrecht oder mitgliedstaatliches Privatrecht, ob materielles Recht, Rechtsanwendungsrecht (IPR) oder Prozessrecht (IZVR), sollte so beschaffen sein, dass die Entfaltung von grenzüberschreitenden persönlichen und wirtschaftlichen Beziehungen zwischen Unionsbürgern und den in der Union ansässigen Unternehmen vom Recht möglichst unterstützt und nicht behindert wird.

II Die Harmonisierung der mitgliedstaatlichen Privatrechte durch Richtlinien – ein Auslaufmodell?

1 Verbrauchervertragsrecht: Mindestharmonisierung ohne Anerkennung

Die in der Praxis des Unionsgesetzgebers bislang weithin dominierende Rechtstechnik ist die mindestharmonisierende Richtlinie, gestützt auf die Binnenmarktkompetenz des Art. 114 AEUV (ex Art. 95 EGV). Auf das Vertragsrecht, vor allem das Verbrauchervertragsrecht, das bisher die Domäne dieser Rechtstechnik ist, passt sie allerdings von ihrem Grundansatz nicht:

Ihren Ursprung hat die Rechtsangleichung nach Art. 114 AEUV in der durch Cassis de Dijon ausgelösten „neuen Strategie" des Binnenmarkt-Weißbuchs von 1985:[7] Statt sicherheitstechnische, lebensmittel- oder kennzeichnungsrechtliche Anforderungen an Waren und Dienstleistungen flächendeckend zu vereinheitlichen, um deren grenzüberschreitende Vermarktung zu ermöglichen, entschloss man sich, dort, wo zwingende Erfordernisse des Allgemeininteresses (vor allem Gesundheits- und Verbraucherschutz) eine gegenseitige Anerkennung verhinderten, Mindestanforderungen zu harmonisieren und hinsichtlich der darüber hinaus gehenden Anforderungen

---

7 „Vollendung des Binnenmarkts", Weißbuch der Kommission an den Europäischen Rat (Mailand, den 28./29.06.1985), EG-Dokument KOM (85) 310 endg. vom 14.06.1985, Rn. 57 ff. und 61 ff.; näher dazu JÜRGEN BASEDOW, Der kollisionsrechtliche Gehalt der Produktfreiheiten im europäischen Binnenmarkt: favor offerentis, RabelsZ 1995, S. 1, 3 f.; DERS., Materielle Rechtsangleichung und Kollisionsrecht, in: Anton K. Schnyder/Helmut Heiss/Bernhard Rudisch (Hrsg.), Internationales Verbraucherschutzrecht, 1998, S. 11, 17 f.; RUDOLF STREINZ, Mindestharmonisierung im Binnenmarkt, in: Ulrich Everling/Wulf-Henning Roth (Hrsg.), Mindestharmonisierung im Europäischen Binnenmarkt, 1997, S. 9, 10 ff.; JOCHEN TAUPITZ, Europäische Privatrechtsangleichung heute und morgen, 1993, S. 57 ff.

die Mitgliedstaaten zur gegenseitigen Anerkennung nach dem Herkunftslandprinzip zu verpflichten. Die Angleichung der Mindestanforderungen etwa in puncto Produktsicherheit sollte selbstverständlich nicht nur die für den Export in andere Mitgliedstaaten bestimmten Produkte betreffen, sondern für alle in der EU hergestellten und vertriebenen Produkte gelten, gleichgültig ob sie schließlich im eigenen Land oder in einem anderen Mitgliedstaat vermarktet wurden. Wenn einzelne Mitgliedstaaten der Auffassung waren, dass ihnen die Mindeststandards nicht genügten, konnten sie von den im Inland ansässigen Herstellern höhere Standards verlangen; allerdings blieben sie verpflichtet, ausländische Produkte ins Land zu lassen, auch wenn diese nur den Mindeststandards genügten.

Dieses Konzept übertrug man auch auf das Schuldrecht, insbesondere auf das Verbrauchervertragsrecht. Seit 1985 hat die EU zahlreiche Richtlinien erlassen, die einzelne vertragsrechtliche Themen von „A" wie AGB-Kontrolle[8] bis „Z" wie Zahlungsverzug[9] mindestharmonisiert haben.[10] Den vorläufigen Schlusspunkt bilden die „halbharmonisierende"[11] Verbraucherrechterichtlinie vom 25. Oktober 2011[12] und die Richtlinie über Wohnimmobilienkreditverträge vom 4. Februar 2014.[13] Zwei Punkte machen die Übertragung des Konzepts Mindestharmonisierung plus Anerkennung auf das Verbrauchervertragsrecht fragwürdig:

Ebenso wie die zuvor erwähnten Harmonisierungsrichtlinien auf technischem oder kennzeichnungsrechtlichem Gebiet wurden auch die Vertragsrechtsrichtlinien so angelegt, dass nicht nur grenzüberschreitende Transaktionen, sondern schlechthin alle, auch rein nationale Verträge erfasst wurden. Gerade bei den Verbraucherverträgen überwiegt jedoch der Anteil der innerstaatlichen Vertragsschlüsse (der dadurch definiert werden kann, dass beide Parteien ihren Sitz bzw. gewöhnlichen Aufenthalt im selben Mitgliedstaat haben) die grenzüberschreitenden Transaktionen bei Weitem. Der entscheidende Unterschied zu den Produktregulierungen, die ursprünglich Gegenstand der „neuen Strategie" waren, liegt darin, dass bei ihnen

---

8 Richtlinie 93/13/EWG des Rates vom 05.04.1993 über missbräuchliche Klauseln in Verbraucherverträgen, ABl. L 1993/95, S. 29 (abgeändert durch die Richtlinie 2011/83/EU des Europäischen Parlaments und des Rates vom 25.10.2011 über die Rechte der Verbraucher, ABl. L 2011/304, S. 64).
9 Richtlinie 2011/7/EU des Europäischen Parlaments und des Rates vom 16.02.2011 zur Bekämpfung von Zahlungsverzug im Geschäftsverkehr, ABl. L 2011/48, S. 1.
10 Vgl. u.a. die Gesamtdarstellungen in BETTINA HEIDERHOFF, Europäisches Privatrecht, 3. Aufl. 2012, S. 255-269; KARL RIESENHUBER, EU-Vertragsrecht, 2013, S. 8 ff., 48 f.; FRANZ JÜRGEN SÄCKER, in: Münchener Kommentar zum Bürgerlichen Gesetzbuch, Bd. 1, 6. Aufl. 2012, Einl. Rn. 231 ff.
11 NORBERT REICH, Von der Minimal- zur Voll- zur „Halbharmonisierung", Ein europäisches Privatrechtsdrama in fünf Akten, ZEuP 2010, S. 7.
12 Richtlinie 2011/83/EU des Europäischen Parlaments und des Rates vom 25.10.2011 über die Rechte der Verbraucher, zur Abänderung der Richtlinie 93/13/EWG des Rates und der Richtlinie 1999/44/EG des Europäischen Parlaments und des Rates sowie zur Aufhebung der Richtlinie 85/577/EWG des Rates und der Richtlinie 97/7/EG des Europäischen Parlaments und des Rates, ABl. L 2011/304, S. 64.
13 Richtlinie 2014/17/EU des Europäischen Parlaments und des Rates vom 04.02.2014 über Wohnimmobilienkreditverträge, ABl. L 2014/60, S. 34.

der Konsument mit ausländischem Recht, z.B. Vorschriften über die Zusammensetzung von Bier oder die Produktsicherheit von Kinderspielzeug, schon dadurch in Berührung kommt, dass er ein im Ausland hergestelltes Produkt kauft, auch wenn der Erwerb im Inland stattfindet. Dagegen ist derselbe Konsument mit ausländischem *Vertragsrecht* bei einem im Inland mit einem inländischen Verkäufer abgeschlossenen Vertrag von vornherein nicht konfrontiert. Während es also unmittelbar einleuchtet, dass ein Gemeinsamer Markt für Bier oder Kinderspielzeug gemeinsame Mindeststandards im Bereich des Lebensmittelrechts und der Produktsicherheit braucht, erscheint es weniger selbstverständlich, dass die Gewährleistungsrechte eines französischen Verbrauchers, der in einem französischen Supermarkt ein Produkt erwirbt, denselben (Mindest-)Vorschriften unterliegen sollen wie diejenigen eines deutschen oder polnischen Verbrauchers, der an seinem deutschen oder polnischen Wohnort einkauft. Selbstverständlich sollen Verbraucher ermuntert werden, auch grenzüberschreitend Waren und Dienstleistungen zu beziehen – aber müssen quasi als Kollateralschaden in 28 Mitgliedstaaten dieselben vertragsrechtlichen Standards gelten, egal ob der Vertrag nationalen oder grenzüberschreitenden Charakter hat?[14] Es nimmt nicht wunder, dass die Kompetenz der EU zur Privatrechtsangleichung zunehmend in Zweifel gezogen wird.[15] Andererseits ist zuzugestehen, dass viele der Verbraucherschutzinstrumente, die durch die Richtlinien Eingang in das nationale Recht gefunden haben, inhaltlich durchaus Zustimmung verdienen. Aber solche Maßnahmen müssten, wenn sie nicht oder nur ganz am Rande dem Binnenmarktziel dienen, richtigerweise auf eine originäre Verbraucherschutzkompetenz gestützt werden, die die Union bislang nicht hat,[16] nicht aber auf die Binnenmarktkompetenz.

---

14 Aus Verbraucherschutzperspektive wird mit derselben Begründung die Vollharmonisierung des Verbrauchervertragsrechts nach dem ursprünglichen Vorschlag der EU-Kommission für eine Verbraucherrechterichtlinie kritisiert, vgl. REICH (Anm. 11), ZEuP 2010, S. 9; die Mindestharmonisierung ermögliche dagegen einen „positiven Wettbewerb der Rechtsordnungen". Der Wettbewerb könnte sich indes sehr viel umfassender entfalten, wenn es keinerlei Harmonisierung des Verbrauchervertragsrechts gäbe, vgl. etwa ROGER VAN DEN BERGH, Subsidiarity as an Economic Demarcation Principle and the Emergence of European Private Law, MJ 5 (1998), S. 129.

15 Vgl. etwa MARKUS LUDWIGS, Verwirklichung des Binnenmarkts durch ein „Gemeinsames Europäisches Kaufrecht"?, EuZW 2012, S. 608, 609 ff.; VERENA LERM, Die Verbraucherrechte-Richtlinie im Widerspruch zur Kompetenzordnung des europäischen Primärrechts, GPR 2012, S. 166, 168 ff.; ebenso bereits STEPHEN WEATHERILL, The Constitutional Competence of the EU to Deliver Social Justice, ERCL 2006, S. 136; CHRISTIAN ARMBRÜSTER, Ein Schuldvertragsrecht für Europa?, RabelsZ 1996, S. 72, 79 ff.

16 Art. 114 Abs. 3 AEUV verpflichtet zwar die Kommission, bei ihren Vorschlägen nach Abs. 1 „in den Bereichen [...] Verbraucherschutz von einem hohen Schutzniveau" auszugehen, Ziel des Vorschlags muss aber stets die Förderung des Binnenmarkts sein. Auch Art. 169 AEUV ist keine originäre Verbraucherschutzkompetenz, denn nach Abs. 2 lit. a bleibt vorausgesetzt, dass die Union zur Förderung des Binnenmarkts nach Art. 114 AEUV tätig wird. Nur in diesem Rahmen ist sie verpflichtet, auch einen Beitrag zu einem hohen Verbraucherschutzniveau zu leisten. Vgl. im Einzelnen SEBASTIAN KREBBER, in: Christian Calliess/Matthias Ruffert (Hrsg.), EUV/AEUV Kommentar, 4. Aufl. 2011, Art. 169 AEUV Rn. 12 ff. Eine Rechtssetzungskompetenz unabhängig vom Binnenmarktziel hat die Union lediglich

Hinzu kommt, zweitens, dass es bei der Verbrauchervertragsrechtsharmonisierung an der gegenseitigen Anerkennung fehlt: Gegenseitige Anerkennung hieße, dass man als Verbraucher das ausländische Vertragsrecht anderer Mitgliedstaaten zu akzeptieren hätte, weil überall dieselben Mindeststandards gelten. Tatsächlich ist das aber aufgrund des europäischen IPR gerade nicht der Fall: Nach Art. 6 der Rom I Verordnung (Rom I-VO)[17] ist auf grenzüberschreitende Verbraucherverträge das Recht am gewöhnlichen Aufenthalt des Verbrauchers anzuwenden, sofern der Unternehmer seine Tätigkeit (auch) auf den Mitgliedstaat „ausgerichtet" hat, in dem der Verbraucher seinen gewöhnlichen Aufenthalt hat. Dieser kollisionsrechtliche Verbraucherschutz und damit die Versagung des Anerkennungsprinzips ist durch die Rom I-VO und durch die Rechtsprechung des EuGH zur Parallelvorschrift des Art. 15 EuGVVO im Vergleich zum ursprünglichen Art. 5 des Europäischen Schuldvertragsübereinkommens[18] beträchtlich ausgeweitet worden. Nach der früheren Rechtslage wurde nur der „passive" Verbraucher geschützt, also derjenige, der den Staat seines gewöhnlichen Aufenthalts nicht verlässt und „von zu Hause aus", veranlasst durch eine Tätigkeit des Unternehmers im Aufenthaltsstaat des Verbrauchers, einen grenzüberschreitenden Vertrag schließt. Inzwischen gilt die IPR-Vorschrift nicht nur grundsätzlich für alle Verbraucherverträge, gleich welchen Inhalts,[19] sie gilt nach der EuGH-Rechtsprechung[20] insbesondere auch für sogenannte „aktive" Verbraucher, die *selbst* den

---

gem. Art. 169 Abs. 2 lit. b i.V.m. Abs. 3 und Abs. 4 AEUV. Danach leistet die Union einen Beitrag zur Erreichung eines hohen Verbraucherschutzniveaus durch „Maßnahmen zur Unterstützung, Ergänzung und Überwachung der Politik der Mitgliedstaaten". Die Einführung völlig neuer Verbraucherschutzregeln ist davon nicht gedeckt. Im Übrigen können auf dieser Grundlage nur Mindeststandards gesetzt werden (Art. 169 Abs. 4 S. 1 AEUV). Vgl. zum Ganzen auch RIESENHUBER (Anm. 10), Rn. 27 ff.

17 Verordnung (EG) Nr. 593/2008 des Europäischen Parlaments und des Rates vom 17.06.2008 über das auf vertragliche Schuldverhältnisse anzuwendende Recht (Rom I), ABl. L 2008/177, S. 6.

18 Übereinkommen von Rom über das auf vertragliche Schuldverhältnisse anzuwendende Recht vom 19.06.1980, ABl. L 1980/266, S. 1, konsolidierte Fassung ABl. C 1998/27, S. 34.

19 Ausgenommen sind nach Art. 6 Abs. 4 Rom I-VO lediglich Dienstleistungen, die ausschließlich in einem anderen Staat als dem des gewöhnlichen Aufenthalts des Verbrauchers erbracht werden, Beförderungsverträge, Verträge über dingliche Rechte an unbeweglichen Sachen sowie bestimmte Finanzdienstleistungen.

20 Vgl. zuletzt EuGH vom 17.10.2013, Rs. C-218/12 (Lokan Emrek v. Vlado Sabranovic), NJW 2013, S. 3504; dazu GIESELA RÜHL, Kausalität zwischen ausgerichteter Tätigkeit und Vertragsschluss, IPRax 2014, S. 41; FERNANDO ESTEBAN DE LA ROSA, El papel del nexo de causalidad en el sistema europeo de competencia internacional de los contratos de consumo, La Ley 2014/11, S. 5 ff.; siehe zum Ganzen auch EVA-MARIA KIENINGER, Grenzenloser Verbraucherschutz?, in: Peter Mankowski/Wolfgang Wurmnest (Hrsg.), Festschrift für Ulrich Magnus zum 70. Geburtstag, 2014, S. 449. Die Rechtsprechung des EuGH bezieht sich zwar auf Art. 15 ff. EuGVVO (Verordnung [EG] Nr. 44/2001 des Rates über die gerichtliche Zuständigkeit und die Anerkennung und Vollstreckung von Entscheidungen in Zivil- und Handelssachen vom 22.12.2000, ABl. EG 2001 Nr. L 12, S. 1, jetzt inhaltsgleich Art. 17 ff. VO Nr. 1215/2012), ist aber aufgrund des vom Europäischen Gesetzgeber geforderten Auslegungszusammenhangs zwischen der Rom I-VO und der EuGVVO (vgl. Rom I-VO, Erwägungsgrund 7) auch auf das gleichlautende Kriterium in Art. 6 Rom I-VO übertragbar. Der einzige wichtige Unterschied besteht darin, dass Art. 6 Abs. 4 lit. a Rom I-VO Dienstleistungsverträge, bei denen die Leistungen ausschließ-

Unternehmer im Ausland aufsuchen und dort einen Vertrag schließen, wenn nur der Unternehmer auf irgendeine Weise, und sei es auch nur durch die Angabe einer Telefonnummer mit internationaler Vorwahl auf einer Internetwerbeseite, zu erkennen gegeben hat, dass er grundsätzlich auch mit ausländischen Verbrauchern Verträge abschließen würde. Dabei muss zwischen der Werbung und dem konkreten Vertragsschluss nicht einmal ein Kausalzusammenhang existieren. Damit hat der EuGH das einschränkende Kriterium des „Ausrichtens" quasi weginterpretiert; auf alle grenzüberschreitenden Verbraucherverträge, die nicht von Art. 6 Abs. 4 Rom I-VO ausgenommen sind, ist letztlich das Recht am gewöhnlichen Aufenthalt des Verbrauchers anzuwenden, auch im Fall einer anderslautenden Rechtswahl (vgl. Art. 6 Abs. 2 Rom I-VO).[21] Das bedeutet für den Unternehmer, dass er sich bei einem Vertragsschluss mit einem im Ausland ansässigen Verbraucher stets auf das Recht am gewöhnlichen Aufenthalt des Verbrauchers einstellen muss, selbst wenn der Vertrag am Sitz des Unternehmers geschlossen wird. Gemeinsam mit dem Prinzip der Mindestharmonisierung führt dies dazu, dass der Unternehmer sich gerade *nicht* darauf verlassen kann, dass die an seinem eigenen Sitz geltenden Vorschriften anwendbar sind, auch wenn diese den Mindeststandards der Richtlinie genügen; vielmehr muss er sich über die Umsetzungsbestimmungen im Mitgliedstaat des Verbrauchers informieren.[22]

Im eingangs geschilderten Beispiel 1 hat die fehlende Anerkennung für das Unternehmen zur Folge, dass trotz der Richtlinie über missbräuchliche Klauseln aus dem Jahr 1993 keine unionsweite Verwendung einheitlicher AGB und einheitlicher Widerrufsbelehrungen möglich ist. Der Unternehmer wird nicht umhin kommen, die 28 Umsetzungsgesetze, vor allem aber die Rechtsprechung, die im AGB-Recht wegen der Generalklauseln (vgl. Art. 3 der Richtlinie 93/13/EWG bzw. § 307 BGB) von herausragender Bedeutung ist, zu Rate zu ziehen, will er nicht Gefahr laufen, unwirksame AGB zu verwenden.

Zwei Lösungswege kommen grundsätzlich in Frage: Erstens der Übergang von der Mindest- zur Vollharmonisierung.[23] Bei technisch einfachen und rechtspolitisch wenig umstrittenen Fragen, wie etwa der Gestaltung der Widerrufsbelehrung oder der Länge der Widerrufsfrist, kann das gelingen und ist es auch tatsächlich gelungen, vgl. die Verbraucherrechterichtlinie, die grundsätzlich eine Vollharmonisierung herbeiführt, vgl. Art. 4. Seit Juli 2014 beträgt die Widerrufsfrist im Fernabsatz und bei Haus-

---

lich außerhalb des Staates erbracht werden, in dem der Verbraucher seinen gewöhnlichen Aufenthalt hat, ausnimmt. Eine solche Ausnahme fehlt in Art. 15 ff. EuGVVO.

21 Die von REICH (Anm. 11), ZEuP 2010, S. 18 f. geäußerte Kritik an Art. 6 Abs. 2 Rom I-VO und dem dort (ebenso wie bereits in Art. 5 EVÜ) verankerten Günstigkeitsprinzip geht fehl. Eine wesentliche „Entschärfung" des Verbraucherlandprinzips ist nicht zu erkennen, wenn sich auch bei einer Rechtswahl die dem Verbraucher günstigeren, intern zwingenden Vorschriften seines Aufenthaltsstaats gegenüber dem gewählten Recht durchsetzen.

22 Aus diesem Grund ebenfalls an der Kompetenz der EU zur Mindestharmonisierung zweifelnd RIESENHUBER (Anm. 10), S. 54. Vgl. zum Ganzen auch REICH (Anm. 11), ZEuP 2010, S. 9 m.w.N.

23 Vgl. RIESENHUBER (Anm. 10), S. 54.

türgeschäften unionsweit einheitlich 14 Tage. Hier kann es dem Unternehmer also künftig gleichgültig sein, welches mitgliedstaatliche Recht aufgrund von Art. 6 Rom I-VO anwendbar ist, denn alle Vorschriften müssen hinsichtlich der Fristlänge denselben Inhalt haben. Anders sieht es dagegen in Bereichen aus, die entweder rechtspolitisch umstrittener sind, wie etwa die Frage, ob dem Konsumenten bei mangelhafter Ware ein Wahlrecht zwischen Nacherfüllung und sofortigem Rücktritt zustehen oder der Verkäufer zunächst ein Recht zur zweiten Andienung haben soll,[24] oder in Bereichen, die aufgrund der betroffenen Rechtsmaterie einer abschließenden, vollharmonisierenden Regelung ohne gleichzeitige Vereinheitlichung weiter Teile des Vertragsrechts nicht zugänglich sind. Ein Beispiel sind die vielgestaltigen vorvertraglichen Aufklärungs-, Beratungs- und Informationspflichten, die nicht nur auf den durch die Verbraucherrichtlinien eingeführten Pflichtenkatalogen[25] beruhen, sondern in den mitgliedstaatlichen Rechtsordnungen auch aus allgemeinen zivilrechtlichen Grundsätzen wie Treu und Glauben, und (vor-)vertraglichen Schutzpflichten entwickelt worden sind.[26] Deren Geltung kann selbstredend nicht durch einen vollharmonisierenden Federstrich des EU-Gesetzgebers beseitigt werden.[27] Ein anderes Beispiel ist die Inhaltskontrolle missbräuchlicher Allgemeiner Geschäftsbedingungen. Maßstab der AGB-Kontrolle ist neben der allgemeinen Formel, dass der Verwender den Vertragspartner nicht entgegen Treu und Glauben ungerechtfertigt benachteiligen darf, das dispositive Gesetzesrecht. Gleichgültig, ob dies explizit ausgesprochen wird (wie in § 307 Abs. 2 Nr. 1 BGB) oder nicht (Art. 3 der Richtlinie 93/13/EWG), ist das, was ohne die formularmäßige Vereinbarung von Gesetzes wegen gelten würde, der Hintergrund, vor dem allein eine Beurteilung der Klausel möglich ist.[28] Es liegt damit auf der Hand, dass sich erstens der Gerichtshof schwer tut, den mitgliedstaatlichen Gerichten aussagekräftige Konkretisierungen der Generalklausel mit auf den Weg zu

---

24 Vgl. dazu REICH (Anm. 11), ZEuP 2010, S. 31 f.; PETER ROTT/EVELYNE TERRYN, The Proposal for a Directive on Consumer Rights: No Single Set of Rules, ZEuP 2009, S. 456, 478 ff.

25 Seit dem 13.06.2014 umgesetzt durch das Gesetz zur Umsetzung der Verbraucherrechterichtlinie und zur Änderung des Gesetzes zur Regelung der Wohnungsvermittlung vom 20.09.2013 (BGBl. I, S. 3642), das Art. 246 EGBGB umfassend novelliert.

26 Siehe zu den Unterschieden zwischen den Verpflichtungen zur standardisierten Information und den stärker individuell und vertragsspezifisch ausgerichteten Aufklärungs- und Beratungspflichten FLORIAN FAUST/HANS CHRISTOPH GRIGOLEIT, Informationspflichten: Grundlegende Weichenstellungen, in: Horst Eidenmüller/Florian Faust/Hans Christoph Grigoleit/Nils Jansen/Gerhard Wagner/Reinhard Zimmermann (Hrsg.), Revision des Verbraucher-*acquis*, 2011, S. 193. Zur Herleitung von Aufklärungspflichten aus allgemeinen Rechtsprinzipien vgl. GEBHARD M. REHM, Aufklärungspflichten im Vertragsrecht, 2003, *passim*; eine umfassende rechtshistorische, rechtsökonomische und rechtsvergleichende Bestandsaufnahme und Analyse allgemeiner Informations- und Aufklärungspflichten und ihrer Zielsetzungen liefert HOLGER FLEISCHER, Informationsasymmetrie im Vertragsrecht, 2001.

27 Ebenso REICH (Anm. 11), ZEuP 2010, S. 29.

28 Vgl. auch EuGH vom 14.03.2013, C-415/11 (Mohamed Aziz v. Caixa d'Estalvis de Catalunya, Tarragona i Manresa), EuZW 2013, S. 464, 468 Rn. 68.

geben, wo nicht der Richtlinienanhang den Weg weist,[29] und dass zweitens die Einbeziehung der AGB-Richtlinie in die (jedenfalls teilweise) vollharmonisierende Verbraucherrechterichtlinie gescheitert ist. Ohne eine weitreichende Harmonisierung des dispositiven Vertragsrechts ist eine Vollharmonisierung der AGB-Kontrolle eine Utopie.[30] Festzuhalten ist damit, dass die Vollharmonisierung als Lösung flächendeckend für das Verbrauchervertragsrecht als Ganzes nicht in Betracht kommt.

Der zweite Lösungsweg, der die unionsweite Vermarktung von Waren und Dienstleistungen unter Zugrundelegung identischer Vertragsmuster ermöglichen würde, wäre eine Reform des Verbraucher-IPR, oder mit anderen Worten: die Durchsetzung des Anerkennungsprinzips. Wie im *Business-to-Business* (B2B)-Bereich auch, könnte dann der Unternehmer das anwendbare Recht frei wählen, unter Beachtung nur noch der international zwingenden Vorschriften sowie des zwingenden, harmonisierten Verbraucherrechts (Art. 3 Abs. 4 Rom I-VO). Eine solche grundlegende Abschaffung des kollisionsrechtlichen Verbraucherschutzes wäre (anders als eine Rücknahme der überzogenen EuGH-Rechtsprechung durch den EU-Gesetzgeber[31]) allerdings nicht nur rechtspolitisch unrealistisch, sondern auch inhaltlich falsch.[32] Es geht hier nicht nur um kleinere oder größere Abweichungen im Schutzniveau des materiellen Rechts, sondern vor allem um einen Beitrag zu einem besseren Zugang des Verbrauchers zum Recht (*„access to justice"*). Es ist für einen Verbraucher, wenn er sich überhaupt daran macht, seine Rechte in die Hand zu nehmen, wesentlich einfacher, zeit- und kostengünstiger, den Inhalt des eigenen Rechts in Erfahrung zu bringen, als dieselben Fragen auf der Basis einer ausländischen Rechtsordnung klären zu lassen. Eine entscheidende Rolle spielt darüber hinaus die internationale Zuständigkeit. Auf Grund von Art. 15 ff. EuGVVO und der bereits oben referierten, äußerst verbraucherfreundlichen Rechtsprechung des EuGH[33] können Verbraucher bei grenzüberschreitenden Verträgen fast immer an ihrem Wohnsitz klagen und vom Unternehmer nur an ihrem Wohnsitz verklagt werden. Gerade bei den üblicherweise geringen Streitwerten wäre es aber äußerst ineffizient, wenn die Gerichte ausländisches Recht anwenden müss-

---

29 Vgl. einerseits die Entscheidung Freiburger Kommunalbauten (EuGH vom 01.04.2004, Rs. C-237/02, Slg. 2004, I-3403), in der das Gericht dem vorlegenden BGH keine Hinweise für die Beurteilung der Missbräuchlichkeit einer Klausel in einem Bürgschaftsvertrag mit auf den Weg geben konnte, und andererseits das Urteil Océano Grupo (EuGH vom 27.06.2000, verbundene Rechtssachen C-240/98 bis C-244/98, Slg. 2000, I-4941), in dem der Gerichtshof die Missbräuchlichkeit der streitgegenständlichen Klausel ohne Umschweife aus Nr. 1 lit. q des Anhangs zur AGB-Richtlinie ableitete.
30 Vgl. Eva-Maria Kieninger, Die Vollharmonisierung des Rechts der Allgemeinen Geschäftsbedingungen – eine Utopie?, RabelsZ 2009, S. 792.
31 Vgl. oben Anm. 20.
32 Stefan Leible, Verbesserung des kollisionsrechtlichen Verbraucherschutzes, in: ders. (Hrsg.), Das Grünbuch zum internationalen Vertragsrecht, 2004, S. 133 ff.; a.A. Gralf-Peter Calliess, Grenzüberschreitende Verbraucherverträge, 2006, S. 139.
33 Vgl. oben Anm. 20.

ten.[34] Auch deshalb wird an dem Grundsatz, dass Verbraucherverträge dem Recht am gewöhnlichen Aufenthalt des Verbrauchers unterstehen, in Zukunft nicht gerüttelt werden.

Als Zwischenfazit lässt sich festhalten, dass die existierende, immer noch überwiegend auf dem Prinzip der Mindestharmonisierung fußende europäische Gesetzgebung nur aus der Perspektive des materiellen Verbraucherschutzes ein Erfolg ist: Das Schutzniveau wurde im Vergleich zum autonomen Recht vielfach angehoben, ohne jedoch den Mitgliedstaaten die Möglichkeit zu nehmen, noch schärfere Schutzbestimmungen einzuführen oder beizubehalten. Gleichzeitig garantiert das Kollisionsrecht, dass auch bei grenzüberschreitenden Vertragsschlüssen das gegebenenfalls strengere Heimatrecht des Verbrauchers die Messlatte bildet, die nicht unterschritten werden darf. Kritikwürdig ist aber aus unternehmerischer Perspektive, dass die Erwartungen an einen Binnenmarkt als einheitlichen Wirtschaftsraum nicht erfüllt worden sind: Trotz weitreichender und detaillierter Harmonisierung kann sich der Unternehmer im *Business-to-Consumer* (B2C)-Verkehr bei seiner Vertrags- und Preisgestaltung, die beispielsweise kostenträchtige Gewährleistungsrechte berücksichtigen muss, nicht auf die Rechtslage in seinem Sitzland verlassen, sondern muss mit der Anwendung unterschiedlicher Umsetzungsvarianten und Schutzniveaus in den Zielstaaten rechnen. In der Begründung zum Vorschlag eines Gemeinsamen Europäischen Kaufrechts führt die EU-Kommission Belege dafür an, dass dieser Rechtszustand gerade Kleine und Mittlere Unternehmen (KMU) daran hindere, sich grenzüberschreitend zu betätigen.[35] Die Mindestharmonisierung im Verbrauchervertragsrecht geht damit einerseits über das Binnenmarktziel hinaus, indem sie auch rein nationale Vertragsschlüsse erfasst, sie erreicht es andererseits aber aus unternehmerischer Perspektive wegen der mangelnden Anerkennung nicht. Die stereotype Begründung, die Harmonisierung fördere den „passiven" Waren- und Dienstleistungsverkehr, indem Verbraucher ermuntert würden, grenzüberschreitend Waren und Dienstleistungen zu beziehen,[36] übersieht, dass ein ausländisches, gegebenenfalls unharmonisier-

---

34 Nach Erwägungsgrund 7 Rom I-VO sollen die Vorschriften der Art. 6 Rom I VO und Art. 15 ff. EuGVVO parallel ausgelegt werden, so dass die Gerichte möglichst ihr eigenes Recht anwenden. Dem entspricht im Ergebnis auch Art. 3 Abs. 4 Rom I-VO, der bei Wahl eines drittstaatlichen Rechts die Umsetzungsvorschriften der *lex fori* zur Anwendung beruft. Dass der Amtsermittlungsgrundsatz hinsichtlich des ausländischen Rechts keine Lösung ist, da die damit verbundenen Sachverständigenkosten letztlich von den Parteien zu tragen sind, übersieht CALLIESS (Anm. 32). Im Übrigen gilt weder der Amtsermittlungsgrundsatz in Bezug auf ausländisches Recht noch die zwingende Anwendung des IPR in allen Mitgliedstaaten der EU, vgl. nur CLEMENS TRAUTMANN, Europäisches Kollisionsrecht und ausländisches Recht im nationalen Zivilverfahren, 2011, *passim*.
35 Vorschlag der Europäischen Kommission vom 11.10.2011 für eine Verordnung des Europäischen Parlaments und des Rates über ein Gemeinsames Europäisches Kaufrecht, KOM (2011) 635 endg.; dies konzediert auch REICH (Anm. 11), ZEuP 2010, S. 10.
36 Vgl. Schlussanträge GA TRSTENJAK vom 15.11.2007, Rs. C-404/06 (Quelle AG v. Bundesverband der Verbraucherzentralen und Verbraucherverbände), Rn. 53; zustimmend REICH (Anm. 11), ZEuP 2010, S. 9 (Fn. 9).

tes Recht gar nicht (mehr) zur Anwendung kommen kann, seitdem Art. 6 Rom I-VO praktisch alle grenzüberschreitenden Verbraucherverträge erfasst (mit Ausnahme der ausschließlich außerhalb des Aufenthaltsstaats des Verbrauchers zu erfüllenden Dienstleistungsverträge) und dem Recht am gewöhnlichen Aufenthalt des Verbrauchers unterwirft. Mehr Ermunterung für den passiven Waren- und Dienstleistungsverkehr, als dass stets das Recht des Verbrauchers Anwendung findet, ist kaum mehr vorstellbar. Dass der EuGH mit seiner jüngsten, ausufernden Rechtsprechung zu Art. 15 ff. EuGVVO das kompetenzrechtliche Fundament der Rechtsangleichung im Verbrauchervertragsrecht gleichsam unterminiert, scheinen die europäischen Institutionen bislang nicht wahrzunehmen.

Da gleichwohl eine grundsätzliche Abkehr von der Geltung des Sitzlandrechts des Verbrauchers bzw. der internationalen Zuständigkeit der Gerichte im Mitgliedstaat des Verbraucherwohnsitzes nicht in Betracht kommt, könnte nur die Vollharmonisierung Abhilfe leisten. Sie stößt aber, wie die Geschichte der Verbraucherrechterichtlinie zeigt, auf erheblichen politischen Widerstand. Der einzige derzeit gangbare Weg scheint damit die *„targeted harmonisation"*[37] oder „Halbharmonisierung"[38] zu sein, wie sie von den beiden jüngsten Richtlinien[39] beschritten wird.

2 Harmonisierungsrichtlinien auf anderen Gebieten des Privatrechts: Gesellschaftsrecht als Beispiel

Der EU-Gesetzgeber ist in den vergangenen 30 Jahren selbstredend auch auf anderen Gebieten des Privatrechts harmonisierend tätig geworden, vor allem im Produkthaftungsrecht, im Gesellschaftsrecht, im Recht des unlauteren Wettbewerbs und im Immaterialgüterrecht. Ohne dass dieser Beitrag auf alle diese Gebiete im Einzelnen eingehen könnte, ist zu betonen, dass die vorher geäußerte Kritik sich nicht pauschal gegen jede Privatrechtsangleichung richtet. Ein erfolgreiches Beispiel ist das Gesellschaftsrecht, in dem die EU, gestützt auf die spezielle gesellschaftsrechtliche Kompetenznorm des Art. 50 Abs. 2 lit. g AEUV (= ex Art. 44 Abs. 2 lit. g EGV), mittlerweile insgesamt elf Angleichungsrichtlinien erlassen hat.[40] Anders als im Verbraucherrecht hat die Harmonisierung hier tatsächlich, wenn auch mit einiger Verzögerung und nach Überwindung erheblicher Widerstände, zur grenzüberschreitenden Anerkennung ausländischer Gesellschaften, zur grundsätzlichen Anwendung des Grün-

---

37 Vgl. VIVIANE REDING, An ambitious Consumer Rights Directive: boosting consumers' protection and helping businesses, European Consumer Day, Madrid, 15.03.2010, abrufbar unter http://europa. eu/rapid/press-release_SPEECH-10-91_en.htm (letzter Zugriff: 12.02.2014).
38 REICH (Anm. 11), ZEuP 2010, S. 7.
39 Siehe Anm. 12 und 13.
40 Vgl. die Übersichten in MARCUS LUTTER/WALTER BAYER/JESSICA SCHMIDT, Europäisches Unternehmens- und Kapitalmarktrecht, 5. Aufl. 2012; MATHIAS HABERSACK/DIRK A. VERSE, Europäisches Gesellschaftsrecht, 4. Aufl. 2011; STEFAN GRUNDMANN, Europäisches Gesellschaftsrecht, 2. Aufl. 2011.

dungsrechts und damit zur Verwirklichung der Niederlassungsfreiheit geführt.[41] In der berühmten Centros-Entscheidung[42] hatte der EuGH die Frage zu entscheiden, ob eine englische Briefkastengesellschaft, die nicht in England, sondern in Dänemark tätig werden sollte, ohne allerdings den strengeren Mindestkapitalanforderungen des dänischen Rechts zu entsprechen, gleichwohl als wirksam anzuerkennen sei. Der Einwand lautete, die Gläubiger, die sich mehrheitlich in Dänemark, am Realsitz, befinden würden, könnten gefährdet sein, wenn tatsächlich auf Mindestkapital und Haftungsverfassung das laxere englische Recht angewendet würde. Dem hielt der EuGH die harmonisierten Publizitätsvorschriften entgegen: Die Gläubiger könnten sich aufgrund der überall vergleichbar ausgestalteten Publizitätsanforderungen darüber informieren, dass die Gesellschaft, mit der sie kontrahieren wollten, nach englischem und eben nicht nach dänischem Recht gegründet sei. Daher geschehe ihnen kein Unrecht, wenn sich die Kapitalausstattung und Haftungsverfassung auch nach englischem Recht richten würden. Andere gesellschaftsrechtsangleichende Richtlinien und Richtlinienprojekte betreffen unmittelbar die Verwirklichung der Niederlassungsfreiheit, so die 10. Richtlinie über die grenzüberschreitende Fusion[43] sowie die einstweilen auf Eis gelegte, aber demnächst hoffentlich wiederbelebte 14. Richtlinie über die grenzüberschreitende Satzungssitzverlegung.[44] Materielle Rechtsangleichung als Mittel zur Errichtung des Binnenmarkts, der wiederum definiert ist durch die Verwirklichung der Grundfreiheiten, ist damit im Gesellschaftsrecht besser gelungen als im Verbrauchervertragsrecht, was freilich nicht heißen soll, dass nicht auch das Gesellschafts-IPR der Weiterentwicklung und insbesondere der Kodifikation auf europäischer Ebene bedürfe.[45] Der eingangs als Fall 2 geschilderte Beschluss, den Verwaltungssitz einer niederländischen Kapitalgesellschaft nach Deutschland zu verle-

---

41 Siehe die ausführliche Darstellung des aktuellen Rechtsstands bei Dirk A. Verse, Niederlassungsfreiheit und grenzüberschreitende Sitzverlegung – Zwischenbilanz nach „National Grid Indus" und „Vale", ZEuP 2013, S. 458.

42 EuGH vom 09.03.1999, Rs. C-212/97 (Centros Ltd. v. Erhvervs- og Selskabsstyreisen), Slg. 1999, I-1459.

43 Richtlinie 2005/56/EG des Europäischen Parlaments und des Rates vom 26.10.2005 über die Verschmelzung von Kapitalgesellschaften aus verschiedenen Mitgliedstaaten (ABl. L 2005/310, S. 1).

44 Vorentwurf für eine 14. Richtlinie des Europäischen Parlaments und des Rates über die Verlegung des Sitzes einer Gesellschaft in einen anderen Mitgliedstaat mit Wechsel des für die Gesellschaft maßgebenden Rechts vom 22.04.1997, abgedruckt in ZIP 1997, S. 1721 ff., vgl. die Entschließung des Europäischen Parlaments vom 02.02.2012 mit Empfehlungen an die Kommission zu einer 14. gesellschaftsrechtlichen Richtlinie zur grenzüberschreitenden Verlegung von Unternehmenssitzen, ABl. C 239 E, S. 18.

45 Vgl. jüngst Hans Jürgen Sonnenberger, État de droit, construction européenne et droit des sociétés, Revue critique de droit international privé 2013, S. 101; Eva-Maria Kieninger, The Law Applicable to Corporations in the EC, RabelsZ 2009, S. 607. Umfassende Vorschläge und Gutachten des Deutschen Rats für Internationales Privatrecht in: Hans Jürgen Sonnenberger (Hrsg.), Vorschläge und Berichte zur Reform des europäischen und deutschen internationalen Gesellschaftsrechts, 2007, *passim*.

gen, ist heute – anders als vor zehn bis fünfzehn Jahren[46] – weder nichtig, noch führt er zur Liquidation der Gesellschaft, noch müssen sich die Gesellschafter anschließend nach deutschem Recht als Gesellschafter einer OHG behandeln lassen mit der Konsequenz der unbeschränkten persönlichen Haftung.[47] Vielmehr existiert die B.V. fort und untersteht auch weiterhin mit allen gesellschaftsrechtlichen Aspekten dem niederländischen Recht. Insoweit ist heute die Niederlassungsfreiheit verwirklicht, primär mithilfe des durch das Gemeinschaftsrecht geprägten IPR, jedoch ermöglicht und unterstützt durch die gesellschaftsrechtliche Harmonisierung.

III Kollisionsrechtsvereinheitlichung statt Sachrechtsharmonisierung?

Als die EWG gegründet wurde, waren das IPR und das Recht der Internationalen Zuständigkeit, Anerkennung und Vollstreckung (IZVR) von einigen punktuellen Abkommen abgesehen unvereinheitlicht. Das hatte zur Folge, dass die Parteien einer grenzüberschreitenden Transaktion weder sicher vorhersehen konnten, welche Gerichte im Streitfall zur Entscheidung berufen sein würden, noch – da dies von der internationalen Zuständigkeit abhängt – welches Kollisionsrecht das Gericht anwenden würde, noch – da dies wiederum vom (damals noch nationalen) Kollisionsrecht abhängt – welches materielle Recht das Gericht letztlich auf den Streitfall anwenden würde. Zudem war unsicher, ob ein schließlich erstrittenes Urteil außerhalb des Gerichtstaats anerkannt und vollstreckt werden würde.

Die Problematik des unvereinheitlichten IZVR und IPR lässt sich am eingangs genannten Beispiel 3 zeigen, denn im Bereich der ehelichen Güterstände gibt es bislang nur Vorschläge der EU-Kommission,[48] deren weiteres Schicksal noch ungewiss ist. Es ist für die Eheleute daher *ex ante* nicht vorhersehbar, vor welchem Gericht ihre güterrechtlichen Auseinandersetzungen in einem Konfliktfall auszutragen sein werden. Ebenso unvorhersehbar ist das anwendbare materielle Recht, da die Gerichte jeweils ihr eigenes – unterschiedliches – Güterrechts-IPR anwenden. Schließlich ist das materielle Güterrecht sehr verschiedenartig – es gibt Rechtsordnungen, deren

---

46 Vgl. zum alten Rechtszustand z.B. BGH, Vorlagebeschluss in der Rechtssache Überseering vom 30.03.2000, NZG 2000, S. 926; zum umgekehrten Fall einer Sitzverlegung aus Deutschland in die Niederlande: OLG Hamm, Beschluss vom 01.02.2001, ZIP 2001, S. 791; OLG Düsseldorf, Beschluss vom 26.03.2001, NZG 2001, S. 610-612 (m. Anm. Eva-Maria Kieninger).

47 Vgl. EuGH vom 05.11.2002, Rs. C-208/00 (Überseering BV v. Nordic Construction Company Baumanagement GmbH), Slg. 2002, I-9919; EuGH vom 30.09.2003, Rs. C-167/01 (Kamer van Koophandel en Fabrieken voor Amsterdam v. Inspire Art Ltd.), Slg. 2003, I-10155.

48 Vorschlag der Europäischen Kommission vom 16.03.2011 für eine Verordnung des Rates über die Zuständigkeit, das anzuwendende Recht, die Anerkennung und die Vollstreckung von Entscheidungen im Bereich des Ehegüterrechts, KOM (2011) 126 endg.

gesetzlicher Güterstand die Gütertrennung ist, andere sehen grundsätzlich Gütergemeinschaft vor, wieder andere gleichen den Zugewinn aus oder schaffen eine Errungenschaftsgemeinschaft.[49]

In den meisten zivilrechtlichen Bereichen ist die IZVR- und IPR-Vereinheitlichung aber schon sehr weit gediehen:[50] Die internationale Zuständigkeit, Anerkennung und Vollstreckung in Zivil- und Handelssachen ist seit 1968, zunächst durch das Brüsseler Übereinkommen (EuGVÜ)[51], seit 2001 durch die EuGVVO[52], vereinheitlicht. Verordnungen zu familien- und erbrechtlichen Streitigkeiten (Scheidung und elterliches Sorgerecht[53], Unterhalt[54], Erbrecht[55]) sind in den vergangenen Jahren hinzugekommen. Da das europäische Zuständigkeitsrecht den Klägern bzw. Antragstellern in vielen Fällen die Wahl zwischen mehreren Gerichtsständen lässt, war auch das Kollisionsrecht zu vereinheitlichen. Das anwendbare materielle Recht sollte nicht *ex post* davon abhängen, ob der Kläger den Prozess später in Mitgliedstaat A oder B anhängig macht, sondern bereits *ex ante* feststehen. Dementsprechend wurde 1980 als Erstes das IPR der Schuldverträge mittels des EVÜ[56] vereinheitlicht, das, nachdem die EU durch den Amsterdamer Vertrag eine eigenständige Gesetzgebungskompetenz im Bereich des IPR und IZVR erhalten hatte (vgl. ex Art. 65 EGV, jetzt Art. 81 AEUV), im Jahr 2008 als Rom I-VO[57] neu verabschiedet wurde. Das IPR der außervertraglichen Schuldverhält-

---

49 Ausführlich Katja Dengel, Die europäische Vereinheitlichung des Internationalen Ehegüterrechts und des Internationalen Güterrechts für eingetragene Partnerschaften, 2014.
50 Vgl. dazu den Überblick von Eva-Maria Kieninger, Kodifikationsidee und Europäisches Privatrecht, RW 2012, S. 406.
51 Übereinkommen von Brüssel über die gerichtliche Zuständigkeit und die Vollstreckung gerichtlicher Entscheidungen in Zivil- und Handelssachen von 1968 (konsolidierte Fassung), ABl. C 1998/27, S. 1.
52 Verordnung (EG) Nr. 44/2001 des Rates vom 22.12.2000 über die gerichtliche Zuständigkeit und die Anerkennung und Vollstreckung von Entscheidungen in Zivil- und Handelssachen, ABl. L 2001/12, S. 1; Neufassung: Verordnung (EU) Nr. 1215/2012 des Europäischen Parlaments und des Rates vom 12.12.2012 über die gerichtliche Zuständigkeit und die Anerkennung und Vollstreckung von Entscheidungen in Zivil- und Handelssachen (Geltungsbeginn gemäß Art. 81 der VO am 10.01.2015), ABl. L 2012/351, S. 1.
53 Verordnung (EG) Nr. 2201/2003 des Rates über die Zuständigkeit und die Anerkennung und Vollstreckung von Entscheidungen in Ehesachen und in Verfahren betreffend die elterliche Verantwortung und zur Aufhebung der Verordnung (EG) Nr. 1347/2000, ABl. L 2003/338, S. 1.
54 Verordnung (EG) Nr. 4/2009 des Rates vom 18.12.2008 über die Zuständigkeit, das anwendbare Recht, die Anerkennung und Vollstreckung von Entscheidungen und die Zusammenarbeit in Unterhaltssachen, ABl. L 2009/7, S. 1.
55 Verordnung (EU) Nr. 650/2012 des Europäischen Parlaments und des Rates vom 04.07.2012 über die Zuständigkeit, das anzuwendende Recht, die Anerkennung und Vollstreckung von Entscheidungen und die Annahme und Vollstreckung öffentlicher Urkunden in Erbsachen sowie zur Einführung eines Europäischen Nachlasszeugnisses, ABl. 2012/201, S. 107.
56 Übereinkommen von Rom über das auf vertragliche Schuldverhältnisse anzuwendende Recht (Anm. 18).
57 Verordnung (EG) Nr. 593/2008 (Anm. 17).

nisse folgte 2007 in Gestalt der Rom II-VO[58] und das Scheidungskollisionsrecht (Rom III-VO)[59] im Jahr 2010. Die zuvor schon erwähnten Verordnungen zum Unterhalt und zum Erbrecht enthalten neben Regelungen zur internationalen Zuständigkeit, Anerkennung und Vollstreckung auch Vorschriften über das anwendbare Recht. Auf das internationale Personenrecht wirkt das EU-Primärrecht ein, seit der EuGH die Mitgliedstaaten verpflichtet, auch entgegen ihren autonomen Vorschriften ausländische Namenseinträge[60] oder ausländische Gesellschaftsgründungen[61] anzuerkennen.

Festzuhalten ist zunächst einmal, dass hier – im Gegensatz zum zuvor behandelten materiellen Zivilrecht – durchweg Einheitsrecht in Form von Verordnungen geschaffen wurde. Alle mitgliedstaatlichen Gerichte judizieren auf Grund ein- und desselben Rechtstextes. Von der Möglichkeit der Vorlage wird reger Gebrauch gemacht, so dass es insbesondere zur EuGVVO ein engmaschiges Netz von EuGH-Judikaten gibt.[62] Nicht in allen Detailfragen, aber doch in ihrer grundsätzlichen Berechtigung ist die IPR- und IZVR-Vereinheitlichung unangefochten. Die EU hat in Art. 81 AEUV eine klare Kompetenz, die überdies durch den Lissabonner Vertrag von der Fessel des Binnenmarkterfordernisses befreit worden ist; Letzteres ist nur noch ein Regelbeispiel.

Ganz lückenlos ist die IPR-Vereinheitlichung freilich noch nicht. Insbesondere im Familienrecht erschwert die Sondervorschrift des Art. 81 Abs. 3 AEUV den Vereinheitlichungsprozess, da der Rat bei familienrechtlichen Maßnahmen einstimmig entscheiden muss. Das hat beispielsweise im Scheidungskollisionsrecht dazu geführt, dass die Rom III-VO nur im Rahmen einer verstärkten Zusammenarbeit (Art. 326 ff. AEUV) erlassen werden konnte. Für das Güterrecht liegen, wie schon eingangs gezeigt, bisher nur Vorschläge der EU-Kommission vor.[63] Im Gesellschaftsrecht wäre eine EU-Verordnung trotz der Rechtsprechung des EuGH dringend zu wünschen.[64] Erstens tut sich der EuGH schwer, mit Hilfe der dürren Worte des AEUV sämtliche Detailfragen grenzüberschreitender Umstrukturierungen schlüssig in den Griff zu bekommen, zweitens ist die Luxemburger Rechtsprechung nicht in allen Mitgliedstaaten in gleicher Weise anerkannt und umgesetzt worden. Generell leidet die Kollisionsrechtsvereinheitlichung aufgrund von Art. 81 AEUV an einem schwerwiegenden

58 Verordnung (EG) Nr. 864/2007 des Europäischen Parlaments und des Rates vom 11.07.2007 über das auf außervertragliche Schuldverhältnisse anzuwendende Recht (Rom II), ABl. L 2007/199, S. 40.
59 Verordnung (EU) Nr. 1259/2010 des Rates vom 20.12.2010 zur Durchführung einer verstärkten Zusammenarbeit im Bereich des auf die Ehescheidung und Trennung ohne Auflösung des Ehebandes anzuwendenden Rechts (Rom III), ABl. L 2010/343, S. 10.
60 Vgl. Anm. 3.
61 Vgl. Anm. 47.
62 Im IPR hinkt die Entwicklung noch hinterher, da das Auslegungsprotokoll zum EVÜ, das dem EuGH die Auslegungskompetenz einräumen sollte, erst im Jahr 2004 in Kraft getreten ist. Das Auslegungsprotokoll zum EuGVÜ trat dagegen gleichzeitig mit dem Übereinkommen in Kraft.
63 Vgl. Anm. 48.
64 Vgl. Anm. 45.

und in absehbarer Zeit wohl nicht reparablen Geburtsfehler: Großbritannien, Irland und mittlerweile auch Dänemark beteiligen sich nicht per se, sondern haben sich stattdessen ein Recht zum *opt-in* einräumen lassen. Das hierdurch kreierte Erpressungspotential wird insbesondere von Großbritannien weidlich ausgenutzt.[65]

Abgesehen jedoch von den noch vorhandenen Lücken und Detailproblemen lautet die im Zusammenhang mit unserem Thema wichtigste Frage: Genügt nicht die Vereinheitlichung des IPR und IZVR, um der privatrechtlichen, grenzüberschreitenden Betätigung im Binnenmarkt ein tragfähiges rechtliches Gerüst zu geben? Reicht es nicht, wenn die Parteien eines grenzüberschreitenden Rechtsverhältnisses feststellen können, *welches* Recht anwendbar ist, selbst wenn sich die materiellen Rechtsordnungen weiterhin unterscheiden?[66] Überraschenderweise kommt der stärkste Gegenwind aus den Reihen der Ökonomen, und zwar gerade derjenigen, die im Übrigen die Fahne des Wettbewerbs der Rechtsordnungen hochhalten und sich gerade nicht für einen Brüsseler „Einheitsbrei"[67] erwärmen können. Sie fürchten sich geradezu vor dem IPR und halten ihm, wie der Saarbrücker Ökonom SCHMIDTCHEN[68] fehlende „institutionenökonomische Fitness" vor. Nach Auffassung des früheren Direktors des Jenaer MPI für Ökonomik, MANFRED STREIT,[69] sind die mit der kollisionsrechtlichen Rechtswahl verbundenen Unsicherheiten und Informationskosten für die Unternehmen so hoch, dass ohne internationales Einheitsrecht – hier verweist er besonders auf das Internationale Kaufrecht (Convention on the International Sale of Goods, CISG) und die *lex mercatoria* – der tatsächlich feststellbare Umfang an grenzüberschreitenden Transaktionen nicht erklärbar wäre. Nun mag man das belächeln und konstatieren, dass einige Wochen Selbststudium eines IPR-Lehrbuchs (im Fall SCHMIDTCHENS) vielleicht keine ausreichende Qualifikation sind, um in RabelsZ der versammelten Zunft die Verfehltheit der eigenen Disziplin vor Augen zu halten.[70] Aber in diesem

---

65 Vgl. ROLF WAGNER, in: Eva-Maria Kieninger/Oliver Remien (Hrsg.), Europäische Kollisionsrechtsvereinheitlichung, 2012, S. 51, 65.

66 Vgl. PETER ULMER, Vom deutschen zum europäischen Privatrecht, JZ 1992, S. 1, 6 f.; TAUPITZ (Anm. 7), S. 61 f.; PETER MANKOWSKI, Europäisches Internationales Privat- und Prozessrecht im Lichte der ökonomischen Analyse, in: Claus Ott/Hans-Bernd Schäfer (Hrsg.), Vereinheitlichung und Diversität des Zivilrechts in transnationalen Wirtschaftsräumen, 2002, S. 118, 131 ff.

67 DIETER SCHMIDTCHEN, Vereinheitlichung des Vertragsrechts in Europa – eine Lösung auf der Suche nach einem Problem?, in: Thomas Eger/Hans-Bernd Schäfer (Hrsg.), Ökonomische Analyse der europäischen Zivilrechtsentwicklung, 2007, S. 1 ff., 23.

68 DIETER SCHMIDTCHEN, Territorialität des Rechts, Internationales Privatrecht und die privatautonome Regelung internationaler Sachverhalte, RabelsZ 1995, S. 56-112; DERS., Lex mercatoria und die Evolution des Rechts, in: Claus Ott/Hans-Bernd Schäfer (Hrsg.), Vereinheitlichung und Diversität des Zivilrechts in transnationalen Wirtschaftsräumen, 2002, S. 1, 9 ff.

69 MANFRED E. STREIT/ANTJE MANGELS, Privatautonomes Recht und grenzüberschreitende Transaktionen, ORDO 47 (1996), S. 73, 79 ff. In dieselbe Richtung SCHMIDTCHEN (Anm. 68), RabelsZ 1995, S. 73 ff.

70 Vgl. auch den Kommentar von PETER BEHRENS zu SCHMIDTCHEN, in: Claus Ott/Hans-Bernd Schäfer (Hrsg.), Vereinheitlichung und Diversität des Zivilrechts in transnationalen Wirtschaftsräumen,

Selbstversuch steckt doch ein gewisses Körnchen Wahrheit: Wenn man – was von den wenigsten Juristen erwartet werden kann (IPR ist fast überall nur ein Wahlfach!), von Kaufleuten noch weniger – selbst nach mehrwöchiger Lehrbuchlektüre keinen zutreffenden Eindruck von den gängigen IPR-Regeln gewinnen kann, dann ist in der Tat hinter die Tauglichkeit einheitlichen Kollisionsrechts als Fundament des grenzüberschreitenden Waren-, Dienstleistungs-, Personen- und Kapitalverkehrs ein deutliches Fragezeichen zu setzen.[71] Auch OLE LANDO, der Grandseigneur des Europäischen Privatrechts, der sich in seinen frühen Jahren ausführlich mit dem IPR der Schuldverträge befasst[72] und für Dänemark das EVÜ verhandelt hat, hat sich später weithin abgewendet und vertritt seit Jahrzehnten mit großem Nachdruck, dass einheitliches IPR kein Ersatz für materielle Rechtsangleichung und -vereinheitlichung sei, da allein die Tatsache, dass das Kollisionsrecht eine Rechtsordnung ist, die über den unterschiedlichen materiellen Privatrechtsordnungen steht, ein zu schwieriges und für die Praxis untaugliches Konstrukt sei:[73] „The choice of law rules of the Rome Convention are a poor tool of legal integration. They have not established the legal certainty necessary for an integrated market.“[74] Kaufleute und praktisch tätige Juristen kontrahieren in aller Regel vor dem Hintergrund ihrer eigenen Rechtsordnung und machen sich häufig wenig bis gar keine Gedanken über das anwendbare Recht. Wenn überhaupt, vertrauen sie auf eine Rechtswahlklausel zugunsten des eigenen Rechts oder einer vermeintlich besseren oder neutralen Rechtsordnung; darüber, ob tatsächlich eine Rechtswahl möglich ist und welchen Inhalt das gewählte Recht hat, wenn es nicht

---

2002, S. 32 f.: „Zunächst zu der These, die Lex mercatoria (im engeren Sinne eines privatautonom geschaffenen Rechts) korrigiere das in der Territorialität der Privatrechtsordnungen enthaltene ‚Versagen‘ des kodifizierten Rechts. Die Prämisse dieser These ist einem öffentlichrechtlichen Denken verhaftet, das im Internationalen Privatrecht spätestens seit Savigny überwunden ist“.

71 Vgl. auch SCHMIDTCHEN, Lex mercatoria (Anm. 68), S. 9, der zu Recht betont, dass „die Beurteilung der internationalen Transaktionssicherheit letztlich von Laien vorgenommen wird“. „Unternehmer könn[t]en weder in die Fußstapfen von Rechtsgelehrten noch in jene von Richtern treten (auch dann nicht wenn sie sich rechtlichen Rat holen [würden]“.

72 Vgl. OLE LANDO, The EC Draft Convention on the Law Applicable to Contractual and Non-contractual Obligations – Introduction and Contractual Obligations, RabelsZ 1974, S. 6.

73 Vgl. OLE LANDO, Unfair contract clauses and a European Uniform Commercial Code, in: Mauro Cappelletti (Hrsg.), New Perspectives for a common law of Europe, 1978, S. 267; DERS., Why codify the European law of contract?, ERPL 1997, S. 525, 527; DERS., European Contract Law after the year 2000, CMLR 1998, S. 821, 822 ff.; DERS., Making a European Private Law, in: Karl F. Kreuzer/Dieter H. Scheuing/Ulrich Sieber (Hrsg.), Die Europäisierung der mitgliedstaatlichen Rechtsordnungen in der Europäischen Union, 1997, S. 41, 42 ff. Deutliche Kritik auch bei CALLIESS (Anm. 32), S. 137: Zwar „ist das international privat- und zivilverfahrensrechtliche System der Kollisionsnormen als intellektuelles Glasperlenspiel zutiefst beeindruckend, aufgrund seiner inhärenten Überkomplexität aber kaum geeignet, einen praktikablen Rechtsrahmen für grenzüberschreitende Verbraucherverträge zu konstituieren.“

74 OLE LANDO, The eternal crisis, in: Jürgen Basedow/Klaus J. Hopt/Hein Kötz (Hrsg.), Festschrift für Ulrich Drobnig zum 70. Geburtstag, 1998, S. 361, 377.

das eigene ist, machen sie sich erstaunlich wenig Gedanken.[75] Dies soll mit einem Fall aus der neueren BGH-Rechtsprechung illustriert werden:[76] Ein englisches Unternehmen erwarb angereichertes Uran, das auf deutschem Territorium bei einer Tochtergesellschaft der Siemens AG eingelagert war. Anschließend schlossen verschiedene Beteiligte aus Brasilien, den USA und der Schweiz Verträge über das angereicherte Uran ab – Sachdarlehensverträge, Übereignungen, Verpfändungen etc. Nachdem zwei der Parteien in Konkurs gefallen waren, erhob schließlich die Schweizer Großbank UBS aufgrund eines von ihr behaupteten Pfandrechts Herausgabeklage, um das Uran wegen Darlehensforderungen in Höhe von ca. 16 Mio. Euro zu verwerten. Erst jetzt fiel den an den verschiedenen Transaktionen Beteiligten auf, dass das Uran ja – was allen zweifelsfrei bekannt war – in Deutschland lagerte und infolgedessen sämtliche sachenrechtlichen Vorgänge deutschem Recht (vgl. Art. 43 EGBGB) und eben keineswegs brasilianischem, schweizerischem Recht oder dem Recht von Colorado, USA, unterlagen, ungeachtet entsprechender Rechtswahlklauseln in den Verträgen. Seither streiten sich die Parteien in einem Verfahren, dass bereits den EuGH sowie zwei Mal den BGH beschäftigte, über ihre Rechte an dem Uran, weil die Verträge vor dem Hintergrund brasilianischen, schweizerischen und US-amerikanischen Rechts strukturiert waren und nicht nach dem in der Sache anwendbaren deutschen Recht. Selbstverständlich ist nach den Regeln der wissenschaftlichen Erkenntnis ein einzelner Fall nur eine Anekdote und kein empirischer Nachweis dafür, dass die Teilnehmer am Rechtsverkehr regelmäßig überfordert sind, wenn sie anstatt eines Einheitsrechts das mittels IPR anwendbare einzelstaatliche Sachrecht zu ermitteln haben, um ihre Transaktionen entsprechend zu strukturieren. Aber zum einen ließen sich viele weitere Beispielsfälle anführen, zum anderen zeigt der Fall plastisch, dass Praktiker selbst bei Verträgen in Millionenhöhe (!) überfordert sind, weltweit anerkannte IPR-Regeln wie die Geltung der *lex rei sitae* im Sachenrecht[77] zur Kenntnis zu nehmen.

Ein Weiteres kommt hinzu: Nicht immer ist die schlichte Vereinheitlichung des Kollisionsrechts ein gangbarer Weg zur Ausräumung von Binnenmarkthindernissen. Ein Beispiel hierfür ist das Mobiliarsicherungsrecht: Angenommen, ein Unternehmen in Traunstein räumt der örtlichen Sparkasse Sicherungseigentum an einem Baukran ein und veräußert das Gerät später an einen österreichischen Bauunternehmer mit Sitz in Wels, der Kenntnis von der Sicherungsübereignung hat. Wenig später wird der Kran durch einen Gläubiger des Erwerbers gepfändet. Die Sparkasse verliert bei dieser Transaktion ihr Sicherungseigentum, weil es nicht den österreichischen Pfand-

---

75 Siehe jüngst STEFAN VOGENAUER, Regulatory Competition through Choice of Law and Choice of Forum: Theory and Evidence, ERPL 2013, S. 13, der zahlreiche empirische Studien zur Praxis der Rechtswahl auswertet. Teilweise a.A. GISELA RÜHL, Regulatory Competition in Contract Law: Empirical Evidence and Normative Implications, ERCL 2013, S. 61, 64 ff.

76 BGH, Urteil vom 20.07.2012, JZ 2013, S. 305 (m. Anm. THOMAS RAUSCHER).

77 Vgl. EVA-MARIA KIENINGER, Property Law (International), in: Jürgen Basedow/Klaus J. Hopt/ Reinhard Zimmermann/Andreas Stier (Hrsg.), The Max Planck Encyclopedia of European Private Law, 2012, S. 1374 ff. m.w.N.

rechtsvorschriften entspricht, denn die Sparkasse hat keinen Besitz an dem Kran. Ein besitzloses Sicherungseigentum kennt das österreichische Recht nicht.[78] Eine Kollisionsrechtsvereinheitlichung allein würde keine Fortschritte erzielen. Hier würde nur eine Mindestharmonisierung, ergänzt um eine kollisionsrechtliche Anerkennung der wirksam begründeten Rechte durch das Neustatut, helfen.[79]

IV Optionale Instrumente als Allheilmittel?

Derzeit *en vogue* ist schließlich eine dritte Rechtstechnik, die Schaffung genuin europäischer, supranationaler Rechtsformen, früher einmal „16. Modell" genannt,[80] zurzeit aufgrund der verschiedenen Erweiterungsrunden als 29.[81] oder (wenn man Schottland als eigene Zivilrechtsordnung begreift[82]) als 30. Modell zu bezeichnen. Mit derartigen Rechtsinstituten, die neben die nationalen (angeglichenen oder unangeglichenen) treten, gewinnen die Bürger und Unternehmen ein zusätzlich wählbares, „optionales" Instrument, das idealerweise gerade auf die internationale Betätigung zugeschnitten ist. Solche supranationalen Rechtsformen gibt es bisher vor allem im Gesellschaftsrecht (Europäische Wirtschaftliche Interessenvereinigung,[83] Societas Europaea[84] und Europäische Genossenschaft,[85] sowie die noch im Vorbereitungsstadium befindlichen Rechtsformen Europäische Stiftung[86] und Societas Privata Euro-

---

78 Vgl. Martin Schauer, Das Register für Mobiliarsicherheiten in Österreich: Rechtsdogmatische und rechtspolitische Grundlagen, in: ders. (Hrsg.), Ein Register für Mobiliarsicherheiten im österreichischen Recht, 2007, S. 1, 4 mit zahlreichen Nachweisen.

79 Vgl. Hugh Beale, The Future of Secured Credit in Europe: Concluding Remarks, in: Horst Eidenmüller/Eva-Maria Kieninger (Hrsg.), The Future of Secured Credit in Europe, 2008, S. 375 ff.

80 Eva-Maria Kieninger, Wettbewerb der Privatrechtsordnungen, 2002, S. 369 m.w.N.

81 Zu den privatrechtlichen Implikationen des Beitritt von Kroatien als 28. Mitgliedstaat Tatjana Josipovic, Das kroatische Privatrecht als die neue 28. Privatrechtsordnung der Europäischen Union, ZEuP 2014, S. 231.

82 Zu dieser Frage Sebastian A. E. Martens, 27 Rechtsordnungen oder mehr?, RW 2012, S. 432.

83 Verordnung (EWG) Nr. 2137/85 des Rates vom 25.07.1985 über die Schaffung einer Europäischen wirtschaftlichen Interessenvereinigung (EWIV), ABl. L 1985/199, S. 1.

84 Verordnung (EG) Nr. 2157/2001 des Rates vom 08.10.2001 über das Statut der Europäischen Gesellschaft (SE), ABl. L 2001/294, S. 1; Richtlinie 2001/86/EG des Rates vom 08.10.2001 zur Ergänzung des Statuts der Europäischen Gesellschaft hinsichtlich der Beteiligung der Arbeitnehmer, ABl. L 2001/294, S. 22.

85 Verordnung (EG) Nr. 1435/2003 des Rates vom 22.07.2003 über das Statut der Europäischen Genossenschaft (SCE), ABl. L 2003/207, S. 1; Richtlinie 2003/72/EG des Rates vom 22.07.2003 zur Ergänzung des Statuts der Europäischen Genossenschaft hinsichtlich der Beteiligung der Arbeitnehmer, ABl. L 2003/207, S. 25.

86 Vorschlag der Europäischen Kommission vom 25.06.2008 für eine Verordnung des Rates über das Statut der Europäischen Privatgesellschaft, KOM (2008) 396 endg.

paea[87]) und im gewerblichen Rechtsschutz (siehe z.B. die Gemeinschaftsmarke[88] und das Gemeinschaftsgeschmacksmuster[89]). Für das Ehegüterrecht, siehe Beispiel 2, existiert seit kurzem das Übereinkommen über einen deutsch-französischen Wahlgüterstand, einen möglichen Nukleus eines europäischen optionalen Instruments.[90] Für das Kaufrecht liegt seit Herbst 2011 ein Vorschlag der EU-Kommission für ein Gemeinsames Europäisches Kaufrecht (Common European Sales Law, CESL) vor, der noch verhandelt wird, für das Versicherungsvertragsrecht gibt es einen wissenschaftlichen Entwurf.[91]

Solche supranationalen Instrumente könnten geradezu der Königsweg sein, um gleichermaßen den Binnenmarkt bzw. den einheitlichen europäischen Rechtsraum zu verwirklichen und die nationalen Privatrechtsordnungen zu wahren.[92] Wer sich binnengrenzüberschreitend betätigen will und sich dabei nicht auf die unsicheren Pfade des qua Kollisionsrechts berufenen nationalen Privatrechts begeben will, der kann ein supranational geschaffenes, materielles Einheitsrecht wählen, so wie es das für den Welthandel in Gestalt des CISG schon lange gibt, ohne dass deshalb gleich die nationalen Privatrechtsordnungen insgesamt abgelöst werden müssten.

Der Erfolg optionaler Instrumente, d.h. ihre Eignung zur Erleichterung und Förderung des grenzüberschreitenden Rechts- und Wirtschaftsverkehrs, hängt davon ab, ob sie in der Praxis auch tatsächlich gewählt werden. In diesem Punkt ist zwischen den verschiedenen vorher erwähnten optionalen Instrumenten zu differenzieren. Wenn *global player* wie die Allianz oder die Porsche AG sich in eine Societas Europaea umwandeln, dann ist das von vornherein eine ganz andere Art von „Rechtsgeschäft" als der Abschluss eines Kaufvertrags über eine Kiste spanischen Rotweins mittels E-Mail. Entsprechend unterschiedlich ist der noch als angemessen zu betrachtende Aufwand in Gestalt von Transaktionskosten.

Soll somit ein Instrument wie das CESL, das gerade den vom CISG ausgenommenen B2C-Bereich im Auge hat, Erfolg haben, muss der potentielle Anwendungsbereich möglichst breit gefasst sein und sollten die Anwendungsvoraussetzungen mög-

---

87 Vorschlag der Europäischen Kommission vom 08.02.2012 für eine Verordnung des Rates über das Statut einer Europäischen Stiftung, KOM (2012) 1 endg.

88 Verordnung (EG) Nr. 40/94 des Rates vom 20.12.1993 über die Gemeinschaftsmarke, ABl. 1994/11, S. 1.

89 Verordnung (EG) Nr. 6/2002 des Rates vom 12.12.2001 über das Gemeinschaftsgeschmackmuster, ABl. 2002/3, S. 1.

90 Dieter Martiny, Der neue deutsch-französische Wahlgüterstand – Ein Beispiel optionaler bilateraler Familienrechtsvereinheitlichung, ZEuP 2011, S. 577, 598.

91 Vgl. Jürgen Basedow, Versicherungsvertragsrecht als Markthindernis?, EuZW 2014, S. 1; ders., An Optional European Contract Law and Insurance, in: Caroline Van Schoubroeck/Wouter Devroe/Koen Geens/Jules Stuyck (Hrsg.), Over Grenzen – Liber amicorum Herman Cousy, 2011, S. 19.

92 Vgl. Horst Eidenmüller, Obligatorisches versus optionales europäisches Vertragsgesetzbuch, in: Claus Ott/Hans-Bernd Schäfer (Hrsg.), Vereinheitlichung und Diversität des Zivilrechts in transnationalen Wirtschaftsräumen, 2002, S. 237, 240 ff.; ders., What can be wrong with an option? An optional Common European Sales Law as a regulatory tool, CMLR 2013, S. 69, 70 ff.

lichst einfach zu erfüllen sein, von weiteren qualitativen Anforderungen an Form und Inhalt des Rechtstextes einmal abgesehen.[93] Die Erfahrungen mit dem CISG lehren, dass es einer gewissen Mindestzahl von Gerichtsentscheidungen bedarf, bevor ein Rechtstext in der Praxis als taugliche Basis für Transaktionen wahrgenommen wird. Trotz einigen tausend Judikaten weltweit[94] ringt das CISG jedenfalls in Deutschland immer noch um praktische Anerkennung.[95] Das CESL muss nicht nur bei Null anfangen, sondern hat zusätzlich eine ungleich schwierigere Ausgangsposition, weil es anders als das CISG positiv gewählt werden muss, um anwendbar zu sein, während das CISG bei Erfüllung bestimmter objektiver Kriterien (Niederlassung der Parteien in verschiedenen Vertragsstaaten, vgl. Art. 1 Abs. 1 lit. a CISG, Vertragsstatut ist das Recht eine Vertragsstaates, falls kein Vorbehalt erklärt, vgl. Art. 1 Abs. 1 lit. b CISG) automatisch anwendbar ist, wenn es nicht explizit nach Art. 6 CISG abgewählt wird. Das CESL muss also geradezu um Anwendung kämpfen. Daher wäre es ideal, wenn *alle* Vertragsparteien, die dies wünschen, vom Gemeinsamen Kaufrecht Gebrauch machen könnten, gleichgültig ob Großunternehmen oder KMU, ob grenzüberschreitender Vertrag oder nicht. Aufgrund der zahlreichen Sondervorschriften für Verbraucher und des von der Kommission stets betonten besonders hohen Verbraucherschutzniveaus, das einen Rückgriff auf den kollisionsrechtlichen Verbraucherschutz überflüssig machen soll, gibt es auch keinen Grund, Verbraucher vor der Vereinbarung des CESL besonders in Schutz zu nehmen.[96] Schließlich muss es sich für Unternehmen trotz des hohen Verbraucherschutzniveaus und trotz erheblicher Umstellungskosten auf ein neues Rechtssystem am Ende des Tages finanziell lohnen, das neue Recht zu wählen, was aber nur dann der Fall sein wird, wenn im Massen-

---

93 Vgl. zum Folgenden: GERHARD WAGNER, Transaktionskostensenkung durch Europäisches Kaufrecht? – Der Blue Button klemmt, ZEuP 2012, S. 455, 457 ff.; HORST EIDENMÜLLER/NILS JANSEN/EVA-MARIA KIENINGER/GERHARD WAGNER/REINHARD ZIMMERMANN, Der Vorschlag für eine Verordnung über ein Gemeinsames Europäisches Kaufrecht, JZ 2012, S. 269; THOMAS ACKERMANN, Das Gemeinsame Europäische Kaufrecht – eine sinnvolle Alternative für B2B-Geschäfte?, in: Oliver Remien/Sebastian Herrler/Peter Limmer (Hrsg.), Gemeinsames Europäisches Kaufrecht für die EU?, 2012, S. 49, 54 ff. Der Kommissionsvorschlag hat eine derart breite rechtswissenschaftliche Aufmerksamkeit erfahren, dass die Nachweise im Folgenden auf ein Minimum reduziert bleiben müssen.
94 Vgl. etwa die Sammlung der Pace Law School, die mehr als 2500 Einträge aufweist, abrufbar unter http://www.cisg.law.pace.edu/cisg/text/caseschedule.html (letzter Zugriff: 13.02.2014).
95 Vgl. MICHAEL STÜRNER, Die Qual der (Ab-)Wahl: Der Ausschluss des UN-Kaufrechts aus Sicht des deutschen Importeurs, BB 2006, S. 2029.
96 EIDENMÜLLER/JANSEN/KIENINGER/WAGNER/ZIMMERMANN (Anm. 93), JZ 2012, S. 276; MAX PLANCK INSTITUTE FOR COMPARATIVE AND INTERNATIONAL PRIVATE LAW, Policy Options for Progress Towards a European Contract Law, RabelsZ 2011, S. 371, 403 f. (Rn. 80); MICHAEL STÜRNER, Kollisionsrecht und Optionales Instrument: Aspekte einer noch ungeklärten Beziehung, GPR 2011, S. 236, 240; CHRISTOPH BUSCH, Kollisionsrechtliche Weichenstellungen für ein Optionales Instrument im Europäischen Vertragsrecht, EuZW 2011, S. 655, 659.; a.A. ASTRID STADLER, Anwendungsvoraussetzungen und Anwendungsbereich des Common European Sales Law, AcP 212 (2012), S. 473, 497.

geschäft *allen* Verträgen flächendeckend und einheitlich das CESL zugrunde gelegt werden kann.[97]

Genau das scheitert aber an dem übertrieben engen Anwendungsbereich und an den überspannten Voraussetzungen für eine wirksame Einwahl. Aus der Fülle der Kritikpunkte[98] seien nur herausgegriffen:

Erstens: Der sachliche Anwendungsbereich ist viel zu schmal geraten; erfasst werden nur Kaufverträge und Dienstleistungen, die als Annex zum Kaufvertrag mit angeboten werden, wie Installation und Wartung. Schon dann, wenn der Verkäufer sich zur Entgegennahme von Ratenzahlungen oder zu einem sonstigen Zahlungsaufschub bereit erklärt, fällt der gesamte Kaufvertrag aus dem Anwendungsbereich des CESL heraus (vgl. Art. 6 Abs. 2 GEKR-VO), ohne dass es hierfür einen überzeugenden sachlichen Grund gibt.[99]

Zweitens: Verbraucher müssen ihre Zustimmung zur Wahl des CESL ausdrücklich und gesondert vom übrigen Vertragstext erklären (Art. 8 GEKR-VO). Sie müssen außerdem vorab durch ein gesondertes Informationsblatt auf die Risiken und Gefahren ihrer Wahl aufmerksam gemacht werden (Art. 9 GEKR-VO). Eine flächendeckende Einbeziehung des CESL durch AGB wird dadurch unmöglich gemacht.

Drittens: Vorbehaltlich einer anderslautenden Entscheidung durch den Mitgliedstaat, dessen Recht auf dem Umweg über die Rom I-VO auf den Vertrag anwendbar ist,[100] soll das CESL nur für grenzüberschreitende Verbraucherverträge und Verträge mit KMU gelten, nicht dagegen für rein nationale Verträge und für solche unternehmerischen Verträge, an denen kein KMU beteiligt ist.

Dass mithin der gegenwärtige Stand des CESL-Vorschlags (wobei auf das materielle Recht hier gar nicht eingegangen werden konnte)[101] nicht zu überzeugen vermag, spricht selbstverständlich nicht gegen die *Idee* eines Gemeinsamen Europäischen Kaufrechts; allerdings ist zweifelhaft, ob die vielfältigen Mängel des Entwurfs sowohl der Anwendungsverordnung als auch des materiellrechtlichen Anhangs im weiteren Gesetzgebungsverfahren noch ausgemerzt werden können, so dass die Gefahr besteht, dass die mangelhafte praktische Umsetzung auch die Idee selbst beschädigt.

---

97 Stefan Grundmann, Kosten und Nutzen eines optionalen Europäischen Kaufrechts, AcP 212 (2012), S. 502, 518; Wagner (Anm. 93), ZEuP 2012, S. 458 ff.

98 Ausführlich Stadler (Anm. 96), AcP 212 (2012), S. 484 ff.

99 Vgl. näher Eidenmüller/Jansen/Kieninger/Wagner/Zimmermann (Anm. 93), JZ 2012, S. 275; a.A. Dirk Staudenmayer, Der Kommissionsvorschlag für eine Verordnung zum Gemeinsamen Europäischen Kaufrecht, NJW 2011, S. 3491, 3494.

100 Das ist die berühmte „Vorschaltlösung" des Kommissionsvorschlags, die die Anwendbarkeit des CESL zusätzlich verkompliziert, aber aus kompetenzrechtlichen Gründen von der Kommission gewählt wurde, dazu kritisch Eidenmüller/Jansen/Kieninger/Wagner/Zimmermann (Anm. 93), JZ 2012, S. 273 ff.; Stadler (Anm. 96), AcP 212 (2012), S. 475 ff.

101 Dazu insbesondere Stephan Lorenz, Das Kaufrecht und die damit verbundenen Dienstverträge im *Common European Sales Law*, AcP 212 (2012), S. 702-847.

Andere Grenzen optionaler Instrumente sind noch schwieriger zu überwinden: Das Privatrecht, einschließlich des Vertragsrechts, erschöpft sich nicht in Zweierbeziehungen. Schon bei alltäglichen Vorgängen wie der Einschaltung eines Stellvertreters oder der Abtretung einer vertraglichen Forderung kommen Dritte ins Spiel, die möglicherweise durch die Wahl eines optionalen Rechts, an der sie nicht beteiligt worden sind, benachteiligt werden.

Das lässt sich besonders gut am Beispiel der Abtretung zeigen: Angenommen, das CESL würde eines Tages um Regeln über die Forderungsabtretung ergänzt und Zedent und Zessionar würden für die Abtretung das optionale Instrument wählen. Nehmen wir weiter an, der Vertrag, dem die abgetretene Forderung entstammt, unterliege dem Recht am Wohnsitz des Drittschuldners. Nach Art. 14 Abs. 2 Rom I-VO sind die Vorschriften zum Schutz des Schuldners dem Recht zu entnehmen, unter dem er bei Vertragsschluss kontrahiert hat. Diese können nicht durch die Vorschriften einer anderen Rechtsordnung ersetzt werden, an deren Wahl der Drittschuldner nicht beteiligt war. Mit aller Klarheit formuliert VON BAR: Art. 33 Abs. 2 EGBGB (= Art. 14 Abs. 2 Rom I-VO) „beruht auf der einsichtigen Erwägung, daß Zedent und Zessionar die Rechtsstellung des Schuldners [...] nicht zu ihrer Disposition haben",[102] und STADLER[103] stellt fest: Art. 33 EBGBG bzw. Art. 12 EVÜ (heute: Art. 14 Abs. 2 Rom I-VO) „liegt der allgemein als gültig anerkannte Gedanke zugrunde, daß der Schuldner der abgetretenen Forderung durch die Zession in seiner Rechtsposition keine Verschlechterung erfahren darf."[104] Andererseits wäre ein optionales Abtretungsrecht, das nur im Verhältnis zwischen den Parteien, nicht aber gegenüber dem Drittschuldner gilt, nutzlos, geht es doch gerade darum, dass der Zessionar eine Forderung gegen den Schuldner erwerben will.

Optionale Instrumente sind damit kein Allheilmittel, können aber bei richtiger Ausgestaltung für bestimmte Rechtsgebiete eine Teillösung bieten. Die Geltung von *opt-in*-Instrumenten muss entweder strikt auf das Verhältnis der Parteien, die die Wahl getroffen haben, beschränkt bleiben, oder der Rechtsverkehr muss durch Registereintragung von der Geltung einer vom sonst anwendbaren, staatlichen Recht abweichenden optionalen Rechtsordnung informiert werden, wie dies etwa im Gesellschaftsrecht, im gewerblichen Rechtsschutz oder auch beim Wahlgüterstand[105] geschieht

---

102 CHRISTIAN VON BAR, Internationales Privatrecht, Bd. 2, Besonderer Teil, 1991, Rn. 565; DERS., Abtretung und Legalzession im neuen deutschen Internationalen Privatrecht, RabelsZ 1989, S. 462, 468.
103 ASTRID STADLER, Gestaltungsfreiheit und Verkehrsschutz durch Abstraktion, 1996, S. 698 f.
104 Der in der Diskussion zu diesem Vortrag von EICHENHOFER geäußerte Einwand, bei der Legalzession sehe die Rom II-Verordnung eine andere Lösung vor, geht fehl, denn auch Art. 19 Rom II-VO gestattet die Geltendmachung der Forderung des Gläubigers gegen den Schuldner durch den Dritten (d.h. in aller Regel eine Versicherung) nur „nach dem für deren Beziehung [gemeint ist die Beziehung zwischen Gläubiger und Schuldner, Anm. d. Verf.] maßgebenden Recht", ordnet also für das Verhältnis zum Drittschuldner ebenso die Geltung des Forderungsstatuts an wie Art. 14 Abs. 2 Rom I-VO.
105 Vgl. MARTINY (Anm. 90), ZEuP 2011, S. 590.

und wie es beispielsweise im Immobiliarsachenrecht (Stichwort „Eurohypothek")[106] möglich wäre.

V Soft-Law-Instrumente – Empfehlungen, Model Laws, Principles, „Gemeineuropäisches Privatrecht"

Jenseits des (gegebenenfalls nach Einwahl) bindenden Gemeinschaftsprivatrechts gibt es eine Fülle von Instrumenten, Regelwerken und wissenschaftlichen Projekten, die die Etablierung eines Europäischen Privatrechts im weitesten Sinn zum Ziel haben. Nimmt man die bindende Rechtsregel als Zielpunkt der Entwicklung und die rechtsvergleichende Bestandsaufnahme als notwendigen Ausgangspunkt, so bilden alle wissenschaftlichen Projekte, die zunächst nur der Verbreiterung des Wissens um die Gemeinsamkeiten und Unterschiede der mitgliedstaatlichen Privatrechte dienen (wie etwa das Trentiner „Common Core of European Private Law"-Projekt),[107] den Ausgangspunkt, die Empfehlungen der Kommission an die Mitgliedstaaten den Endpunkt, da sie häufig eine unmittelbare Vorstufe bindender Instrumente sind.

Dazwischen angesiedelt sind Regelwerke wie etwa die Principles of European Contract[108] (Tort[109], Family[110], etc.) Law oder der Draft Common Frame of Reference

---

106 MATHIAS HABERSACK, Die Akzessorietät – Strukturprinzip der europäischen Zivilrechte und eines künftigen europäischen Grundpfandrechts, JZ 1997, S. 857; OTMAR STÖCKER, Die Eurohypothek, 1992; HANS WEHRENS, Real Security Regarding Immovable Objects, in: Arthur Hartkamp/Martijn Hesselink/Edwoud Hondius/Carla Joustra/Edgar du Perron (Hrsg.), Towards a European Civil Code, 3. Aufl. 2004, S. 769 ff.; HANS WOLFSTEINER/THOMAS WACHTER, Die Eurohypothek – Grenzüberschreitende Kreditsicherung an Grundstücken im Europäischen Binnenmarkt, WM 1999, S. 49 ff.; STEFFEN KIRCHER, Grundpfandrechte in Europa, 2004; JOHANNES KÖNDGEN/OTMAR STÖCKER, Die Eurohypothek – Akzessorietät als Gretchenfrage?, ZBB 2005, S. 112 ff.; SERGIO NASARRE-AZNAR, The Eurohypothec: a common mortgage for Europe, The Conveyancer and the Property Lawyer 2005, S. 32 ff.; OTMAR STÖCKER, Die grundpfandrechtliche Sicherung grenzüberschreitender Immobilienfinanzierungen, WM 2006, S. 1941 ff.; GARY WATT, The Eurohypothec and the English Mortgage, MJ 13 (2006), S. 173 ff.

107 Überblicke bei REINHARD ZIMMERMANN, Die Europäisierung des Privatrechts und die Rechtsvergleichung (Schriftenreihe der Juristischen Gesellschaft zu Berlin, Heft 179), 2006, S. 30 ff.; WOLFGANG WURMNEST, Common Core, Grundregeln, Kodifikationsentwürfe, Acquis-Grundsätze – Ansätze internationaler Wissenschaftlergruppen zur Privatrechtsvereinheitlichung in Europa, ZEuP 2003, S. 714-744.

108 OLE LANDO/HUGH BEALE (Hrsg.), Principles of European Contract Law Parts I and II Combined and revised, 2000; OLE LANDO/ERIC CLIVE/ANDRÉ PRÜM/REINHARD ZIMMERMANN (Hrsg.), Principles of European Contract Law Part III, 2003.

109 THE EUROPEAN GROUP ON TORT LAW, Principles of European Tort Law – Text and Commentary, 2005.

110 KATHARINA BOELE-WOELKI/FRÉDÉRIQUE FERRAND/CRISTINA GONZÁLEZ BEILFUSS/MAARIT JÄNTERÄ-JAREBORG/NIGEL LOWE/DIETER MARTINY/WALTER PINTENS (Hrsg.), Principles of European Family Law Regarding Divorce and Maintenance Between Former Spouses, 2004.

(DCFR)[111], die zwar von keinem staatlichen Gesetzgeber autorisiert sind, aber doch in verschiedener Weise praktische Wirkung entfalten können, sei es als Hilfe bei der Auslegung von Verordnungen und Richtlinien, bei der Schaffung neuer Verordnungen und Richtlinien, bei der Reform des mitgliedstaatlichen autonomen Rechts oder schließlich kraft einer Wahl der Parteien, soweit dies kollisionsrechtlich, insbesondere in der Schiedsgerichtsbarkeit, möglich ist.

Interessant ist in diesem Zusammenhang ein Blick über den „großen Teich": In den USA liegt die Gesetzgebungskompetenz bekanntlich in den meisten Bereichen des Privatrechts bei den Einzelstaaten. Gleichwohl gibt es ein bemerkenswertes Maß an Rechtseinheit, jedenfalls in den für die Etablierung eines einheitlichen Wirtschaftraums relevanten Rechtsgebieten wie dem Vertrags-, Delikts-, Sachen- oder Gesellschaftsrecht. Ein Grund hierfür (neben anderen) sind *soft-law*-Instrumente, also Modellgesetze wie der Uniform Commercial Code und der Model Business Corporation Act, und die Restaments of the Law, die in Regelform den gemeinsamen Bestand des *Common Law* der Bundesstaaten wiedergeben, versehen mit Kommentaren zu Rechtsprechung und einzelstaatlicher Gesetzgebung. Die verschiedenen *Principles*-Projekte in Europa sind diesen *Restatements* nachempfunden. Die Erfahrungen in den USA lehren also, dass man Bestrebungen unterhalb der Ebene des bindenden europäischen „Gesetzes" keineswegs gering schätzen sollte.[112] Allerdings sind möglicherweise die Rahmenbedingungen für die Entwicklungen eines weitgehend einheitlichen Rechts durch nicht-bindende Rechtsinstrumente in den USA günstiger als in Europa, erinnert sei nur an die Unterschiede in den Punkten Sprache, national und gerade nicht einzelstaatlich orientierte Juristenausbildung und Rechtswissenschaft, *Common Law* als (abgesehen von Louisiana) einheitliche Basis des Privatrechts etc.

Bisher jedenfalls ist den wissenschaftlichen Regelwerken in Europa kein besonderer Erfolg in der Praxis beschieden gewesen. Der DCFR hat trotz des enormen Aufwands, mit dem er voran getrieben worden ist, bisher kaum Spuren in der europäischen Gesetzgebung hinterlassen. Die Verbraucherrechterichtlinie, um derentwillen auf die Wissenschaftler ein so enormer Zeitdruck ausgeübt wurde, ist vom DCFR praktisch unbeeinflusst geblieben; sie erschöpft sich vielmehr weitgehend in einem *copy and paste* der Haustür- und Fernabsatzrichtlinien. Ab und zu werden einzelne

---

111 Study Group on a European Civil Code/Research Group on the Existing EC Private Law (Acquis Group) (Hrsg.), Draft Common Frame of Reference (DCFR). Full Edition, Principles, Definitions and Model Rules of European Private Law, 2009. Vgl. aus der umfangreichen Literatur nur Horst Eidenmüller/Florian Faust/Christoph Grigoleit/Nils Jansen/Gerhard Wagner/Reinhard Zimmermann, Der Gemeinsame Referenzrahmen für das Europäische Privatrecht, JZ 2008, S. 529; Martin Schmidt-Kessel (Hrsg.), Der Gemeinsame Referenzrahmen, 2009; Thomas Pfeiffer, Methodik der Privatrechtsangleichung in der EU, AcP 208 (2008), S. 227, 232; Wolfgang Ernst, Der „Common Frame of Reference" aus juristischer Sicht, AcP 208 (2008), S. 248.
112 Vgl. Pfeiffer (Anm. 111), AcP 208 (2008), S. 232.

Bestimmungen des DCFR von mitgliedstaatlichen Gerichten[113] und den Generalanwälten beim EuGH[114] zur Rechtsfortbildung oder zur Auslegung von Unionsrecht herangezogen; im Übrigen ist das wissenschaftliche und praktische Interesse am DCFR stark abgeebbt.[115] Möglicherweise fehlt den verschiedenen europäischen *Principles*-Projekten bislang noch die Dignität, die bei den US-amerikanischen Schwestern aus ihrer jahrzehntelangen Existenz und ihrer institutionellen Verankerung im American Law Institute und in der National Conference of Commissioners on Uniform State Laws fließt. Seit einigen Jahren gibt es nun das European Law Institute als Dachorganisation.[116] Es bleibt abzuwarten, ob das ELI in einigen Jahrzehnten ähnliche Erfolge verbuchen können wird.

VI Fazit: Mit welchen Mitteln und auf welchen Gebieten lässt sich was für ein „Europäisches Privatrecht" erreichen?

Die Antwort muss differenzierend ausfallen:

1. In den Bereichen, in denen eine gegenseitige Anerkennung mitgliedstaatlicher Rechtsfiguren auf der Grundlage einer (Mindest-)Angleichung möglich ist, also im Gesellschaftsrecht oder auch im bisher von der Rechtsangleichung noch gar nicht berührten Mobiliarsicherungsrecht, ist der Erlass weiterer Harmonisierungsrichtlinien (im Gesellschaftsrecht z.B. in Bezug auf Kapitalschutz- und Haftungsfragen bei der GmbH und verwandten ausländischen Rechtsformen) durchaus sinnvoll, ergänzt um einheitliche Kollisionsregeln, die zur Anerkennung der Rechtslage im Herkunftsstaat verpflichten. Eine über den erreichten *acquis communautaire* hinausgehende,

---

113 Vgl. beispielsweise Sentencia Tribunal Supremo (STS) No. 149/2010, La Ley No. 7367 vom 23.03.2010 = ZEuP 2011, S. 422 (m. Anm. Carlos Gómez-Ligüerre).

114 Vgl. GA Trstenjak, Schlussanträge vom 07.05.2009 in der Rs. C-227/08 (Eva Martín Martín v. EDP Editores, S.L.), Rn. 51; siehe aber auch GA Trstenjak, Schlussanträge vom 18.02.2009 in der Rs. C-489/07 (Pia Messner v. Firma Stefan Krüger), Rn. 85: „Zu diesen Arbeiten und Regelungsvorschlägen [Vorschriften des DCFR, Anm. d. Verf.] ist anzumerken, dass sie zum Wertersatz für Nutzung auf einem anderen Konzept als dem des Kostentragungsausschlusses der Richtlinie 97/7 basieren. Abgesehen davon, dass sie aus meiner Sicht in der Praxis zu komplexen Abgrenzungsproblemen zwischen Prüfung/Probe und Gebrauch führen, die der Rechtssicherheit abträglich sind und letztlich dazu führen können, dass der Kauf im Fernabsatz für den Verbraucher weniger attraktiv ist, sind sie jedoch als reine Vorschläge für die Auslegung der in Kraft befindlichen Richtlinie nicht ergiebig."

115 Vgl. die Liste der Publikationen zum DCFR, abrufbar unter http://www.dcfr.uni-osnabrueck.de (letzter Zugriff: 18.02.2014), die nach einer Flut von Aufsätzen und Buchbeiträgen in den Jahren 2009 bis 2011 einen deutlichen Rückgang des wissenschaftlichen Interesses in 2012 und 2013 erkennen lässt.

116 Siehe http://www.europeanlawinstitute.eu (letzter Zugriff: 18.02.2014). Vgl. zu den Aufgaben des Instituts Reinhard Zimmermann, Challenges for the European Law Institute, Edinburgh Law Review 2012, S. 5.

weitere Angleichung des Verbrauchervertragsrechts durch Richtlinien ist demgegenüber kompetenzrechtlich und inhaltlich fragwürdig. Dass die existierenden Richtlinien auch über die bescheidenen Ansätze der Verbraucherrechterichtlinie hinaus der Überarbeitung und gegebenenfalls Zusammenführung bedürfen,[117] steht auf einem anderen Blatt und war hier nicht zu thematisieren.

2. Die europäische Vereinheitlichung des Internationalen Privat- und Prozessrechts ist ein zentraler Beitrag zur privatrechtlichen Fundierung des Binnenmarkts. Sie weist allerdings noch einige offene Flanken auf, darunter vor allem die fehlende Kodifikation des Gesellschaftskollisionsrechts, einschließlich der Bestimmungen zur Sitzverlegung. Auf manchen Gebieten ist die Vereinheitlichung des Kollisionsrechts allein nicht geeignet, Binnenmarkthemmnisse abzubauen, etwa im Mobiliarsicherungsrecht. Hier ist als Grundlage der Anerkennungspflicht nach einem Statutenwechsel auch eine Teilharmonisierung des materiellen Rechts notwendig. Im Übrigen gilt: Die Kollisionsrechtsvereinheitlichung ist allein nicht in der Lage, einen einheitlichen europäischen Rechtsraum zu schaffen, in dem sich grenzüberschreitende Transaktionen bzw. Rechtsverhältnisse nicht mehr von rein nationalen unterscheiden. Wer mithin das Kollisionsrecht als untaugliches Vehikel zur Schaffung internationaler Transaktionssicherheit kritisiert (STREIT, SCHMIDTCHEN), muss die Konsequenzen ziehen und kann nicht gleichzeitig dem Wettbewerb der Rechtsordnungen huldigen bzw. gegen europäische Rechtsvereinheitlichung polemisieren. Insgesamt ist abzuwägen: Mehr materielle Rechtseinheit würde die grenzüberschreitende, wirtschaftliche Betätigung vereinfachen, andererseits aber den Mitgliedstaaten Kompetenzen im Privatrecht nehmen. Die Grenzziehung im Einzelnen ist eine politische Entscheidung. Derzeit sieht es eher nicht nach einer Ausweitung der EU-Kompetenzen im Privatrecht aus. Daher sehe ich die Zukunft des Europäischen Privatrechts gegenwärtig stärker in einer Abrundung der Kollisionsrechtsvereinheitlichung, einschließlich des IZVR, als in der Schaffung europäischen materiellen Einheitsrechts unter Verdrängung nationalen Zivilrechts.

3. Optionale Instrumente können bei hoher inhaltlicher Qualität und richtigem Einsatz eine optimale Lösung darstellen, die einerseits Einheitsrecht für die grenzüberschreitende wirtschaftliche Betätigung schafft, andererseits aber Kompetenzeinschnitte für die Mitgliedstaaten vermeidet. Das Konzept stößt aber an seine Grenzen, wenn die optierten Regeln auch für Dritte gelten sollen und die Wahl nicht einer Registerpublizität unterliegt. Insgesamt besteht in diesem Bereich noch ein hoher Forschungsbedarf, auch was die Einwahlmodalitäten und das Verhältnis zum autonomen Recht der Mitgliedstaaten angeht.

4. *Soft-law*-Instrumente sind zur Vorbereitung von *hard law* unabdingbar. Ihr Einsatz *anstelle* bindender Rechtsinstrumente ist bislang in Europa keine Erfolgsgeschichte. Das mag sich in Zukunft ändern, auch infolge der durch das European Law Institute ermöglichten Verstetigung der rechtsvergleichenden Grundlagenforschung.

---

117 Dazu HORST EIDENMÜLLER/FLORIAN FAUST/HANS CHRISTOPH GRIGOLEIT/NILS JANSEN/GERHARD WAGNER/REINHARD ZIMMERMANN (Hrsg.), Revision des Verbraucher-*acquis*, 2011, *passim*.

Diskussion zum Vortrag
von Eva-Maria Kieninger

Leitung: Reinhard Zimmermann

ZIMMERMANN:
Vielen Dank für Deinen umfassenden und wunderbar anschaulichen Überblick über die verschiedenen Techniken zur Etablierung eines europäischen Privatrechts. Du hast uns gewissermaßen von Leonhard Matthias Grunkin-Paul bis zu Ole Lando mit seinen „Principles of European Contract Law" geführt – wir sind also von Dänemark bis Dänemark gelangt. Einen zusätzlichen Schlenker hätte man am Schluss vielleicht noch machen und fragen können: Welchen Beitrag kann eigentlich die Rechtswissenschaft leisten? Es gibt ja einige, die sagen: „Ein europäisches Privatrecht ohne eine europäische Privatrechtswissenschaft ist in Wasser geschrieben." Wer möchte Stellung nehmen und wer möchte Fragen stellen? Herr Starck.

STARCK:
Ich habe nur eine ganz kurze Frage: Gibt es nicht auch die Möglichkeit, Recht zu vereinbaren? Das geht natürlich nur dann, wenn Vertragsverhältnisse da sind, dann könnte man aber doch eine ausgewählte Rechtsordnung vereinbaren, oder?

KIENINGER:
Es gibt die Rechtswahlfreiheit im IPR, die auch immer mehr um sich greift. In den unternehmerischen Verträgen können die Partner eines Vertrages selbstverständlich das anwendbare Recht frei wählen. Sie sind auch nicht auf eine verbundene oder auf eine mitgliedstaatliche Rechtsordnung beschränkt, sondern können ganz frei wählen – und davon wird auch Gebrauch gemacht. Die Rechtswahlfreiheit erfährt im IPR gegenwärtig eine Ausdehnung. Sie gibt es jetzt auch vermehrt in Bereichen, in denen es sie früher nicht gab, also vor allem im Familien- und Erbrecht sowie im Deliktsrecht als nachträgliche Rechtswahl; nur im Sachenrecht sind wir noch nicht so weit. Im Gesellschaftsrecht gilt auch Rechtswahlfreiheit, denn in Deutschland tätige Unternehmen können die Rechtsform eines anderen EU-Mitgliedstaates wählen, beispielsweise eine Limited gründen, auch wenn sie überhaupt nicht vorhaben, in England tätig zu werden. Diese Möglichkeiten habe ich als selbstverständlich vorausgesetzt und mich mehr um die Grenzen gekümmert.

ZIMMERMANN:
Herr Stürner.

STÜRNER:
Vielen Dank. Ich möchte nur einen einzigen Punkt herausgreifen: Ich würde im Ergebnis zustimmen, dass die Kollisionsrechtsvereinheitlichung wahrscheinlich der eleganteste und beste Weg ist, das Ganze auf ein besseres Niveau zu bringen. Was die

optionalen Instrumente angeht, die rechtspolitisch große Konjunktur haben – auch im Verfahrensrecht gibt es ja eine Reihe von einschlägigen Verordnungen: Man macht sich vielleicht nicht genügend Gedanken über die Konsequenzen. Das gemeinsame Kaufrecht ist ein optionales Instrument und die Kommission hält es für die allerbeste Lösung, die es gibt, weil man den Mitgliedstaaten nichts aufdrängt. Aus der Sicht der Kommission ist das optionale Instrument überhaupt kein Problem, auch kompetenziell, weil die mitgliedstaatlichen Rechtsordnungen unangetastet bleiben. Was man vielleicht nicht genügend bedacht hat: Hier wird ein Paradigmenwechsel herbeigeführt; es handelt sich nicht mehr um eine schlichte Harmonisierung durch ein optionales Instrument, wie wir es auch schon an anderen Stellen haben, sondern wir sind im Bereich des Kernvertragsrechts und haben die gesamte Bandbreite eines Vertragsrechts in diesem optionalen Instrument. Das bringt materiellrechtlich viele Konsequenzen: Zum Beispiel muss bei der Klauselkontrolle das gemeinsame Kaufrecht auch dann, wenn es nicht gewählt wird, berücksichtigt werden, wenn der EuGH eine Auslegungsfrage zum Begriff der Missbräuchlichkeit im Rahmen der Klauselrichtlinie zu entscheiden hat, weil das gemeinsame Kaufrecht einen Maßstab beinhaltet, der das dispositive Recht – das, was also aus europäischer Sicht als fair und angemessen betrachtet wird – festlegt. Zweiter Punkt: Wenn das gemeinsame Kaufrecht ein Erfolg werden sollte – da kann man Zweifel haben, aber wenn es ein Erfolg wird –, dann wird das auf den EuGH zurückfallen. Er muss dann nämlich enorm viele Fälle entscheiden, was er gar nicht kann, weil er erstens kein Privatrechtsgericht ist und weil er zweitens die Masse der Fälle, die er bräuchte, um das neue Kaufrecht zu entwickeln, überhaupt nicht bewältigen kann. Dritter Punkt: Die Kommission hat das Ganze flankiert durch den massiven Einsatz von *alternative dispute resolution*. Die Kommission erhofft sich, dass sie durch alternative Streitschlichtung eine Vielzahl von Fällen von der staatlichen Gerichtsbarkeit zu privaten oder staatlich eingerichteten Schlichtungsstellen verlagert. Diese Schlichtungsstellen können aber auf keinen Fall das gemeinsame Kaufrecht weiterentwickeln, dazu sind sie nicht berufen und auch gar nicht geeignet, denn die Schlichter müssen ja nicht einmal Juristen sein. Diese Schlichter sollen – das ist in der Richtlinie wohl auch so angelegt – Rechtsfälle, die schwierige oder ungeklärte Rechtsfragen enthalten, von vornherein ablehnen. Damit steuern wir aber in eine Sackgasse, denn konsequenterweise müssten die Schlichtungsstellen dann fast jeden Fall zum gemeinsamen Kaufrecht ablehnen. Das sind nur drei Beispiele dafür, dass das optionale Instrument wunderbar klingt, aber es in der Praxis wahrscheinlich viel komplizierter wird, als man sich das vorgestellt hat.

KIENINGER:
Dem kann ich im Wesentlichen nur zustimmen, vielleicht zu allem ein paar ganz kurze Bemerkungen. „Kompetenziell kein Problem" – das sehe ich ein bisschen anders.

STÜRNER:
Sagt Brüssel.

KIENINGER:

Ja, sagt Brüssel, das ist richtig. Aber es ist vielleicht erwähnenswert, dass das Common European Sales Law (CESL) auf die Binnenmarktkompetenz nach Art. 114 AEUV gestützt wird, die ja von der „Angleichung" der Rechtsordnungen der Mitgliedstaaten spricht. Und unter „Angleichung" fällt meines Erachtens eben nicht die Schaffung supranationaler Instrumente. Es kommt nicht von ungefähr, dass andere supranationale Rechtstexte bzw. Institutionen – etwa die SE-Verordnung und auch die Genossenschaft – gerade nicht auf Art. 114 AEUV gestützt worden sind, sondern auf die Kompetenzabrundungsklausel. Natürlich weiß die Kommission genau, warum sie Art. 114 AEUV und nicht die Kompetenzabrundungsklausel genommen hat: wegen des Einstimmigkeitsprinzips. Zusätzlich muss der deutsche Vertreter noch abwarten, bis der Bundestag zustimmt – ähnlich vielleicht in anderen Mitgliedstaaten. Aber Art. 114 AEUV ist meines Erachtens nicht die richtige Kompetenzgrundlage und möglicherweise wird der EuGH das der Kommission auch einmal irgendwann deutlich sagen.

Stichwort Klauselkontrolle: Wenn ich Dich richtig verstanden habe, würdest Du sagen, dass die Generalklausel der AGB-Richtlinie – Artikel 3 der AGB-Richtlinie – mehr oder weniger § 307 BGB entspricht, also in etwa: „Was wider Treu und Glauben ist, kann nicht wirksam in AGB vereinbart werden." Das muss der Richter aber erst von Fall zu Fall herausfinden und da gibt es eine ausziselierte Rechtsprechung in Deutschland, die sich im Wesentlichen am Maßstab des dispositiven Rechts orientiert. Wenn ich Dich richtig verstanden habe, würdest Du sagen, dass der EuGH in Zukunft als Maßstab anstatt des unvereinheitlichten mitgliedstaatlichen Rechts, was an sich anwendbar wäre, auf das CESL zurückgreifen könnte. Und zwar nicht nur hinsichtlich der Klausellisten – der grauen und schwarzen Liste im CESL –, sondern auch und vor allem darüber hinaus als Ausdruck einer fairen, gerechten, europäischen Vertragsrechtsordnung.

STÜRNER:

Ja.

KIENINGER:

Das kann man vertreten, ich habe Ähnliches auch schon vertreten. Aber das ist überhaupt nicht Allgemeingut. Die Frage ist, ob man eine weiter reichende Vertragsrechtsvereinheitlichung über die Generalklausel der AGB-Richtlinie erreichen kann, als in diesem schmalen Anwendungsbereich des CESL politisch gewollt ist. Das wäre natürlich schon Rechtsangleichung durch die Hintertür.

ZIMMERMANN:

Und es kommt dann noch hinzu, dass nicht die gesamte Bandbreite des Vertragsrechts dort abgebildet wird, da gibt es erhebliche Lücken.

KIENINGER:

Das kommt auch noch dazu; und wie viel es dann wirklich nutzen würde, das ist eine heikle Frage.

Zu den vielen Fällen beim EuGH: Das sehe ich genauso. Man müsste, wenn das CESL wirklich Erfolg hat und Hunderte von Fällen zum EuGH kommen, organisatorische Reformen durchführen. Und zu den Schlichtungsstellen: Da möchte ich Dir völlig zustimmen.

ZIMMERMANN:
Christiane Wendehorst.

WENDEHORST:
Also zunächst ganz herzlichen Dank für diesen wunderbaren Vortrag, dem ich nur voll zustimmen kann. Meine Frage: Wo liegen jetzt genau die Probleme oder besser gesagt: Welche Probleme optionaler Instrumente können wir in den Griff bekommen und welche können wir strukturell nicht in den Griff bekommen? Ich persönlich sehe auch eine der ganz großen Schwierigkeiten in der Überlastung des EuGH. Demgegenüber hätte ich jetzt gesagt, dass das Problem der Drittwirkung – vergleiche Deine These 6 – meistens doch irgendwie in den Griff zu bekommen ist. Nehmen wir Dein Beispiel zum Abtretungsrecht: Der Zessionar muss es sich doch auch gefallen lassen, wenn Zedent und Schuldner das Recht von Venezuela oder von Namibia gewählt haben, warum soll es dann so ein großes Problem sein, wenn die zwei das CESL gewählt haben? Oder hast Du Deine Ausführungen bezogen auf das für das Verhältnis zwischen Zedent und Zessionar geltende Recht? Vielleicht könntest Du das noch einmal spezifizieren? Und dann noch die weitere Frage: Wie viel ist einfach durch eine bessere Rechtsetzungstechnik, durch *sophisticated solutions* lösbar, sodass die optionalen Instrumente am Ende vielleicht doch ein wenig optimistischer zu sehen wären als es in Deiner Schlusszusammenfassung herauskam?

KIENINGER:
Beim Abtretungsrecht sehe ich das Problem darin: Das CESL schließt zwar das Abtretungsrecht momentan nicht ein, aber nehmen wir an, das CESL würde in 20 Jahren ein neues Kapitel über das Abtretungsrecht bekommen und Zedent und Zessionar würden das CESL wählen. Dann müssten sie das durch ein *Opt-In* ihrem Abtretungsvertrag zugrunde legen. Mein Problem ist der Drittschuldner. Denn die beiden treten eine Forderung gegenüber dem Drittschuldner ab und der ist an der Abtretung nicht beteiligt. Er wird vielleicht hinterher durch eine Abtretungsanzeige informiert, aber er ist an der Abtretung selbst nicht beteiligt. Wenn jetzt diese Forderung nicht dem CESL unterliegt, sondern einer nationalen Rechtsordnung, dann ist jedenfalls nach gängigen Vorstellungen im IPR die Beziehung des Zessionars, des Erwerbers der Forderung, zum Drittschuldner vom Recht der abgetretenen Forderung, vom Forderungsstatut, beherrscht. Wenn also in Deinem Beispiel die Forderung namibischem Recht unterliegt, dann müssen die Schuldnerschutzvorschriften – an wen kann der Drittschuldner mit befreiender Wirkung leisten, kann er noch aufrechnen, kann er anfechten? – weiterhin dem namibischen Recht unterliegen und nicht dem CESL. Das ist meines Erachtens eine Hürde, die man durch ein *Opt-In*-Instrument nicht

überspringen kann, durch ein *Opt-Out*-Instrument aber möglicherweise schon. Nach dem UN-Forderungsabtretungsübereinkommen, das nicht einem solchen *Opt-In*-Mechanismus folgt, kann dem Schuldner, der in einem Vertragsstaat sitzt, angesonnen werden, dass für ihn auch die Schuldnerschutzvorschriften des Abtretungsrechts dieses Vertragsstaats, Abteilung internationale Abtretungen, anwendbar sind. Aber in einem rein optionalen Instrument habe ich Probleme damit, dem Drittschuldner einfach zu sagen: „Die Parteien haben in einem Vertrag, an dem du nicht beteiligt gewesen bist, ein anderes Recht gewählt, die Vorschriften zu deinem Schutz unterliegen jetzt diesem Statut." Das widerspricht jedenfalls allen gängigen Vorstellungen über kollisionsrechtliche Gerechtigkeit.

Ich muss jetzt noch kurz auf das Mobiliarsicherungsrecht zu sprechen kommen – ein Gebiet, für das es auch akademische Vorschläge für weitere optionale Instrumente gibt. Da sagt man, es sei ja unerträglich, wenn schon im Verhältnis von Deutschland zu Österreich die Österreicher die deutsche Sicherungsübereignung nicht anerkennen, weil sie gegen die österreichischen Pfandrechtsvorschriften verstößt. Wenn also ein sicherungsübereigneter Gegenstand nach Österreich gelangt und dort gepfändet wird, dann ist das Sicherungseigentum untergegangen – eigentlich unerträglich in einem gemeinsamen Markt. Eine Lösungsmöglichkeit bestünde in der Schaffung eines supranationalen europäischen Sicherungsrechts, das allerdings wegen des in vielen Mitgliedstaaten sehr viel stärker verankerten Publizitätsgrundsatzes registrierungspflichtig sein müsste. Als Vorbild wird häufig die UNIDROIT Kapstadt-Konvention 2001 über internationale Sicherungsrechte an beweglichen Ausrüstungsgegenständen genannt. Die dort vorgesehenen Bestimmungen zur Registrierung und zum Verhältnis des internationalen Sicherungsrechts zu gegebenenfalls unregistrierten nationalen Rechten passen aber nicht für Mobilien jeder Art. Hier sehe ich auch eine Grenze des optionalen Instruments.

ZIMMERMANN:
Ein Weg zum europäischen Privatrecht führt ja vielleicht auch über Wien, über das vor zwei Jahren gegründete European Law Institute, dessen Vizepräsidentin hier spricht. Jetzt Herr Eichenhofer.

EICHENHOFER:
Wenn wir schon bei der Zession sind, wollte ich zunächst eine Vorfrage stellen und dann noch eine Gegenthese zu Ihrer These 2 formulieren. Vorfrage: Beim gesetzlichen Forderungsübergang, bei der *cessio legis*, haben wir in der Rom II-Verordnung Regeln, wonach das Zessionsgrundstatut auch das Schicksal der abgetretenen Forderung regelt. Das Versicherungsvertragsrecht sagt: Die Deliktsforderung, die dem Geschädigten zukommt, geht auf die Versicherung über, wenn das Opfer durch die Versicherung entschädigt wird – das ist die Grundregel. Schuldnerschutz wird in Zessionen regelmäßig gewährleistet, sodass das Bedenken, das Sie vortragen, der Schuldner werde nur dann geschützt, wenn sich der Schutz nach dem Recht bemisst, das auf die Forderung, die übergeht, anzuwenden ist, unter diesem Aspekt nicht ein-

leuchtet. Das heißt, bei den Fällen des gesetzlichen Forderungsübergangs meinen wir, dass auch bei Beurteilung der Zession insgesamt nach dem Zessionsgrundstatut der Schuldnerschutz hinreichend gewährleistet wäre. Was bedeutet das für das vertragliche Zessionsrecht? Das wäre die erste Frage.

Die zweite Frage betrifft Ihre These 2, die ich persönlich nicht teile. Ich bin nicht der Meinung, dass der Versuch, harmonisiertes Verbraucherschutzrecht zu schaffen, an Art. 6 Rom I-Verordnung scheitert, weil ich glaube, dass man diese kleinen Lehrbuchbeispiele – Widerrufsfrist von 7 Tagen statt 14 Tagen – in den Griff bekommt. Was mich zu dieser These veranlasst, ist das Parallelproblem im Arbeitsrecht: Nach Art. 8 Rom I-Verordnung wird der Arbeitnehmerschutz kollisionsrechtlich dadurch gesichert, dass dem Arbeitnehmer das Recht des Beschäftigungsortes nicht entzogen werden kann. Dieser Prozess ist begleitet durch eine sehr starke Angleichung des europäischen Arbeitsschutzrechts. Dann ist die kollisionsrechtliche Frage hinfällig, wenn das anzuwendende Recht weitgehend gleich ist oder wenn die Unterschiede, die es gibt, zwar vorhanden, aber erträglich sind. Denn die kollisionsrechtliche Regel des Art. 6 Rom I-Verordnung rückt ja doch den Aspekt in den Mittelpunkt, zu sichern, dass das dem zu Schützenden – sei es der Verbraucher, sei es der Arbeitnehmer – vertraute Recht zur Anwendung kommen soll, damit er nicht in das Ungemach der Anwendung fremden Rechts hineinkommt; das ist ihm nicht zuzumuten. Das ist das Argument. Wenn aber die Differenzen in den Schutzrechten europäisch angeglichen wurden – das trägt die Diskussionen um das Verbrauchsgüterrecht, die Schuldrechtsmodernisierung und die Vereinheitlichung des europäischen Verbraucherkreditrechts –, dann ist das erträglich. Das heißt, die Differenzen sieht man, aber sie sind nicht so dramatisch, dass man sagen könnte, diese Tendenz sollte zurückgedrängt werden. Denn aus der Sicht des Unternehmens ist natürlich die europäische Privatrechtsfreiheit zumindest verkehrserleichternd: Wenn ein Unternehmen, das in 28 EU-Staaten exportiert, sich auf ein mehr oder minder gleiches Verbraucherschutzniveau einstellen kann, dann ist das auch eine Ressource – die Ökonomen haben da nicht ganz Unrecht –, auf die man bauen sollte und die der Binnenmarkt für meine Begriffe geradezu braucht.

KIENINGER:
Ich bin ja auch nicht dafür eingetreten, den bestehenden *acquis communautaire* zurückzuschrauben und abzuschaffen. Ich habe mich nur skeptisch zu dem Vorhaben geäußert, den bisherigen Weg endlos fortzuschreiben und immer weitere Bereiche mit diesen sehr detaillierten Harmonisierungsrichtlinien zu überziehen. Ich denke, dass es mittlerweile wirklich auch ein Kompetenzproblem gibt. Die Frage ist, ob die arbeitsrechtliche Situation hier eins zu eins auf das Verbraucherschutzrecht zu übertragen ist. Bei den Widerrufsfristen habe ich ja selbst gesagt, dass das Problem durch die Verbraucherrechterichtlinie gelöst ist. Im Übrigen, wenn es so wäre, wie Sie sagen, nämlich dass die Unterschiede zwischen den mitgliedstaatlichen Umsetzungsvorschriften praktisch nicht vorhanden sind, dann frage ich mich, warum der

politische Widerstand aus den Mitgliedstaaten so enorm hoch war, dass die vollharmonisierende Verbraucherrechterichtlinie im Rat gescheitert ist. Das war doch genau der Punkt. Man wollte sich nicht die Felder rauben lassen, auf denen die Mitgliedstaaten bislang über die Mindestharmonisierung hinausgehen. Und für so marginal halte ich das übrigens nicht; nehmen Sie ein banales Beispiel im Kaufrecht: Seit der Verbrauchsgüterkaufrichtlinie und der Schuldrechtsreform hat der Verkäufer in Deutschland das Recht der zweiten Andienung, er darf also erst einmal nacherfüllen oder reparieren; die sofortige Wandlung gibt es nicht mehr. In England ist das anders, in England kann der Käufer nach wie vor sofort wandeln und sein Geld zurückverlangen. Das ist zum Beispiel für einen Unternehmer, der seine Produkte online vertreibt, relevant. Das Widerrufsrecht fängt zwar vieles auf, weil sich Mängel meistens innerhalb der Zweiwochenfrist zeigen, aber es gibt manche Mängel, die zeigen sich auch erst nach zwei Wochen. Ich kann daher Ihrem Transfer vom Arbeitsrecht auf das Verbraucherschutzrecht schon aus empirischer Sicht nicht ganz zustimmen und ich halte Art. 6 Abs. 1 Rom I-Verordnung tatsächlich nicht für eine Marginalie. Die Rechtswahlfreiheit für die Unternehmen, Art. 6 Abs. 2 Rom I-Verordnung, existiert praktisch nicht, so dass sich die Unternehmen auf die verschiedenen Umsetzungsgesetze in den Mitgliedstaaten einstellen müssen. Viele tun es sicher nicht und vertrauen darauf, dass nichts passieren wird, und das ist auch in den meisten Fällen richtig. Aber wenn sie rechtlich beraten werden, müssten sie im Prinzip darauf hingewiesen werden, dass unterschiedliche Verbraucherrechte gelten. Ich hätte nichts gegen die volle Harmonisierung, aber die ist im Moment politisch nicht zu machen.

Über Ihre Bemerkung zur Übertragung der gesetzlichen Zession auf die vertragliche Zession müsste ich noch einmal nachdenken. Im Bereich der vertraglichen Abtretung ist es unangefochten, dass im Verhältnis zum Schuldner das Forderungsstatut, Art. 14 Abs. 2 Rom I-Verordnung, gilt. Den Unterschieden zur *cessio legis* müsste ich noch einmal nachgehen.[1]

ZIMMERMANN:
Die letzten drei Diskussionsbeiträge fassen wir jetzt zusammen. Herr Paulus.

PAULUS:
An diese Diskussion will ich anschließen und noch einmal danach fragen, welche Strategie dahinter steht. Sind CESL und so weiter nicht doch Teil eines Strategiewechsels? Bisher haben wir Teilharmonisierungen, die allmählich in Vollharmonisierungen wachsen. Ich beobachte das im Urheberrecht, seitdem ich im BVerfG bin, und wir haben damit auch schon unsere Probleme gehabt, wenn man etwa an die Werkdefinition denkt, die große Aufregung hervorgerufen hat, als der EuGH anfing, das zu tun, was man gerade in der Mindestharmonisierung bewusst gelassen hatte. Also bisher sah man folgende Strategie: Man fing mit den Richtlinien an und die Mindest-

---

1 Siehe EVA-MARIA KIENINGER, Rechtstechniken zur Etablierung eines Europäischen Privatrechts, in diesem Band, S. 244, Anm. 104.

und Teilharmonisierung wuchs allmählich in eine Vollharmonisierung hinein. CESL scheint jetzt der umgekehrte Weg zu sein: Man setzt eine Vollharmonisierung auf und wartet nur mit der Einführung sozusagen ein bisschen, indem man sie erst einmal optional macht. Vielleicht machen wir den Fehler, dass wir immer aus der sehr aus-differenzierten deutschen Rechtsperspektive schauen. Wenn wir in andere, vielleicht auch in kleinere Mitgliedstaaten, die nicht unbedingt eine so ausformulierte Rechts-ordnung haben, schauen, dann sind diese ganz froh, wenn aus Europa eine Rechts-masse kommt, die Lösungen vorschlägt, die unter Umständen günstig sind. Und wenn sich das dann in diesen Mitgliedstaaten etwas entwickelt hat, kommt irgend-wann doch die Keule des Art. 114 AEUV. Und man könnte auch sagen, CESL fällt unter Art. 114 AEUV, weil es die mildere Maßnahme gegenüber einer sofortigen Vollhar-monisierung darstellt. Natürlich kann in einem einheitlichen Binnenmarkt immer ein Grund für Rechtsvereinheitlichung gefunden werden: Da sind unter Umständen mit den Unternehmen auch Lobbys vorhanden, die sagen: „Wir wollen das in ganz Europa, damit wir gleiche Rechte haben, weil uns dann das Leben sehr vereinfacht wird." Die Frage wäre: Was kann man einer solchen Strategie entgegensetzen – oder sollte man das überhaupt?

ZIMMERMANN:
Herr Oestmann.

OESTMANN:
Mir ist aufgefallen im Vergleich zu Frau Schumann, dass Ihr Vortrag einerseits sehr unterhaltsam war, aber sehr, sehr technisch – und bei Frau Schumann gab es diesen Fortschrittsoptimismus: Da gibt es Leute, die wollen irgendwie Vereinheitlichung, und es fehlt hinterher an der technischen Umsetzung, wenn diese Rechtsprechung ausstrahlt. Bei Ihnen war es von der Anlage des Vortrags eher umgekehrt. Sie haben uns diese ganzen Mechanismen vorgestellt und zum Schluss gesagt: „Na ja gut, ob ich das wirklich will, weiß ich eigentlich selbst nicht." Da würde ich das Stichwort von Herrn Zimmermann aufgreifen: die Wissenschaft. Ist das nicht auch eine Methode zur Privatrechtsvereinheitlichung, dass man historische Rückversicherung betreibt und sich auf die Grundlagen der europäischen Rechtstraditionen bezieht und viel-leicht ein bisschen langsamer ein Fundament schafft, um zu wissen, wo sich Verein-heitlichung lohnt oder nicht? Es gab das Schlagwort vom Neopandektismus. Das war am Anfang sehr negativ besetzt, etwa bei PIO CARONI. Aber ist das nicht im Grunde genommen eine Methode, die vielleicht gar nicht so schlecht ist? Auf der Grundlage einer Rückvergewisserung, wo sich das materiell anbietet und wo nicht, hätte man vielleicht eine viel bessere Prognose, zu sagen, welche technischen Möglichkeiten sich bewahrheiten. Bei Ihnen war mir das alles sehr stark auf Gesetzgebung und auf Technik konzentriert.

ZIMMERMANN:
Und schließlich Herr Schorkopf.

SCHORKOPF:

Frau Kieninger, nicht nur Bürger und Unternehmen wählen Rechte oder stehen vor der Option, Recht zu wählen, sondern auch die Staaten tun es. In der Eurokrise sehen wir – einige haben es noch in Erinnerung –, dass die Eurostaaten eine Aktiengesellschaft luxemburgischen Rechts gegründet haben, die englisches Recht anwenden soll: diese Rettungsfaszilität, die noch da ist neben dem ESM und die auch die Hauptlast der Insolvenzsicherung für einige Staaten betreibt. Ihr Vortrag und dieses Beispiel bringen mich darauf, unter Einbeziehung des Eindrucks auch von Herrn Oestmanns rechtshistorischem Zugang, ob wir nicht im Grunde jetzt mit diesem Strategiewechsel vor einer Pluralisierung des Rechts stehen. Es entsteht Pluralisierung, indem ein Wettbewerb inszeniert wird, der natürlich etwas ungleich ist, weil die Kommission beziehungsweise die europäischen Unionsorgane andere Instrumente haben als die Mitgliedstaaten; indem man schaut, wie die Interessen der Beteiligten – das sind nicht nur die Bürger, Unternehmen, sondern auch die Staaten – in diesen Wettbewerb eintreten. Haben wir nicht einen großen Rückschritt – so will ich das nicht nennen, weil das auch etwas Theologisches hat –, aber doch eine Rückkehr zu einer Entterritorialisierung, während wir vorher etwa mit dem EGBGB doch eine mit dem Nationalstaat verbundene Territorialisierung der Rechtsanwendung hatten?

ZIMMERMANN:

Eva-Maria, Dein Schlusswort.

KIENINGER:

Zunächst darf ich auf die schriftliche Fassung meines Referats verweisen. Da gehe ich natürlich auf die rechtsvergleichende Fundierung stärker ein; ich habe hier sehr viel übersprungen, um in einer Dreiviertelstunde fertig zu werden.

Zu den Fragen: Leitet das CESL einen Strategiewechsel ein? Die Prognosen sind schwierig, besonders wenn es um die Zukunft geht – da wissen wir tatsächlich nicht, wohin die Reise geht. Im Moment ist es politisch so, dass der Anwendungsbereich des CESL, der im Kommissionsvorschlag ohnehin schon sehr eng definiert war, noch weiter zurückgefahren wird; es sollen jetzt nur noch Fernabsatzverträge erfasst werden. Ich habe daher eher die Befürchtung, dass das CESL in der Praxis keine Verwendung finden wird – und dann ist diese wirklich gute Idee eines optionalen Instruments erst einmal tot. Das wäre eher meine Befürchtung, als dass die EU-Kommission irgendwann – so wie sie es bei Empfehlungen häufig tut – sagt: „Die Mitgliedstaaten haben das nicht richtig umgesetzt und beherzigen das gar nicht und daher machen wir eine bindende Verordnung." Aber wie gesagt, ich traue mir nicht zu, diese Entwicklung vorherzusehen.

Zu Herrn Oestmann: Sie haben mich natürlich komplett durchschaut. Wenn ich dieses Thema vor zehn Jahren behandelt hätte, hätte dieser Vortrag ganz anders ausgesehen. Unter dem Eindruck dessen, was in Brüssel tatsächlich geschieht, wie dort Gesetzgebung läuft, mit welchen unsachlichen Argumenten dort Lösungen entwickelt werden, werde ich immer skeptischer gegenüber der europäischen Privatrechtsangleichung. Richtig ist natürlich, dass wir ein rechtsvergleichendes Fundament brauchen und dass das in den letzten Jahren sehr viel breiter geworden ist – auch durch den Draft Common Frame of Reference (DCFR) und durch die Forschungen in vielen einzelnen Wissenschaftlergruppen. Diese Arbeit kann man noch lange fortsetzen und intensivieren und dann kommen sicher auch bessere Regelungsvorschläge heraus, als wir sie momentan haben. Die Frage ist aber: Wann sagt man: „Jetzt ist es gut und jetzt machen wir ein Gesetz"? Beim DCFR ist sicher der große Zeitdruck ein Problem gewesen – einen Entwurf für ein europäisches Vermögensrecht innerhalb von drei Jahren vorzulegen, das war Wahnsinn, und die Fehler sind ja auch zahlreich.

Zur Frage des Wettbewerbs der Rechtsordnungen, der Rückkehr zu einer Entterritorialisierung und dem Stichwort *law beyond the state*: Wettbewerb der Rechtsordnungen ist auch ein Thema, das ich nicht behandelt habe, was man aber natürlich behandeln muss: Braucht man überhaupt einen staatlichen Eingriff, muss man harmonisieren oder optionale Instrumente kreieren oder gleicht sich das nicht alles von selbst an, dadurch dass die Staaten oder die Akteure das ihnen passende Recht für die Einzeltransaktion wählen? Da muss man sagen, dass der Wettbewerb voraussetzungsvoller ist, als man häufig denkt, vor allem auch auf Staatenseite: Es muss bei diesem Wettbewerb für den Staat auch ein *incentive* geben, sein Recht zu verändern und dann allmählich anzugleichen. In Einzelpunkten haben wir das bei den Mindestkapitalausstattungen für die GmbH beobachtet, in anderen Punkten sind solche Annäherungstendenzen nicht erkennbar. Aber das wäre ein eigener mindestens 45-minütiger Vortrag gewesen.

ZIMMERMANN:
Gut, bevor ich jetzt zurückgebe an unsere Gastgeberin, darf ich Dir noch einmal im Namen aller hier sehr herzlich danken.

Abschlussdiskussion

Leitung: Eva Schumann

Schumann:

Meine Damen und Herren, ich möchte drei Komplexe herausgreifen, die jeweils mehrere Vorträge betreffen, und schlage vor, dass wir diese hintereinander diskutieren.

Der erste Komplex betrifft eine Frage, die gestern schon aufgeworfen wurde: Ist es noch zeitgemäß, an dem Souveränitätsbegriff festzuhalten, beziehungsweise beschreibt dieser nur noch einen idealtypischen Zustand? Daran anknüpfend lässt sich fragen: Wie gehen wir mit der Verselbstständigung von Institutionen und Prozessen um? Haben wir juristische Kategorien zur angemessenen Einordnung dessen, was gerade auf der europäischen Ebene passiert? Und gibt es Instrumente, um den Prozess rechtlich besser zu steuern bzw. die Entwicklung wieder einzugrenzen?

Zum zweiten Komplex: In fast allen Vorträgen wurden rechtliche Verdichtungs- und Überlagerungsprozesse angesprochen; gerade kam noch einmal das Stichwort der Pluralisierung von Recht auf und gestern haben wir mit Rechtszersplitterung und Rechtsvielfalt angefangen. Daran schließen sich zwei Fragen an: Sind die Rechtsetzungsprozesse noch transparent? Und brauchen wir hier mehr Transparenz, um auch die Rechtsschutzmöglichkeiten möglichst effektiv zu gestalten?

Der dritte Komplex geht von der Frage aus: Wie gehen wir mit der zunehmenden Rechtsfortbildung durch europäische Gerichte in den nationalen Rechtsordnungen um? Führt die europäische Rechtsfortbildung zu einem Bedeutungsverlust des demokratisch legitimierten nationalen Gesetzgebers? Daran anknüpfend könnte man dann noch fragen: Welche Stellung hat die Rechtswissenschaft in diesem Vorgang? Brauchen wir eine europäische Rechtswissenschaft? Auch das ist mehrfach angeklungen.

Schließlich könnte man zu allen drei Komplexen zusätzlich die Frage stellen: Welche nationalen Strategien sollten wir verfolgen?

Ich möchte mit dem ersten Komplex anfangen, also mit der Frage nach der Verselbstständigung von Institutionen und Prozessen. Wie gehen wir damit um, haben wir schon juristische Kategorien dafür oder welche Instrumente stehen zur Verfügung, um das Ganze stärker zu steuern?

Ich darf um Wortmeldungen bitten. Herr Paulus.

Paulus:

Sie haben angefangen mit dem Begriff der Souveränität und haben mit der Frage geendet, ob wir die Ausdifferenzierung irgendwo stoppen können. Auf das Letztere ist die Antwort ganz klar: Nein, ich glaube nicht, dass das geht, jedenfalls nicht in Europa. Auch wenn man sich die Versuche in den Vereinigten Staaten ansieht, dann glaube ich, dass sich bestimmte Bereiche verselbstständigen und so von einer globalisierten Welt, von Vernetzungen, abhängig sind, dass das nicht gehen wird. Die Frage, die Sie dann zu Recht gestellt haben: Was bleibt von der Souveränität? Von der Souveränität bleibt die Korrelation mit der Demokratie. Solange der nationale Raum in den meisten Teilen der Welt der Primärraum der Demokratie ist, solange muss versucht werden, Rückbindungen herzustellen, und das ist eine ganz wesentliche Aufgabe. Die Ausdifferenzierung lässt sich dadurch gestalten, aber ganz bestimmt lässt sie sich nicht zurückschrauben.

SCHUMANN:
Herr Schönberger.

SCHÖNBERGER:
Ich möchte auf einen Aspekt aufmerksam machen, der bislang nicht so stark im Vordergrund gestanden hat, nämlich, dass das häufig auch Wettbewerbe zwischen sehr unterschiedlichen Funktioneliten und juristischen Eliten sind, dass also diese Verselbstständigungsprozesse häufig auch mit ganz anderen Kommunikationsebenen verbunden sind. In den Diskussionen ist mehrfach angeklungen, dass wir eine bestimmte deutsche Tradition des Dialogs von Gerichten und Rechtswissenschaft haben. Wir suchen dann häufig das Äquivalent auf den jeweiligen übergeordneten Ebenen und sind überrascht, wenn es dieses Äquivalent nicht gibt. Ein wichtiger Aspekt in der ganzen Analyse wäre daher die Frage, welche juristischen Eliten in welchen Institutionen diese Verselbstständigungsprozesse gestalten. Und da fällt mir jedenfalls auf, dass es ein Äquivalent zu diesem deutschen Dialog zwischen den Gerichten und der Wissenschaft schon in den meisten Nachbarstaaten nicht gibt und erst recht nicht in den europäischen Verselbstständigungsprozessen. Mir scheint es eine wichtige Aufgabe, darüber etwas qualifizierter zu reflektieren. Man sollte da noch einmal einen soziologischen Blick darauf werfen, der bei uns vielleicht ein bisschen zu kurz kam.

SCHUMANN:
Frau Wendehorst.

WENDEHORST:
Mir ist die Frage, ob wir mit klassischen Kategorien und Begriffen auskommen oder ob wir neue brauchen, ein bisschen zu groß – vor allem weil wir sehr viele Phänomene in diesen zwei Tagen angesprochen haben. Mir scheint aber doch eines ganz deutlich geworden zu sein, und darin liegt die große Bedeutung sowohl der Rechtsgeschichte als auch der Rechtsvergleichung: In dem Moment, wo wir sowohl in zeitlichen Dimensionen als auch örtlich nur ein wenig über den Tellerrand schauen, wird uns sofort vor Augen geführt, wie relativ alle diese Kategorien – Souveränität und so weiter – sind, mit denen wir operieren, und auf welch wackeligen Füßen unser Kategorie- und Begriffsgebäude doch eigentlich steht. Und ich glaube, das müsste der erste Schritt sein: sowohl historisch als auch vergleichend eine viel größere Vielfalt von Kategorien und Begriffen zu bekommen, die uns dann wahrscheinlich – dafür

besteht eine gewisse Vermutung – auch in die Lage versetzen, die sich jetzt abzeich-
nenden Veränderungen adäquat zu erfassen.

SCHUMANN:
Ein Plädoyer für die Grundlagenfächer höre ich immer gerne. Gibt es noch weitere
Anmerkungen dazu? Herr Starck.

STARCK:
Ich möchte dazu eine ganz kurze Bemerkung machen. Wenn Sie den Souveränitätsbegriff als so relativ bezeichnen, dann kann ich nur sagen: Dieser ist historisch tief im
Völkerrecht und in den Verfassungen der Länder verwurzelt. Man kann dann natürlich
fragen: „Was bedeutet das im Einzelnen?", aber ich würde nicht den Begriff relativieren.

SCHUMANN:
Herr Link.

LINK:
Natürlich bedeutet Souveränität aber trotzdem zu verschiedenen Zeiten etwas
anderes. Bei BODIN ist Souveränität etwas anderes als unter der Herrschaft des Grundgesetzes. Bei BODIN ist Souveränität die Addition von Hoheitsrechten, während das
Letztentscheidungsrecht bei BODIN noch nicht thematisiert wird.

SCHUMANN:
Herr Heun.

HEUN:
Den Begriff der Souveränität kann man einmal rechtlich fassen, und das geht immer
leicht durcheinander mit der Frage: Wie weit sind die Staaten dann auch faktisch
souverän? Und das ist eine ganz andere Frage. Man kann ja durchaus an dem Souveränitätsbegriff festhalten, muss sich aber über eine immer stärkere faktische Relati-
vierung dessen im Klaren sein. Das eine widerspricht nicht unbedingt dem anderen.
Abgesehen davon bin ich auch nicht so sehr davon überzeugt, dass wir bei allen
neuen Phänomenen sofort den richtigen Begriff und die Einordnung haben müssen.
Man hat sich mehrere hundert Jahre über die Frage gestritten, was das Heilige Römische Reich ist, und hat nie eine vernünftige Definition gefunden, trotzdem hat es 800
Jahre bestanden. Und es gibt auch Übergangsphänomene, wo sich die Begriffe erst
neu herausbilden müssen. Deswegen kann man dennoch versuchen, die Phänomene
juristisch auf einer etwas kleinteiligeren Ebene in den Griff zu bekommen und das
kann als erster Zugang auch häufig ausreichen.

SCHUMANN:
Herr Schorkopf.

SCHORKOPF:
Der Souveränitätsbegriff ist meines Erachtens nur ein Beispiel. Ihr Referat, Frau Schumann, und das von Herrn Ruffert haben doch gezeigt, dass wir stärkere Versuche

der Dogmatisierung benötigen. Dogmatik kommt etwas in Verruf und viele halten die deutsche Rechtswissenschaft für zu dogmatisch – etwa im Vergleich zum angloamerikanischen Bereich. Da ist sicher etwas dran, wir können das thematisieren, aber wir merken doch gerade in Ihrer Analyse der EGMR-Rechtsprechung, dass diese ein Stück weit beliebig ist. Und das Beliebige, was auch hinter dem Pluralismusbegriff stecken kann, und die Versuche des Kollisionsrechts, vorhersehbare Regeln zu entwickeln, Rechtssicherheit wieder zu schaffen, damit wir *vorher* wissen, was entschieden wird und nach welchen Regeln das geht, zeigen, dass eine große Unsicherheit durch diese Pluralisierung, durch diese Vielfalt, entstanden ist. Das Ganze ist so komplex, dass selbst die Rechtswissenschaft, die sich professionell damit beschäftigt, Schwierigkeiten hat, den Überblick zu behalten, geschweige denn, es im Hörsaal zu vermitteln oder dem Bürger einen verlässlichen Rechtsrat darüber zu geben. Da spielen Begriffe wie etwa Souveränität – aber auch andere – eine ganz zentrale Rolle.

SCHUMANN:
Jetzt sehe ich ganz viele Meldungen, Herr Starck, bitte.

STARCK:
Ich würde bei der Bemerkung von Herrn Schorkopf einen Übergang zu dem dritten Komplex sehen, den Sie angeschnitten haben. Der Vortrag von Herrn Grabenwarter und auch der von Ihnen, Frau Schumann, haben mir etwas deutlich gemacht: Dass man um die Rechtsentwicklung fast Angst haben muss, wenn man sich überlegt, dass der EuGH und auch der EGMR mit einer Besetzung von Richtern entscheiden, die mehr oder weniger zufällig ist. Ich will ein Beispiel vom EuGH nehmen: Bei jedem Fall gibt es einen zuständigen Generalanwalt und die Generalanwälte machen große Voten oder Ausarbeitungen, die dann weitgehend vom EuGH übernommen werden; ganz selten entscheidet dieser anders. Treffend ist aber schon der Ausdruck *General*anwalt, denn die Generalanwälte sind nicht auf bestimmte Komplexe spezialisiert, sodass es passieren kann, dass ein Generalanwalt eine Sache bekommt, die schon ähnlich entschieden wurde. Aber die Frage ist: Greift er auf das zurück, was in der früheren Entscheidung eine Rolle gespielt hat? Das BVerfG ist das Gegenbeispiel dazu: Es hält die Linie der Rechtsprechung ein und wenn das einmal nicht geschieht, dann wird dies ziemlich ausführlich begründet. Das beste Beispiel ist die Rechtsprechung zur Parteienfinanzierung, da hat das Gericht zweimal einen großen Wechsel vorgenommen und hat dies aber auch ausführlich erklärt. Wenn Sie jetzt den EGMR ansehen, dort gibt es 47 Richter und die kleinen Kammern sind so zusammengesetzt, dass man sich wundern muss, dass da noch etwas herauskommt, was einigermaßen zu überschauen ist. Ich komme noch einmal auf die Frage, die schon angesprochen worden ist, zurück: Welche Aufgabe haben die Rechtswissenschaft und die Dogmatik? Da stehen wir in Deutschland etwas einsam da, weil wir immer danach suchen. Aber daran müssen wir weiter arbeiten.

SCHUMANN:

Wenn ich das vielleicht noch ergänzen darf: Ich wollte meinen Vortrag eigentlich etwas anders anlegen und hatte die Hoffnung, dass ich die Auslegungsmethoden des EGMR anhand von Beispielen veranschaulichen könnte. Nachdem ich mir aber etwa fünfzig Urteile aus dem Bereich des Familienrechts angesehen hatte, war völlig klar, dass dies nicht funktioniert, weil die Begründungen an vielen Stellen willkürlich wirken oder besser gesagt: Die Entscheidungen sind ergebnisorientiert und man hat das Gefühl, dass eine Begründung nach Festlegung des Ergebnisses nachgeschoben wird. Das ist etwas, das uns nicht vertraut ist, weil wir die Rechtsprechung des BVerfG gewöhnt sind. Da gibt es klare Linien, da gibt es auch gelegentlich leichte Kurskorrekturen, aber es gibt nicht ständig Ausreißer. Mit der Art, wie der EGMR seine Urteile begründet, können wir hingegen nicht gut umgehen.

Jetzt hatte ich aber noch Herrn Oestmann als nächstes.

OESTMANN:

Ich muss sagen, wenn auf einer Tagung so viele Kollegen aus verschiedenen Bereichen des geltenden Rechts zugegen sind, dann fällt mir aus der Beobachterperspektive etwas auf, wenn man fragt: Was ist die Aufgabe der Rechtswissenschaft? Ich glaube, es gibt eine unglaubliche Selbstbeschränkung, die ich überhaupt nicht verstehe. Die Rechtswissenschaft beschäftigt sich ganz häufig mit dem Nachvollzug von Rechtsprechung, das heißt, man stellt Entscheidungen dar und sagt dann, ob man diese gut oder schlecht findet. Aber eine souveräne Rechtswissenschaft müsste eigentlich Maßstäbe vorgeben, an denen sie selbst die Rechtsprechung misst. Und dann könnte die Rechtswissenschaft auch zur Rechtssicherheit beitragen. Es werden immer nur Entscheidungsrezensionen und keine großen Lehrbücher mehr geschrieben. Das ist aus meiner Sicht ein ganz großes Problem und die Ursache dafür, dass in der Wahrnehmung die Rechtsprechung immer wichtiger wird.

SCHUMANN:

Dann habe ich noch einmal Herrn Schönberger.

SCHÖNBERGER:

Ergänzend zu dem Punkt: Ich glaube, dass dahinter auch noch das Grundsatzproblem steht, dass wir zu wenig über die besonderen Bedingungen der deutschen Rechtsdogmatik nachdenken. Es ist ja eine sehr verbreitete Klage, dass dort alles offenbar ganz anders funktioniert und dass es doch so gut funktionieren könnte, wenn es so wäre wie bei uns. Aber unsere gesamten Diskussionen zeigen doch, dass es für eine Institution wie den EGMR im Grunde unmöglich ist, so etwas wie dogmatisch gesättigte Jurisprudenz zu produzieren – aufgrund vieler institutioneller Faktoren und aufgrund der Vielfalt der Richterpersönlichkeiten. Ich denke daher, dass Reflexion mehr sein muss als die Klage: „Warum ist es in dieser Institution nicht so wie bei uns?". Wir müssen umgekehrt fragen: „Welche sehr besonderen Bedingungen haben denn bei uns zu dieser Situation geführt?". Und dann müssen wir fragen: „Wie gehen wir mit andersartigen Institutionen um?". Die werden wir nicht in unsere Richtung drängen können. Also müssen wir stärker überlegen, was denn an unserer Tradition besonders ist und was wir überhaupt unter den Umständen anbieten können. Das würde ich für eine sinnvollere Frage halten, weil wir sonst immer diesen Klagegestus bekommen. Der Klagegestus, der ist sehr vertraut; es ist derjenige des deutschen Dogmatikers, der immer sagt: „Bei uns ist die Welt so schön und geordnet, und jetzt stehen wir hier vor dem Chaos dieser Institution." Das finde ich auch für unsere Reflexionsperspektive unbefriedigend.

SCHUMANN:
Dann würde ich daran noch einmal meine letzte Frage anschließen: Welche Strategien sollten wir denn verfolgen?

SCHÖNBERGER:
Also ich finde, *eine* Strategie müsste auf jeden Fall sein, den EGMR auch stärker als *case-law*-Gericht zu behandeln. Vielleicht müssen wir auch nicht alles generalisieren, was da gemacht wird; vielleicht müssen wir diese Entscheidungen auch einfach einmal als Einzelentscheidungen stehen lassen oder auch einmal ignorieren und nicht gleich wieder versuchen, aus ihnen irgendein System zu basteln, das das Gericht selbst gar nicht vor Augen hat. Das wäre eine Form. Ich denke, ein Problem könnte auch unser dogmatischer Habitus sein, dass wir sofort mit unserer Dogmatisierungsmaschine an diese Entscheidungen, die nicht als dogmatisierbare Entscheidungen produziert werden, herangehen.

SCHUMANN:
Herr Eichenhofer.

EICHENHOFER:
Unsere Wissenschaft steht vor allem vor neuen Fragen, besonders vor der Frage, dass die Idee von Menschenrechten in unterschiedlichen Referenzsystemen gedacht werden muss. Wir haben in den letzten sechs Jahrzehnten gelernt, das Thema Menschenrechte im Kontext der deutschen Verfassung zu diskutieren. Wir erkennen nun zunehmend, dass sie nur ein Referenzsystem unter mehreren ist. Auch die EMRK ist ein solches Referenzsystem und in diesem Referenzsystem werden Grundrechte anders gedeutet und haben andere begriffliche Formen erfahren. Jetzt kommt die Grundrechtecharta der Europäischen Union dazu. Wir können die Aufgabenfelder der Menschenrechtskataloge voneinander thematisch abgrenzen, aber wir können nicht unterschiedliche Tendenzen in der Deutung der Menschenrechte in diesen verschiedenen Referenzsystemen leugnen. Art. 6 Abs. 5 GG hat auch schon immer die Gleichbehandlung von ehelichen und nichtehelichen Kindern gefordert. Nur ist daraus etwas anderes geworden als das, was der EGMR aus dem Respekt gegenüber dem Privat- und Familienleben folgert. Man muss sich einmal Art. 8 EMRK durchlesen: Es ist ein Menschenrecht, das Privat- und Familienleben zu respektieren. Was folgt daraus für die Behandlung von ehelichen und nichtehelichen Kindern? Das

ist ein weiter Weg, der da zu beschreiten ist. Das Diskriminierungsverbot muss man natürlich sehen, aber gleichwohl: Die Normsätze sind relativ offen, sie sind relativ inhaltsarm und sie leben von der Deutung, die eben wegen der unterschiedlichen Referenzsysteme auch unterschiedlich ausfällt.

SCHUMANN:
Jetzt habe ich nur noch Herrn Paulus auf meiner Liste. Bitte.

PAULUS:
Das ist jetzt natürlich eine große Verantwortung. Ich will auf die dritte Frage noch antworten, auch im Sinne meines Vorredners. Wir müssen mehrere Dinge in Deutschland lernen. Wir müssen lernen, mehr Veranstaltungen wie die der letzten beiden Tage zu machen, das ist ganz wichtig – also übergreifend über die Bereiche des Öffentlichen Rechts, des Strafrechts und des Zivilrechts hinaus; sowohl mit Kollegen, die sich eher mit dem nationalen Recht beschäftigen, als auch mit solchen, die sich eher mit dem internationalen beschäftigen. Die europäischen Menschenrechtler in Deutschland reden seit dreißig Jahren über den *European public order*, weil es da auch sehr früh Entscheidungen des EuGH und der Europäischen Kommission für Menschenrechte gab. Das ist zu den Kollegen, die die deutsche Grundrechtsdogmatik ausgebaut haben, nur langsam vorgedrungen. Es gibt natürlich – wie Herrn Starck – auch Pioniere in der Zusammenarbeit, aber das war nicht allgemein so. Da müssen wir alle, sowohl im nationalen wie auch im internationalen Recht, besser werden. Wenn ich mir zum Beispiel die deutsche Europarechtswissenschaft anschaue, dann gibt es sehr viele, die „deutsches Europarecht" betreiben – sehr stark dogmatisiert, sehr stark auf das Verwaltungsrecht bezogen. Aber die EU hat 28 Mitgliedstaaten und dieser Dialog ist nicht so weit, wie er sein könnte und vielleicht auch sein müsste. Ich fand es zum Beispiel sehr aufschlussreich, beim gemeinsamen Seminar von Richtern unseres Hauses, vom Conseil d'Etat und vom britischen Supreme Court unsere Gleichheitsrechtsprechung vorzustellen. Und die Augen der Kolleginnen und Kollegen aus den beiden anderen Ländern waren groß und beide haben gesagt: „Das könnten wir politisch überhaupt nicht überleben, so eine Gleichheitsrechtsprechung zu machen." Gleichzeitig hatten die Franzosen, die doch die *égalité* hochhalten, selbst überhaupt kein dogmatisches Gerüst, wie sie an die *égalité* herangehen. Also diese Art von Dialogen brauchen wir häufiger – ich glaube, das ist doch ein positives Schlusswort.

SCHUMANN:
Ich greife das gerne auf und darf zum Schluss nochmals ganz herzlich allen Referenten und Diskutanten danken.

Teilnehmer des Symposions

Prof. Dr. Dr. h.c. Okko Behrends, Göttingen

Prof. Dr. Uwe Diederichsen, Göttingen

Prof. Dr. Dr. h.c. Eberhard Eichenhofer, Jena

Prof. DDr. Christoph Grabenwarter, Wien

Prof. Dr. Dr. h.c. Werner Heun, Göttingen

Prof. Dr. Christian Hillgruber, Bonn

Prof. Dr. Eva-Maria Kieninger, Würzburg

Prof. Dr. Dr. h.c. mult. Christoph Link, Erlangen

Prof. Dr. Peter Oestmann, Münster

Prof. Dr. Andreas Paulus, Göttingen

Dr. Enrico Peuker, Jena

Prof. Dr. Matthias Ruffert, Jena

Prof. Dr. Christoph Schönberger, Konstanz

Prof. Dr. Frank Schorkopf, Göttingen

Prof. Dr. Eva Schumann, Göttingen

Prof. Dr. Wolfgang Sellert, Göttingen

Prof. Dr. Christian Starck, Göttingen

Prof. Dr. Michael Stürner, M. Jur. (Oxford), Konstanz

PD Dr. Alexander Thiele, Göttingen

Prof. Dr. Christiane Wendehorst, LL. M., Wien

Prof. Dr. Dr. h.c. mult. Reinhard Zimmermann, Hamburg

Die Betreuung des Tagungsbandes oblag am Institut Herrn Wiss. Mitarbeiter Carsten Fitting, dem die Herausgeberin ebenso wie allen anderen Mitarbeitern und Hilfskräften, die von der Organisation der Tagung bis zur Drucklegung des Tagungsbandes unterstützend tätig waren, herzlich dankt.

Personen- und Sachregister

Bisher erschienene Bände der Akademiekommission
„Die Funktion des Gesetzes in Geschichte und Gegenwart"

Zum römischen und neuzeitlichen Gesetzesbegriff, 1. Symposion der Kommission „Die Funktion des Gesetzes in Geschichte und Gegenwart" am 26. und 27. April 1985, hrsg. von Okko Behrends und Christoph Link. Göttingen 1987. € 34,-. Abhandlungen der Akademie der Wissenschaften in Göttingen, Phil.-Hist. Klasse, Dritte Folge, Bd. 157. - Vergriffen

Die Allgemeinheit des Gesetzes, 2. Symposion der Kommission „Die Funktion des Gesetzes in Geschichte und Gegenwart" am 14. und 15. November 1986, hrsg. von Christian Starck. Göttingen 1987. € 26,-. Abhandlungen der Akademie der Wissenschaften in Göttingen, Phil.-Hist. Klasse, Dritte Folge, Bd. 168. - Vergriffen

Gesetzgebung und Dogmatik, 3. Symposion der Kommission „Die Funktion des Gesetzes in Geschichte und Gegenwart" am 29. und 30. April 1988, hrsg. von Okko Behrends und Wolfram Henckel. Göttingen 1989 (2. Aufl. 2004). € 34,90. Abhandlungen der Akademie der Wissenschaften in Göttingen, Phil.-Hist. Klasse, Dritte Folge, Bd. 178.

Das Gesetz in Spätantike und frühem Mittelalter, 4. Symposion der Kommission „Die Funktion des Gesetzes in Geschichte und Gegenwart", hrsg. von Wolfgang Sellert. Göttingen 1992. € 30,90. Abhandlungen der Akademie der Wissenschaften in Göttingen, Phil.-Hist. Klasse, Dritte Folge, Bd. 196.

Rechtsvereinheitlichung durch Gesetze – Bedingungen, Ziele, Methoden, 5. Symposion der Kommission „Die Funktion des Gesetzes in Geschichte und Gegenwart" am 26. und 27. April 1991, hrsg. von Christian Starck. Göttingen 1992. € 43,90. Abhandlungen der Akademie der Wissenschaften in Göttingen, Phil.-Hist. Klasse, Dritte Folge, Bd. 197.

Nomos und Gesetz – Ursprünge und Wirkungen des griechischen Gesetzesdenkens, 6. Symposion der Kommission „Die Funktion des Gesetzes in Geschichte und Gegenwart" am 20. und 21. November 1992, hrsg. von Okko Behrends und Wolfgang Sellert. Göttingen 1995. € 68,-. Abhandlungen der Akademie der Wissenschaften in Göttingen, Phil.-Hist. Klasse, Dritte Folge, Bd. 209.

Rangordnung der Gesetze, 7. Symposion der Kommission „Die Funktion des Gesetzes in Geschichte und Gegenwart" am 22. und 23. April 1994, hrsg. von Christian Starck. Göttingen 1995. € 42,90. Abhandlungen der Akademie der Wissenschaften in Göttingen, Phil.-Hist. Klasse, Dritte Folge, Bd. 210.

Das mißglückte Gesetz, 8. Symposion der Kommission „Die Funktion des Gesetzes in Geschichte und Gegenwart" am 26. und 27. April 1996, hrsg. von Uwe Diederichsen und Ralf Dreier. Göttingen 1997. € 42,90. Abhandlungen der Akademie der Wissenschaften in Göttingen, Phil.-Hist. Klasse, Dritte Folge, Bd. 223.

Der Kodifikationsgedanke und das Modell des Bürgerlichen Gesetzbuches (BGB), 9. Symposion der Kommission „Die Funktion des Gesetzes in Geschichte und Gegenwart" am 24. und 25. April 1998, hrsg. von Okko Behrends und Wolfgang Sellert. Göttingen 2000. € 52,-. Abhandlungen der Akademie der Wissenschaften in Göttingen, Phil.-Hist. Klasse, Dritte Folge, Bd. 236.

Das BGB im Wandel der Epochen, 10. Symposion der Kommission „Die Funktion des Gesetzes in Geschichte und Gegenwart" am 5. und 6. Mai 2000, hrsg. von Uwe Diederichsen und Wolfgang Sellert. Göttingen 2002. € 54,-. Abhandlungen der Akademie der Wissenschaften zu Göttingen, Phil.-Hist. Klasse, Dritte Folge, Bd. 248.

Gesetz und Vertrag I, 11. Symposion der Kommission „Die Funktion des Gesetzes in Geschichte und Gegenwart" am 10. und 11. Mai 2002, hrsg. von Okko Behrends und Christian Starck. Göttingen 2004. € 46,90. Abhandlungen der Akademie der Wissenschaften zu Göttingen, Phil.-Hist. Klasse, Dritte Folge, Bd. 262.

Gesetz und Vertrag II, 12. Symposion der Kommission „Die Funktion des Gesetzes in Geschichte und Gegenwart" am 17. und 18. Oktober 2003, hrsg. von Okko Behrends und Christian Starck. Göttingen 2005. € 46,90. Abhandlungen der Akademie der Wissenschaften zu Göttingen, Phil.-Hist. Klasse, Dritte Folge, Bd. 266.

Der biblische Gesetzesbegriff – Auf den Spuren seiner Säkularisierung, 13. Symposion der Kommission „Die Funktion des Gesetzes in Geschichte und Gegenwart" am 8. und 9. April 2005, hrsg. von Okko Behrends. Göttingen 2006. € 129,-. Abhandlungen der Akademie der Wissenschaften zu Göttingen, Phil.-Hist. Klasse, Dritte Folge, Bd. 278.

Gesetzgebung, Menschenbild und Sozialmodell im Familien- und Sozialrecht, 14. Symposion der Kommission „Die Funktion des Gesetzes in Geschichte und Gegenwart" am 16. und 17. März 2007, hrsg. von Okko Behrends und Eva Schumann. Berlin/ New York 2008. € 79,95. Abhandlungen der Akademie der Wissenschaften zu Göttingen, Neue Folge, Bd. 3.

Das strafende Gesetz im sozialen Rechtsstaat, 15. Symposion der Kommission „Die Funktion des Gesetzes in Geschichte und Gegenwart" am 14. und 15. November 2008, hrsg. von Eva Schumann. Berlin/New York 2010. € 99,95. Abhandlungen der Akademie der Wissenschaften zu Göttingen, Neue Folge, Bd. 9.

Das erziehende Gesetz, 16. Symposion der Kommission „Die Funktion des Gesetzes in Geschichte und Gegenwart" am 20. und 21. Januar 2011, hrsg. von Eva Schumann. Berlin/Boston 2014. € 99,95. Abhandlungen der Akademie der Wissenschaften zu Göttingen, Neue Folge, Band 30.

Abhandlungen der Akademie
der Wissenschaften zu Göttingen
Neue Folge

Wer kauft Liebesgötter? Metastasen eines Motivs
Dietrich Gerhardt, Berlin/New York 2008
ISBN 978-3-11-020291-5, AdW. Neue Folge 1

Römisches Zentrum und kirchliche Peripherie. Das universale Papsttum als Bezugspunkt der Kirchen
von den Reformpäpsten bis zu Innozenz III
Hrsg. von Jochen Johrendt und Harald Müller, Berlin/New York 2008
ISBN 978-3-11-020223-6, AdW. Neue Folge 2

Gesetzgebung, Menschenbild und Sozialmodell im Familien- und Sozialrecht
Hrsg. von Okko Behrends und Eva Schumann, Berlin/New York 2008
ISBN 978-3-11-020777-4, AdW. Neue Folge 3

Wechselseitige Wahrnehmung der Religionen im Spätmittelalter und in der Frühen Neuzeit
I. Konzeptionelle Grundfragen und Fallstudien (Heiden, Barbaren, Juden)
Hrsg. von Ludger Grenzmann, Thomas Haye, Nikolaus Henkel u. Thomas Kaufmann, Berlin/New York
2009
ISBN 978-3-11-021352-2, AdW. Neue Folge 4

Das Papsttum und das vielgestaltige Italien. Hundert Jahre Italia Pontificia
Hrsg. von Klaus Herbers und Jochen Johrendt, Berlin/New York 2009
ISBN 978-3-11-021467-3, AdW. Neue Folge 5

Die Grundlagen der slowenischen Kultur
Hrsg. von France Bernik und Reinhard Lauer, Berlin/New York 2010
ISBN 978-3-11-022076-6, AdW. Neue Folge 6

Studien zur Philologie und zur Musikwissenschaft
Hrsg. von der Akademie der Wissenschaften zu Göttingen, Berlin/New York 2009.
ISBN 978-3-11-021763-6, AdW. Neue Folge 7

Perspektiven der Modernisierung. Die Pariser Weltausstellung, die Arbeiterbewegung, das koloniale
China in europäischen und amerikanischen Kulturzeitschriften um 1900
Hrsg. von Ulrich Mölk und Heinrich Detering, in Zusammenarb. mit Christoph Jürgensen, Berlin/New
York 2010
ISBN 978-3-11-023425-1, AdW. Neue Folge 8

Das strafende Gesetz im sozialen Rechtsstaat. 15. Symposion der Kommission: „Die Funktion des
Gesetzes in Geschichte und Gegenwart"
Hrsg. von Eva Schumann, Berlin/New York 2010
ISBN 978-3-11-023477-0, AdW. Neue Folge 9

Studien zur Wissenschafts- und zur Religionsgeschichte
Hrsg. von der Akademie der Wissenschaften zu Göttingen, Berlin/New York 2011
ISBN 978-3-11-025175-3, AdW. Neue Folge 10

Erinnerung – Niederschrift – Nutzung. Das Papsttum und die Schriftlichkeit im mittelalterlichen Westeuropa
Hrsg. von Klaus Herbers und Ingo Fleisch, Berlin/New York 2011
ISBN 978-3-11-025370-2, AdW. Neue Folge 11

Erinnerungskultur in Südosteuropa
Hrsg. von Reinhard Lauer, Berlin/Boston 2011
ISBN 978-3-11-025304-7, AdW. Neue Folge 12

Old Avestan Syntax and Stylistics
Martin West, Berlin/Boston 2011
ISBN 978-3-11-025308-5, AdW. Neue Folge 13

Edmund Husserl 1859-2009. Beiträge aus Anlass der 150. Wiederkehr des Geburtstages des Philosophen
Hrsg. von Konrad Cramer und Christian Beyer, Berlin/Boston 2011
ISBN 978-3-11-026060-1, AdW. Neue Folge 14

Kleinüberlieferungen mehrstimmiger Musik vor 1550 in deutschem Sprachgebiet. Neue Quellen des Spätmittelalters aus Deutschland und der Schweiz
Martin Staehelin, Berlin/Boston 2011
ISBN 978-3-11-026138-7, AdW. Neue Folge 15

Carl Friedrich Gauß und Russland. Sein Briefwechsel mit in Russland wirkenden Wissenschaftlern
Karin Reich und Elena Roussanova, unter Mitwirkung von Werner Lehfeldt, Berlin/Boston 2011
ISBN 978-3-11-025306-1, AdW. Neue Folge 16

Der östliche Manichäismus – Gattungs- und Werksgeschichte. Vorträge des Göttinger Symposiums vom 4./5. März 2010
Hrsg. von Zekine Özertural und Jens Wilkens, Berlin/Boston 2011
ISBN 978-3-11-026137-0, AdW. Neue Folge 17

Studien zu Geschichte, Theologie und Wissenschaftsgeschichte
Hrsg. von der Akademie der Wissenschaften zu Göttingen, Berlin/Boston 2012
ISBN 978-3-11-028513-0, AdW. Neue Folge 18

Wechselseitige Wahrnehmung der Religionen im Spätmittelalter und in der Frühen Neuzeit. II. Kulturelle Konkretionen (Literatur, Mythographie, Wissenschaft und Kunst)
Hrsg. von Ludger Grenzmann, Thomas Haye, Nikolaus Henkel u. Thomas Kaufmann, Berlin/Boston 2012
ISBN 978-3-11-028519-2, AdW. Neue Folge 4/2

Rom und die Regionen. Studien zur Homogenisierung der lateinischen Kirche im Hochmittelalter
Hrsg. von Jochen Johrendt und Harald Müller, Berlin/Boston 2012
ISBN 978-3-11-028514-7, AdW. Neue Folge 19

Die orientalistische Gelehrtenrepublik am Vorabend des Ersten Weltkrieges. Der Briefwechsel zwischen Willi Bang(-Kaup) und Friedrich Carl Andreas aus den Jahren 1889 bis 1914
Michael Knüppel und Aloïs van Tongerloo, Berlin/Boston 2012
ISBN 978-3-11-028517-8, AdW. Neue Folge 20

Homer, gedeutet durch ein großes Lexikon
Hrsg. von Michael Meier-Brügger, Berlin/Boston 2012
ISBN 978-3-11-028518-5, AdW. Neue Folge 21

Die Göttinger Septuaginta. Ein editorisches Jahrhundertprojekt
Hrsg. von Reinhard G. Kratz und Bernhard Neuschäfer, Berlin/Boston 2013
ISBN 978-3-11-028330-3, AdW. Neue Folge 22

Geld, Handel, Wirtschaft. Höchste Gerichte im Alten Reich als Spruchkörper und Institution
Hrsg. von Wolfgang Sellert, Anja Amend-Traut und Albrecht Cordes, Berlin/Boston 2013
ISBN 978-3-11-026136-3, AdW. Neue Folge 23

Osmanen und Islam in Südosteuropa
Hrsg. von Reinhard Lauer und Hans Georg Majer, Berlin/Boston 2013
ISBN 978-3-11-025133-3, AdW. Neue Folge 24

Das begrenzte Papsttum. Spielräume päpstlichen Handelns. Legaten – delegierte Richter – Grenzen.
Hrsg. von Klaus Herbers, Fernando López Alsina und Frank Engel, Berlin/Boston 2013
ISBN 978-3-11-030463-3, AdW. Neue Folge 25

Von Outremer bis Flandern. Miscellanea zur Gallia Pontificia und zur Diplomatik.
Hrsg. von Klaus Herbers und Waldemar Könighaus, Berlin/Boston 2013
ISBN 978-3-11-030466-4, AdW. Neue Folge 26

Ist die sogenannte Mozartsche Bläserkonzertante KV 297b/Anh. I,9 echt?
Martin Staehelin, Berlin/Boston 2013
ISBN 978-3-11-030464-0, AdW. Neue Folge 27

Die Geschichte der Akademie der Wissenschaften zu Göttingen. Teil 1
Hrsg. von Christian Starck und Kurt Schönhammer, Berlin/Boston 2013
ISBN 978-3-11-030467-1, AdW. Neue Folge 28

Vom Aramäischen zum Alttürkischen. Fragen zur Übersetzung von manichäischen Texten
Hrsg. von Jens Peter Laut und Klaus Röhrborn, Berlin/Boston 2014
ISBN 978-3-11-026399-2, AdW. Neue Folge 29

Das erziehende Gesetz. 16. Symposion der Kommission „Die Funktion des Gesetzes in Geschichte und Gegenwart"
Hrsg. von Eva Schumann, Berlin/Boston 2014
ISBN 978-3-11-027728-9, AdW. Neue Folge 30

Christian Gottlob Heyne. Werk und Leistung nach zweihundert Jahren
Hrsg. von Balbina Bäbler und Heinz-Günther Nesselrath, Berlin/Boston 2014
ISBN 978-3-11-034469-1, AdW. Neue Folge 32

„ins undeudsche gebracht". Sprachgebrauch und Übersetzungsverfahren im altpreußischen „Kleinen Katechismus"
Pietro U. Dini, Berlin/Boston 2014
ISBN 978-3-11-034789, AdW, Neue Folge 33

Albert von le Coq (1860-1930). Der Erwecker Manis im Spiegel seiner Briefe an Willi Bang Kaup aus den Jahren 1909-1914
Michael Knüppel und Aloïs van Tongerloo, Berlin/Boston 2014
ISBN 978-3-11-034790-6, AdW, Neue Folge 34

Alexander der Große und die „Freiheit der Hellenen". Studien zu der antiken historiographischen Überlieferung und den Inschriften der Alexander-Ära
Gustav Adolf Lehmann, Berlin/Boston 2015
ISBN 978-3-11-040552-1, AdW, Neue Folge 36